·新政治科学论丛·

Property Rights and Justice

财产权与正义

主 编／李 强
副主编／霍伟岸

北京大学出版社
PEKING UNIVERSITY PRESS

图书在版编目(CIP)数据

财产权与正义/李强主编.—北京:北京大学出版社,2020.4
(新政治科学论丛)
ISBN 978-7-301-31205-6

Ⅰ.①财… Ⅱ.①李… Ⅲ.①财产权—文集 Ⅳ.①D913.04-53

中国版本图书馆 CIP 数据核字(2020)第 022866 号

书　　　名	财产权与正义 CAICHANQUAN YU ZHENGYI
著作责任者	李　强　主编　霍伟岸　副主编
责任编辑	梁　路
标准书号	ISBN 978-7-301-31205-6
出版发行	北京大学出版社
地　　　址	北京市海淀区成府路 205 号　100871
网　　　址	http://www.pup.cn
新浪微博	@北京大学出版社　@未名社科-北大图书
微信公众号	ss_book
电子信箱	ss@pup.pku.edu.cn
电　　　话	邮购部 010-62752015　发行部 010-62750672 编辑部 010-62765016
印　刷　者	河北滦县鑫华书刊印刷厂
经　销　者	新华书店
	650 毫米×980 毫米　16 开本　18.5 印张　285 千字 2020 年 4 月第 1 版　2020 年 4 月第 1 次印刷
定　　　价	58.00 元

未经许可,不得以任何方式复制或抄袭本书之部分或全部内容。
版权所有,侵权必究
举报电话:010-62752024　电子信箱:fd@pup.pku.edu.cn
图书如有印装质量问题,请与出版部联系,电话:010-62756370

丛书总序

我一直想出版一套以政治理论为研究对象的丛书,也一直为寻找一个合适的名称而苦思冥想。孔子尝言,名不正则言不顺,言不顺则事不成。对于一套丛书而言,一个合适的名称可清楚昭示自身的宗旨与风格。

就其本意来讲,这套丛书以探讨"政治理论"为宗旨。在此,有必要先对"政治理论"做一番界定。政治理论在本质上乃是关于秩序的理论。人类为了过上某种形式的群体生活,必须构建秩序(order)。秩序之构建必然涉及三方面的问题,这些问题构成政治理论关注的主要对象。第一,认同(identity)问题,即"我是谁"的问题。广义的认同问题涉及个体与群体的关系、群体与群体的关系、人类与超越价值之间的关系等。我们今天所熟知的个人主义、集体主义、民族主义乃至形形色色的宗教原教旨主义,均试图对政治中的认同问题做出回答。按照韦伯的观点,人对权威的服从以对权威合法性的认可为基础,而不同的合法性模式显然与认同模式密切联系。第二,政治制度(political institutions)问题。政治制度是群体赖以构建秩序的框架。政治制度可包含多重层面:一曰国家与社会的关系,对此问题的不同回答构成从无政府主义、自由主义到极权主义的意识形态光谱的核心内涵;二曰统治权威与被统治者的关系,从亚里士多德以来形形色色的政体学说均以此为探讨对象;三曰政府内部之结构功能与运作,诸如行政、立法与司法诸制度之关系以及各制度之内部结构与运作。第三,公共政策(public policy)问题,涉及政府在具体问题上的政策原则、目标以及实施程序等。用西方政治学的流行术语来表达的话,公共政策关注的核心问题是"谁得到什么"。最近二十多年来英美政治哲学的核心问题即公共政策问题。譬如,罗尔斯《正义论》的主旨是探讨社会正义问题,罗尔斯的批评者大多也是围绕正义问题展开讨论的。

对于这样一套以政治理论研究为宗旨的丛书,最简单而又贴切的名称应该是"政治理论"。事实上,西方不少此类学术书籍直接冠以"政治理论"的名称。然而,不幸的是,"政治理论"在中国具有太宽泛的含义,可能有太多的歧义和引起太多的误解。虑及此,我们只好放弃。

另一个可资选用的名称是"政治科学"。从广义的角度而言,尤其是用德文Wissenschaft的含义来理解,本丛书追求的目标与方法就是政治科学的目标与方法,即用现代学术方法探讨政治理论问题。然则,"政治科学"这一术语几乎从诞生时起就包含了太多科学主义与实证主义的意涵。特别是在近代中国,所谓"科学",往往和自然科学方法、经验调查甚至量化分析联系在一起。对于探讨政治秩序而言,这些方法固然重要,但它们无法涵盖关乎秩序的所有问题。

"政治哲学"或许是不少人中意的选择。最近,政治哲学俨然成为许多人津津乐道的学问,而本丛书的宗旨也的确与人们所理解的政治哲学颇为一致。尽管如此,我们仍对"政治哲学"这一名称心存疑虑。原因在于,"政治哲学"给人一种相当理性主义(rationalism)的感觉。"哲学"就其本意而言是一种"批判性思考"(critical thinking)。"批判性"指的是不接受任何现成的——传统的、流行的、大众的——关于事物的见解,对事物进行穷根究底的探索,以揭示事物的本质属性,达致真理。按照施特劳斯的说法,政治哲学是哲学的一个分支,其目标是探索有关美好生活、美好社会的"知识",或者更确切地说,是用关于政治事物本质的"知识"代替关于政治事物本质的"意见"。政治哲学有一个隐含的预设:人们可以通过思辨,找出政治规范的原则。这些原则是抽象的,而且往往是超越时空的。

尽管本丛书的宗旨包含对美好政治生活的规范性探索,但我们不希望将政治理论限制在"哲学"的规范性探索之内,我们也怀疑是否可以找到超越时空的、抽象的规范性原则。我们以为,政治领域中的规范性问题虽可以通过理性的方法探讨,但探索者需时时谨防理性的傲慢,理解政治的历史性与现实性。这意味着,政治中的选择可能既受到历史的影响,又受到客观现实的制约。因此,思考政治中的规范性问题就不可能是超越时空的抽象的哲学思辨,而可能是既考虑历史与文化背景,又考虑现实可能性的综合平衡。

在思考过程中,我们邂逅了沃格林(Eric Voegelin)。为了表达自己对政治的理解,沃格林曾写过一本很有影响的小册子《新政治科学》(*The New Science of Politics*)。该书以"新政治科学"为名,其批判锋芒直指第二次世界大战之后美国政治学中居于主流地位的科学主义、实证主义模式。沃格林指出,19世纪以来,以实证主义、科学主义为基础的政治科学专注于自然科学方法的运用,使研究的理论相关性从属于方法论,因而无法对"有关存在领域之本性的真理"进行探索,这不是真正的"科学",而是对科学的颠覆。不过,沃格林也不认为政治存在中的真理问题可以简单地用哲学方法来获得答案,尤其不能仅仅依靠阅读经典作家的伟大著作来获得答案。原因在于,人类存在具有"历史性"以及"具体情境中的独特性"。用沃格林的话来说,"人在社会中的存在是历史的存在;一种政治理论如果企望洞察原则的话,就必须同时是一种历史理论"。同理,人在社会中的存在是一种具体情境中的存在,因此政治理论也必须是一种现实的理论、一种经验的理论。

沃格林的"新政治科学"概念引人入胜之处在于,第一,它坚持"政治"在政治理论中的核心地位,政治不是经济的附属,政治理论不是像罗尔斯所说的那样是一种"应用伦理学"。政治科学是一门具有"宏伟特性"的学问,它是"关于人类在社会和历史中存在的科学,以及关于普遍秩序原则的科学"。第二,沃格林复兴亚里士多德政治学的研究方法,强调政治理论的探讨必须综合经验的、历史的、哲学的乃至宗教的方法,以多重视角揭示关于人在社会和历史中存在的秩序原则。对这些观点,我们激赏不已,并愿以此来为这一新生的政治理论读物命名。

用"新政治科学"作为丛书名,既可以解释我们的基本关怀,也可以展示我们在方法论上的志趣。论丛的主要目标是探讨政治理论,而探讨的方法则力求兼收并蓄,既包容哲学的亦即理性主义的方法,探求政治中的规范性问题,也包括历史的方法,关注思想史以及重要政治事件的政治史研究,力求把政治理论放到特定的情境中去,揭示哲学方法无法看到的内涵。同时,我们也不排除对政治现实问题进行实证研究——当然,就我们的志趣来讲,我们尤其欢迎具有明显理论意涵的经验研究。

我们深信,以政治理论为研究对象、以兼容并包为方法志趣的"新政治科学论丛",秉持纯正的宗旨与深切的公共关怀,必将对中国政治理论界产生积极的影响。但我们也必须坦承,对政治理论问题所做的上述判断以及由此确立的旨趣,并不是"新政治科学论丛"能够取得成功的充分条件,因为它在根本上尚需仰赖海内外政治学界同道极具个性化的共同努力。基于此,我们真诚地希望,有志于提升中国政治理论研究水平的学术同人能够与我们一起将这一丛书越办越好。

李 强

2008 年 5 月

编者前言

在现代学术话语中,财产权首先是一个法学术语,但在本书的视野中,财产权通过与正义的联系,更多地呈现出政治哲学的意义。回溯西方政治思想史,从财产权的角度来理解正义,实际上是一种现代现象,大体来说不会早于洛克。在洛克之前,财产权也会出现在政治哲学的讨论之中,但一般不是作为正义的对象或核心内容。

张新刚的论文《最佳政体与财产》讨论了财产在古希腊政治家和思想家对最佳政体秩序的追求中所扮演的角色。在这个叙事中,财产分配不公成为城邦的致乱之源。值得注意的是,柏拉图的正义秩序是一种灵魂秩序或者社会秩序,与财产分配本身并无直接关联;而在亚里士多德那里,财产也只是服务于更高级的灵魂德性活动的外部条件,其本身并不是政治追求的核心价值。

到了中世纪,财产问题进入了托马斯·阿奎那的视野,但根据惠慧的论文《偷盗与友爱:托马斯·阿奎那的财产观》,阿奎那恰恰是在用正义的观念来限制——而非实现——私有财产权。阿奎那希望用源自内心友爱情感的慈善行为来解决贫富悬殊带来的社会政治问题,并赋予穷人在急需的情况下占用富人财产的正当权利。这些方面都说明中世纪思想家在看待财产权与正义之关系方面,与我们现代的理解相去甚远。

政治思想史上一个决定性的转变体现在洛克的财产权理论中。霍伟岸讨论洛克正义观的文章认为,财产权是洛克正义观的三个基本维度之一。洛克的财产权理论最早为判定何为正义何为不义提供了明确的形式性标准。在正义与慈善的关系上,洛克始终把正义摆在中心位置,慈善有严格的条件限制,不能冲击正义秩序。这也与阿奎那的有关论述形成了鲜明的对比。

在洛克之后,财产权与正义的关系就变得越来越紧密,在休谟的《人性论》

和《道德原则研究》中,两者简直成了同义词。我们看到,在现代思想家的视野中,对正义的论述基本上是围绕着财产权安排来展开的,罗尔斯之后就更是如此。这个现象确实值得我们做一番仔细的梳理。康子兴的论文从财产、自然与正义的关系角度回顾了两位18世纪的思想巨匠斯密和卢梭关于现代文明的论战。卢梭认为人类不平等的起源和基础,也是人类一切不幸的开端,要追溯到私有财产权最初被确立的那一刻;斯密则把财产权在人类文明史上的扩展过程,在一定意义上视为自然正义的延展。洪特和英格纳梯耶夫合撰的论文《〈国富论〉中的需求与正义》,同样对斯密如何为商业社会的财产分配秩序的正义性辩护进行了深入的剖析。

19世纪的思想家黑格尔和密尔也都有对财产权与正义的重要论述。按照杰里米·沃尔德伦的著名研究,黑格尔与洛克分别代表了现代以来对于私有财产权正当性证成的两种最重要的思路。丁凡的论文指出,黑格尔对于财产权的论述绝不能纯粹地从法律角度去理解,也不能纯粹地从社会或经济角度去理解,而是必须从政治的视野去理解。不过丁凡认为,由于黑格尔接受了私人资本主导的工业社会秩序安排,他的理论思考注定无法解决他从这个秩序中洞察到的根本问题。如果说丁凡是在别人肯定黑格尔的地方指出他的失败,那么张继亮则是试图在别人否定密尔的地方指出密尔的成功。以罗尔斯为代表的很多理论家都认为密尔的功利主义思想与分配正义难以协调一致,张继亮则试图论证,密尔不仅有自己的分配正义理论,而且这种理论并不与他的功利主义思想相互矛盾。

除了以上思想史脉络的主题论文之外,本书还有两篇文章和"财产权与正义"的主题密切相关。其一是吴亚楠讨论张栻义利观的论文。这位南宋著名理学家对儒家的义利观的发展做出了重要的贡献,为我们理解西方政治思想语境中的义利关系,提供了一个不可多得的东方思想参照系。其二是康子兴为新近出版的伍德的《西方政治思想的社会史:自由与财产》中译本所写的书评。无论是这篇书评,还是伍德的原著,都提醒我们在思考财产权与正义问题时,绝不能忽视政治思想的社会史背景。但是正义的概念是否会因此而遭到消解,所谓思想是否会因此纯粹成为社会权力关系的一种反映或折射?这些都是值得我们深思的问题。

此外,本书还收录了三篇有独到见解的政治思想方面的论文和两篇书评。

美国法学家斯蒂芬·霍姆斯的《告密的自由:古代的与现代的》看似讨论的是一个司法问题,实际上关涉现代自由观这样一个重大的政治难题。文章以法国思想家贡斯当的理论为中心,表明现代自由需要在"个体公民的隐私权与政府行为之秘密性之间"保持一种"微妙的平衡"。蔡廷建的论文批评了把斯宾诺莎视为一个理性主义者的主流解释路径,强调只有从他的犹太人身份出发,才能理解其思考神学政治问题的真正目的所在。雷文皓的论文则深入剖析了自我意识在奥古斯丁思想中的地位,并指出奥古斯丁对自我意识的理解促成了他的自由意志学说和崭新的基督教世界观。陈伟的书评对贝淡宁的贤能支配论做出了批判,认为这种反现代的政治方案无力回应中国政治现代化的要求。胡传胜的《公民的技艺:西塞罗修辞学思想的政治解读》虽非新作,但在国内学界关于西塞罗修辞学的研究中,仍是一本不可多得的力作,刘沐恩的书评对该书的学术价值做出了中肯的评价。

最后需要说明的是,本书主题论文的组稿始于2014年的北京大学政治思想史论坛。由于本书的出版历时较长,在此期间,相关论文大多陆续发表在国内主流期刊上。凡是发表过的论文,本书在收录时都对其发表出处做了标注。虽然这些论文中的大部分都不是首次发表,但本书以"财产权与正义"为主题、以思想史的发展脉络为线索,把它们集合成册,仍然呈现出了一幅独特的政治思想发展图景,相信会给关心这些问题的学界同人带来有益的启发。

本书的编辑和出版还得到了对外经济贸易大学优秀青年学者资助项目(18YQ15)的支持,特此致谢。

霍伟岸谨识
2020年元月

目 录

主题论文

最佳政体与财产	张新刚	3
偷盗与友爱：托马斯·阿奎那的财产观念	惠 慧	27
自然法、财产权与上帝：论洛克的正义观	霍伟岸	44
财富、自然、正义：斯密与卢梭关于现代文明的论战	康子兴	68
《国富论》中的需求与正义　〔英〕伊斯特万·洪特　迈克尔·英格纳梯耶夫　霍伟岸　迟洪涛 译		102
政治视野下的财产权问题——黑格尔的重要贡献与问题	丁 凡	145
正义视野下人类发展的伦理——约翰·密尔的分配正义理论	张继亮	156

专题研讨

斯宾诺莎与现代世界的神学政治问题——基于对斯宾诺莎犹太人身份的思考	蔡廷建	171
自我意识作为理解奥古斯丁思想的关键	雷文皓	201
从意向之"无所为"到"王道"之实功——张栻义利观论说	吴亚楠	221
告密的自由：古代的与现代的　〔美〕斯蒂芬·霍姆斯　李海强 译		237

书 评

贤能支配的反现代方案——贝淡宁"贤能支配"论剖析 ………… 陈　伟　259
通过修辞理解政治——评胡传胜的《公民的技艺：西塞罗修辞学
　　思想的政治解读》……………………………………………… 刘沐恩　273
自由，抑或财产的权谋？——评艾伦·梅克辛斯·伍德的
　　《西方政治思想的社会史：自由与财产》 …………………… 康子兴　279

· 主 题 论 文 ·

最佳政体与财产

张新刚[*]

一、优良秩序的财产基础

今天的希腊史家基本同意是古代希腊人"发明"或"发现"了政治,用保罗·卡特里奇的话说,这一政治的概念是较强意义上的:"相对平等的投票人在进行实质性讨论后,就公共事务进行共同决策,这些事务既有原则性的,也有纯粹技术性和操作性的。"[①]希腊人能够创造这样一种政治形态,与城邦(polis)这一特殊的政治体在古代希腊世界的兴起是密不可分的。古风时期的殖民运动、重装步兵与僭主兴起对推动城邦的发展分别扮演着不同的角色。而到公元前6世纪前后,后人所熟知的雅典和斯巴达两个最有代表性的古希腊城邦都遭遇重大的危机,这一危机主要表现为城邦最重要的财产关系——土地关系发生了剧变。在此关口,梭伦和来库古作为立法者为两个城邦奠定了后来近200年的基本发展框架。对于这一时期的希腊城邦来说,优良秩序[②](eunomia)是立法者们所力求实现的状态。

梭伦时代的雅典城面临着严重的城邦危机,主要体现为富有阶层与贫穷的

---

[*] 张新刚,北京大学西方古典学中心、历史学系助理教授。

[①] Paul Cartledge, "Greek Political Thought: The Historical Context", in Christopher Rowe and Malcolm Schofield, eds., *Cambridge History of Greek and Roman Political Thought* (Cambridge University Press, 2000), p. 11.

[②] 中文对 eunomia 的研究可参见张巍:《Eunomia:梭伦的理想政制》,《世界历史》2014年第1期。

平民阶层之间的激烈对抗。亚里士多德对此曾有如下描述：

> 这以后发生了贵族与大众之间的长时间冲突。从各方面来看，他们的政治体制都是少数人的统治，尤其是，穷人自己、他们的妻子和儿女都为富人所奴役。他们因此被称作附庸和六一汉。因为他们正是按照这样的地租耕种富人的土地。所有的土地都控制在少数人手中；如果他们无力缴纳地租，他们自己和他们的孩子都将失去自由。①

根据亚里士多德和普鲁塔克等人②记述，我们可以确知，当时雅典的大量民众(demos)无法维持自己原有的土地和日常生活，向富人举债而逐步沦为附庸。由此，下层民众便展开了与富有贵族之间的斗争。梭伦于公元前594年被推选出来解决城邦内部的冲突。在梭伦看来，此时的雅典已经到了非常危险的境地：

> 公共的灾祸已经侵入每个公民的家庭，院门已经无力将之阻隔在外，它已越过高墙，夺门而入。人仓皇遁入密室，却毫无藏身之地。③

纷乱已经关乎城邦中的每一个人，基于土地这一最重要的财产关系发生的剧变不仅让民众难以维持生计，由此带来的纷乱也终将会把贵族带向毁灭。梭伦临危受命：

> 我必须告诉雅典人，城邦因坏秩序(dysnomia)遭受多少罪恶，以及优良秩序(eunomia)将带来整洁秩序。她常常对触犯法律者施以束缚。优良秩序踏平坦途，截止贪婪，终止暴戾。她使失望之花枯萎，纠正错误裁断，驯服僭越之举，平息纷争怒火。在她统治之下，终止了人们之间的猜忌怨恨，使得人事平和有度。④

梭伦颁布了解负令，下令将所有的债务一笔勾销，且禁止以人身为担保的借贷，还那些因为债务而沦为奴隶的雅典人以人身自由，甚至还那些被卖往海

---

① 〔古希腊〕亚里士多德：《雅典政制》(日知、力野译)，商务印书馆1959年版，Ⅱ。本书部分章节(尤其古希腊时期作品)脚注中用国际通行的边码标注以代替页码。
② 参见〔古罗马〕普鲁塔克：《希腊罗马名人传》(陆永庭、吴彭鹏等译)，商务印书馆1990年版，第178—179页。
③ 〔古希腊〕梭伦：残篇4(德摩斯梯尼，19.254-56)。梭伦诗歌中文译文，请参考张巍：《希腊古风诗教考论》，北京大学出版社2018年版，附录二，部分有改动。
④ 同上。

外去的奴隶以人身自由。此外,梭伦以财产为依据确立了等级制,并以此为基础进行了一系列政治改革。虽然高级官职仍在富有的两个等级手中,但最为贫穷的第四等级也可参与公民大会,与重装步兵相当的第三等级则可担任下层官吏。梭伦通过立法,重新划分和确立了城邦的土地权和公民权,在一定程度上缓解了当时雅典的危机。虽然雅典的阶层矛盾并没有根除,后来还导致了庇西斯特拉图的僭主政治,但是梭伦的立法为雅典的民主政体奠定了重要的基石,成为雅典应对城邦危机时的重要参考。

在公元前7世纪以后此起彼伏的僭主政治浪潮中,不多的例外之一就是斯巴达了。斯巴达在古典作家眼里是希腊政体的典范,其稳定性和德性在古代世界备受好评。但是,其稳定的政治制度起初也面临着和雅典类似的挑战。希罗多德在其著作《历史》中提到,在来库古建立起优良秩序(eunomia)之前,斯巴达经历了最为严重的失序(kakonomia)。① 修昔底德也说,在建立稳定秩序之前,斯巴达经历了长期的城邦矛盾和冲突。② 我们从亚里士多德那里得知,公元前7世纪斯巴达诗人提尔泰奥斯曾经作过一首名为《优良秩序》("eunomia")的诗:

> 在贵族政体中党派纷生……当一些公民拥有太少,而其他人则拥有过多——特别是在战争时期更常常如此;比如说斯巴达在美塞尼亚战争期间,提尔泰奥斯名为"优良秩序"的诗所描述的那样。受战争的影响,一些公民要求重新分配土地。③

面对类似的城邦内部矛盾,来库古为斯巴达确立了基本的土地制度,将土地划为均等的份地(kleroi),分给斯巴达人。④ 正如黄洋指出的,"份地的分配正是适应了古典城邦制度的需要。拉科尼亚的大部分土地集中在少数贵族手中,而大多数的下层斯巴达人则没有或拥有很少的土地。份地的分配使得社会的下层获得了最基本的经济基础,从而能够参与城邦的社会与政治生活,从斯巴达城邦独特的社会制度来说,有了份地的经济基础,斯巴达人才得以成为共餐制中的一员,也才能成为职业士兵;也就是说,他们才得以成为城邦的正式成员

---

① 〔古希腊〕希罗多德:《历史》(王以铸译),商务印书馆1959年版,I.65。
② 〔古希腊〕修昔底德:《伯罗奔尼撒战争史》(谢德风译),商务印书馆1960年版,I.18。
③ 〔古希腊〕亚里士多德:《政治学》(吴寿彭译),商务印书馆1997年版,1306b36。
④ 关于土地分配的古典文献,见〔古罗马〕普鲁塔克:《希腊罗马名人传》,商务印书馆1999年版,第二篇第一章。关于斯巴达土地制度的研究,可参见 Stephen Hodkinson, *Property and wealth in classical Sparta* (Classical Pressof Wales, 2000)。

即公民。从这个意义上说,斯巴达份地的分配实际上限定了公民群体的范围,从而也就定义了公民权"①。

后来的历史发展证明,在来库古立法之后,斯巴达政体保持了高度稳定,没有经历雅典和其他城邦无法逃脱的僭政过程,并且长期保持了城邦作为希腊世界最强大首领的地位。总体来看,在城邦发展史中关键的立法者时代,雅典和斯巴达经历了类似的过程。先是城邦因为财产情况变化而引发严重的内部纷争,富有的贵族阶层和贫穷的民众形成对立抗争之势,在这一矛盾之下,梭伦和来库古通过立法实现了各自城邦的优良秩序,而新的优良秩序建立在对土地等财产的重新合理分配的基础之上,并以此为依据,各城邦确立了各自的政治制度、民主制和混合政体。

由于来库古对斯巴达的立法更为成功,限制了城邦奢侈与不公的追求,"禁止所有自由人从事追求财富的职业,并规定他们唯一的职责在于保卫城邦的自由"②,斯巴达成为柏拉图笔下希腊城邦的典范。我们接下来会看到,柏拉图敏锐地抓住了斯巴达政体的要害,并且也看出了斯巴达政体仍有不尽如人意的地方。正是从这些地方入手,柏拉图替换或调整了希腊既有的财产制度。

二、柏拉图对财产的重置

(一)《理想国》与财产公有

1. 美丽城对财产的重构

在《理想国》中,苏格拉底建造了一个美丽城(kallipolis),并且为这一城邦设置了富有争议的财产安排。在讨论美丽城的财产安排之前,我们先来讨论一下他对斯巴达式政体的看法。在《理想国》的第八卷,苏格拉底提出,斯巴达和克里特式的政体仅次于贵族或贤人政体。从这里可以看出,在柏拉图或苏格拉底心中,希腊世界中优良政体的典范就是斯巴达和克里特。那柏拉图又是如何具体分析斯巴达式政体的呢?在他看来,自美丽城衰变之后,第一个接续的城邦就是斯巴达这样的爱荣誉的城邦:

---

① 黄洋:《古代希腊土地制度研究》,复旦大学出版社1995年版,第116页。
② 〔古希腊〕色诺芬:《斯巴达政制》。收入〔古希腊〕色诺芬:《希腊史》(徐松岩译注),上海三联书店2013年版,7.2;〔古罗马〕普鲁塔克:《来库古传》,24.2。

分歧和叛乱一经产生,那两个属类就向着各自的方向拖拽。一方面,那铁的和铜的属类拽向财富,热衷于占有土地、房舍和银子;另一方面,那金的和银的属类,因为他们不是贫乏的,而是凭他们的天性,在他们的灵魂上是富有的,他们要求走向品德和城邦的初始的、本原的章法。在这样的互相强制和互相对立中,他们终于达成了一个折中的协议,把土地和房舍分配了之后都转为私人所有,把那些原来是作为自由人而受他们保护的人,那些是他们的朋友和养育者的人,这时候,都转化为奴隶,当成是一个次等的种族,当成家奴,而他们自己则以进行战争和看护这些人为事……这个政体是介于贵族政体与寡头政体之间的政体。①

在土地私有制之后,这个政体一方面保持了其优良的一面,即"尊敬、崇奉统治者,使为保卫城邦而战的阶级免于农耕,免于手工劳作,以及一切其他货殖、谋利的事,设置共餐桌,注意体育锻炼"②。但是另一方面,这个城邦所培养的人则是些秉性复杂的人,他们是"贪图财货的人,就像在寡头、富人政体中的人一样,他们发狂般地,在暗中贪恋金银,因为他们将具有仓库和私有的贮藏室,他们把这些财物偷偷贮藏起来,并且,他们有私家的围墙,那是一些真正的私有的安乐窝,在那里面,他们为女人和凡是为他们所喜爱的其他一切肆意挥霍"③。

柏拉图在第八卷里所描述的政体衰变虽然不能完全当成对现实中各种政体的描述,却是对政体原则性的分析。所以书中对斯巴达式政体的分析可能与真实的斯巴达有不一致的地方,但是我们依然能把握到三个要点。第一,斯巴达政体首要的一个特征就是土地等财产由之前贤人政体中的共有变为私有。第二,斯巴达的财产安排还是保证了城邦的优良秩序。第三,在荣誉政体向寡头政体转变时,财产私有的恶果才逐渐显现出来,因为"金钱在他们眼中的价值愈重,品德在他们眼中的分量就愈轻"④。柏拉图实际上道出了公元前 4 世纪斯

---

① 〔古希腊〕柏拉图:《理想国》(顾寿观译,吴天岳校),岳麓书社 2010 年版,547b-c。本文所引用《理想国》文本,皆出自柏拉图:《理想国》(顾寿观译,吴天岳校),岳麓书社 2010 年版,部分有调整;《法篇》文本皆为本文作者翻译。

② 〔古希腊〕柏拉图:《理想国》,547d。

③ 同上书,548a-b。

④ 同上书,550e。

巴达开始衰败的内部原因。

在对斯巴达式政体的分析中,柏拉图一方面向我们展示了其为荣誉政体进行的优良设置,比如共餐制、统治者不事劳作等;另一方面也揭示了该政体的必然命运,即滑向寡头政体。而一旦变为寡头政体,财富就成了政体的首要标准,这样一来的后果便是城邦不再是"一个单一的城邦,而是两个城邦:一个穷人的,一个富人的,他们生活在同一块土地上,永远互相窥测,互相攻讦"①。这样的城邦,恰恰是柏拉图在《理想国》中着力要避免的,而城邦的统一才是好城邦所要追求的。至此,我们可以清楚看到,虽然来库古立法所提出的规定"禁止所有自由人从事追求财富的职业,并规定他们唯一的职责在于保卫城邦的自由"与柏拉图在《理想国》中秉持的原则是非常一致的,但是斯巴达的优良秩序并不足以维持其自身。从这里出发,柏拉图重新设计了政体的财产原则。

首先,对护卫者的财产进行严格限定。在第八卷讨论政体衰变之前,柏拉图便提示我们回忆美丽城中护卫者应该有什么样的财产和收入。② 在第三卷建立城邦的过程中,苏格拉底曾经明确说:

除了这样的教育之外,一个善于思索的人会说,为他们所配备的房屋和其他这一类的财物还应该是这样的,它们既不会妨碍他们,使他们不再能是最好的护卫者,并且又不唆使他们去为害于其他的城邦居民。

他这样说是很对的。

那么,我说,为了使他们能够成为这样的人,你且看看,我们是不是应该使他们像下面这样地生活和居住:首先,除了绝对的必需以外,他没有任何属于私有的财产;其次,他没有任何别人想进去却不能进去的居室或贮藏室;他们的食物和日用必需,凡是为一个战争的竞技者,为一个头脑清明而又勇敢健康的人所应有,所必需的,他们将按照一定的规定,作为他们的护卫职务的薪金,从城邦的其他居民那里取得,其数量既不超过一年的所需而有余,也无所匮乏。他们集体用餐,习以为常,就像在军营中那样,他们的生活是共同的。金子和银子,我们要告诉他们,他们已经从诸神那里,在他们的灵魂中,得到了神圣的一份儿了,他们此外更无需那人世间的一

---

① 〔古希腊〕柏拉图:《理想国》,551d。
② 同上书,543b。

份了,并且,把获得那有死的金子和获得那神圣的金子混同起来并从而玷污了后者,这是神所不允许的;因为人世的金银元宝,已经是无数不敬神的亵渎之因,而唯有那在他们心中的才是不可玷污的。"相反,在整个城邦居民中,唯有对于他们来说,抚摸和接触金银是不允许的,也不允许走进和金银同在的屋子,在身上环带金银,从金银器皿中饮酒。而这样,他们就将既拯救了他们自身,也拯救了整个城邦。相反,什么时候他们自己去取得了私有的土地、房舍屋宇、金银财宝,那时候他将是聚敛家财的人和农人,而不是护卫者;"相反,他就将不是所有其他城邦居民的同伴,而是他们的敌对的暴君,憎恨别人和为别人所憎恨,伺机加害于人和为别人所伺机加害,将以此而碌碌终生,更多地、更重地是在害怕他的内部的而不是他的外部的敌人,而这时候,一往不返,他和整个的城邦离覆亡和毁灭的道路也就不远了。"相反,在整个城邦居民中,唯有对于他们来说,抚摸和接触金银是不允许的,也不允许走进和金银同在的屋子,在身上环带金银,从金银器皿中饮酒。而这样,他们就将既拯救了他们自身,也拯救了整个城邦。相反,什么时候他们自己去取得了私有的土地、房舍屋宇、金银财宝,那时候他将是聚敛家财的人和农人,而不是护卫者。"①

　　柏拉图为护卫者阶层所确立的原则是,除了最低限度的生活必需品之外,他们没有任何私有财产。那些生活必需品也都是由城邦的供养阶层提供的,而不是通过私人生产获得的。这样一种安排包含了双重意涵:一方面,它保证了护卫者阶层专事保卫城邦之职,无需为谋生操劳;另一方面,将他们与财物隔绝开来(上面的引文详细地规定了护卫者丝毫不能碰触金银),从根本上切断了护卫者产生对金银财产欲望的念头。柏拉图在第三卷中的安排最主要的考虑就是防止城邦由一变成多,即分裂为富人的城邦和穷人的城邦。而在苏格拉底所建的这个城邦中,最不稳定的部分就是护卫者阶层。这一阶层是因为城邦肿胀之后不得不面临战争议题而设立的,由此而来的护卫者阶层成为城邦中最有力量的部分,其中优秀者还担当了城邦的统治者。由此一来,如何保证护卫者避免色拉叙马霍斯难题,即统治者不为个人"私利"而统治,便成为首要难题。第

---

① 〔古希腊〕柏拉图:《理想国》,416d—417b。

三卷对护卫者财产的安排实际上是从消极的意义上来抵御财产对人的诱惑。

其次,不论是古代作家还是现代的学者①,普遍接受家庭/家族是古代政治体的基本单位。而在财产这一问题上更是如此,借用现代术语来说,财产权利更主要地是以家庭为单位行使的。② 不仅如此,对于大部分人来说,相比起财产,家庭关系则更为紧密。这样一来,仅仅保证护卫者不接触金银还远远不够。《理想国》第五卷中,柏拉图再次回到护卫者财产安排的讨论上,这一次他将家庭废除了:护卫者阶层并没有自己的小家庭,一切的婚配和生育都是由城邦安排,城邦成为一个大家庭。

> 任何人,凡是他碰上的,他都将认为是他碰上了或者他的兄弟,或者他的姐妹,或者他的父亲,或者他的母亲,或者他的儿子,或者他的女儿,或者,是他碰上了所有这些人的子孙或是他们的孙辈。③

通过将关系最紧密的妻子儿女变为共有制的一部分,柏拉图实际上废除了护卫者所有可能产生私心的事物。家庭取消之后,就再也没有护卫者能说:谁是自家人,某人或某物属于他自己,亦或谁是别家的人。护卫者"既不应有私有的居室,也不应有私有的土地和财产"④,只有这样才能防止城邦的分裂:

> 如果他们不是把"我的"这个词用来称呼同一的事物,而是不同的人指不同的事物,这一个人把凡是他离开了众人所能获取的一切往他自己的家里拖,那一个人又拖向另一个他自己的家,以及妻子和儿女也都各有各的,既然这一切都是私有的,各别的,于是,快乐和痛苦也成了私有的、各别的东西,而是相反,护卫者们对于何谓自己的在思想上是同一的,他们全体努力趋向同一个目标,在快乐和痛苦上是尽可能地息息相关的。⑤

这样一来,

---

① 如 Virginia Hunter, "Classics and Anthropology," *Phoenix*, Vol. 35, No. 2, 1981, pp. 145-155;修正观点见 Lin Foxhall, "Household, Gender and Property in Classical Athens," *The Classical Quarterly* (New Series), Vol. 39, No. 1, 1989, pp. 22-44。后者虽然提醒我们注意个人,特别是公民在财产关系中也扮演着一定的角色,但是他也并不否认家庭是古代希腊财产关系的基本单位。
② 比如亚里士多德在《修辞学》1361a(1.5.7)处对"所有权"(*to oikeia einai*)的界定很明确就是在讨论家庭。
③ 〔古希腊〕柏拉图:《理想国》,463c。
④ 同上书,464d-e。
⑤ 同上书,464c-d。

> 互相诉讼与控告这一类事情将在他们之中绝迹,因为除了躯体是各别的以外,他们就没有任何东西是私有的了,此外的一切全是公有的;并且,因此,他们就免除了党同伐异和明争暗斗,后者通常是在人们之中由于拥有财产、子女、亲属而引起的。①

通过第二次制度安排的调整,柏拉图不仅废除了私有产权,而且将尽可能多的私有财产也都废弃了,甚至连古代最为重要的承载财产的单位——家庭一并取消。他所要实现的是,免除一切可能因个人的自然情感而生发出的私心,以及私心导致的城邦中争权夺利的纷乱。从消极防止城邦分裂这个角度来看,柏拉图的目标是可以实现的。

最后,柏拉图的上述安排都集中在护卫者阶层,并非整个城邦,是因为护卫者阶层是城邦中最为重要的阶层,他们的德性和状态直接关乎城邦的生死存亡,所以柏拉图对其有特别的安排。保证护卫者全心全意为城邦服务的基础是生产者阶层。这一阶层直接面对土地等财物,他们的财产安排也是非常重要的。遗憾的是,如亚里士多德抱怨的那样,在《理想国》中,柏拉图并没有详细阐述生产者阶层的具体安排。我们只能通过几处文本窥测这一阶层的安排。在苏格拉底与阿德曼托斯建造的第一个城邦,即健康的城邦中,财产制度更像是亚里士多德谈的"私有而公用",每个人按照自己的天性来从事最适合的事情,并且供出自己的产品让大家共同使用。② 在护卫者阶层出现之前,生产者阶层过着相互分享的生活,并且这个健康的城邦的原则就是通过分享而建立起共同生活。③ 我们可以合理地推测,在护卫者阶层出现之后,生产者阶层除满足原来的物质需求以外,更进一步扩大生产以供养护卫者,而他们自己能够保持一种彼此相得、和和欢畅的状态。④

2. 城邦统一与真正的善

从柏拉图在《理想国》中对财产的分析可以看出,他深刻认识到财产对于普通人的强大吸引力,他也非常清楚放任土地等财产私有肆意发展所必然导致的城邦的方向。为了避免城邦分裂为富人的城邦和穷人的城邦,柏拉图在美丽城

---

① 〔古希腊〕柏拉图:《理想国》,464d-e。
② 同上书,369e。
③ 同上书,371b。
④ 同上书,372c。

的结构安排与立法中,尽力从消极层面去除能滋长私人物欲的制度。通过剥夺城邦最重要的阶层——护卫者阶层的财产和家庭,他解除了护卫者私心可能生发的基础和载体。而从积极层面来看,柏拉图的美丽城所要实现的是城邦的统一和护卫者真正的幸福。

柏拉图认为,对护卫者阶层的独特安排不仅保证了这一城邦的中流砥柱不会分裂,而且还在最大限度上实现了感情的统一,而这是城邦最大的善。[①] 在此基础上,整个城邦也成为有机的统一体:

> 任何城邦,凡是在一切方面最接近于一个单一的个人的。这就像是,在我们之中,如果有一个人,他的一个手指受伤了,那就那整个共同体,那通过肉体一直延伸到灵魂,并且在那里被那起统治作用的原则组成为一个单一的有机组织的共同体,就有所感觉了,然后在局部受损的同时,整个儿一起感到疼痛了,并且正是这样,我们说,这个人手指痛;以及关于一个人的其他部位,也都是同一个道理,不论这是说的一个部分在忍受痛苦,或是说的一个部分在缓解中得到快感。

> 是同一的,他说,并且这就回到你原来所问的问题:一个治理得最好的城邦,它的生活就是和那样的一个合成组织最相近似的。[②]

好的城邦就像有机体一样拥有统一的感情,该城邦的公民"最能在同一事物上共同一致,这个事物他们将之称为'我的';而既在这一点上共同一致,从而,他们也就将是最能在喜怒哀乐上保持共同一致的"[③]。苏格拉底将城邦的这种统一性归功于护卫者阶层的"妇孺为公"。护卫者没有任何私人的东西,这保证了护卫者阶层能够在"什么是自己的"这一问题上达成共识,并一起为这一目标而努力。作为城邦统治的中坚力量,他们能够将这一目标向整个城邦传递,让其他公民也遵循护卫者的判断,有与护卫者阶层同样的感情,不论快乐还是痛苦。由此,苏格拉底所构建的言语中的城邦就不仅是基于正确统治关系的功能共同体,而且是有机的整体。除了统治和被统治关系外,城邦所有公民还有通过共同感情联结的纽带,这一纽带使得言语中的城邦区别于其他城邦:

---

① 〔古希腊〕柏拉图:《理想国》,464b。
② 同上书,462b-d。
③ 同上书,464a。

正像在其他城邦里存在统治者和人民群众,在这个城邦也一样?

是,也是如此。

那么,所有这些人都将互相称呼为城邦居民?

不能不是这样。

可是,除了城邦居民这个称呼以外,那在别的城邦里的人民群众是怎样称呼他们的统治者们的呢?

在大多数城邦中,称为"主人",在民主政体下,还是这个同一的称呼,"统治者"。

而在我们这个城邦里的人民群众呢?除了城邦居民这个称呼以外,他们是怎样称呼他们的统治者的呢?

救助者和卫士。他说。

而这些人称人民群众为——

为雇主和养育者。

而那些在其他城邦中的统治者又如何称呼他们的人民群众呢?

奴隶。他说。

而那些统治者们怎样互相自称呢?

同僚统治者。他说。

而我们的统治者呢?

同僚护卫者(*sunphulakas*)。①

从这段引文可以明确看出,美丽城与其他城邦有着本质的区别。在其他城邦中,公民间的关系体现为统治与被统治的关系,甚至,统治者被视为主人,而被统治者则被视为奴隶。而在美丽城中,公民间的关系首要的不是统治与被统治的关系,更像是和谐一致的朋友关系。城邦中不同阶层的公民非常清楚地知道自己在城邦中的位置和功能,并不首先以统治者和被统治者自居,彼此以护卫和供给者关系相待。在这统一的共同体中,"凡是每一个人所能供献给集体的东西都作为益处提供给大家分享"②。

废除护卫者的财产和形成新的共同生活之后,柏拉图也为护卫者没有财产提供新的辩护,这也是《理想国》在不同阶段对阿德曼托斯疑问的回答。阿德曼

---

① 〔古希腊〕柏拉图:《理想国》,463a-b。

② 同上书,519e。

托斯在第四卷开头问苏格拉底,根据这种财产安排,护卫者的生活怎么会幸福呢？苏格拉底在对话行进的不同阶段给出了不同的答案,如通过整体和部分的关系、强调城邦整体的幸福来安顿护卫者阶层等,但最终的回答是在对哲人的讨论中实现的,即什么才是真正的善。按照色拉叙马霍斯关于正义的理解,以及格劳孔关于城邦发展动力的解释,人们通常将财富和物质利益当作好东西,并以此来生活。只有在这一前提下,阿德曼托斯才会问出上述问题,但是柏拉图所要颠覆的不仅是具体的财产制度安排,而且是要重估既有的价值评判体系。通过从第五卷到第七卷的哲学讨论,柏拉图告诉我们真正的善是从"善的理念"那里来的,朝向善的理念的哲学家所拥有的生活方式才是真正正确的生活方式,或真正值得追求的生活。哲学家对真理的爱和对真正善的理解使他们从根本上区别于色拉叙马霍斯脑中的僭主:不是在金钱上富有,而是在"应该一个幸福的人所应该富有的事物上富有,即善好明智的生活"①。由此,我们才看到《理想国》对于财产安排的根本原因。财产除了满足人的生活必需之外("活着"),并不是生活所应欲求的目标,即不是"活得好"的标准。真正的美好生活是爱智慧的生活,这才是人所应该追求的幸福生活。就这样,柏拉图通过消极意义上的避免人追求私人财物,和积极意义上重新奠定价值谱系,为城邦树立了新的标准。财产在这一新的城邦中成为被使用和提防的对象,它对于人的幸福来说只是必需而非核心的作用。

(二)《法篇》"次佳政体"中的财产制度

1. 次佳政体

从《理想国》的安排中我们看到,柏拉图为政治寻找到新的基础,这一基础不同于如色拉叙马霍斯这样的智者所秉持的意见,也不完全等同于斯巴达和克里特式的政体安排。前文我们提到,虽然柏拉图也会同意来库古所言的自由人不应追求财富,而应保卫城邦的自由,但是他走得要更远。保卫城邦不受外部侵害自然是非常重要的,但是对于立法者和政制安排来说,城邦能永绝内乱(stasis)并培养卓越的公民才是真正的着眼点,而这就是《法篇》更为直接表达出来的。

《法篇》的对话者分别为雅典陌生人、克里特人克里尼亚斯和斯巴达人麦基

---

① 〔古希腊〕柏拉图:《理想国》,521a。

鲁斯。这三个人所在的城邦代表了当时希腊城邦世界两种典范政制：雅典式与多里安式政制。在《法篇》中，斯巴达和克里特政制也被与其他政制区分开来，被雅典人称为真正的政制(politeion)。① 《法篇》整个对话的一开始就讨论城邦的立法目标应该着眼于城邦内乱还是对外战争，并由此引出了政制和立法(politeia kai nomoi)的目标应该是城邦的生存还是德性。换言之，城邦的目标是让公民活着还是活得好？柏拉图给出的答案是，相对于城邦对外战争而言，内乱是立法者需首要关切的，并且是城邦立法所要克服的最大敌人。同时，以斯巴达和克里特为代表的着眼于对外作战的城邦政制和立法存在着重大缺陷，即对德性认识的片面化，认为勇敢是城邦的最高德性，这会导致潜在的巨大威胁，而只有充分理解由努斯统领的整全德性，并且将城邦的目标设定着眼于整全德性，城邦才会获得长治久安。

在阐明立法与政制的目标后，柏拉图在《法篇》中提出了著名的"次佳政体"。柏拉图详细阐述了这一政体的财产和土地制度安排。在考察这一安排之前，有必要先对次佳政体的性质做简要介绍。所谓的次佳政体是相对于最佳政体而言的。关于最佳政体，柏拉图在第五卷中说：

> 在第一位的政制和拥有最好法律的城邦，那句古老的谚语所说的"朋友的一切都是公共的"就最大程度地在整个城邦之中实现了。如果这一理想在今天能够在某处实现，或者实现于将来的某一天——妇女是公共的，儿童是公共的，每种财产也是公共的；如果，人们通过各种措施来将可以称之为"这是我的"的东西从生活的所有方面都去除掉；如果通过这样或那样的方法，尽其可能地将依自然是私人的事物变成公共的，像眼睛、耳朵和手，以使得他们好似是一起公共地看、听和行动；再有，如果人们一致地赞扬与不耻一些事物，并最大程度上对同样的事情感到高兴，对同样的事情感到痛苦；如果他们对旨在使城邦变成尽可能统一的法律而感到无比高兴——那么没有人会设置一个比这样的政制更为正确或更好的界定，因为这一政制就德性而言已经达到极致。这一城邦居住的应该是那些神或神的子孙(不止一个)，他们过的这种生活非常愉快。因此，我们不应去别处

---

① "那是因为你们两个的城邦都是政制。你们提到的其他(僭政、民主制、寡头制等)那些都不是政制，而是在专制统治之下的城邦管理机构，城邦的某一部分奴役其他的部分。每个名字都从专制者的权威那里而来。"(〔古希腊〕柏拉图：《法篇》,712e—713a。)

去寻找一种政制的模式,相反,我们应该紧握这一模式,并竭尽全力来寻找那与之最接近的政制。如果我们现在所谈及的政制能实现,那么它将是最近于不朽,并就统一而言是第二位的(kai he mia deuteros)。至于那第三种,如果它是神愿意的话,我们将稍候再谈。但目前来说,我们应该如何描述这一政制?它要通过怎样的方式来实现?①

从具体安排设置上来讲,《法篇》中的最佳政体并非《理想国》所勾画的美丽城,它将"朋友之间一切公有"尽可能推广至整个城邦,而非局限于某一个阶层。柏拉图非常明确地告诉我们说,这一城邦是神及神的子孙们居住的城邦,换言之,这并非适用于人。人应该尽量模仿或实现最大限度的统一共同体,所以,这里所讲的就统一而言次佳政体,实际上就是对人而言的最佳政体。幸运的是,柏拉图在《法篇》中通过建造马格尼西亚殖民地的机会,为我们详细勾画了这个城邦的制度安排。

2. 马格尼西亚的财产安排

对于马格尼西亚财产的思考,柏拉图延续了自《理想国》以来的思路,认为财产和贫富差距是滋生城邦派系和内乱的温床。② 所以,殖民地最初的土地分配要尽可能平等:

> 土地应该足够宽广以供养特定数目的人节制的生活……应有5040名土地所有者和防御者,土地和家庭的数目也是一样,每个男人拥有一份份儿地……每个土地的分有者必须同时将其份额视为整个城邦的公共财产,必须将其土地作为祖国之一部分珍视,要甚于孩子对母亲的珍视;他必须将土地视作有朽者的女神。③

至于具体的划分方法:

> 整个疆域要分为12部分……土地要分为5040份,每一份要再一分为二,一部分离城近,一部分离城远。最靠近城的部分与最靠近边界的部分一并算作一份地,离城次近的部分与离边界次近的部分一并算作一份地,以此类推。划分份地时要综合考虑土地的肥沃与贫瘠,用之前提到的方

---

① 〔古希腊〕柏拉图:《法篇》,739c1-e7。
② 同上书,744d。并参见〔古希腊〕亚里士多德:《政治学》1266a37。
③ 〔古希腊〕柏拉图:《法篇》,737d-740a。

法:通过分配较大或较小的土地,份额需要平等。人也要被分成12部分,通过这种方式使得12部分在财产上尽可能地平等……每个人都有两处房屋,一处靠近中心,另一处靠近边界。①

柏拉图一方面认为应该将土地平均分配给5040位公民,使得公民都拥有自己的土地和家庭,但是在另一方面,柏拉图也附加了诸多限制。首先,如上面引文中提到的,土地实际上是城邦的公共财产,公民对其的态度要超过子女对母亲的珍视。所以,马格尼西亚城中也没有充分而完全的私人财产。其次,公民最初接受的份地是不能被买卖的②,份地永远为持有者所有,他死后份地会移交给其选择的一个儿子③。最后,土地持有者不能滥用土地,份地必须作为人们生活之来源。④ 由此可以看出,《法篇》中对财产的安排主要还是服务于城邦的总体安排。

在柏拉图的安排中,另一个非常明显的特点是土地与公民身份的紧密联系。虽然最初获得土地的人被称为土地所有者(geomoroi)和分配的护卫者,但确凿无疑的是,只有公民才能拥有份地。为了保持城邦份地数额的稳定,城邦的人口将被严格控制,保证城邦公民数量的稳定,具体的措施包括限制出生或者派往别的殖民地等。在土地和公民的分配中,柏拉图给我们描述了一个固定的、足以过节制生活规模的城邦,这一城邦并不谋求进一步扩张。

在马格尼西亚城邦中,虽然最初的土地分配是力求平等的,但还是会出现财产不平等的现象,这主要是因为很难保证人们在进入殖民地时拥有的所有东西都是一样的:

> 人们来到殖民地所带的钱财数量不同,有的多些,有的少些,继而因为众多原因,为了城邦中机会之平等,肯定会有不平等的阶层,所以在考虑官职、岁入和分配时,荣誉的分配不仅要考虑其先人和他自己的德性,身体的力量与健美,还要考虑他使用钱财或贫困的方式……因为这些原因,需要根据财产多寡创设四个阶层:第一阶层、第二阶层、第三阶层和第四阶层,或者使用别的名字……

---

① 〔古希腊〕柏拉图:《法篇》,745b-e。
② 同上书,741b。
③ 同上书,745b。
④ 同上书,740a,923a-b。

在这之后,我至少要设置如下的法律。我们说如果城邦要避免最大的疾患,这一疾患被正确地命名为内乱而非派系,那么公民中就不能有巨富和赤贫之人。因为两种状况都会滋生内乱和派系。因此,立法者必须为两种情况做一限定。所以贫穷的极限就是份地的价值,这必须被保持,任何想要因德性之故被尊重的官员或别的什么人,都不会允许任何人失去份地。将这作为标准,立法者允许公民们获得两倍、三倍和最多四倍份额价值的财产。如果有人获得超出四倍的财产——通过发现了某物或者受赠,或者赚钱或者运气,就让他将多出的财产捐献给城邦和拥有城邦的诸神。因此,他会获得好的声名并免于惩罚。而如果有人违背了这一法律,那么任何人都可以指控他,并拿去一半超出的财产,而受控方要从自己财产中拿出同样的份额,并将其余一半交给诸神。任何超出原初份额的东西都要清楚地记录在册,由法律制定的护卫官员保管,这样一来,所有关于财产的诉讼都可以轻易判定,真相将会清晰明了。①

乍一看,柏拉图对四个财产阶层的安排首先是被迫的,其目的是分配官职和荣誉等。但是在具体的官职安排部分,我们会发现财产阶层对于官职分配的作用非常有限。正如默罗指出的,大部分重要的城邦官职都与财产无关。军事将领的遴选也与财产无关,此外,所有公民都能参与公民大会和进入陪审团。只有一些次要的官员才从较富有的财产阶层中选出。② 所以整体来看,柏拉图对财产的区分同时也是对财富差距的限制,特别是上面引文所强调的,不同阶层的财产差距最多在四倍的范围内。如此立法保障了所有公民都能衣食无忧,也限制了他们对过多财富的追求,从而切断了财产成为人们生活目标的可能。

不止于此,柏拉图在《法篇》中非常直接地提出,在这个城邦里,追求赚钱是不可能的。与在《理想国》中对护卫者不准接触金银的规定类似,在马格尼西亚城中,所有公民都不能私有任何金银③,日常交换所需的金钱也被施以严格限制,古代雅典通常的结婚嫁妆亦被取消,城邦中也不能有借贷。在这样一个城

---

① 〔古希腊〕柏拉图:《法篇》,744b-745b。
② Glenn R. Morrow, *Plato's Cretan City: A Historical Interpretation of the Laws* (Princeton University Press, 1993), pp. 131-134.
③ 〔古希腊〕柏拉图:《法篇》,742a。

邦中,柏拉图进一步非常直接地指出,一个人想既富有又卓越是不可能的。^① 因为,"在高贵的事物上花费和只通过正义事务赚钱的人,永远都不会轻易变成巨富或赤贫。所以我们的说法是正确的:巨富非好人,如果他们不好,那他们就不幸福"^②。在柏拉图看来,通过正义途径获取财富并不能使人过度富有,一旦为了钱财而做不义之事,自然就会导致公民间的纷争,而这将会损害公民间的友爱关系。城邦中正义的财产最好是来自份地的产出,只有这样,才不会让人忽视金钱在自然的意义上是要服务于灵魂和身体的。^③

关于马格尼西亚城邦的财产安排,最后需要强调的一点是,虽然公民拥有份地和家庭,但如斯巴达的公民一样,他们并不从事具体的生产活动,公民的奴隶在他们的土地与家中劳作。^④ 在马格尼西亚,公民身份是被严格限定的,商人和手工业者都不具有公民身份;公民以及他们的奴隶都不被允许从事商业和手工制造,以防止公民被这些活动侵蚀,而影响其卓越的实现。

纵观柏拉图对马格尼西亚城邦财产制度的安排,可以看到他对财产的重视,"对财产的正确态度是所有立法的基础,也是城邦安全的秘密"^⑤。因为他深知,城邦的动乱基本源自内部的贫富悬殊,而要避免城邦这个最大的疾患,便要想方设法保证城邦的基尼系数维持在可控的范围内。但是更为重要的是,柏拉图通过立法者向我们道出,真正的政制设计和立法所关注的是城邦公民德性/卓越的培养。这种德性并不仅仅是斯巴达所崇尚的勇敢,因为大多数人所理解的勇敢是保卫城邦,并在对外作战中获胜,进而获得战利品。^⑥ 在柏拉图看来,如此理解的勇敢其实并不是真正的德性,支撑这种德性的,既有城邦的自由,也有扩张后攫取的钱财。虽然来库古在立法时尽最大努力限制金钱、财富在城邦中的作用,但是斯巴达取得霸主地位后,仍旧没有抵挡住钱财的侵蚀。在柏拉图看来,这种情况之所以产生是因为在根本上并没有理解什么是真正的德性。柏拉图在《法篇》卷一处就给出了德性的等级序列。他首先将德性划分为两类:属人的德性与神圣德性。前者从高到低依次为健康、美、力量与财富,

---

① 〔古希腊〕柏拉图:《法篇》,742e。
② 同上书,743c。
③ 同上书,743d。
④ 同上书,805e-808e。
⑤ 同上书,736e。
⑥ 同上书,626b。

后者的序列为智慧、节制、正义与勇敢。由二者构成的德性序列中,属人德性从属于神圣德性,这样,对财富的追求处于整个德性序列的最低端,并且要接受更高德性的统领,而真正的德性培养要以最高的智慧为目标。所以,综合来看,无论是在《理想国》还是在《法篇》中,对财产的讨论都要服膺于对最佳政体的理解,而最佳政体的基本和核心意涵就是要照顾人的灵魂、培育卓越之公民,由此,财产安排是为了人们能够不考虑财产,将灵魂转向真正美善的对象上。

三、亚里士多德论财产

(一) 幸福与财产

亚里士多德对柏拉图城邦方案的批判一直是学界公案,尽管他对柏拉图,特别是《理想国》中原始共产主义的设想有严厉的批评,但是在对财产性质和作用的看法上,亚里士多德接受了柏拉图的总体思路。在亚里士多德的政治框架中,财产并不被作为幸福生活的最终追求,而只是满足生活必需的自然需要。在《政治学》的开篇处,亚里士多德便借用了柏拉图在《法篇》中对"活着"和"活得好"的区分,提出"城邦的形成是为了活着,而城邦之为城邦是为了活得好"①。人通过家庭等共同体所实现的生活首先是为了满足日常所需,这些日需也构成财产的重要部分。在亚里士多德看来,自足只有在城邦的层面才能得以充分实现,而一旦思考城邦层面的问题,就会看到城邦的持存包含了比物质层面更高的目的,即幸福,或者说是人灵魂合乎最好的、最完善的德性的实现活动。②

在"活着"与"活得好"的关系中,我们可以很清楚地看到,幸福作为灵魂的实现活动肯定需要外在善,也即需要财产。在《修辞学》中,亚里士多德给出了财产及财产权的著名定义,并明确地将财产归入人的幸福所需之中:

> 财富包括:许多金钱和土地;对众多宽阔美丽房产的所有权;还有对许多美丽的工具、家畜和奴隶的所有权。所有这些种类的财产都是我们的,是安全的、体面的和有用的。有用的是那些生产性的财产,体面的是那些

---

① 〔古希腊〕亚里士多德:《政治学》,1252b30。
② 〔古希腊〕亚里士多德:《尼各马可伦理学》,1098a16-18。译文参照〔古希腊〕亚里士多德:《尼各马可伦理学》(廖申白译),商务印书馆2003年版。

提供愉悦的财产。"生产性",我是指那些能获得收益的;令人愉悦的是指除了对它们的使用外我们并不能获得其他的任何东西。安全的标准是财产的所有权处于如下这般的条件下,我们有能力使用它;如果我们有能力来处置它,那它就是我们的。处置它是指我将其赠送出去或出卖掉。作为整体的财富就是使用它而非拥有它;实际上财产的这一活动——使用——构成了财富。①

或许可以说每个人和所有人都共同地有一特定的目的,来决定他们选择做什么和不做什么。这一目的,简要总结来说,就是幸福及其组成部分。

……

我们可以将幸福定义为符合德性的实现活动;或者生活的自足;或者安享最大的快乐;或者财产和身体的良好状态,既有能力保护好财产和身体,也有能力使用它们。所有人肯定会同意,幸福就是这些中的某一种或某几种。根据对幸福的这一界定,其组成部分包括:高贵出身,许多朋友,好朋友,财富,好子女,许多后代,幸福的晚年,还有身体的诸种卓越,如健康、俊美、有力、魁梧、健壮,也有声名、荣誉、好运和卓越。人只有拥有了这些内在的和外在的善,才是完全的自足;除了这些,也没有什么别的东西需要拥有了。②

正如米勒指出的那样,在《修辞学》中,亚里士多德提出的幸福概念是"一组概念",既包括对于幸福的普通信念,也包含对幸福的哲学理解。③ 根据这里的理解,外在善,诸如朋友、财产等对于幸福来说是不可或缺的组成部分。但是,通过整体—部分来理解的幸福明显与亚里士多德其他著作中的论述④有矛盾之处,并且在伦理学著作中,亚里士多德并不认为财富是幸福的一部分。那应该如何理解亚里士多德关于财产与幸福的关系呢?

首先,在财产和德性的关系中,亚里士多德主张拥有一定的财产有助于"慷慨""大方"这样的伦理德性的培养。⑤ 在对柏拉图《理想国》财产公有的批评

---

① 〔古希腊〕亚里士多德:《修辞学》,1361a13-25。
② 同上书,1360b4-30。
③ Fred Miller, "Aristotle on Property Rights," in John P. Anton and Anthoy Preus, eds., *Essays in Ancient Greek Philosophy IV: Aristotle's Ethics* (Albany: State University Press, 1991), pp. 230-232.
④ 如亚里士多德在《政治学》中描述的"如果说城邦需用财产,财产并不能算作城邦的一个部分"。
⑤ 参见〔古希腊〕亚里士多德:《尼各马可伦理学》,第四卷。

中，亚里士多德明确指出，在一切归公的城邦中，人们是没有办法做出一件慷慨之事，谁也不能展现出施济的善心，因为慷慨必须有财产可以使用才行。① 无论幸福与具体的伦理德性是包含关系还是层级制关系，无疑财产对于某些伦理德性的养成是有积极作用的，进而对人的幸福也是有帮助的。其次，根据亚里士多德在《尼各马可伦理学》中的说法，财产作为外在善对于人最终实现幸福也是非常重要的。在第一卷讨论在世幸福时，他说人要幸福需要"合乎完满德性活动，并且充分享有外在善，还要一直这样活下去，直到终老"②；在第七卷中，他说"既然没有一种受到阻碍的实现活动是完善的，而幸福在本质上是完善的，一个幸福的人就还需要身体的善、外在的善以及运气，这样，他的实现活动才不会由于缺乏而受到阻碍"③。所以，综合上述讨论来看，对于财产与幸福关系的一个可能的理解是，财产是人实现幸福活动的重要条件，在合理的使用财产以及避免外在善的缺乏对幸福产生不利影响的双重意义上，财产发挥着积极的作用。

明确了幸福和财产的关系之后，我们再回到《政治学》的论述中来。亚里士多德在该书中对财产的论述最初是从家政入手的，从中我们可以清楚看到，财产被严格限定在日需的范围，赚钱术和无节制的生活则被强烈谴责：

> 作为一个家主，他就应该熟悉并运用这些手段以取得家庭所必需的各种物品，而且不仅要足够当时所需的数量，还得有适量的积蓄，以备日后的应用。这种致富方式和技术不但有益于家庭团体，也有益于城邦团体。真正的财富就是这些物品。虽然梭伦的诗句中曾经说过，人们的财富并为订定限额，这类真正的财富就供应一家的人的良好生活而言，实际上该不是无限度的。有如其他各业技术所需的手段各有限度，家务上一切所需也一定有其限度。这些工具在数目及大小方面既各有限定，财富就可解释为一个家庭或一个城邦所用的工具的总和。
>
> 但获取财产的技术另外还有一类，即通常所谓"获得金钱的技术"，这个流行的名词造得极为合适。世人对财富没有止境的观念是从这个第二类的致富方法引出来的。很多人认为前后这两类方式相同。实际上两者虽属相近，却不相同。前述那一类方式是自然的，后者是不自然的，这毋宁

---

① 〔古希腊〕亚里士多德：《政治学》，1263b11。
② 〔古希腊〕亚里士多德：《尼各马可伦理学》，1101a14-16。
③ 同上书，1153b16-20。

是人们凭借某些经验和技巧以觅取某种非必需品的财富而已。①

从引文可以看出,亚里士多德区分了两种相对的财富获取方式:家政以生活必需品为对象,是有限的获取,并且是自然的;与之相对的赚钱术,是以非必要的财富为目标,是无限的获取,是不自然的财产获取方式。对于家庭和城邦来说,除了满足基本的生活和必要的储备之外,不应该追求无限度的、非必要的财富。而之所以大部分城邦会选择后者,亚里士多德解释道,是因为"人们只知重视生活而不知何者才是优良生活的缘故;生活的欲望既无穷尽,他们就想象一切满足生活欲望的事物也无穷尽"②。通过对家政的论述,亚里士多德总结道:"家政重在人事,不重无生命的财物;重在人生的善德,不重家资的丰饶,即我们所谓的'财富'。"③

简要总结亚里士多德在几部著作中对于财产性质的论述,可以说他的基本思路与柏拉图并无二致,即将人的幸福和"活得好"与追求财富的生活剥离,为满足人的自然需求的财产是合理的。但正如本部分开始时便提及的那样,如果除去大的思路,亚里士多德对柏拉图具体财产安排却有很多原则性的批评。这些批评中,实质性部分多是针对《理想国》中去除财产私有制进行的,而对《法篇》的财产安排,亚里士多德的态度相对要温和很多,并且在自己最佳城邦的设计中也采纳了一些《法篇》的安排。那下面就来看看,亚里士多德认为哪种财产制度是更好的,以及他会如何具体安排自己的最佳政体。

(二) 私有公用与最佳政体

从前面的论述可知,亚里士多德给予了财产,特别是以家庭为单位的私产以合理而肯定的地位,这也是他对《理想国》中财产安排最大不满之所在。那亚里士多德认为如何安排财产为宜呢?就一般政体而言,存在三种财产制度:第一种是土地划为丘亩,各归私有,收获物则送储公仓而共同食用;第二种是土地完全归公有并共同耕耘,而收获物分配给各人,由各家自己食用;第三种是土地和收获都归公有。在他看来,后两种都会引起纷争,只有财产私有而公用是最理想的:

---

① 〔古希腊〕亚里士多德:《政治学》,1256b26—1257a5。
② 同上书,1257b41—1258a2。
③ 同上书,1259b19—20。

接受现行的私产制度而在良好的礼俗上和在正当的法规上加以改善,就能远为优胜,这就可以兼备公产和私有两者的利益。财产可以在某一方面(在应用时)归公,一般而论则应属私有。划清了个人所有利益的范围,人们相互间争吵的根源就会消除;个人注意自己范围以内的事业,各家的境况也就可以改进了。在这种制度下,以道德风尚督促各人,对财物做有利于大众的使用,这种博济的精神就表示在这一句谚语中:"朋友的财物就是共同的财物。"……在这些城邦中,每一公民各管自己的产业,但他们的财物总有一部分用来供给朋友的需要,另一部分则供给同国公民公共福利用途。譬如,在斯巴达,对于朋友所有的奴隶或狗马都可以像自己的一样使唤;人们在旅途中,如果粮食缺乏,他们可以在乡间任何一家的庄园中得到食宿。由上所述,已可见到产业私有而财物公用是比较妥善的财产制度,立法创制者的主要功能就应该力图使人民性情适应于这样的慷慨观念。①

从《修辞学》中对所有权的界定可知②,对于所有权来说最核心的是对财产的使用,而非固定的占有状态。换言之,正是在对财产的使用中体现了对人对财产的所有关系,故而这里讨论的"私有公用"原则实际的重心在后面的"公用","私有"之"有"恰恰也要彰显为公共的使用。

那接下来的问题就是亚里士多德的公共使用是怎么来的呢?纳斯鲍姆曾提出这种"公用"并非出于拥有人的意愿,更多的是法律强制。③ 而梅修则认为这基本上是出于自愿④,他给出的两个理由是:人是出于德性和以朋友的方式来使自己的私产公用;根据财产所有权的定义,人对财产拥有自由的使用权。本文认为,将纳斯鲍姆和梅修的观点综合起来会更有解释力。在上面的引文中,亚里士多德引用了柏拉图在《理想国》和《法篇》都反复出现的一句古语:"朋友之间一切公有。"虽然财产归个人所有,个人对财产的使用有自主权,但是亚里士多德希望立法者能够培养公民良好的礼俗。这里我们需要对立法者有更符合希腊意义的理解,即城邦政制和习俗的塑造者。这样一来,情况就变为立法

---

① 〔古希腊〕亚里士多德:《政治学》,1263a22—40。
② 〔古希腊〕亚里士多德:《修辞学》,1361a13—25。
③ Martha Nussbaum, "Aristotlian Social Democracy," in Bruce Douglass, Gerald Mara, and Henry Richardson, eds., *Liberalism and the Good* (New York: Routledge, 1990), p. 232.
④ Robert Mayhew, "Aristotle on property," *The Review of Metaphysics*, Vol. 46. No. 4, 1993, pp. 819-820.

者实际上以柔性的教育和礼俗来让公民将自己的财产供出来,让朋友和城邦使用,同时这一过程也是在培养公民乐善好施的伦理德性。虽然亚里士多德在这里并没有明确说若公民不这么做就要受到法律的惩罚,但是需要注意的是,在亚里士多德区分的财产制度中,实际上缺了一种,即财产"私有私用"。我们并不知道这一缺失的确切原因,但是合理的推测是私有私用在亚里士多德看来根本就不算是一种财产制度,并且很显然并不能如引文中所展示的那样,培养公民间的友爱、培育公民慷慨的德性等。① 故而,笔者认为亚里士多德主张的私有公用确实肯定了公民的所有权,但城邦还是会通过各种方式来引导私产最终化为公用,而不是完全由自己私用,进而衍生出自己对财产的无休止欲求。

在《政治学》第七卷关于理想城邦的具体安排中,我们有机会看到亚里士多德对城邦的具体安排,像柏拉图给马格尼西亚城邦立法一样。本文不详细叙述亚里士多德最后描述的这个城邦全貌。对于目前讨论的主题最相关的有两点,一是公民的范围,一是财产制度,特别是土地制度的安排。在理想城邦中,与柏拉图的马格尼西亚城邦一样,享有完备公民权的只有承担审议和裁判职能的公民,他们在年轻时是城邦的武装力量,即护卫者。他们在城邦中拥有财产,而其他真正从事生产活动和其他职业的人则不能具有公民身份。对于公民的财产分配,亚里士多德也提出了类似于《法篇》中的安排:

> 土地分配应注意到问题的两个方面:一方面,土地不宜像有些作家所主张的那样归于公有,虽然这也该像朋友之间的财物那样,互通有无而济公用;另一方面,全体公民必须生计有着而不致欠缺衣食。一般公认为治理修明的城邦都以设置公共食堂为有益,随后我们当另行说明我们之所以赞成这个制度的原因。每一公民都应有参与会餐的权利;但穷人继续维持一家的食口,常常没法支付会餐的份钱,所以,有些人就认为公共食堂应该由公款办理。公共祭祀的费用也应该由城邦的收益或公众的捐献支给。经过这些考虑,我们建议,城邦全境应化为两部分,一部分为公产,另一部分为私产,属于各个公民。两部分还须再各个划分为两份。公产以一份供应祭祀,以另一份供应公共食堂的用度。私产地亩应有一份配置在边疆,一份配置在近郊——每一公民要在两处各受领一块份地,这样,他们无论

---

① Darrell Dobbs, "Aristotle on Anticommunism," *American Journal of Political Science*, Vol. 29, No. 1, 1985, pp. 39-40.

在远处或近处,大家都利害相同了。这种措施既可满足平等和正义的要求,又在遭逢边警、遇到敌患时,全邦公民必可因此而作较坚强的团结。①

对土地和相应财产制度的安排中我们可以获知,亚里士多德实际上保证了所有公民都能够有恒产,维持基本的日需。只有在这一制度下,不从事生产活动但又拥有私产的公民才能有闲暇去实现真正的幸福生活,城邦才有可能成为真正的优良政体。

四、总　结

如果将柏拉图《法篇》中马格尼西亚城邦和亚里士多德《政治学》第七卷中理想城邦的具体土地制度拿出来给当时的希腊人看的话,想必当时的读者并不会感到诧异或是新奇。正如亚里士多德自己对希腊很多历史与现实中的城邦的评析中所展现的那样,这些制度都在某种程度上被采用过。比如,来库古等立法者曾就土地和财产问题专门立法,以避免过度的贫富差距。但是与希腊当时的城邦不同的是,柏拉图和亚里士多德为城邦奠定了新的追求目标。以斯巴达为例,柏拉图和亚里士多德都多次指出,这一城邦将目标设定为在战争中获胜,这从一开始就把城邦的宗旨搞错了。由此带来的问题就是,他们从不反思城邦必然衰败的基础,而是通过立法尽可能地将衰败延迟,结果便是"现在斯巴达人已丧失了他们的雄图,我们全都可以看到那里并不是一个幸福的城邦,他们的立法家实际上是不足称颂的"②。财产以及无尽财产的背后是现实中的许多城邦对美好生活的想象。柏拉图和亚里士多德用德性和幸福重估了希腊的价值体系。在这一新的体系中,财产或所有权自身并不具有终极的独立价值,它们成为服务于人追求更高等的、灵魂的德性活动的必需条件,但也仅此而已。

本文强调了柏拉图和亚里士多德构想的财产制度的一致性,但是在后来的思想史传统中,柏拉图和亚里士多德似乎走了不同的路。柏拉图在《理想国》中对于财产和家庭的极端方案在基督教传统中得到肯定以及长远的回响;亚里士多德则被视为开创了将公民德性与小土地所有相结合的共和传统,其影响直到美国建国的反联邦党人那里仍非常明显。但无论如何,奠定现代世界运转逻辑的恰恰是柏拉图和亚里士多德不会想到的,也并不拥有的概念,即财产权。

---

① 〔古希腊〕亚里士多德:《政治学》,1329b41—1330a24。
② 同上书,1333b21。

偷盗与友爱：托马斯·阿奎那的财产观念

惠 慧[*]

财产权是西方经济思想史的重要议题之一。西欧中世纪著名思想家托马斯·阿奎那有关财产权的论述作品一直是学界谈论最多、引用最为频繁的中世纪文本之一，而关于财产权的专门研究则始于近代。19世纪末以来，马克思主义研究方法在西方兴起，使得财产的私人占有和集体所有的二元对立成为人们考察财产权和与之相对应的经济制度的标准范式。关于阿奎那财产观念的研究在传统上深受这种路径的影响。[①] 20世纪下半叶，随着西方学界政治思想史

---

[*] 惠慧，北京大学哲学系博雅博士后。
　本文原载于《世界宗教研究》2017年第4期，第151—164页。本文写作得益于钱艾琳博士、卢雅怀同学在海外求学期间为我扫描部分相关文献。夏洞奇老师以及阙建容、卢雅怀、彭福英、高然等学友就论文初稿提出修改意见，使我受益匪浅。特此致谢！尽管随着东欧剧变、苏联解体，学界已逐渐放弃这种二元模式的研究路径，然而，仍有学者以这种传统范式考察财产权问题，例如古代经济社会史专家彼得·甘西（Peter Garnsey）于2007年出版的论著是此类研究的代表。参见〔英〕彼得·甘西：《反思财产——从古代到革命时代》（陈高华译），北京大学出版社2011年版。俄罗斯史专家理查德·派普斯（Richard Pipes）于1999年撰写的专著同样从这个角度梳理了从古代到现代的财产观念和制度。中译本参见〔美〕理查德·派普斯：《财产论》（蒋琳琦译），经济科学出版社2003年版。

[①] 20世纪上半叶，在回应马克思主义经济理论的历史语境中，天主教学者麦克唐纳完成了关于阿奎那财产观念的系统研究。参见 William J. McDonald, *The Social Value of Property according to St. Thomas Aquinas: A Study in Social Philosophy* (Washington, D. C.: The Catholic University of America Press, 1939)。德语学界的典型代表是 Ferdinand Troxler, *Die Lehre vom Eigentum bei Thomas von Aquin und Karl Marx* (Freiburg, Schweiz: Imba Verlag, 1973)。更多相关研究参见该书参考书目。早期介绍阿奎那财产观念的汉语文献，参见〔爱尔兰〕奥布赖恩：《奥布赖恩的〈欧洲中世纪关于财产权利和商品交换的思想〉》，载巫宝三主编，傅举晋、吴奎垩等译：《欧洲中世纪经济思想资料选辑》，商务印书馆1998年版，第321—358页。文章作者同样致力于澄清阿奎那的财产观同共产主义制度的本质差异。

研究的兴盛,有些学者开始从政治思想史角度考察阿奎那同近现代西方财产理论的关联。① 特别是加拿大著名政治学家麦克弗森将洛克解读成作为资本主义制度基石的、不受限制的私有财产权的捍卫者之后②,他的这一观点引起了部分学者的异议。阿奎那同洛克财产观点的相似性因此受到重视,成为这些学者驳斥麦克弗森的有力武器。③ 更加晚近的研究则倾向于通过诠释阿奎那的财产权理论,寻找一条解决当代经济困境的有效途径。④ 特别是在财富分配领域中,阿奎那有关财产权的自然法理论,成为研究者捍卫人们享受福利的基本权利的理论依据。⑤

我们看到,所有这些关于财产权理论的不同研究,最终都指向一个似乎永恒的难题:经济发展与贫穷并存。以往对阿奎那财产观念的研究围绕经济制度的模式或法理思想,在理论与制度层面进行钻研和探讨,却忽视了西欧中世纪社会生活的现实情况对阿奎那本人思想的影响。因此,本文试图在12、13世纪西欧经济腾飞与社会危机并存的历史背景下,解读阿奎那有关财产观念的文本。通过比较阿奎那和他同时代其他思想家观点的异同,重新审视私有财产和共同权利之间关系。阿奎那关于财产、贫困和慈善等问题的深刻洞见或许能为现代人提供一些启示。

---

① 1979年出版的会议文集《财产权理论》成为这一研究进路的典型代表。其中帕瑞尔的文章《阿奎那的财产权理论》准确地阐释了阿奎那与财产权相关的思想。参见 Anthony Parel, "Aquinas' Theory of Property," in Anthony Parel and Thomas Flanagan, eds., *Theories of Property: Aristotle to the Present* (Waterloo, Ontario, Canada: Wilfrid Laurier University Press, 1979), pp. 88-111.

② Crawford Brough Macpherson, *The Political Theory of Possessive Individualism: Hobbes to Locke* (Oxford: Clarendon Press, 1962).

③ B. Andrew Lustig, "Natural Law, Property, and Justice: The General Justification of Property in John Locke," in John Inglis, ed., *Thomas Aquinas* (Aldershot, England: Ashgate Publishing Limited, 2006), pp. 289-319.

④ Garrick R. Small, "Contemporary Problems in Property in the Light of the Economic Thought of St. Thomas Aquinas," in Pontificia Academia Sancti Thomae Aquinatis, Società Internazionale Tommaso d'Aquino, eds., *Atti del Congresso Internazionale su l'umanesimo cristiano nel III millennio: la prospettiva di Tommaso d'Aquino: 21-25 Settembre 2003*, pp. 843-855.

⑤ Joseph Boyle, "Fairness in Holdings: A Natural Law Account of Property and Welfare Rights," *Social Philosophy and Policy*, 2001, pp. 206-226.

穷人偷盗：贪婪还是正义？

在论及12、13世纪西欧的社会状况时,欧洲中世纪的一般性通史读物都会重点描述11世纪以来西欧农业发展带来的人口增长,商业繁荣推动城市和大学的兴起,以及民众的宗教热情和教会权力的扩张等显著特点。然而,现代人却常常忽略了,西欧在进入12世纪之后遭遇了粮食供应不足等所带来的社会危机。① 由于人口激增、气候恶劣以及自然灾害,欧洲各地都发生了间歇性饥荒,引发了广泛的贫困现象和社会动荡。② 由修道院主导的救济穷人的传统已经无法满足灾荒引发的对食物的基本需求。穷人因缺乏生活必需品而偷盗的行为屡见不鲜。面对危机,如何处理"穷人偷盗"的现象便成为主教们面临的一个棘手的问题。当时的思想家们纷纷就此表达了各自不同的见解。

争论的焦点首先集中在对穷人偷窃罪行(*peccatum*)的责任认定上。12世纪德国最著名的神学家赖谢斯贝格的格霍赫(Gerhoh of Reichersberg)拒绝任何为偷窃辩护的言辞,强烈"谴责一切占有他人财产的企图"。这位德国神学家最多能够容忍的是,适当"降低在极端贫困情况下偷窃罪行的严重性",以便施加在那些穷困潦倒的窃贼身上的惩罚能够略微减轻一些。③ 而另一些学者开始试图将因缺乏维持基本生活需求的物资而导致的偷盗,同单纯觊觎他人财产的一般性偷窃区别对待。13世纪的托钵修士阿奎那便是其中一员。在《神学大全》(*Summa Theologiae*)中,阿奎那详细地讨论了偷窃和抢劫的罪行。④ 对他而言,由紧迫的生活所需引发的偷窃行为,其必需性(*necessitas*)可以"减轻,甚至彻底免除偷窃行为的罪责。"⑤

---

① 法国学者莫拉组织的集体研究成果《中世纪的穷人》弥补了这一缺憾,将当时社会底层人民生活的历史细节呈现给现代读者。参见 Michel Mollat, *The Poor in the Middle Ages: An Essay in Social History*, Arthur Goldhammer, trans. (New Haven and London: Yale University Press, 1986).

② Michel Mollat, *The Poor in the Middle Ages*, pp. 59-70.

③ 转引自 Michael Mollat, *The Poor in the Middle Ages*, p. 111.

④ *Summa Theologiae*, IIa-IIae, q. 66 (Vol. 9, pp. 84-195).《神学大全》,以下简写为 *ST.*,《神学大全》第二部下半部(Secunda Secundae)简写为 IIa-IIae。本文所用《神学大全》拉丁原文采用当今西方学界公认的校订本——利奥版(Editio Leonina)。本文参考纸版,依次注明部(pars.)、卷(lib.)、章(cap.)、题(q.)、论(a.)等,括号内注明利奥版卷册及页码。英译本参考 Thomas Aquinas, *Summa Theologiae* (Cambridge: Cambridge University Press, 2006).

⑤ Thomas Aquinas, *ST.*, IIa-IIae, q. 66 a. 6 ad 1 (Vol. 9, p. 92).

对于"穷人偷盗"之罪的看法,阿奎那的观点同格霍赫有着本质的差异:格霍赫固守"不可偷盗"的律法条款,将罪的外在行为视为判定罪行的根本原则,而贫穷导致的必需性,只是衡量罪行严重程度、减缓惩罚的条件。因此,穷人无法因必需性而被免除偷窃的罪责。格霍赫勉强同意减轻"穷人偷窃"之罪的惩罚,仅仅是迫于外在社会压力的权宜之计。而阿奎那的观点恰恰相反。阿奎那认为,必需性的前提足以免除偷盗之罪。因为,贫困交加的穷人本不应为他们迫不得已的偷窃之罪负责。这暗示着,造成经济不平等的社会或者统治者才是必须为穷人偷窃之罪承担责任的人。

关于穷人是否应该为偷窃之罪承担责任的讨论,其核心在于,穷人偷窃行为是否具有合法性。换言之,穷人的偷窃行为是否违背了财产私有的基本权利。在12世纪的西欧,不少学者支持格霍赫的观点,严格保护私有财产权。巴黎主教彼得·隆巴德(Peter Lombard)、经院思想家普瓦捷的彼得(Peter of Poitiers)和博洛尼亚著名教会法学家胡戈奇奥(Huguccio)均在此列。①

在中世纪盛期最流行的神学教材《箴言集》(*Sententiae in IV libris distinctae*)中,彼得·隆巴德表明了他对偷盗与贪婪的鲜明立场。② 首先,他将偷盗定义为"一切非法夺取他人财物的行为"③。其次,为了说明自己的观点,他又讨论了以色列的子民掠夺埃及人财物的行为。《圣经·旧约》中的《出谷纪》(《出埃及记》)第十二章中叙述了上帝建立逾越节,击杀埃及人的长子,并命令以色列人出离埃及的故事。其中第35—36节说道:"以色列子民也照梅瑟(摩西)所吩咐的作了,向埃及人要求金银之物和衣服。上主使百姓在埃及人眼中蒙恩,给了他们所要求的;他们这样掠夺了埃及人。"④

如何评价《圣经》中的这段经典故事,是中世纪思想家在讨论偷盗行为时绕

---

① Michel Mollat, *The Poor in the Middle Ages*, p. 111.
② 彼得·隆巴德的《箴言集》是12、13世纪西欧中世纪大学最为流行的神学教材。而托马斯·阿奎那的《神学大全》在14、15世纪逐渐获得与《箴言集》相同的地位和影响力。在中世纪大学、各类教会学校培养出来的神学家、主教和神父都深受这些中世纪著名文本的滋养。
③ Peter Lombard, *Sententiae in IV Libris Distinctae*(《箴言集》,以下简写为 *Sententiae*), lib. III, dist. 37 cap. 5(142), p. 210, lin. 17-19. 本文所用彼得·隆巴德《箴言集》拉丁原文校订本 Magistri Petri Lombardi, *Sententiae in IV Libris Distinctae*, Tom II. Editiones Collegii S. Bonaventuraead Claras Aquas(Gottaferrata: Romae, 1981)。以下原文引用标注卷册、页码和行号。英译本参考 Peter Lombard, *The Sentences*, Book 3, Giuliu Silano, trans. (Toronto: Pontifical Institute of Mediaeval Studies, 2008)。
④ 本文引用《圣经》以天主教思高本《圣经》译文及缩写为准,人名和修会名称以天主教通行译文为准,括号内注明新教常用译名。

不开的问题。彼得·隆巴德在《箴言集》中的观点比较隐晦。首先，他指出，以色列人如果是在上帝的命令下抢夺埃及人财物，则其行为不应被视为偷盗和犯罪。① 因为在他看来，偷盗者是否犯罪，取决于合法的律令。如果某人是在法官的命令下而不是依据其自己的判断，夺取他人财物，则不应被视为偷盗。② 其次，他又引用奥古斯丁的观点，委婉地表示，那些以色列人因贪婪而欺骗埃及人。他们并不是接受上帝的命令（而是在上帝的默许下），使埃及人遭受责罚。③ 最后，他补充了反方的论点说明，即使好人做了偷盗之事也是犯罪，因为它违反了自然法"己所不欲，勿施于人"的基本原则。④ 总之，彼得·隆巴德在这里似乎想表达的是，上帝的律法并没有命令受压迫的以色列人去劫掠富裕的埃及人。因贪婪而行的偷盗之罪，理应自负其责。

彼得·隆巴德的分析具有一定的启示性。他注意到，在律法面前，审判者的命令具有更高的权威。在这一思路上，阿奎那赞同他的观点。但是，关于以色列人对埃及人的劫掠出于怎样的动机，阿奎那却有不同的看法。他认为，以色列人拿走埃及人的战利品，不是出于内心的贪婪，而是"法官"判决的结果。⑤

进一步地说，阿奎那在谈论"穷人偷盗"时采用了不同的角度，得出的结论也与格霍赫和彼得·隆巴德大相径庭。阿奎那认为，偷盗之罪与人们对财产的占有直接相关⑥，因此，穷人偷窃的问题不仅关乎罪，而且涉及分配正义的问题。所以，不能简单地将穷人偷盗的问题同杀人、通奸等罪行相提并论。⑦ 阿奎那明确表示，在因窘迫而极端必要的情况下，穷人的偷盗是合法的。"当必要性非常明显而紧急时，夺取他人财产以维持自身生存，"严格地来说，"不应被视为偷盗"⑧。在阿奎那看来，不是任何偷盗行为都是犯罪行为。

在对"穷人偷盗"这个现实问题的观照中，中世纪神学家们的生活经历和社会立场影响了他们的观点。作为高级教士的格霍赫和彼得·隆巴德站在裁判

---

① Peter Lombard, *Sententiae*, Lib. III, dist. 37 cap. 5 (142), p. 211, lin. 15–18.
② Ibid., Lib. III, dist. 37 cap. 5 (142), p. 211, lin. 20–23.
③ Ibid., Lib. III, dist. 37 cap. 5 (142), p. 211, lin. 23–25.
④ Ibid., Lib. III, dist. 37 cap. 5 (142), p. 212, lin. 1–4.
⑤ Thomas Aquinas, *ST.*, IIa-IIae, q. 66 a. 5 arg. 1 & ad 1 (Vol. 9, p. 90).
⑥ Ibid., IIa-IIae, q. 66 a. 1 & a. 2 (Vol. 9, pp. 84–86).
⑦ Ibid., IIa-IIae, q. 66 a. 6 ad 1 (Vol. 9, p. 92).
⑧ Ibid., IIa-IIae, q. 66 a. 7 co. (Vol. 9, p. 93).

者的角度,企图通过禁止偷盗行为,确保社会的安定。而身为托钵修士的阿奎那对穷人面临的困境却有着深切的体悟。13世纪的托钵修士们在欧洲各地区布道、乞讨,甚至同穷人们生活在一起。他们有更多的机会接触农村失去土地的贫困者和城市边缘地带的底层民众,感受他们的痛苦与悲凉。在卑微的行乞修行中,阿奎那认识到,仅仅通过严刑峻法并不能杜绝"穷人偷盗"的现象。财富的正当分配才是解决偷盗问题的根本之道。

阿奎那对穷人悲惨生活的同情与怜悯,使得他认可穷人在急需情况下的偷窃行为。那么,是否就此可以推断出,阿奎那已经赋予那些衣不蔽体的穷人劫掠富人的权利呢?中世纪的学者如何协调穷人与富人之间的关系,平衡私有财产与共同权利之间的张力,以避免偷盗现象带来的社会秩序的混乱呢?

私有财产:占有和使用

自基督教兴起以来,有限的财富在穷人与富人之间如何分配的问题就备受学者们关注。爱尔兰著名经济史学家奥布赖恩(George O'Brien)很早就已经注意到,将早期基督教思想家的财产观念解读成支持共产主义制度是完全错误的。他认为,这种解释往往断章取义,不考虑文本的历史与神学语境。① 天主教的社会经济思想虽然一直具有特惠穷人的取向②,但是这些思想家显然并不是社会主义者。他们虽然赞同在家庭和隐修院的小型团体内实行财富共享,但并不认为财产共有的制度应该延伸至整个社会。他们规劝基督徒放弃世俗财物,也不是要否定私有财产制度,而是"劝人乐善好施",使信徒走上属灵的信仰之路。③

阿奎那也不例外。他的财产观念继承了早期基督教思想和中世纪自然法理论。他通过区分对财富的占有和使用,澄清了与私有财产相关的几个疑难问题。首先,他支持财产私有化的立场毋庸置疑。阿奎那坦言,在获得与分配财

---

① 〔爱尔兰〕奥布赖恩:《奥布赖恩的〈欧洲中世纪关于财产权利和商品交换的思想〉》,第321—327页。

② 关于罗马天主教会私有财产观念中特惠穷人的取向,参见彭小瑜:《特惠穷人的取向——天主教社会思想历史考察之一》,《首都师范大学学报(社会科学版)》2010年第1期,第1—10页。

③ 〔爱尔兰〕奥布赖恩:《奥布赖恩的〈欧洲中世纪关于财产权利和商品交换的思想〉》,第327页。

产的权力(*potestas procurandi et dispensandi*)方面,占有财产是人类共同生活所必需的。① 因为在他看来,财产分配的差异有助于明确社会分工,避免推卸责任,提高工作效率。清晰的分配制度还可以防止经营的混乱,维持井然的秩序。而在财产共有的情况下,人类却争执不断,和平很难维系。有效性、有序性与促进和平这三点构成了他支持私有财产权观念的充分理由。② 当有人极力主张财产共有的社会制度时,阿奎那明确表示反对。他认为,自然法本身并没有规定财产必须共有。③ 富人先于其他人占有财富也是合法的。④ 因此,通过阿奎那有关"穷人偷盗"合法性的观点而推断出阿奎那主张财产共有制度的做法是鲁莽的。

阿奎那虽然认可私有财产权,却并不意味着他支持个人对财产绝对的私人占有。在解释人类对外物的占有时,他补充道:"就外物的使用(*usus*)而言,人们不应将外物看作仅仅是他自己的财产,而应看作是共有的,以便他们随时可以将财物分享给需要它们的人。"⑤阿奎那将财物的使用权向一切世人敞开,因为对于包括阿奎那在内的大多数中世纪基督教作家而言,只有上帝才拥有对外物的绝对的所有权,而世间任何个人对外物只拥有相对的权力,且这种权力仅限于外物能够帮助人类维持生活、为人所用的意义上。⑥

就这一点而言,政治思想史学者科尔曼(Janet Coleman)对阿奎那有关人与物之间关系的解释清晰而明确。他认为,在中世纪神学家阿奎那眼中,人是上帝的造物,所以人类生命具有双重目标:"此世的幸福"和在"至福直观"(*beatitudo*)中重返上帝的终极目标。"财产只是人实现此世幸福的手段,而不是目的

---

① Thomas Aquinas, *ST.*, IIa-IIae, q. 66 a. 2 co. (Vol. 9, p. 85).

② Ibid., IIa-IIae, q. 66 a. 2 co. (Vol. 9, p. 85). 挪威中世纪经济思想史家朗霍尔姆详细比较了阿奎那的老师大阿尔伯特(Albertus Magnus)、亚里士多德和阿奎那主张私有财产权论据的异同,探索出阿奎那这一思想的源头。参见 Odd Langholm, *Economics in the Medieval Schools*: *Wealth*, *Exchange*, *Value*, *Money and Usury according to the Paris Theological Tradition*, *1200-1350* (Leiden, New York, Köln: Brill, 1992), pp. 210-216.

③ Thomas Aquinas, *ST.*, IIa-IIae, q. 66 a. 2 ad 1 (Vol. 9, p. 85).

④ Ibid., IIa-IIae, q. 66 a. 2 ad 2 (Vol. 9, p. 85).

⑤ Ibid., IIa-IIae, q. 66 a. 2 co. (Vol. 9, p. 85). 麦克唐纳在研究中指出,阿奎那在这里所说的外物,既包括自然资源,也涵盖人们通过劳动制造出的产品。参见 William J. McDonald, *The Social Value of Property according to St. Thomas Aquinas*: *A Study in Social Philosophy* (Washingto D.C.: Catholic University of Ameri can Press, 1939), p. 47.

⑥ Thomas Aquinas, *ST.*, IIa-IIae, q. 66 a. 1 co. (Vol. 9, p. 84).

本身。"因此，在阿奎那这里，物品和金钱对于人类只有"工具价值"。①

阿奎那坚持财产共同使用权的自然法传统，目的是限制私有财产权，否定私有财产绝对的"排他力"（excludability）。② 在这一点上，阿奎那继承了奥古斯丁对于人类堕落前后不同状态的区分。在堕落前，人类不会有纷争，一切财产都是共有的。③ 因此他认为，在正义的社会秩序中，"富人如果坚持认为他们对他们的财产拥有绝对的权力，将受到严厉的谴责"④，且"富人任意地排除其他人对这些财物使用的权利，也将被视为非法行为"⑤。

在私有财产制度和经济中，排他的权力虽然能够保护个人的利益不受侵犯，但也有可能对共同的善（公益）构成致命的威胁。12世纪的西欧社会，货币经济的发展和商业城镇的兴起，既为商人致富增加了便利，也为部分商人的投机经营提供了更多的机会。例如，1126年从葡萄牙、法国和德国等地蔓延至弗拉芒地区的饥荒饿死了很多穷人。听闻此事后，有位斯特莱特的兰伯特骑士（Lambert of Straet）和他的儿子从南方"以低价买进大量谷物"堆满仓库，而后又"以穷人完全负担不起的高价卖出"⑥。投机分子在饥荒时期倒卖粮食，从中获取高额利润，坑害饥肠辘辘的穷人。面对层出不穷的类似事件，主教们显得束手无策。因为，"禁止偷盗"的传统法规无法应对更加复杂的商业社会中的正义与公平问题。到了13世纪，粮食危机更是伴随着价格波动和通货膨胀愈发严

---

① Janet Coleman, "Property and Poverty," in J. H. Burns, ed., *The Cambridge History of Medieval Political Thought c.350-c.1450*（Cambridge：Cambridge University Press，1988），p. 622.〔英〕J. H. 伯恩斯主编：《剑桥中世纪政治思想史：350年至1450年》（下）（郭正东、溥林、帅倩等译），生活·读书·新知三联书店2009年版。阿奎那关于人类终极目标的观点，请参见 Thomas Aquinas, *ST*., Ia-IIae, q. 1 (Vol. 6, pp. 6-16)，关于物质财富与人类幸福之间关系的观点，请参见 Thomas Aquinas, *ST*., Ia-IIae, q. 4 a. 7 co. (Vol. 6, p. 45)。

② 在现代财产理论中，排他权力（排他力，excludability）是所有权的要素之一。它意味着依照法律，"所有人对其财产拥有排除他人的权力"。排他力不同于排除（exclusion），"因为所有人可以不行使这种排除他人的权力"。而且，"排他力也不是独占（exclusiveness）"，因为存在着几个人共同拥有财产所有权的情况。参见〔美〕斯蒂芬·芒泽：《财产理论》（彭诚信译），北京大学出版社2006年版，第78页。

③ Thomas Aquinas, *ST*. Ia, q. 98 a. 1 ad 3 (Vol. 5, p. 436). 有关奥古斯丁财产理论的简单介绍，参见 Christopher Pierson, *Just Property*：*A History in the Latin West*，Volume One：Wealth, Virtue, and Law (New York：Oxford University, 2013), pp. 71-74。

④ Thomas Aquinas, *ST*., IIa-IIae, q. 66 a. 1 ad 2 (Vol. 9, p. 84)。

⑤ Ibid., IIa-IIae, q. 66 a. 2 ad 2 (Vol. 9, p. 85)。

⑥ Michel Mollat, *The Poor in the Middle Ages*, pp. 60-61.

重,穷人在贫困线上挣扎。渐渐地,投机商人同穷人之间的矛盾也日渐加剧。①

在这种紧张对立的社会关系中,经院学者们试图寻找问题所在。不少学者在各种文本中谈及经济伦理的论题。值得注意的是,在解释《圣经·旧约》中的《出谷纪》第二十章15节中"不可偷盗"这则诫命时,彼得·隆巴德、托马斯·阿奎那和方济会的波那文彻(Saint Bonaventure)都提到了高利贷(usura)问题。他们都将经济活动中的道德问题与财产权相联系,并都认为放贷取息的经济活动无异于偷盗。② 他们认为,高利贷行为危害了急需用钱的穷人的利益,应该绝对禁止。③ 不仅如此,波那文彻和阿奎那更是将商业活动中的欺诈行为也纳入了偷盗的范畴。④ 阿奎那还详细阐述了在物资匮乏的情况下,哄抬价格的不当行为。⑤ 他认为,商业欺诈犹如偷盗,它违背了交换正义的原则,破坏了公平价格(iustum pretium),在伤害他人利益的同时,严重威胁了社会稳定和共同的善。⑥ 因此,阿奎那在《十诫对谈集》(Collationes in decem praeceptis)中满怀激情地引用了《圣经·旧约》经文,说明无良商人偷窃之罪的严重性:

> 因此,这项罪就像杀人。**贫乏人的粮食,是穷人的生命;夺取他们粮食的,就是流人血的罪犯。剥夺佣工的劳资的,就是流人血的凶手。**⑦

到底是谁窃取了谁的财产?到底谁是杀人凶手?体恤贫苦民众的神学家阿奎那认为,与饥饿的穷人偷窃维持自身生存的面包相比,倒卖粮食而破坏了价格稳定的经济秩序的投机商人才是真正的盗贼和杀人犯。

12、13世纪,在越来越复杂的经济活动中明辨是非成为西欧地区主教们面临的挑战。特别是当商人为谋取利益发明出变化多端的经营手段时,进行道德判断和制定法律规范都变得极为困难。为此,经院学者的理论研究为主教提供了清晰

---

① Michel Mollat, *The Poor in the Middle Ages*, pp. 159-160.
② Peter Lombard, *Sententiae*, Lib. III, dist. 37 cap. 5 (142), p. 211, lin. 14-25. Thomas Aquinas, *Collationes de decem praeceptis*(《十诫对谈集》,以下简写为 *De decem praeceptis*), a. 9.
③ 阿奎那在《神学大全》中系统阐释了商业活动中的欺诈行为和高利贷的罪责。在他看来,这二者也同样与财富的正义分配原则直接相关。Thomas Aquinas, *ST.*, IIa-IIae, q. 77-78 (Vol. 9, pp. 147-167).
④ Bonaventure, *De decem praeceptis*, Collatio 6, 18 (Vol. 5, p. 528). Thomas Aquinas, *De decem praeceptis*, a. 9.
⑤ Thomas Aquinas, *ST.*, IIa-IIae, q. 77 a. 1 co. (Vol. 9, pp. 147-148).
⑥ Ibid.
⑦ Thomas Aquinas, *De decem praeceptis*, a. 9.

明确的判断标准。阿奎那指出,在人类社会中,占有财产、合理地使用财产都必须符合正义(iustitia)原则。在阿奎那的理解中,"正义是一种习性,它以持续和恒久的意愿给予每个人权利"①,同时意味着"对其他人权利的尊重"②。也就是说,阿奎那所说的正义永远"指向他人",必然包含同他人的平等关系。③ 因此,阿奎那认为,在经济活动中采取任何行动时,任何人都必须考虑与其他人的平等关系,并且这些正义的行为应当"指向共同的善(bonum commune)"这一律法原则。④ 简言之,合理地、正当地占有和使用个人财产,主要看这种占有和使用是否避免损害他人利益,是否将他人与自己平等对待,是否对整个社会共同体都有益。如果对财产的占有或使用不符合正义和平等原则,不论是在分配正义(iustitia distributiva)领域还是交换正义(iustitia commutativa)领域,这种占有或使用都可能是违法的,至少是违反中世纪"己所不欲,勿施于人"的自然法原则。⑤

由此,阿奎那主张,在特殊情况下,穷人有权使用他人财产,以维持基本生存。因为,生存权必然高于财产权。中世纪的学者为穷人争取权利,想方设法维持公平价格,坚决打击高利贷的种种行为,都是为了给穷人提供一个平等地享有世间财富的机会,以确保他们灵性追求的权利。因为,在这些神学家看来,世界和人类都是上帝创造的产物。世上一切财富都是神的护佑(divina providentia)。⑥ 正如现代学者皮尔逊注意到的,中世纪的思想家普遍接受的财产观是,依照上帝的意愿,以合理的方式使用世间财富。⑦ 那么,对于阿奎那而言,怎样使用世间财富才是合理的呢?在他看来,上帝的意愿又是什么?

剩余财富:合理地使用

基督教所信奉的上帝不愿看到饥寒交迫的穷人因缺衣少食而行偷窃之罪,祂更不愿目睹信仰基督的商人内心充斥着贪婪的、对金钱的欲望,而无视穷人的疾

---

① Thomas Aquinas, *ST.*, IIa-IIae, q. 58 a. 1 co. (Vol. 9, p. 9).
② Ibid.
③ Ibid., IIa-IIae, q. 57 a. 1 co. (Vol. 9, pp. 3-4).
④ Ibid., IIa-IIae, q. 58 a. 5 co. & a. 5 ad 2 (Vol. 9, p. 13).
⑤ Ibid., IIa-IIae, q. 61 (Vol. 9, pp. 34-40).
⑥ Ibid., Ia, q. 96 a. 1 co. (Vol. 5, p. 426).
⑦ Christopher Pierson, *Just Property: A History in the Latin West*, Volum One: Wealths Virtue, and Law, pp. 77-95.

苦。11世纪以来,西欧社会趋于安定,农业发展、人口持续增长。12、13世纪,经济进步推动了城市手工业的发展,商业和贸易日渐繁荣。丰富的物质产品使社会发生了巨大的变化,但并不是每个人都有机会享受到上帝恩赐的财富。

贫富差距不仅存在于中世纪,它也是现代社会的顽疾。对此,西方现代学者提出了不同的理论构想。在美国学者斯蒂芬·芒泽的《财产理论》中,他向我们介绍了正义和平等原则下的几种现代财产理论。财产的"最低值理论"(Floor Theory)主张,通过政府的福利制度使穷人达到维持有尊严生活的最低标准,保证人的基本生存和适度发展的权利。而现代"差距理论"(Gap Theory)则坚持让政府以税收的方式干预财富分配,以减小穷人和富人之间财富的差异。该理论认为,限制财富的不平等可以保证"自尊和合理自信的生活能力免受损害",这将有利于"社会在道德价值方面把人作为平等主体来对待"①。

在中世纪的西欧,类似于政府干预的制度性措施——什一税(decima)一直被教会广泛采用。中世纪西欧教会征收的什一税通常分成四部分使用:主教、神父与其他神职人员的薪俸、教堂日常维修和救济穷人。② 将什一税和教会财产收入的四分之一或三分之一拿来救济穷人早已是习以为常的做法,这是中世纪研究已经明确的事实。③ 通过制度性措施调节财产分配,可以挽救贫苦之人于危难,似乎有利于缩小贫富差距,适当缓解贫富双方的矛盾。但是,阿奎那认为,仅仅通过什一税来救济穷人是远远不够的。他看待贫富差距问题的角度与"最低值理论"和"差异理论"略有不同。他主张将全部剩余财富用于慈善、施舍给穷人:

> 可是,那第三种什一献仪,即那种应该与穷人一起分享的什一献仪,在新约律法时代已经增加了。因为主命我们不仅要把十分之一,而且要把一切剩余都捐赠给穷人;如同在《路加福音》第十一章41节里所说的:**你们应该把剩余的施舍**。再者,那些捐献给教会神职人员的献仪,应由他们分施给穷人享用。④

---

① 〔美〕斯蒂芬·芒泽:《财产理论》,第207—217页。此处引文参见第212页。
② Diana Wood, *Medieval Economic Thought* (Cambridge: Cambridge University Press, 2004), p. 57.
③ Michel Mollat, *The Poor in the Middle Ages*, p. 110.
④ Thomas Aquinas, *ST.* IIa-IIae, q. 87 a. 1 ad 4 (Vol. 9, p. 227) 引文由笔者从拉丁原文翻译出,参考中译本〔意〕圣多玛斯·阿奎那:《神学大全》(第十册),中华道明会/碧岳学社2008年版,第101—102页。

这看起来似乎有些极端。应当如何解释阿奎那这种对待"剩余财富"的态度呢？学者们提出了几种不同的思路。美国的麦克唐纳神父结合现代教宗利奥十三(Pope Leo XIII)著名的《新事》(Rerum Novarum)通谕和美国神父约翰·瑞安(John A. Ryan)的思想指出，需要帮助的"穷人"(pauper)是理解阿奎那这段文本的核心。① 教宗利奥十三认为："将多余的财富分给穷人是每个基督徒的责任。"瑞安也强调："不管什么时候，只要还存在剩余物资，这种援助应该一直延续下去。"② 在天主教社会学说的现代语境下，麦克唐纳在解读阿奎那的思想时，将分享剩余财富理解为耶稣基督不可动摇的诫命(precept)。③ 与此不同的是，政治思想史学者科尔曼接受了帕瑞尔从自然法角度对阿奎那的解读。他们都注意到阿奎那将剩余物品归于穷人应得的自然法依据。④ 在他们看来，阿奎那主张，剩余物品的合理使用必然指向"社会用途"，也就是公益。⑤

两种解读从不同角度揭示了阿奎那思想的深意，折射出学者们对贫富差距这一棘手的社会问题的现代反思。需要补充的是，阿奎那在《神学大全》中关于剩余财富的这两段文本中⑥，指代"剩余财富"的拉丁名词 *superabundantia* 和形容词 *superfluus* 都含有丰盛、过量的意思。⑦ 阿奎那认为，因为"神的护佑建立了自然秩序"，所以一部分人获得丰盈的财产也来自神的护佑。他们不该独自沉浸在奢华富足的生活中，而置身旁的穷苦于不顾。依照上帝的意愿，富人应该与穷人分享这些财富。⑧

由此可见，神的护佑这个神学概念是理解阿奎那财产观念的关键。当神的眷顾降临到某一个人或社区团体时，如何使用财富才是符合上帝意愿的呢？阿奎那提醒人们，对财产的使用不同于世俗意义上的享受(*fruitio*)。因为，"使用"

---

① 国内关于约翰·瑞安神父经济思想的专门研究，参见彭小瑜：《美国神父约翰·瑞安关于家庭生活工资的思想》，《世界历史》2010 年第 3 期，第 113—123 页。

② William J. McDonald, *The Social Value of Property according to St. Thomas Aquinas*, p. 35.

③ Ibid., p. 47.

④ Thomas Aquinas, *ST.*, IIa-IIae, q. 66 a. 7 co. (Vol. 9, p. 92).

⑤ Anthony Parel, "Aquinas' Theory of Property," p. 251; Janet Coleman, "Property and Poverty," p. 623.

⑥ Thomas Aquinas, *ST.*, IIa-IIae, q. 66 a. 7 co. (Vol. 9, p. 92); Thomas Aquinas, *ST.*, IIa-IIae, p. 87 a. 1 ad 4 (Vol. 9, p. 227).

⑦ J. F. Niermeyer, ed., *Mediae Latinitatis Lexicon Minus* (Leiden: Brill, 1976), p. 1005.

⑧ Thomas Aquinas, *ST.*, IIa-IIae, q. 66 a. 7 co. (Vol. 9, p. 92).

总是为实现某个更高的目的而采取的手段①,但"享受"有时可以成为目的本身,特别是当享受的对象是金钱(pecunia)时。② 人们在获得财富以后,应该时刻提醒自己,不要无节制地渴望占有金钱,让自己的心被贪婪(avaritia)侵蚀。③ 正如帕瑞尔所言,贪婪妨碍人们认识自身存在的真实意义,对金钱的迷恋代替了与上帝合一的喜悦。④ 通过金钱,人们很容易在此世迷失自我。因此,只有遵循慷慨(liberalitas)的美德,将过多的金钱和财富分施给穷人或者用于公益事业,才有可能避免贪婪在人内心滋生。⑤

总而言之,无论是对穷人偷盗的辩护,还是主张将剩余财富施舍给穷人,阿奎那的财产观念最终都指向基督徒的义务——慈善。面对贫富分化的痼疾,阿奎那的慈善观有别于现代西方社会福利国家的视角,它更强调在慈善活动中逐渐养成慷慨与友爱的美德。通过面对面的平等交流,最终扭转人与人之间对立的财产关系。

慈善:友爱地分享

在12世纪西欧地区,已经出现了穷人与富人这两种社会阶级的明显区分。⑥ 教会通过倡导贫富双方的互惠行为,协调各阶层在经济上的不平等状况。通常情况是,富裕而虔诚的贵族和商人通过他们对穷人的捐献换取穷人们的祈祷,以保证他们在来世得到救赎。穷人依靠富人的馈赠得以维持基本生活。直到中世纪盛期,人们都理所当然地认为,穷人与富人之间的"不平等和互惠都属于上帝的安排"⑦。

然而,面对这种功利的互惠原则,阿奎那却认为,有必要将慈善(eleemosyna)行为进行更细致的区分。在《神学大全》有关慈善问题的讨论中,他首先强调了

---

① Thomas Aquinas, *ST.*, Ia-IIae, q. 16 a. 3 co. (Vol. 6, p. 115).
② Ibid., Ia-IIae, q. 11 a. 3 co. (Vol. 6, p. 92); Thomas Aquinas, *ST.*, Ia IIae, q. 16 a. 3 co. (Vol. 6, p. 115).
③ Ibid., IIa-IIae, q. 118 a. 1 (Vol. 9, pp. 455–456).
④ Anthony Parel, "Aquinas' Theory of Property," p. 255.
⑤ Thomas Aquinas, *ST.*, IIa-IIae, q. 117 (Vol. 9, pp. 449–454).
⑥ Janet Coleman, "Property and Poverty," p. 627.
⑦ Diana Wood, *Medieval Economic Thought*, p. 42.

在穷人急需时慈善的必要性。阿奎那认为,急需性使慈善成为严格的诫命。①"如果受助之人的需求明显而紧急",如果穷人"除此之外没有其他机会获得帮助",那么拒绝抻出援助之手的行为将被视为重罪。② 这种论断再次印证了阿奎那主张分享剩余财富的诫命。因为在阿奎那看来,分享剩余财富不是依据财富多少,而是依据被救助人的危难情况进行区分。当穷人遭遇到极度的困境而几乎危及生命时,施舍的慈善行为是对每个人刻不容缓的诫命。而就一般情况而言,慈善作为爱的行为,出于基督徒的怜悯之心③,是耶稣基督劝导每位基督徒应行的善举④。

其次,需要注意的是,对穷人的慈悲与救助不应只停留在物质形式上。阿奎那反对单纯物质上的捐赠,并坚持认为,真正的慈善应怀有仁爱之心,充满喜悦且随时准备就绪。⑤ 在他看来,只有发自内心的邻人之爱,才能达到慈善的真实目的。不过,阿奎那在这里并没有展开论述,而是在《神学大全》中谈及《旧约》律法时,通过解释《圣经·旧约》中的《申命记》中进入邻居葡萄园的小故事,来引导信徒在践行慈善的过程中体会仁爱的含义。⑥

在《神学大全·法篇》第105个问题中,阿奎那解释了诸多与人类共同生活相关的司法问题,特别是与经济伦理相关的财产权问题。⑦ 其中,他引用《圣经·旧约》中的《申命记》第二十三章24节的经文:"几时你进入你邻人的葡萄园,你可随意摘食葡萄,可以吃饱,但不可装入你的器皿之内。"对于普通民众而言,这是在教唆大家窃取他人财产,引起众人的纷争吗?⑧ 阿奎那并不这么认为。

---

① Thomas Aquinas, *ST.*, IIa-IIae, q. 32 a. 5 co. (Vol. 8, p. 254).
② Ibid., IIa-IIae, q. 32 a. 5 ad. 3 (Vol. 8, p. 254).
③ Ibid., IIa-IIae, q. 32 a. 1 co. (Vol. 8, p. 249).
④ Ibid., IIa-IIae, q. 32 a. 5 co. (Vol. 8, p. 254).
⑤ Ibid., IIa-IIae, q. 32 a. 1 ad 1 (Vol. 8, p. 249).
⑥ 《神学大全》是阿奎那为他所在的道明会(多明我会)修院学校的修士们撰写的神学教材。他希望这样一部手册能够帮助那些即将成为神父的布道修士们处理好堂区的牧民工作,在信徒忏悔时给予明确而具体的生活指导。关于《神学大全》的写作背景,详见 Leonard E. Boyle, "The Setting of the *Summa Theologiae* of St. Thomas-Revisited," in Stephen J. Pope, ed., *The Ethics of Aquinas* (Washington D. C.: Georgetown University Press, 2002), pp. 1–16.
⑦ 《神学大全·法篇》指《神学大全》第二部上半部(*Prima Secundae*)第90—108个问题,即 Thomas Aquinas, *ST.*, Ia-IIae, qq. 90-108. 政治思想史和法律学者通常将《法篇》单独编辑成书,研究和讨论。其中,有关财产权问题的讨论参见 Thomas Aquinas, *ST.*, Ia-IIae, q. 105 a. 2 co. (Vol. 7, p. 265)。
⑧ Thomas Aquinas, *ST.*, Ia-IIae, q. 105 a. 2 arg 1 (Vol. 7, p. 264).

要彻底揭示阿奎那的阐释逻辑,我们首先要理解阿奎那关于《旧约》律法与《新约》律法的关系。这是一个复杂的论题,我们在此仅关注阿奎那的基本思想。阿奎那在《神学大全·法篇》中不厌其烦地逐条讲解《旧法》与《新法》,就是想说明,理解"摩西十诫"的《旧约》律法,应该以"爱上帝和爱邻人"的《新约》律法为核心和切入点。通过道成肉身的拯救行为,耶稣基督向世人展示了新法如何使旧法更加完满的奥秘。[1] 尽管《旧约》律法中规定了"禁止偷盗"的诫命,但《新约》中耶稣基督颁布的"爱邻人"的诫命才是"禁止偷盗"的根本原因和意义所在。在对法律本质的理解中,阿奎那主张,基督徒应该突破《旧约》律法文本的桎梏,在"爱上帝和爱邻人"诫命中体会自己与他人的财产关系。于是,阿奎那这样解释关于摘食邻人葡萄的疑问:

> 正如宗徒在《罗马书》第十三章8节所说的:**谁爱别人,就满全了法律**;因为法律上的一切训令,目的都是使人彼此相爱。由于相爱,人才彼此分享财物;因为按《若望一书》第三章17节说的:**谁(若有今世的财物)看见自己的兄弟有急难,却对他关闭自己怜悯的心肠,天主的爱怎能存在他内?**法律是想使人养成易于分享财物的习惯,正如宗徒在《弟茂德前书》第六章18节向富人命令的,要甘心施舍,乐意通财。[2]

在阿奎那看来,如果一个富有的种植园主连被邻人摘食葡萄这一点点损失都无法承受,那么他就更不会乐于施舍。《旧约》律法允许人们进入邻人的葡萄园,并不是鼓励偷盗,引起纷争,而是要教人学会分享(*communicare*),促进友爱(*amicitia*)。[3]

通过阐释《旧约》的《申命记》中允许邻人进入葡萄园的道理,阿奎那表达了他所理解的法律与仁爱关系的法理原则。在"关爱邻人"的《新约》律法原则下理解"禁止偷盗"的《旧约》诫命,既是解释"穷人偷盗"问题的理论依据,又为人们解决贫富分化问题指明方向。在阿奎那看来,慈善不仅满足可怜之人的生存需要,它更是对财产非法所得的批判。[4] 看似简单的慈善行为却包含着人们对自身财产、对自己和他人之间关系的态度。养成乐善好施的慈善习性,不仅

---

[1] Thomas Aquinas, *ST.*, Ia-IIae, q. 107 a. 2 (Vol. 7, pp. 279–281).
[2] Ibid., Ia-IIae, q. 105 a. 2 ad 1 (Vol. 7, pp. 265–266).
[3] Ibid., Ia-IIae, q. 105 a. 2 ad 1 (Vol. 7, p. 266).
[4] Ibid., IIa-IIae, q. 32 a. 7 co. & ad 1 (Vol. 8, pp. 256–257).

能够帮助人们平息对金钱和财富的欲望,促进慷慨的美德①,参与慈善更可以为人们提供与他人沟通的机会。因为,只有了解他人的生活和需求,才有可能建立友爱的互助关系。

阿奎那将穷人偷盗的问题与慈善问题结合起来,就是要提醒人们:"关爱邻人"中的"邻人"不仅指那些衣着得体、和我们一样有教养的、经常相互嘘寒问暖的亲朋好友,也包括那些我们鄙夷的、衣衫褴褛的、举止粗鲁的街头百姓和无业游民,甚至包括我们暗自憎恨的那些嫉妒我们美好生活、觊觎我们财产的窃贼与强盗。理解财产问题的本质,首先需要在人与上帝之间的关系中体会人与人之间的关系。从内心中彻底改变对贫穷窃贼的厌恶心态,才是人与人互相关爱的开始。

余论:托钵修士与中世纪慈善运动

法国中世纪史学家勒高夫指出,现代社会的市场经济秩序是在16、17世纪自由主义经济理论基础上建立的,而中世纪基督教社会则是依据"礼物经济(gift economy)模式"运作。基督教会经过长期努力,在中世纪成功地构建了以仁爱(caritas)观念为主导的社会价值体系。② 因为,对于中世纪经院学者来说,不论物质产品如何丰富,人类社会从来就不是一个"消费社会"。在阿奎那财产理论中,消费(consumption)也从未被视为财产的目的。③

正如麦克唐纳神父向我们展示的那样,经过细致研究,学者们已经逐渐认识到"自由主义对现代思想的持久冲击"。自由主义思想在现代社会制造出所谓的"资本主义心态"(capitalist mentality),使人错误地服从财富和以消费为目的的生产。在经济与伦理分离的现代话语体系中,人们很容易"将财产权置于人权之上",背离自然法的基本准则。④ 所以,在今天这个全球政治与经济依旧不平等的时代,中世纪思想家在考虑财产和贫富差距等社会问题的视角,似乎

---

① Thomas Aquinas, *ST*., IIa-IIae, q. 32 a. 1 ad 4 (Vol. 8, p. 250).
② Jacques Le Goff, *Money and the Middle Ages: An Essay in History Anthropology* (Cambridge: Polity Press, 2012), pp. 142-147.
③ Anthony Parel, "Aquinas' Theory of Property," p. 246.
④ William J. McDonald, *The Social Value of Property according to St. Thomas Aquinas*, pp. 1-13. 此处引语参见第13页。

能为我们提供某种程度的借鉴。

12世纪,西欧经济的快速发展并没有消除饥荒和贫困的社会问题。当时教会应对饥荒和贫困的传统济贫措施按照自上而下的模式运行,由教会将什一税和捐赠收入按比例定期施舍给需要的穷人。而13世纪兴起的托钵修道运动,为传统的济贫模式增添了活力。以方济会和道明会(多明我会)托钵修士为首的神学家们通过诠释"基督的清贫"这一神学概念,重新界定了贫穷之人在中世纪社会中的地位和处境。沿街乞讨的托钵修道方式感染了城镇里的普通民众,迅速地激发了广大信徒践行仁爱与施舍救济的热情。

一场来自社会各阶层的慈善运动席卷欧洲。不仅传统的隐修院开始设立专门的施赈所以满足穷人对食物和衣服的基本需求,主教座堂、教廷、皇室也纷纷创建了各具特色的慈善机构,及时地为穷人提供援助。特别是虔诚的平信徒自发组建的各种慈善组织,如雨后春笋一般地涌现出来。在他们的关心和帮助下,那些因家庭变故遭遇不幸的人从此不再陷入绝望。大量游离在主流社会之外的贫民和患病者住进了形式各异、数量繁多的医院和看护所里。基督教世界的广大民众似乎受到某种精神力量的感召被彻底调动起来。①

包括阿奎那在内的中世纪学者们和教会的思想家们为改善穷人的生活状况和社会地位付出了不懈的努力。在布道和忏悔圣事中,他们恳切地劝导人们抵制物欲的贪婪,摆脱财产对人身的束缚。社会观念因此逐渐转变。到了13世纪,免除饥饿之人偷窃罪责的思想已然被西欧民众广泛接受。② 然而,神学家的思辨工作仅仅是改变大众流行观念的开始,信徒们个人的慷慨与爱心才是促使中世纪慈善事业蓬勃发展的根本原因。中世纪的经院学者比我们更清楚地认识到,在法律与制度中起主导作用的永远是每个拥有理智、情感和欲望的活生生的个人。只有每个人的内心都充满仁慈与关爱,才有可能战胜人类共同面临的真正困难。

---

① Michel Mollat, *The Poor in the Middle Ages*, pp. 135-153.
② Ibid., p. 111.

自然法、财产权与上帝：
论洛克的正义观

霍伟岸*

从柏拉图的《理想国》开始，正义问题一直是政治学的核心问题，但是正义概念的内涵却在不同的时代和社会语境中经历着巨大的变迁。可以说，伟大的政治思想家对于正义问题的思考既反映了，又在一定程度上塑造了当时的普遍的社会关系。

约翰·洛克是处于现代早期这个人类历史的关键转折期的一位极为重要的政治思想家，他也是西方政治思想史上受争议最大的人物之一。围绕着他的政治思想的基本性质，洛克的身上已经被贴满了各式各样的标签：占有性个人主义者[1]、资本主义精神的卫道士[2]、重商主义者[3]、平等主义者[4]、社群主义

---

* 霍伟岸，对外经济贸易大学国际关系学院副教授。本文曾发表于《学术月刊》2015 第 7 期。

[1] C.B. Macpherson, *The Political Theory of Possessive Individualism* (Oxford: Oxford University Press, 1962).

[2] Neal Wood, *John Locke and Agrarian Capitalism* (Berkeley: University of California Press, 1984). 〔美〕列奥·施特劳斯:《自然权利与历史》(彭刚译)，生活·读书·新知三联书店 2003 年版，第 206—256 页。

[3] James Tully, *An Approach to Political Philosophy: Locke in Context* (Cambridge: Cambridge University Press, 1993), pp. 137-146; Herman Lebovics, "The Use of America in Locke's Second Treatise of Government," *Journal of the History of Ideas*, Vol. 47, No. 4, 1986, pp. 567-581.

[4] Gopal Sreenivasan, *The Limits of Lockean Rights in Property* (New York: Oxford University Press, 1995); Jeremy Waldron, *God, Locke, and Equality: Christian Foundations in Locke's Political Thought* (Cambridge: Cambridge University Press, 2002).

者①,甚至社会主义者②,不一而足。这些标签都与研究者如何看待洛克所处时代的普遍社会关系以及洛克的正义观有关。因此,深入探讨洛克的正义观,既有助于我们拨开繁多标签的重重迷雾,更加清楚地评估其政治思想的性质,也有助于我们确定在西方正义观演变的历史脉络中,洛克处于怎样的位置,对我们反思正义概念可以提供哪些启示。

本文首先从自然法、财产权和上帝的角度阐述洛克正义观的三个基本维度,接下来关于不正义的根源的分析和关于正义与慈善的关系的讨论又将进一步印证洛克正义观的上述三个维度。最后,本文将通过把洛克的正义观与亚里士多德、阿奎那、霍布斯、休谟和罗尔斯等人的观点进行对比,尝试揭示洛克正义观的政治思想史意义。

一、正义与自然法

洛克在其最重要的政治学著作《政府论》中其实很少提及正义(justice)这个词。根据学界通用的、由拉斯莱特编辑的《政府论》权威版本的索引,正义一词仅在上篇的1节中出现过,下篇也只有5节内容提到正义。③ 洛克对正义一词使用频率如此之低,似乎表明正义问题并不是《政府论》探讨的主题之一。拉斯莱特本人就持这样的观点。④ 事实是否如此,我们暂且存而不论。但是我们需要从《政府论》关于正义的说法中寻找解决问题的线索。

在《政府论》对正义有限的几次提及中,正义大多是与法、法庭、判决这样的概念联系在一起的。

具体来看,在下篇第三章"论战争状态"的第20节中,洛克谈到,扭曲正义就是在有法律和有法官的情况下公然违犯法律,未惩罚施害者,或未救济受害者。洛克在此节提到的"受权执行正义(administer justice)的人"在商务印书馆

---

① Matthew H. Kramer, *John Locke and the Origins of Private Property: Philosophical Explorations of Individualism, Community, and Equality* (Cambridge: Cambridge University Press, 1997).

② James Tully, *A Discourse on Property: John Locke and His Adversaries* (Cambridge: Cambridge University Press, 1980).

③ 事实上,在拉斯莱特版索引所提示的上篇第11节中,并没有发现正义一词的踪迹。但笔者发现,至少在上篇第42节中出现了对正义的使用。当然,索引出错的事例也并非罕见。但这并不影响我们形成这样的初步印象:正义似乎不是《政府论》的一个主题。

④ Peter Laslett, ed., *Two Treatises of Government* (Cambridge: Cambridge University Press, 1988), p. 85.

版本的中译本(以下简称"中译本")中直接被翻译成"受权执行法律的人"。在下篇第十九章"论政府的解体"的第219节中,洛克指出,正义的执行(administration of justice,中译本译为"司法")如果不能得到落实,则政府就等于解体了。执行正义的目的是保障人们的法定权利。在下篇第十六章"论征服"的第176节中,洛克同样强调,正义之手就是要惩罚罪行,当人的权利遭到侵犯时,要诉诸法律以求得正义,而法庭的正义就是恢复法律赋予一个人的权利。在下篇第十一章"论立法权的范围"的第136节中,洛克更是明确指出,作为政治社会的最高权威,立法机关的义务就是提供正义(dispense justice),根据得到公布的长久有效的法律和众所周知的得到授权的法官,来决定臣民的权利。

洛克上述对正义一词的用法并无任何特异之处。把正义与法和惩罚等概念联系起来既符合正义一词的传统用法,也符合它在当代的通行含义。① 洛克在一则题为"Justitia"的笔记中就曾专门论述"惩罚正义"(punitive justice)。他说:"惩罚正义在于不过分……因为惩罚在于从一个人那里拿走一件东西,交给另一人或使其有利于另一人,例如金钱、称赞等。做到不越出这些界限的人就不会是不正义的人。"② 惩罚正义强调正义的惩罚要适度,过犹不及。适度的标准毋庸置疑是由法来划定的,正义的人不会越出法的边界行事。综合上述洛克在《政府论》对"正义"一词的使用可以看出,洛克所说的法主要是指实定法,是由政治社会的立法机关所制定并公布的法。实定法有公认的法官来执法,对侵犯权利的案件依法进行判决,惩罚罪行,恢复受侵害者的法定权利。这就是正义的题中之义。

但是,如果我们进一步看,就会发现正义所依据的法不仅仅是实定法。下篇第十一章第136节有一个注释引用了洛克敬重的"明智的胡克"的一段话:"人类法是指导人类行动的尺度,而这些尺度还有更高的法则来加以规范,这些

---

① 从正义的传统用法来看,惩罚正义可以属于亚里士多德所讲的"矫正正义",见〔古希腊〕亚里士多德:《尼各马可伦理学》(廖申白译注),商务印书馆2003年版,第136—140页。不过,两者之间还是有微妙的区别。亚里士多德的矫正正义没有进一步加重惩罚以产生震慑作用的含义,他只是强调要把超出其应得份额的东西退回去。洛克的惩罚正义则遵循一个不太一样的原则:"足以使罪犯觉得不值得犯罪,使他知道悔悟,并且警诫别人不犯同样的罪行。"见〔英〕洛克:《政府论》(下篇)(叶启芳、瞿菊农译),商务印书馆1964年版,第9—10页。关于惩罚正义在当代语境中的使用,可参考下述事例。在伊拉克战争中,当美国成功地实施了一次针对萨达姆政权的军事行动后,小布什总统对媒体表态时就使用了"Justice is done"(正义得到了实现)的说法,其含义就是罪犯得到了应有的惩罚。

② John Locke, *Political Essays* (Cambridge: Cambridge University Press, 1997), p. 339.

更高的法则有二：神法和自然法。所以，人类法必须依照一般的自然法来制定，并且不违背《圣经》中的任何明文法，否则就制定得不好。"①可见，神法和自然法才是正义最根本的依据。鉴于洛克认为神法与自然法只是同一种高级法的不同表现形式，为了叙述简便，我们在这里只论述自然法。

洛克在他写于1663—1664年的《论自然法》中明确把"正义的观念"称作"首要的自然法和每个社会的纽带"②。在这一表述中，正义已经不仅仅要依据自然法，正义本身就是首要的自然法，或者说是自然法的首要内容。另外，他还援引亚里士多德在《尼各马可伦理学》中对法律正义和自然正义的著名区分，指出由于自然正义不管在哪里都具有同样的效力，这就可以证明存在自然法。③他的论证实际上把自然正义等同于自然法。洛克还努力反驳公元前2世纪雅典著名的怀疑论者卡涅阿德斯（Carneades）关于根本不存在正义的自然法这类东西、每个人追求的只是自我利益的说法。洛克虽然反对把个人利益视为自然法的基础，但强调人类平等的普遍规则与每个人的自我利益并不冲突，因为"正是自然法为每个人的私有财产提供了最强有力的保护，如果不遵守自然法，任何人都不可能成为其财产的主人并追求自我利益"④。洛克进一步反问："没有个人财产或所有权的地方哪里有什么正义可言？"⑤洛克对卡涅阿德斯的反驳指明了他对于正义、自然法、财产权三者关系的认识。在他看来，正义是首要的自然法，自然法作为人类平等的普遍规则是要实现保护个人权利（自我利益）的目的，而其中最重要的权利就是财产权，因此，正义维护的就是个人财产权，没有财产权，就没有正义。

这一点也得到《政府论》有关文本的支持。在前面提到的下篇第十一章第136节中，洛克提出，立法机关要提供正义，也就是要制定长久有效的规则来决定人们的权利，其目的是保护生活在法律之下的人们的财产。根据这样的实定法，人们就可以知道什么是属于他自己的，从而避免在自然状态之下对彼此财产的妨害。至此已经非常清楚的是，正义在本质上就是要维护财产权。因此，洛克在《政

---

① 拉斯莱特指出，胡克承认这段话其实是他对阿奎那《神学大全》中的一段话的引用。详见 Peter Laslett, ed., *Two Treatises of Government*, p. 358.
② John Locke, *Essays on the Law of Nature* (Oxford: Clarendon, 1988), p. 169.
③ Ibid., p. 113.
④ Ibid., p. 207.
⑤ Ibid., p. 213.

府论》中较少使用正义这个词,并不是因为他认为正义的概念不是他的政治学的主题,而是因为他在很大程度上用对财产权的论述替换了对于正义的论述。

二、正义与财产权

古罗马法学家乌尔比安给出了对正义迄今为止最有影响的解释:"正义是给每个人属于他自己权利的永恒不变的意志。"①这个解释在流传中又被进一步简化为"正义就是每个人各得其所"。对正义的这一理解之所以深入人心,一个很重要的原因在于,它的抽象性使得它能够适应不同的解释语境。其实,乌尔比安的原意是,法官在解决纠纷时应当寻求正义的结果,但何为正义,其实可以有很多标准。②

但在洛克这里,正义的标准已经被简化为一个,即财产权。财产权的含义是要明确标示出属于你的东西和属于我的东西之间的界限,在本质上与抽象正义概念所讲的给每个人其所应得之物是一致的。除了前述《论自然法》之外,洛克在自己的其他著作中还反复提到正义与财产权之间的关系。例如,在《人类理解论》中,洛克指出,"没有财产权,就无所谓非正义,这个命题和欧几里德的任何解证都是一样确定的。这是因为所谓财产的观念乃是指人对于某种事物的权利而言的,所谓不正义的观念乃是指侵犯或破坏那种权利而言的。这些观念既然这样确立了,而且各有了各的名称,因此,显然我们就可以确知这个命题是真实的"③。在同一著作的另一处,他又表明,正义是指尊重他人诚实劳动所取得的财产,不经同意不得拿走。④ 洛克在《教育片论》第110节也提出了类似的观点——只有当人们理解了财产权,才能理解什么是非正义,这里的非正义主要是指侵犯他人的权利,不正当地占有属于他人的东西。而正义的规则就是

---

① 《学说汇纂》(第一卷)(罗智敏译,纪蔚民校),中国政法大学出版社 2008 年版,第 13 页。
② 王涛:《从财产权的角度解读权利概念的早期发展史:从古罗马到奥康姆》,载许章润、翟志勇主编:《人的联合:从自然状态到政治社会》,法律出版社 2014 年版,第 205 页。
③ John Locke, *An Essay Concerning Human Understanding* (Oxford: Clarendon, 1975), p. 549. 中译本见〔英〕洛克:《人类理解论》(下)(关文运译),商务印书馆 1983 年版,第 540—541 页。
④ John Locke, *An Essay Concerning Human Understanding*, p. 567;〔英〕洛克:《人类理解论》(下),第 559 页。

划分"我的""你的"之类的权利。①

不过,无论是抽象的正义观念(给一个人其所应得之物),还是抽象的财产权观念(区分什么是你的,什么是我的)其实都只具有形式上的意义,仅凭此并不能指出到底需要根据什么具体标准来区分属于每个人的东西。洛克的一大理论贡献就在于他对正义概念的澄清给出了实质性的标准,这就是他著名的劳动财产权理论。

洛克财产权理论要回答的问题是,上帝最初把世界交给全人类共有,人们如何可能将处于共有状态中的一部分资源正当地占为己有,而又不必经过其他人的同意?这是父权论王权主义者菲尔默抛给所有信奉人生而拥有自然自由的自然法学派理论家的一道难题(菲尔默认为这是无解的)。洛克的财产权理论就是应对菲尔默挑战的一个卓越的智识建构。② 至少从表面上看,洛克要处理的难题是共有财产的个别化如何符合正义要求的问题,这与当代西方政治哲学家所热衷于探讨的分配正义问题具有本质上的一致性,虽然他们的问题背景截然不同。因此,也有学者直截了当地把洛克的财产权理论称作洛克的分配正义理论。③

概括来说,洛克的财产权理论包含四个要素。第一,神的意志要求我们要利用他赐予全人类共同所有之物以增进自身的保存。这是洛克财产权理论的神学背景。④ 世界最初由上帝交给全人类所有,上帝要求个人要利用他给全人

---

① John Locke, *Some Thoughts Concerning Education* (Oxford: Clarendon, 1989), pp. 169-171. 中译本见:〔英〕洛克:《教育片论》(熊春文译),上海人民出版社 2005 年版,第 181—183 页。

② 关于洛克财产权理论的智识背景,参见霍伟岸:《洛克权利理论研究》,法律出版社 2011 年版,第 188—194 页。

③ Francesco Fagiani, "Natural Law and History in Locke's Theory of Distributive Justice," *Topoi* 2, 1983, 163-185. 收录于 John Dunn and Ian Harris, ed., *Locke*, Vol. II (Cheltenham, UK and Lyme, US: Edward Elgar Publishing, 1997), pp. 7-29.

④ 李猛剖析,鲁宾逊政治寓言中揭示了洛克政治哲学的这个重要主题。劳动如果脱离了神意的基础,就将丧失其最重要的意义,而且劳动本身还不足以让孤独的人获得足够的对抗孤独的力量。劳动与祈祷所构筑的主题才能反映洛克思想的基本结构。正因为劳动本身就是神意,劳动创造的财产才有其正当性。而且,要想从根本上走出现代个体的精神孤独状态,重新发现人生的意义,必须依靠祈祷所蕴含的超自然的力量。参见李猛:《自然社会——自然法与现代道德世界的形成》,生活·读书·新知三联书店 2015 年版,第 9—18 页。

类的共有之物来增进个人生活的益处和全人类的保存。① 但是，如果不将共有物品划归私用就不可能让其对任何私人有所裨益，也就是说，要个人将共有之物的一部分据为己有以便加以利用是上帝的意志。这对财产权的确立来说是根本性的，因为如果没有上帝的意志作为基础，那么仅有个人的劳动是远远不足以确立私有财产权的。②

第二，通过属于个人所有的劳动改变物品自然所处的状态可以使个人确立对劳动对象的所有权。要想从共有的东西中确立私有权利，洛克必须找到一种本身属于私有的中介。这个中介首先是人身（person），每个人都对他自己的人身拥有财产权，这种权利是排他性的。③ 由此推理，他身体的劳动及其劳动成果都正当地属于他。因此，人天然地就拥有他的人身和他的劳动，这是他确立私有财产权的必要中介和手段。既然人拥有他自身和他的劳动，那么只要他用自己的劳动使任何共有之物脱离其自然所处的状态，他就在这物品上面加上了自己的某些东西（人格的延伸），从而使其成为他的财产，排除了其他人对它的共有权利。

第三，腐坏原则，即劳动所得之物构成有效财产权的限度是，不能让其劳动产品在占有过程中因未能及时消费而腐坏。

第四，充足性原则，即在自己通过劳动占有部分共有物品后，必须留给其他

---

① 这种共有状态应是普芬道夫意义上的消极共有，而不是积极共有。菲尔默的挑战是建立在对共有状态的积极共有的理解基础上的。参见〔澳〕斯蒂芬·巴克勒：《自然法与财产权理论：从格劳秀斯到休谟》（周清林译），法律出版社 2014 年版，第 86—101、152—155 页。相反的观点，见 James Tully, *A Discourse on Property*.

② 因此，诺齐克对洛克财产权理论的诘难就是站不住脚的。诺齐克的反驳是：根据洛克的说法，我们只要在大海里撒入一罐番茄汁，就可以把整个大海据为己有，因为我们对共有之物大海添加了自己的劳动，使大海自然所处的状态发生了变化（多了一罐番茄汁）。见〔美〕罗伯特·诺齐克：《无政府、国家与乌托邦》（何怀宏等译），中国社会科学出版社 1991 年版，第 209 页。但是，这显然是对洛克的误解。因为诺齐克例子中的劳动不能为劳动者带来任何生活上的益处，反而是暴殄天物，没能实现上帝的意志，因而也就缺乏确立财产权的基础。

③ 无论是在《论自然法》还是在《政府论》中，洛克都强调，因为人是上帝所创造的，所以上帝才是人的唯一拥有者，人并不拥有自身。因此，上帝有毁灭人的权利，但人却没有毁灭自己的权利。但是在这里，洛克却又说人拥有他的人身，这岂不是自相矛盾吗？对于这个矛盾，笔者认为塔利的解释是有说服力的。塔利说，上帝拥有人（man）和人拥有自身（person）是两个不同的概念。这里所谓的"人身"不是通常所说的"人的身体"，而是有着更为宽泛的含义，可以说是"人的自身"的简化说法。"人"与"人身"的区别在于，人是上帝所造的一种有生命、有智慧的存在，而人身则是在上帝赋予"人"的基本特征的基础上通过个人的努力和境遇而型塑的那个存在，正是在这个意义上，"人"拥有"人身"或"自身"。参见 James Tully, *A Discourse on Property*, pp. 105–114.

人足够多足够好的东西以便他们可以通过自己的劳动加以占有。第三和第四这两条自然法原则是洛克为了进一步增强他的劳动财产权理论的说服力而提出来的。显而易见,当腐坏原则和充足性原则同时满足时,个人的劳动财产权就具有充分的合理性,被排除了对于特定劳动对象的共有权利的人们再也提不出有力的理由进行争辩了,否则他们就是觊觎他人的劳动成果而想要不劳而获了。

上述四个要素综合起来就构成确立私有财产权的自然法标准,依据这一标准,上帝最初赐予全人类共有的世界就可以不必经过任何人的同意而自然形成各种各样的私有财产划分,从而为正义概念的贯彻奠定最初的基础。

当然,在洛克的叙事中,随着货币的发明,腐坏原则在分配正义方面所发挥的作用(令每个人不愿获取超出其所能消费数量的财产,从而使人们之间的财产规模差距不会太大)变得形同虚设,并且使充足性原则的满足也变得岌岌可危。不过,这些在洛克看来其实并不是问题。货币的发明使得勤劳的人们可以突破腐坏原则的限制,使自己的辛勤劳动获得最大限度的回报,同时也为社会创造了巨大的财富。另外,充足性原则的满足(当时主要是土地供应问题)仍然不是问题。因为一方面,美洲仍然有广袤的土地可以作为全人类的共有财产供那些无地少地的人去开垦和圈占①;另一方面,洛克实际上认为在人类价值的创造中,土地等生产资料的贡献微乎其微,而劳动力的贡献才是最主要的,劳动力已经取代土地成为最重要的资源,而且劳动力的创造力具有无限的潜能,在这

---

① 美洲并不是无人居住的大陆,欧洲殖民者圈占美洲土著居民所生活的土地不是会侵犯当地人的土地财产权吗? 这个问题貌似有理,但当我们仔细思考洛克关于土地财产权确立的理论之后就会发现,美洲土著居民对他们所使用的大部分土地都没有洛克意义上的财产权。我们知道,美洲土著居民的主要生活方式不是农耕,而是采集和游牧渔猎,后者可以确立对植物果实和海陆动物的财产权,却不能确立对采集场和牧场的土地财产权。根据洛克的理论,要确立对土地的财产权,只有一种方式,那就是圈占土地并在上面精耕细作。换句话说,只有当时在欧洲处于主流的农业用地方式才能确立土地财产权,而美洲土著居民的采集、游牧、渔猎的用地方式是不够资格的。其原因是上帝不仅要求人类利用世界,而且要求人类利用世界为生活提供最大的便利。就土地而言,这就是要使土地上的产出最大化。显然,农耕比采集、游牧、渔猎可以使土地有更大的产出。这样,美洲土著居民不仅不能抱怨欧洲殖民者圈占了他们的土地,而且还要感谢殖民者帮助他们大大提高了土地生产力,丰富了供应人类生活的产品。显然,洛克的财产权理论为欧洲殖民者在美洲的殖民扩张提供理论辩护的意图是昭然若揭的。参见:James Tully, *An Approach to Political Philosophy*, pp. 137–176;Herman Lebovics, "*The Uses of America in Locke's Second Treatise of Government*," pp. 567–581;强世功:《自然权利与领土主权——从洛克到马歇尔的隐秘主题》,《现代政治与道德》,上海三联书店2006年版,第108—124页。

个意义上,充足性原则的可满足性仍将长期有效。① 因此,洛克财产权理论的四要素依然构成其分配正义概念的有效判定标准。

值得注意的是,在这四个要素中,最重要的其实并不是人们经常提及的第二点"通过劳动确立财产权",而是第一点"上帝的意志"。设想一下,假如洛克的财产权理论只有后面的三个要素,其实仍然不足以有效排除其他共有权利人对于一个特定的被私占之物的权利要求。② 而且,事实上连整个财产权问题的背景(上帝最初将世界交给全人类共有)也是由第一个要素设定的,否则甚至不会出现共有权利人的问题。因此,我们有必要深入考察洛克正义观的神学背景。

三、上帝的正义

洛克在写于1680年的一则笔记中专门谈到了"上帝的正义",可以为我们剖析洛克正义观的神学背景提供一个很好的切入点。③ 洛克说,上帝不仅是全能的,而且是全知、全善的,因为全能如果不受全知和全善的约束,则不可称之为一项优点。上帝自身已经如此完美,不可能变得更好,因此上帝的全能不是针对他自己而言的,而是针对他的造物(在这篇短文的语境下主要是指人类)而言的,这种全能的目的是增进其造物的好处,而不是为了让他们受苦。所谓上帝的正义就是说,上帝向其造物展现其善意,赋予其造物一切能够用于追求幸

---

① Francesco Fagiani, "Natural Law and History in Locke's Theory of Distributive Justice," pp. 163–185. 巴克勒提出了一个解释充足性原则如何得到满足的不同思路。他认为,充足性原则主要是为"生存条件最恶劣者"设置的,一旦勤劳而理性的劳动者通过自己对土地的圈占和耕作使得这些处境最差者的生存状况也得到了改善(如英国的短工在衣食住行方面胜于美洲的国王),那么充足性原则就可以说得到了满足(亦即,英国地主的圈地行为就是正当的)。根据他的解释,"留给他人足够多足够好"的意思不是字面上的,而是保证最弱势阶层的生存状况至少不比原来(也就是与共有财产个别化行为发生前相比)更差的意义上说的。见〔澳〕斯蒂芬·巴克勒:《自然法与财产权理论》,第146—150页。

② 如果没有上帝的意志要求人们利用他赐给人类的共有财产来增进自身和全人类的保存,那么即便有人通过辛勤劳动试图将共有土地的一小部分圈占起来自行耕种和自享其成,而且同时满足了腐坏原则(通过货币储存劳动果实)和充足性原则(留给其他人足够多足够好的土地),其共有权利人仍然可以要求他停止这样做,并坚持过某种共同生产、共同消费的共产主义生活。但是,如果有上帝的意志这个要素进来,那么其他共有权利人的要求将不得不服从于上帝的意志(上帝的意志具有最高的效力)。因为划拨私用可以极大地增进对于资源的利用效率,从而更好地实现上帝的意志,所以劳动财产权才最终成立。这也是为什么洛克会说,一个英国短工的物质生活条件都要优越于一个美洲的部落国王。

③ John Locke, *Political Essays*, pp. 277–278.

福的手段,以利于他们在一种美好有序的状态中实现自我保存。我们不可能使上帝这一完美的存在受益或受损,所以上帝如果要惩罚他的一部分造物,只能是为了保存更大多数的造物,而没有任何其他原因(如报复人类,因为报复的前提是上帝因人类的行为而受损,而那在逻辑上是不可能的)。上帝的正义只是他的善意的一个部分,要严厉遏制那些作恶的人,但不会超出其全善意图所认为的保存人类的必要限度。如果认为上帝惩罚人类还有除此之外的其他原因,那都有损于上帝的正义。在这里,上帝的正义实际上是上帝把不能在人与人之间自动实现的正义,通过他的全能全知全善带给人类。这种正义的根本目的是人类的保存,而且是在一种美好有序的状态当中实现的舒适的生存。为了实现这个目的,有必要对其中的为恶者进行惩罚。

上帝的正义如何实现?洛克并未直接回答这个问题。但是综合他在不同著作中的有关论述,我们可以尝试给出几条线索。

首先,如上所述,上帝的意志构成洛克劳动财产权理论的神学基础。上帝不但许可,而且实际上还要求每个人要通过劳动将共有财产的一部分划拨私用,以利于个人的保存,进而也增进全人类的保存,因为这正是上帝的正义的体现。因此,洛克劳动财产权理论所阐明的正义标准不仅是一般意义上的分配正义,而且是上帝的正义。按照这个正义标准,通过辛劳和智慧所创造的个人财富具有神圣的正当性,因而是不可侵犯的。保护这一由劳动财产权构筑的正义秩序是每个政府的职责。①

其次,上帝通过赋予每个人趋乐避苦的天赋倾向和理性思考能力,促使人思考和实践自然法和正义。在《人类理解论》中,洛克把善恶的正义观等同于我们的苦乐之感:"所谓善(good)就是易于在我们身上引起或增加快乐,或者减少痛苦的东西,又或者是易使我们得到或保持其他的善,或者去除其他的恶的东西。与之相反,我们所说的恶(evil)就是易于在我们身上产生或增加痛苦,抑或能减少快乐的东西;要不然,它就是易于带给我们痛苦,或剥夺我们快乐的东

---

① 政治权力的来源是人人在自然状态中所拥有的自然法的执行权,而后者的目的是保护自然状态中个人的生命、自由和财产不受他人侵犯。政治权力与自然法的执行权在性质和目的上具有同构性,因此政治权力在本质上是保护财产权的权力,以便惩罚犯罪行为。必须指出的是,洛克在《政府论》中反复强调政府的目的就是保护财产权,这个财产权都是指广义的财产权,同时包括了对于生命、自由和狭义的财产的权利。

西。"①洛克承认,趋乐避苦是天赋实践原则,但又指出,它只是一种欲念倾向,本身并不是道德原则。如果把每个人的苦乐之感等同于道德判断,那么人类的正义观就将失去客观的标准。所幸的是,上帝还赋予每个人以理性。在洛克看来,理性思考告诉我们,最大的善就是获得天堂的永生,而最大的恶就是末日审判之后的万劫不复。这是上帝为确保自然法得到执行而给人们的道德行为施加的最大的奖惩。如果人能充分运用自己的理性看清升入天堂将给自己带来的至高无上的快乐,以及堕入地狱将给自己带来的无穷无尽的痛苦,那么这种对极乐和至苦的预期就能决定他的意志,使他克制眼前享受的欲望,并且无惧当下痛苦的侵扰,勇敢而坚定地追求德行,实践正义。因此,洛克不仅说"正义是首要的自然法和每个社会的纽带"②,而且强调"正义是基督徒的主要义务之一"③。当然,认识和实践正义之路并非坦途,否则人类也不会出现那么多不义的事情了。关于不正义的根源,我们留待下一小节再来讨论。

再次,洛克在《政府论》下篇中不断强调诉诸上天,实际上就是诉诸上帝的正义。④ 诉诸上天分几种情况:第一种情况是在没有对争执双方进行裁判的共同权力存在的纯粹的自然状态中,当一方认为另一方侵犯了他的权利时,就可以向侵犯者宣战。宣战者在道义上是诉诸上帝的正义的。第二种情况是虽然有人世间的明文法律和公认的裁判者,但事出紧急,时间上不容许受侵犯者向具有权力的裁判者寻求法律上的救济,这时也只能诉诸上天,就是自力救济。例如当有劫匪拦路抢劫,而且要谋财害命的时候。但洛克最想强调的是第三种情况,即权利侵害者不是别人,正是这个掌握公共权力的裁判者自身。他要么公然枉法,拒绝给予人们应有的法律救济,要么直接使用暴力侵害无辜者。这样的统治者违反了人们走出自然状态、加入政治社会的初衷,违反了其被信托权力的目的,已经在事实上丧失了合法统治的资格。对于这样一种暴君与人民之间的争端,人世间已经没有合适的裁判者,人们只能诉诸上天,通过反抗暴君来贯彻上帝的正义。洛克著名的反抗权理论正是以上帝的正义为

---

① John Locke, *An Essay Concerning Human Understanding*, p. 229;〔英〕洛克:《人类理解论》(上),第199页。比较〔英〕霍布斯:《利维坦》(黎思复、黎廷弼译),商务印书馆1996年版,第36—37页。
② John Locke, *Essays on the Law of Nature*, p. 169.
③ John Locke, *Political Essays*, p. 208.
④ 〔英〕洛克:《政府论》(下篇),第13、19、20、89、93、125、131、136、181、240、241节。

基本道德依据的。①

最后,从根本上说,生命和永生都是对正义的奖赏,上帝的末日审判才是绝对正义。人的重大的、根本的利益在于灵魂得救和获得永生,而这要在末日审判的时候才能揭开最后的谜底。对于末日审判的依据,洛克反对原罪说,坚持信主之法(只要相信基督就是弥赛亚,就能得救)与立功之法(要严格按照自然法的要求进行道德实践)并重。自然法的宗教意义在于它为人的灵魂得救提供了基本途径。② 既然认知和实践自然法对人的得救来说如此重要,那么自然法是否以及如何可以被完全准确地加以认知就成了重大的问题。③ 虽然洛克从未

---

① 人民的反抗权从根本上说来源于每个人根据自然法在自然状态中所拥有的做自己认为合适的事情以便保存自身的权力。当人民联合成为政治社会后,他们就把这种权力交给社会所有,而在签订政治契约之后,又由社会把这种权力授予政府。反抗权所直接针对的就是统治者的暴政,而一旦统治者实施暴政,就意味着政府已经解体,因此保存社会的权力再次回到社会手中,这就是人民的反抗权。个人可以暂时让渡这一权力,但是他们永远不能从根本上放弃这一权力。这是因为保存自身和保存社会是每个人不可推卸的自然法义务,反抗权是他们在特定时刻履行这一义务的必要手段。这是一种属于全人类所有的最终决定权,它高于任何人定的法律。李猛指出,与格劳秀斯、霍布斯和普芬道夫相比,洛克使现代自然法学派第一次展现了潜在的革命意涵。洛克使革命不再成为"政府败坏或政府失灵的标志",而成为"国家和社会最高权力构成的关键"。参见李猛:《自然社会》,第445页。

② 参见吴飞:《在良心与自然法之间——洛克宗教宽容论的思想张力》,载《洛克与自由社会》,上海三联书店 2012 年版,第 98—197 页。吴飞的这篇长文以洛克宗教宽容论中个人主观的良知与作为客观道德法的自然法之间的思想张力作为观察视角,按洛克作品写作的时间顺序(也可看作思想发展的顺序)深入分析了其主要著作,展示了诸多启人深思的洞见。但是该文在分析《宽容书简》(吴飞译为《论宽容》)时过于强调人在认识自然法方面的困难,从而错误地认为世俗政府的法律完全不可能以自然法为蓝本,导致洛克式的政府与霍布斯式的政府在政治效果上非常接近(因为自然法极难被认识所以形同虚设)。事实上,综观洛克的自然法思想,虽然吴飞敏锐地把握到了其中的思想张力,但是没有清楚地看到洛克在服务于不同的论辩目的时,会倾向于强调自然法在认知性方面的不同特点。例如,当他试图表明灵魂得救完全在于个人的良知而不能指望通过外在强制实现时,就会强调认知自然法的困难,从而排除执政官自信可以掌握自然法的真理以干预个人宗教信仰自由的可能性;当他试图表明自然状态是一种和平有序的状态时,他又会强调自然法是人人都可以凭理性轻松加以认知的;当他试图表明自然状态由于没有明示的法律而存在诸多不便时,他又会强调每个人仅凭理性很容易在自然法的认识上发生分歧。因此,洛克的自然法思想经常在"理性很容易认知"和"理性很难准确把握"这两个极端之间游走,很多时候取决于他当时论辩的语境。当然,不可否认的是,越到晚年,洛克对于单凭理性认知自然法的困难体认越深。但重要的是,洛克从来没有放弃自然法可以像数学般加以证明的信念(尽管他从未做到这一点,也不可能做到这一点)。因此,仅凭洛克在《宽容书简》中的观点就推出他实际上认为自然法不可能真正充当政府立法的向导是有失偏颇的,也与《政府论》中的基本观点不相符。洛克自然法思想中的矛盾或张力固然与他从来不以逻辑清晰见长有关,也与自然法本身的矛盾性特征有关:一方面,很多基本的自然法看上去似乎是不证自明的,如不能滥杀无辜,要孝敬父母等;另一方面,要全面地认知整体的自然法却又似乎是不可能的。

③ 关于这一点,下一小节"不正义的根源"还有详细探讨。

对自然法可以被人的正确理性加以认知(甚至如数学般精确地加以证明)这一点失却信心,但是越到晚年,他越对证明自然法的科学性的困难有了深刻体认。因此,他在写《基督教的合理性》一书的时候,开始强调"大多数人无法知,因此他们必须信"①,也就是转而强调人的得救除了要依赖于正确认知和实践自然法之外,还要依赖神的启示,依赖相信基督耶稣是我们的救世主。上帝的正义是为了人类的保存,这一保存的终极状态是所有上帝拣选之人在末日审判之后升入天国得享至福。为了成为上帝的选民,每个人(基督徒)都要在此世把立功之法和信主之法的要求践履躬行。

四、不正义的根源

洛克在其晚年的最后一部重要著作《基督教的合理性》中反对人有原罪,强调亚当犯的罪不应由他的子孙来承担责任。因此,人生而清白无辜,并且没有天赋观念,心灵像一张白纸。既然如此,就没有人天生是不正义的。那么不正义的根源在哪里呢?那些搅扰世间和平与安宁的邪恶的观念和做法是从哪里来的呢?

分析不正义的根源,还是要从自然法说起。人有理性能力,可以认知自然法。自然法是一切正义的基础。洛克说,正义是最大和最难的义务,当正义得以确立,其余的德性或义务就不再是困难了。② 遵守正义的义务之所以如此困难,一个主要原因是,要正确运用理性认知自然法并不容易,人们经常犯错,或者更确切地说,从未免于犯错。一旦对自然法的理解发生了偏差,自然在行动上就会导致不正义。在这个意义上说,不正义的根源其实是一个认识论的问题。那么,人单凭理性到底能否做到全面准确地认知自然法呢? 如果不能,那么岂不是说不正义的根源在于人的理性的局限性,而人的理性又是上帝赋予的,则上帝岂不是最终要为此负责? 而且,不知者无罪,如果人凭理性无法真正认识自然法,那么人就不会犯下对上帝的罪,也就无需一个救世主来拯救我们。这是洛克不能接受的结论。因此,终其一生,洛克都相信自然法是可以被人的理性充分认知的,自然法的道德义务是可以如数学般精确证明的,尽管这绝非

---

① John Locke, *The Reasonableness of Christianity* (Oxford: Clarendon, 1999), pp. 157-158.
② John Locke, *Political Essays*, p. 269.

易事,但也绝非不可能之事。①

洛克从没有说人的理性不足以理解自然法,但是他也看到,在基督耶稣降临之前,人凭理性本身尚未发现全部的自然法,尚未明确了解他们的全部义务。这表明,单独依靠理性来发现自然法的道德义务,其进程是缓慢而艰难的,因此人很容易违反自然法的正义要求,从而犯下对上帝的罪。也正因如此,神的启示才是必要的,基督耶稣的救赎也才是必要的。在《基督教的合理性》中,洛克小心翼翼地在两种立场之间保持平衡:一方面,他要强调理性具有独自发现自然法的能力;另一方面,他又要强调在获取自然法知识时,启示相对于理性的优越性,因为启示更加直截了当,更具有确定性和权威性。② 而且就人类社会一般的理智状况而言,大多数人更多地是要借助信主来走上得救之路的,钻研自然法本身对于改善人类整体的道德状况帮助不大。

之所以有上述观点,是因为洛克意识到,人的行动并不是由理性直接驱动的,而是由意志直接驱动的。意志又是由希望去除某种不快的欲望决定的。③ 我们固然希望理性能对欲望加以指导,但欲望是否愿意听从理性的指导,并不是由理性对道德律(或自然法)的理解力高低直接决定的。能够使欲望听从理性指导的最有效的手段是培养习惯。当欲望习惯于听从理性的指导,人就形成了一种自我克制的能力,这种能力亦被称为德性。洛克认为:"世界上大多数错误判决是出于意志的错误而不是理解的错误,因此要想使正义得到良好的执行,应当注意用心去选择正直的人而不是有学问的人。"④ 洛克强调正义作为一

---

① 戈蒂认为洛克所谓的道德的可证明性有两种可能的含义。在较弱的意义上,洛克是说我们可以阐明存在于同义反复命题当中的一种形式框架,例如"没有财产权,就没有不正义"和"没有政府允许绝对的自由";在较强的意义上,是说我们可以证明实质性的道德命令。(Mark Goldie, "Introduction",载《洛克政治论文集》,中国政法大学出版社 2003 年版,第 xxi 页。)笔者认为,洛克所谓的自然法或道德法的可证明性应该是在戈蒂所说的较强的意义上说的。理由是,在洛克的观念世界中,道德知识是人的创造,并不以外界的事物为原型,因此人可以了解其本质,进而找到一种适当的方法,来发现和证明各种伦理观念之间的确定性关系。相比较而言,自然科学所研究的对象乃是上帝的创造,人永远无法了解其本质。因此,与我们今天的信念相反,洛克认为我们在道德学方面可以获得比自然科学更清楚明白的知识。参见〔英〕洛克:《人类理解论》(下),第 506—508、640—641 页。

② 洛克自己没能做到对自然法的数学式证明恰恰表明了启示的价值。参见 John C. Higgins-Biddle, "Introduction," *The Reasonableness of Christianity*, pp. cvii-cviii.

③ John Locke, *An Essay Concerning Human Understanding*, pp. II, XXI, 233-287;〔英〕洛克:《人类理解论》(上),第 203—257 页。

④ John Locke, *Political Essays*, p. 273.

种内在的品质或德性,要基于习惯的培养而不是智识的训练。在推进正义的事业上,德性比理性的作用更大。反过来说,不正义的另一个主要根源就是,一个人在幼年时期未能养成良好的德性,使得自然本性的无规定性受到太多的不良影响。①

好习惯的养成要趁早,因为如若不然,让恶习抢了先机,就会把幼童的自然本性给败坏了。所谓恶习,就是不对人的欲望进行约束和规训而形成的习惯,因此自由放任对幼童有百害而无一利。在幼童的理性还远未成熟的时候,要训练他的意志完全服从家长的理性,也就是培养他"管束和克制自身欲望的能力",为理性成熟后形成对是非的判断能力打下基础。② 洛克认为,要用名誉感和羞耻感来辅助节制的德性③,加上反复练习④,特别是再加上周围人正面的榜样力量⑤,使欲望服从理性这一点尽早变成习惯,循序渐进地成为内化的原则。这样,本性与习惯的界限就不是那么清晰了,习惯变成了第二本性,德性也就经由习惯成为人的内在实践原则,"这一习惯乃是未来能力和幸福的真正基础所在"⑥。于是,一个仅具有天赋自由倾向的自然人就被培养成具有自制力和自主性的社会人和公民。

塔科夫指出,洛克在《教育片论》中所教导的美德建立在两点洞见之上:第一,差不多所有有价值的东西都来自人的劳动;第二,世间有更多比自己强的人(所以想任意支配别人是不可能的)。这些美德反映了洛克的政治观。洛克并没有直接教人爱国,但"他所传授的美德跟他的政治观"都为了同样的目标,"即维护自己与他人,避免犯上困扰人民生活的不公正和争夺行为"。对人保存生命、自由、财产的主要心理威胁是"人们天生的虚荣心和野心","取代了理智的

---

① 关于自然本性的无规定性,可参见王楠:《培育自由:洛克的教育哲学读解》,载渠敬东、王楠:《自由与教育:洛克与卢梭的教育哲学》,生活·读书·新知三联书店 2012 年版,第 1—149 页。
② John Locke, *Some Thoughts Concerning Education*, pp. 36, 39-40;〔英〕约翰·洛克:《教育片论》,第 118、121—122 页。
③ John Locke, *Some Thoughts Concerning Education*, pp. 48, 56-62;〔英〕约翰·洛克:《教育片论》,第 126、129—132 页。
④ John Locke, *Some Thoughts Concerning Education*, p. 64;〔英〕约翰·洛克:《教育片论》,第 133 页。
⑤ John Locke, *Some Thoughts Concerning Education*, pp. 67-71;〔英〕约翰·洛克:《教育片论》,第 137—146 页。
⑥ John Locke, *Some Thoughts Concerning Education*, p. 10, 45;〔英〕约翰·洛克:《教育片论》,第 103、125 页。

情意欲望或想像",想要"得到别人劳动成果的幻想或贪婪之念",这些都是洛克的德性教育希望去抗衡的东西。①

综上所述,洛克认为,不正义的根源主要有两个方面:在理性认知自然法上发生的偏差导致行为的不正义;在德性养成上的失败使人放纵欲望,觊觎属于他人的东西,从而越过了正义给人与人的财产关系所划定的界限。不正义的这两个根源与洛克正义观的三个维度有密切的关系,前者指向自然法和上帝,后者指向财产权。

五、正义与慈善

洛克在一则写于1695年题为"Venditio"(《售卖》)的短文中探讨了市场上的正义与慈善②,这对于我们理解洛克的正义观颇有启发。洛克说,严格的正义要求我们一视同仁地以市场价格把产品卖给所有人。只要在同一市场上的售价针对张三和李四毫无差别,那就不违反正义的要求,因为正义就是要求我们对所有人秉持同一个尺度。洛克举例说,假如有个商人把两艘装满粮食的船分别开往两座不同的城市去,其中一座城市敦刻尔克粮食短缺,接近于闹饥荒,所以他的粮食能卖高价,而另一座城市奥斯坦德则需求平稳,他的粮食只能卖到敦刻尔克四分之一的价格。那么这个商人在敦刻尔克高价出售粮食是否是在乘人之危行不义之事呢?洛克的回答是否定的。这个商人在敦刻尔克的做法没有什么不正义,只要他以同样的价格把粮食卖给当地的所有消费者,而没有对他们进行区别对待。市场价格之所以是公平正义的价格,也是因为它是用同一个尺度来衡量买家和卖家,前者想买得越便宜越好,后者想卖得越贵越好,双方在市场上机会均等,供给和需求最终达到的平衡就是市场价格,也就是公平正义的价格,它与卖家的利润率无关。这是"市场的道德自足性"③。

当然,这个商人的做法可能违反慈善的要求,因为慈善要求我们把物品

---

① 〔美〕纳坦·塔科夫:《为了自由:洛克的教育思想》(邓文正译),生活·读书·新知三联书店2001年版,第334—345页。

② John Locke, *Political Essays*, pp. 339-343.

③ John Dunn, "Justice and the Interpretation of Locke's Political Theory," in Richard Ashcraft, ed., *John Locke: Critical Assessments*, Vol. Ⅲ (London and New York: Routledge, 1992), p. 46.

以较便宜的价格卖给急需且贫穷的买家。而且,如果利用他人的迫切需要过分敲诈,要价明显超过其支付能力,榨干最后一分钱,不给他们留下未来生存的任何储备,甚至可能导致谋杀,那就是犯罪了。商人不应以他人生命为代价来追求市场利润,而且还有义务牺牲自己的一部分利益,分享自己的一部分财产去接济濒死的人。洛克总结说,市场价格(公平正义的价格)就是把产品卖给那些不是对产品有绝对需求的人时的成交价格。这恰恰说明正义要起作用是有条件的,当一方的物质资源极度匮乏以至于生存本身都无法保障的时候,是不能要求其正义行事的,这时应该起作用的是慈善原则。

当财产权与自然法关于人类应该尽可能得到保存的要求发生矛盾时,洛克明确赋予处于迫切需求状态的人以取用富有者财产,使自己免于饿死的某种权利:"正如正义给予每个人以享受他的诚恳劳动的成果和他的祖先传给他的正当所有物的资格权一样,'慈善'也给予每个人在没有其他办法维持生命的情况下以分取他人丰富财物中的一部分,使其免于极端贫困的权利。"[1]在这里我们可以把极端贫困的人对富有者要求施舍救济的权利称为"慈善权"。虽然这种慈善权可以在一定程度上对抗财产权,但是由于慈善权生效有苛刻的条件,它对财产权所构成的限制是非常有限的。我们看到,慈善权的权利主体必须处于极度贫困的境地,有急切的需求,并且没有其他办法维持生存。这些限制条件表明慈善权不可能是一项长期、普遍有效的权利,而只能是一项在特定的情境下对特定主体临时有效的权利。

洛克之所以对慈善权施加如此严格的限制,主要是因为他不希望看到"懒惰的"穷人利用慈善权"剥削""勤劳的"富人,换言之,他不希望由劳动财产权构筑的正义秩序受到慈善原则的过分冲击。

我们今天通常更多地把贫困现象归结到社会环境等结构性原因,而较少地归结到个人原因。而洛克恰恰相反,在他的观念中,绝大部分贫困者之所以陷入那样经济窘困的境地主要是个人懒惰造成的,因此,富裕和贫困就具有了一定的道德色彩。当然,洛克并不是简单地认为富人就有德,穷人就无良,但洛克确实对穷人"哀其不幸,怒其不争"。他并不鄙视穷人,但他鄙视懒人,而他又认为懒惰与贫困有直接关系,因此要让穷人摆脱贫困状态,特别是要让穷人不再

---

[1] John Locke, *Two Treatises of Government*, p. 42;中译本见〔英〕洛克:《政府论》(上篇)(瞿菊农、叶启芳译),商务印书馆1982年版,第34—35页。

依赖勤劳的富人的剩余财富生活,要让他们变得"有用",而不再纯粹是国家或其他国民的负担。

在写于 1697 年的《论济贫法》中,洛克认为,穷人数量的增加以及为了供养这些穷人而征收的税赋的增加已经让英国不堪重负。穷人越来越多的原因是"管制的松弛和行为的腐化;德性与勤劳总是相伴而行,正如邪恶与懒惰也总是形影不离"①。洛克的对策就是:通过严格的法律来限制穷人的淫逸,使他们有工作可干。其核心思想是:真正的扶贫不能是一味的救济,那样只会滋长穷人的懒惰,而是要为他们找到工作,保证他们不再依赖他人的劳动而活得像个寄生虫;人人都应充分地发挥自己的劳动力。

从洛克所提的措施和建议中,我们可以深切地感受到,在洛克的观念中,劳动首先是一种自然法义务,其次才是一种权利。这种义务既是对上帝的义务(人要保存自我),也是对公众的义务(人要保存社会)。正是在这个意义上,洛克要求那些只有部分(乃至微弱)劳动能力的人也要将其劳动力贡献给公众,甚至包括年满三岁的儿童。② 在今人看来,这要求几乎令人发指,很多论者也把这当作洛克为资本主义剥削性生产辩护的证据。但是洛克的理由却有着完全不同的语境。第一,他认为懒惰是基督徒的耻辱;第二,他认为让孩子从小养成劳动观念将会令其终生受益;第三,这些孩子的父亲通常把救济金花在酒馆里而不是自己的孩子身上,所以让这些子女进入工读学校可以更好地实现救济的目的,因为他们将得到更好的照顾;第四,工读学校的孩子有义务每周日去教堂,从而培养宗教感,而懒散长大的孩子则不知宗教、道德和勤奋为何物;第五,让这些工读学校普遍从事毛纺业的生产,对英国的贸易和财富积累十分有利。在这五个理由中,只有第五个理由与资本主义稍稍有些关系,但是与其说是资本主义,不如说是重商主义更符合当时的历史背景。其余的四个理由除第三个是出于政策效果考虑之外,都与宗教和道德有关。勤劳是基督徒的义务,是需要从小培养的道德观念,而这种道德观的培养又与宗教感的培育密切相关。出于浓重的清教情结和富国强民的实践需要,洛克才提出了在我们看来十分残酷的政策措施。但与此同时,洛克也强调,如

---

① John Locke, *Political Essays*, p. 184.
② 洛克要求所有领取救济金者的 3—14 岁的子女必须进入工读学校参加劳动,这同时也可以解放他们母亲的劳动力。John Locke, *Political Essays*, pp. 190-192.

果有人因未得到应有的救济而死去，那么相关的责任人要受到惩处。①

可见，在正义与慈善的关系上，洛克始终把通过劳动财产权构建的正义秩序摆在中心位置，虽然这个秩序在边缘地带可以对特定的慈善要求做些许让步，但绝不能让慈善干扰了正常的正义秩序。而且，即使是在直接处理贫困问题（通常被归于慈善领域）的时候，洛克的思路也仍然围绕着劳动创造价值的主题展开。劳动不仅是自然法权利，更是自然法义务，希图不劳而获是最大的不正义，因为不劳而获违反了自然法，否定了财产权，背弃了上帝保存人类的意志。救济穷人的慈善之举固然也符合上帝关于保存人类的自然法，因为上帝绝不会允许一个人眼睁睁地看着他的同胞饿死而无动于衷，但是最好的慈善是帮助穷人通过劳动摆脱困境，从而进一步巩固正义的秩序，而不是单纯救济，因为那容易滋养穷人懒惰的习性，进而威胁正义的秩序。

六、洛克正义观的政治思想史意义

要探讨洛克正义观的政治思想史意义，就有必要把他的正义观放在思想史的脉络中进行前后对比。笔者选取了不同时期的五位政治思想家作为思想史上的坐标，分别是处于古典时期的亚里士多德、处于中世纪的托马斯·阿奎那、与洛克同处现代早期的霍布斯、比洛克晚近一个世纪的休谟和当代的罗尔斯。②下文将分别将洛克的正义观与这五位思想家的正义观的特定方面进行简要的对比，从而帮助我们更好地确定洛克正义观的独特价值。

洛克在牛津大学上学时的主要课程之一就是亚里士多德的哲学，不可避免地会受到其潜移默化的影响，因此他的正义观与亚里士多德的有很多一致之处并不奇怪。例如，他们都认为正义是做法律所要求的事情，正义是德性之首，正义处理的是人与人之间的关系，存在自然正义，等等。但是，更值得我们关注的是他们的不同点。第一，亚里士多德的正义概念内涵更加完备，包容性更强。

---

① John Locke, *Political Essays*, p. 198.

② 这当然不是说这五位思想家的正义观就等同于其所在时期的正义观，但毫无疑问，他们分别都在一定程度上具有特定时期的代表性。这种选取不可避免地会遗漏很多在政治思想史上关于正义问题的重要论述，如古希腊史诗和戏剧、前苏格拉底哲学家、柏拉图、西塞罗、奥古斯丁、格劳秀斯、普芬道夫以及很多现当代思想家的论述。但是限于篇幅和笔者的学力，只能就洛克与这五位思想家的正义观略作比较。另外需要指出的是，这种对比只能是就他们的正义观的特定方面进行对比，而不可能是全面的对比。

亚里士多德把正义视为人的交往行为上的总体的德性:"守法的正义不是德性的一部分,而是德性的总体。它的相反者,即不正义,也不是恶的一部分,而是恶的总体。"①相比之下,洛克仅把正义视为众多德性中的一种,虽然对于政治秩序而言,正义是最大的德性,也是最难的德性。第二,亚里士多德为正义赋予了崇高的价值:"政治的正义是自足地共同生活、通过比例达到平等或在数量上平等的人们之间的正义。"②正义着眼于实现城邦的共同善,而那是所有善业中"最高而最广"③。洛克以财产权为基本落脚点的正义就没有那么崇高,它强调的只不过是安分守己,不要觊觎属于他人的东西。当然,洛克的正义观还有神意基础,具有履行对上帝之义务的意涵,但总体而言,没有亚里士多德拔得那么高。洛克也绝不认为正义可以保障人过上自足的生活,因为完全自足的生活只有在灵魂得救之后的天国才能实现。第三,亚里士多德讲的分配正义是一种按比例的分配,平等的人分得平等的份额,不平等的人分得不平等的份额。分配的依据在不同的政体之下有不同的标准:"民主制依据的是自由身份,寡头制依据的是财富,有时也依据高贵的出身,贵族制则依据德性。"④在这些标准之下,分配主要依据"人们各自对公共事业的贡献来进行"⑤。而且,分配正义的对象主要是公共物(矫正正义的对象才是私人物),这里的公共物主要是指城邦的公共职位。⑥ 与此相比,洛克的正义观不但不强调区别对待,恰好相反,而是强调对所有人(因为人生而自由平等)采用同一尺度。在这个意义上,政体形式对正义原则没有影响。洛克分配正义的对象主要是物质资源,分配依据的标准是前文概括的劳动财产权四要素。

比起亚里士多德,洛克与阿奎那之间有一个共性是非常明显的,那就是他们的正义观都具有基督教神学的背景。但是,在这个共同的背景之下,阿奎那的正义观又有很多不同于洛克之处。择其要点,首先,阿奎那认为公有制可以归因于自然法,但私人所有权只有通过人们之间的协议才能产生,因而都是约

---

① 〔古希腊〕亚里士多德:《尼各马可伦理学》,第 131 页。为了文字统一起见,原译文的"公正"在引用时一律改成"正义"。下同。
② 同上书,第 147 页。
③ 〔古希腊〕亚里士多德:《政治学》(吴寿彭译),商务印书馆 1965 年版,第 3 页。
④ 〔古希腊〕亚里士多德:《尼各马可伦理学》,第 135 页。
⑤ 同上书,第 137 页。
⑥ 参见亚里士多德在《政治学》中第 136 页的明确表述:"在平民政体中,'正义'就被认定为(分配政治职司的)'平等'。……在寡头政体中,却以(政治职司的)'不平等'分配为合乎正义。"

定俗成的,尽管这本身并不违反自然法,但缺乏自然法上的直接根据。换言之,私人财产权属于实在的正义或约定的正义,而不属于自然的正义。① 显而易见,这与洛克认为私人财产权是一种自然权利的观点是矛盾的。洛克财产权理论要实现的目标恰恰是,从人类共有世界的状态中生发出私人财产权的正当秩序,不需要经过任何人的同意,因而是自然的,具有神法和自然法的直接根据。其次,阿奎那强调,由人的实定法产生的私有财产的划分不应当妨碍上帝的自然法要求的实现,即人应当利用神赐予的物质财富来实现自身的保存。这样,富人就要做好准备,主动地用自己的多余财产来接济和帮助穷人,满足他们的生活需要。② 因为"正义的目的在于调整人们彼此的关系……任何有益的行动和善行都涉及作为正义的目标的公共幸福"③。正像有学者指出的,"中世纪的财产权概念的基础性作用取决于其对社会义务的履行,特别是对慈善义务的履行"④。对阿奎那来说,慈善是正义秩序的内在要求;对洛克来说,正义与慈善是两个不同的领域,慈善实际上是对劳动财产权的某种否定,因而必须限定在极为特殊的情况之下(如穷人有极为迫切的需求,若不马上满足就会饿死),对穷人真正的救济是帮助他们重新回到通过劳动创造财产权的正义秩序之中,而不是让他们在正义秩序的外围冲击这个秩序本身的基础。在这个意义上,洛克的正义观确实不具有中世纪色彩。

尽管霍布斯的政治哲学与洛克几乎处处针锋相对,但他们至少在正义问题上都持一个观点,即没有财产权,就没有不正义。⑤ 但是,霍布斯在论证这个观点时,实际上已经完全摒弃了亚里士多德意义上的自然正义,一切正义都建立在契约的基础上,正义的源泉是第三条自然法:所订信约必须履行。正义丧失了实质性的自然基础之后,只剩下形式上的内容,就是守信履约。至于契约的具体规范,则完全交给了主权者的意志去决定。因此,财产权也不可能是自然财产权,因为它是建立在区分"什么是你的、什么是我的"这样的具体协议的基础上的,但这个协议要想有效,就需要主权者的支持,而主权者的建立,又需要另外一个契约的支持,因此,财产权至少需要双重契约的保障,也只能是约定俗

---

① 〔意〕阿奎那:《阿奎那政治著作选》(马清槐译),商务印书馆1963年版,第142、138页。
② 同上书,第142—143页。
③ 同上书,第139页。
④ John Dunn, "Justice and the Interpretation of Locke's Political Theory," p. 51.
⑤ 〔英〕霍布斯:《利维坦》,第96、109页。

成的。霍布斯不仅降低了正义的地位(取消了高高在上的自然正义,只剩下人与人之间的约定正义),而且缩减了正义的内容(正义在亚里士多德和阿奎那那里都是一切德性的总体,但到霍布斯这里正义变成了应对政治秩序问题的基本德性,也就是尊重各人所持有的东西)。与霍布斯相比,洛克仍然坚持正义的自然基础和神意基础,在这一点上他比霍布斯更接近古典和中世纪,但洛克也像霍布斯一样不再视正义为德性的总体,他的正义观也主要是着眼于解决政治秩序问题的,在这一点上他是现代性的塑造者。

霍布斯的正义观同时有意志论和功利主义两方面的考虑,但休谟的正义观则拒绝了霍布斯的意志论和契约论,而是沿着功利主义的思路给出了周密的论证。① 休谟与洛克的正义观的相似之处在于它们都是以财产权为核心而构建的基本秩序。但是,休谟认为正义是一种"应付人类的环境和需要所采用的人为措施或设计"②,它不可能是自然的德性,而只能是人为的德性。这与洛克的观点恰好相反。休谟说,正义、非正义、财产权等观念的发生是在人们缔结了戒取他人所有物的协议之后,这一点虽然表面上跟霍布斯很像,但是休谟强调的并不是协议背后的意志承诺所产生的约束力,而是这协议所带来的效用,即它使每个人都获得了稳定的所有物。而且,由于正义给人类带来的利益是如此之大,并普遍适用,以至于它的规则虽是人为制造的,但已经堪称与人性具有同样的稳定性。③ 正义的起源与财产权的起源是同一人为措施造成的,这两个秩序本质上也是同一的,是确立人类社会的最为必要的条件。休谟指出,正义的必要性有两个基础,即人的自私性和有限的慷慨(人性基础),以及自然资源相对于人的需要的匮乏(自然基础)。不过,正义之所以在大多数情况下能够变为现实秩序,也有两个重要的基础,即人的社会性和一定程度上的平等性(人性基础),以及自然资源只是相对匮乏而不是绝对匮乏(自然基础)。④ 可以看出,休谟的正义观已经完全变成一个物质资源分配意义上的正义问题,与洛克的正义观相比,它失去了自然法和上帝的维度,只剩下财产权作为核心内容,并由财产

---

① 感谢中国人民大学国际关系学院的程农老师在此问题上的指点。休谟对契约论的批评,见〔英〕大卫·休谟:《论原始契约》,载《论政治与经济:休谟论说文集卷一》(张正萍译),浙江大学出版社2011年版,第330—351页。
② 〔英〕休谟:《人性论》(下)(关文运译),商务印书馆1980年版,第517页。
③ 同上书,第531、663—664页。
④ 〔英〕休谟:《道德原则研究》(曾晓平译),商务印书馆2001年版,第35—55页。

权规则衍生出所有基本的道德价值。而且休谟的财产权规则完全建立在效用的基础上，不像洛克财产权规则的首要基础是上帝的意志（人类必须得到保存）。因此，在讨论诸如慈善这样的德性时，休谟也不能像洛克一样诉诸保存社会的自然法，而只能诉诸像同情这样的自然情感。① 显然，与洛克相比，休谟的功利主义正义观更加接近我们这个世俗化时代对正义的理解，但同时也使得正义概念的根基变得较为薄弱，因为功效总是要取决于一些偶然情况。

罗尔斯把正义视为"在决定社会产品之分配的各种社会安排之间进行选择，以及对适当的分配份额所达成的共识给予赞同的一套原则"②，对此可以恰如其分地称之为一种分配正义观。罗尔斯与洛克的分配正义观的共同点是，它们主要着眼于对物质资源或经济资源的分配，这与亚里士多德形成鲜明对比。但是罗尔斯与洛克在正义观上的区别也非常明显。最大的区别有两个：第一，罗尔斯的分配正义观不是以劳动，而是以具有平等价值的人的基本需要作为分配资源的标准。换言之，人之为人的道德价值本身就要求每个人都有权利获得一定数量的物质资源以满足其基本需求。罗尔斯像马克思一样同意人性是社会的产物，所以使人展现出层次差别的德性就主要是由外在因素决定的，个人不必为缺乏德性负主要责任。因此，亚里士多德用来确定分配正义的关键概念"德性"，在罗尔斯那里就失去了意义。同样的道理，罗尔斯也不会接受洛克关于穷人受穷主要是由于个人懒惰的理解。所以，罗尔斯强调的是人的需求。第二，罗尔斯的分配正义的实施主体是社会或者说是代表社会的国家。③ 从洛克的视角来看，罗尔斯不仅把慈善变成了国家行为，而且把慈善视为正义的本质要求，正义与慈善不再泾渭分明，而是在很大程度上统一起来了。罗尔斯正义论这个方面遭到很多当代学者的挑战，其中不乏从洛克的古典自由主义出发来为劳动财产权构筑正义秩序的辩护者。④ 可见，洛克的正义观依然在为当代正义观的型塑提供着有益的启示。

---

① 〔英〕休谟：《人性论》（下），第645—649、661—665页。
② John Rawls, "Distributive Justice," *John Rawls: Collected Papers* (Cambridge, MA: Harvard University Press, 1999), p. 130.
③ 〔美〕约翰·罗尔斯：《正义论》（何怀宏、何包钢、廖申白译），中国社会科学出版社1988年版。另可参见〔美〕塞缪尔·弗莱施哈克尔：《分配正义简史》（吴万伟译），译林出版社2010年版；霍伟岸：《分配正义的古今之辨和古今之变》，高全喜主编：《大观》（第三卷），广西师范大学出版社2012年版。
④ 最著名的要算诺齐克的《无政府、国家和乌托邦》。

七、结　语

　　自然法、财产权和上帝实际上是洛克理解正义概念的三个不同的角度,也可以说它们共同构成了洛克正义观的三个基本维度。当然,这三者之间有着紧密的联系。正义的概念是首要的自然法,自然法作为人类基本行为规则要保护的最重要的自然权利就是财产权,而上帝的意志则构成了洛克的自然财产权论证最重要的基础。洛克虽然直接就正义论正义的文本不多,但是他的正义观在很大程度上是通过他对财产权的论述表达出来的。洛克著名的财产权理论为"每个人各得其所"的形式上的正义概念提供了实质性的判别标准,这可以说是洛克对现当代正义理论的一项重大贡献,迄今仍有很大影响。

　　在现代政治哲学的视野中,人丧失了与政治共同体的传统联系和纽带,本质上变成了一种孤独的个人[①],这样的无根的个体要在世界上安身立命,财产变成他能抓得住的最重要的根基。以财产权为中心来论述正义的秩序是洛克正义观的突出特点。从我们对洛克与亚里士多德、阿奎那、霍布斯、休谟、罗尔斯等人正义观的简要梳理和对比中可以发现,正是从洛克开始,或者至少是从洛克那一代自然法学家开始,财产权进入到正义讨论的中心视野,对正义的理解在某种意义上被等同于对财产权的理解。至于为什么会发生这种变化,以及这种变化对我们理解正义概念和财产权概念有何重大意义,都是值得我们进一步研究的重大问题。

---

① 参见李猛:《自然社会》。

财富、自然、正义:斯密与卢梭关于现代文明的论战

康子兴[*]

按照亚当·斯密的叙述,18世纪的西方正从一场文明的劫难中复苏。罗马帝国衰亡后,西欧不仅被日耳曼和塞西亚民族的军事征服,其法律和风俗亦受到重创。野蛮民族虽然继承了罗马帝国的疆土,却没有也无意继承罗马的文明成就。征服者的风俗完全无视财富及文明发展的自然逻辑,也并不能理解罗马法律及风俗的自然基础,在对原居民予以掠夺与迫害的同时,又抛弃或扭曲了罗马法,将野蛮的风俗强加于被征服的土地。在这一阶段,罗马的自然继承制遭到废弃,限嗣继承制得以确立,乡村与城市存在着广泛的奴役现象,社会、法律围绕着领主的权威被重新塑造。由于野蛮民族的入侵,欧洲扰攘了好几百年。原本极为富裕的西欧,"一变而为极贫乏、极野蛮"[①]。在斯密看来,这一段历史无疑是欧洲文明的反动,是违背自然的再野蛮化过程。

然而,历史的劫难并不能扼杀文明的自然生命力。根源于人性和自然的文明运动逐渐突破野蛮法律、风俗的限制,并重新塑造着法律与风俗,使之日益宽和。财富逐渐增长,商业也发展起来,商业的精神逐渐渗入社会之中,中世纪领主的权威随之日益瓦解,走向崩溃。自由的法律和政制亦随着商业的精神得以

---

[*] 康子兴,北京航空航天大学人文与社会科学高等研究院副教授。
[①] 〔英〕亚当·斯密:《国民财富的性质和原因的研究》(上册)(郭大力、王亚南译),商务印书馆1972年版,第351页。

确立。① 在商业、社会和法律变革的背后涌动着新的文明精神,它不同于基督教原则和日耳曼、塞西亚风俗。这一新的精神既借着商人的船队开疆拓土,又被商人捕获,逐渐把控了国家,使重商主义盛行欧洲。

封建权威和基督教精神的衰退在格劳秀斯、霍布斯、洛克等现代自然法学家的著作中均有所反映。他们力图从人的自然出发,回到人性的本原状态来重新理解社会、法律以及政治。在理论上,"自然状态"意味着对既存的传统权威原则的拒绝,"自然法"则是新精神的表达。卢梭与斯密继承了自然法学派的理论传统,并在"自然"与"文明"的理论架构下重新理解欧洲的历史与现实。然而,他们对新生的文明却站在截然相反的立场。卢梭系统地批判了现代文明的精神与现实:他不仅深刻地揭示了商业(以及重商主义)带来的腐败、剥削和奴役,亦批判了代表着现代文明精神的自然法理论和启蒙学说。卢梭的哲学对现代文明提出了深重的挑战,后者亦因此而蒙上一层理论的荫翳。斯密则承担起为现代文明辩护的使命,与卢梭展开思想上的争辩与较量。他既要揭示文明的自然与逻辑,又要揭示重商主义的错谬,从而展示出卢梭理论中一叶障目的过失。

一、卢梭论财产与不平等

在《一论》《二论》②中,卢梭对启蒙哲学提出了系统的批判,并依承自然法理论的内在脉络,重新反思文明与自然之间的关系。卢梭无疑继承了孟德斯鸠对霍布斯的批评,认为他笔下的"自然状态"并不纯粹。"虚荣""贪婪"以及"战争状态"乃是社会的结果,而非对人性和"自然"的真实描述。"自然"中无处不体现出神意的智慧,从而和谐有序。自然人单纯(simple)且"好"(good),心灵平静,其需要(needs)与力量(strength)之间具有自然的平衡。他们是自然的"强壮的孩子"③。在自然状态下,自然人孤独,却幸福;他们举手投足都合于自

---

① 〔英〕亚当·斯密:《国民财富的性质和原因的研究》(上册)(郭大力、王亚南译),商务印书馆1972年版,第3卷。
② 学界通常将《论科学与艺术》称为卢梭的《一论》,通常将《论人与人之间不平等的起因和基础》称为卢梭的《二论》。
③ 〔法〕卢梭:《论人与人之间不平等的起因和基础》(李平沤译),商务印书馆2007年版,第71—72页。

然法。原初的自然状态经历了漫长的演化才进入文明社会。自然人的能力逐渐发育起来,却离单纯的"好"渐行渐远,他们逐渐被激情和虚荣腐化,最终步入霍布斯描述的"战争状态",并深陷受奴役的悲惨境地。①

在自然状态下,人们平等自由;而在文明社会,不平等日益显露,不断放大,在人心、社会结构和法律中产生了永恒的效果。人类社会的文明进程是不断背离自然的过程,是越发为偏见所左右,为奴役所捕获的历史。"文明"是一条不归路,遍布着腐败与不义。在《二论》中,卢梭总结了人类社会所经历的三个"革命性变化":

> 如果我们循着人与人之间的不平等现象在这几次革命性的变化中的进展情况继续探讨下去,我们将发现:法律和个人财产权的建立,是在它的第一个阶段;行政官的设置,是在第二个阶段;在第三个也就是最后一个阶段,则是把合法的权力变为专制的权力。因此,富人与穷人的地位在第一时期获得认可;强者与弱者的地位是在第二阶段被认可;主人和奴隶的地位则是在第三阶段被认可的。这时候,不平等现象已经达到了顶点;其他两个时期出现的现象现在也达到了顶点。②

在卢梭关于社会的自然史论述中,自然与文明间是断裂的;文明的发展恰恰是以对自然的悖离、对人为力量的认可为基础。这一过程的转折点正是财产和财产权的出现。财产权是一颗邪恶的种子,一切人为的不平等、虚荣、奴役都从中萌生出来。

冶金和农耕技术的发明带来了人类历史上的真正革命。铁和小麦使人类走向文明,也同时走向堕落。冶金和农耕是人类文明的路碑。它们虽是对大自然的模仿,却标志着人的能力和远见已经极大地发展,人们开始能够用人为的力量来利用并征服自然。大自然将铁矿埋藏在草木稀少的荒凉之地,意在不让人类发现冶炼的秘密。只有当人的思维变得相当发达,才能从火山喷发中获得教益。只有当他预见到冶铁的巨大好处,才会不惜辛劳、有意识地模仿自然的运动。也只有当他具有了这样的预见力,才能利用自然现象,发展农业耕作。从事农耕必须先牺牲一些种子,才能获得更多的果实。对于这未来的好处,自

---

① 〔法〕卢梭:《论人与人之间不平等的起因和基础》(李平沤译),商务印书馆2007年版,第95页。
② 同上书,第112—113页。

然状态下的野蛮人不具备足够充分的理解力。

冶炼和农耕指向的好处正是超过人类自然需要的"财产"。冶铁为农耕提供工具,而农耕则生产出超出当前需要的财产的积蓄。对财产的意识又进一步促进了冶铁和农耕的发展,促使人们一反自然的闲暇,投入更多的劳动,在土地上抛撒更多汗水。于是,对土地的耕耘必然导致对土地的划分。私有财产得到承认,最初的正义法则(rules of justice)亦由此诞生。正义法则和财产权的基础正是人的劳动。"这条法则之所以符合自然,是由于不可能设想除了自己双手的劳动之外,私有财产还有别的来源,因为,凡不是自己创造的东西,除了给它添加自己的劳动以外,就不可能把它据为己有。"① 劳动是财产得以诞生的根源,也是财产权得以确立的根基。关于劳动对财产权的意义,卢梭几乎完全赞同洛克的论述,但他却反对洛克将财产视为基于神意的自然权利。

劳动是人为的力量,在本质上是一种强力(force),并不具有任何道德意涵,也不能产生任何道德性的义务。所以,因劳动而产生的财产权就不具有自然的正当性,它是"力"的结果,不能作为法律和政府的基础。财产权的基础既然是人为的力,那么它的诞生就沐浴着某种反自然的因素,浸染着奴役的性格。论及财产权诞生的时刻,卢梭指出其心理机制:"当人们开始思索未来,并且发现自己有某些东西可能要失去,无人不害怕自己因伤害他人而遭受报复。"② 依此心理机制,劳动财产权之所以出现,被自然人所认可,其根由并不在其神圣性或道德力量,而是因为"恐惧"。恐惧的背后是报复的力量,此类权利和法则的基础是力的制衡,是强者对弱者的压服。在卢梭看来,洛克的劳动财产权理论与霍布斯的权利学说是同根相生,两者均误用甚至歪曲了"自然法",或者说他们只不过是用"自然法"来伪饰财产权的人为基础。洛克和霍布斯的内在一致性也体现在卢梭关于"战争状态"的论述里。在卢梭看来,富人以力获得的财产,同样可以被他人以力夺走。按照这样的权利理论,最强悍的人和最贫穷的人都可以把自己的力量或自己的需要视为侵占他人财富的权利的依据。③ 在有力及有理的世界中,永恒的战争状态就不可避免。依此诞生的法律和政府旨在避免战争状态的危险,却必然要陷入被奴役的命运。

---

① 〔法〕卢梭:《论人与人之间不平等的起因和基础》,第95页。
② 同上。
③ 同上书,第98页。

财产权是因土地的划分而产生的"一种新的权利",它"不同于源自自然法的权利"①。财产和财产权是人类文明的界碑。它们产生以后,人类社会便抛弃了自然法,按照人为的权利确立法律和政府。既然财产权的基础违背了自然法和自然正当,只是一种人为的强制性的力量,那么由这种力量产生的暴力、不义和奴役将会不断放大,最终使文明与政治社会陷入无法挽救的危机,而只得诉诸一场革命。悖逆自然的文明将在自身的矛盾和冲突中毁灭自身。人类社会必然经历的三个"革命性阶段"正是财产权不断运动的结果。贫穷与富裕的区分、强者与弱者的区分、主人和奴隶的区分之间具有内在的一致性,劳动财产权则是贯穿始终的基础逻辑。

财产和财产权之所以具有如此巨大的力量,能够使人类的文明进程偏离自然的轨道,其原因在于它构筑起了一个外在的、虚假的"自然",从而带来对人性的腐蚀。在自然状态下,人对自然的索取仅以自然需要为限。先占的权利(the right of the first occupant)在自然状态下存在,但它十分柔弱(weak),并无任何实定法加以维护,亦非出于对他人财产权的尊重。"在此权利中,人们更加尊重的是不属于自己的东西,而非他人的东西。"②在自然状态下,每个人的占有都有内在的、自然的限度,在他的需要与欲望之间存在自然的平衡。自然人不会对此限度之外的财物心生欲念,所以财产权以及与此相关的法则既不存在也没有必要。基于自然产出的丰腴程度,每个人都能充分满足自己的需要,所以,因自然不平等而产生的占有差异便显得毫无意义。自然的不平等既不为人知,也不会在人的心灵上产生任何效果。在这时候,人的理解力和预见力也仅以自然需要为限,而不会思虑未来的好处。在自然状态中,人总是无意识地遵循着自然法,他是天然的好的存在。

然而,当财产和财产权出现之后,自然的不平等则外在地物化为财产上的差异。"人与人之间的差别也随着情况的差别而变得日益明显,而且影响也更深远,并按影响大小摆布着每个人的命运。"③由此,人们身体强壮程度之不同、头脑聪慧程度的差异、双手灵巧与否,以及能力和才艺的高下皆可转化为财产上的贫穷与富足。自然的不平等外化为人为的和社会的不平等,并且随着社会

---

① 〔法〕卢梭:《论人与人之间不平等的起因和基础》,第 98 页。
② Rousseau, *The Social Contract and Other Later Political Writings* (Cambridge: Cambridge University Press, 1997), p. 55.
③ 〔法〕卢梭:《论人与人之间不平等的起因和基础》,第 97 页。

的发展而不断得到强化。在这一过程中,财产不再只是满足人们自然需要的"占有",而具有了更多的想象出来的含义。在社会的想象中,财产体现出身份与地位之差异、权势与才能之差异。于是,财富便成为社会性尊重的承载者。人们对权势与地位的追求,对社会性虚荣的追求都可以转化和归结为对财产的追求。所以,财产中生长出了诸多社会性需要,它们凌越于自然需要之上,主宰也蒙蔽了人心。自此以后,"毒害人的心灵的野心,以及不是为了真正的需要,而是为了显示自己高人一等的聚集财富的狂热,必然使人产生互相损害的险恶意图,一种暗中嫉妒的用心"①。这种野心和狂热如皮鞭一般抽打着人们,使他们走出自然状态,不断抛洒血汗,陷入悲惨的境地中。它也像一条强大的无形锁链,将所有的人都捆绑起来,拖向虚荣嫉妒,锁在战争、专制和奴役的廊柱上。

自然状态下的野蛮人是自足、安静、闲逸的。社会中的文明人却为社会性的偏见所左右、撕扯,他们的生活充满了矛盾,是分裂的、忙碌的、悲戚的。

"文明社会里的人成天忙个不停,汗流浃背;为了寻找更辛苦的工作而终日忧心忡忡,自己折磨自己,为了生活而不停地奔波,或者为了永生而放弃今生;他们憎恨大人物,可是又去求大人物的恩宠;他们看不起富人,可是又去求富人的帮助;为了得到为权贵与富人效劳的机会,不但不以为耻,反而引以为荣,以能当奴隶为骄傲,甚至以不屑一顾的口气谈论那些没有机会与他们分享这份'体面'的人。"②

人类从自然的单纯性(simplicity)中逃逸出来,在文明的历程中艰难跋涉,走向更深的堕落。自然人的幸福与文明人的悲戚之间有一道鸿沟,区分出两幅截然不同的图画。然而,"所有一切差别的真正原因在于:野蛮人自己过自己的生活,而终日惶惶不安的文明人的生活价值却是看别人的评论而定。这就是说,他对自己的生活感受,是以别人的看法作自己看法的依据的"③。财产正是这一虚荣的符号,也是孕育这一社会性虚荣和其他诸恶的种子。正因为如此,卢梭才声称:"谁第一个把一块土地圈起来,硬说'这块土地是我的',并找一些头脑十分简单的人相信他所说的话,这个人就是文明社会的缔造者。"④

自然无疑是一面镜子,它能够照出文明的反动、不义、虚伪和腐败。卢梭对

---

① 〔法〕卢梭:《论人与人之间不平等的起因和基础》,第98页。
② 同上书,第119页。
③ 同上。
④ 同上书,第85页。

文明社会的批判又皆可归纳为对财产和财产权的批判。文明社会以财产权的诞生为起点,其政府与法律以财产权为基础,财产又为社会人塑造出一个外在的价值符号,据此,卢梭认为,"文明"的基础与核心逻辑正是"财产权"的精神。财产权的精神在它挣脱自然状态时得到清晰、充分的展现,并在后来的发展进程中不断深化。总而言之,卢梭对文明和财产权的批判大致可以归纳为以下几点:(1)财产权以及以此为基础的文明社会违背自然法;(2)财产权以及因此而产生的社会不平等不具备自然的正当性,是不正义的;(3)财产权带来腐败。

二、亚当·斯密论文明与野蛮

《二论》初版于 1755 年。该作品虽未像《一论》一样斩获第戎科学院征文的大奖,但其影响之深远则为《一论》所不及。在这一年,亚当·斯密也已经出版了《道德情操论》的第一版。有足够的证据表明,斯密对卢梭的学说极为熟悉,并对《二论》进行过细致的研读。

1755 年 7 月至 1756 年 1 月间,斯密给《爱丁堡评论》的创刊人写了一封长信。这封信后来在《爱丁堡评论》刊出。在这封信里,斯密对欧洲的学术研究进行了总体的评析,并着重分析了卢梭的《二论》。斯密非常敏锐地洞见到,卢梭的论述与英国的伦理学,尤其是曼德维尔《蜜蜂的寓言》一书之间具有亲缘关系。无疑,卢梭对文明社会的分析具有非常强烈的曼德维尔色彩,但他并不像那位外科医生那样将其视为社会的本然状态,以为私人的恶会导向公共的善。曼德维尔刻画出文明社会的恶与虚伪,他的分析为卢梭提供了批判的材料。卢梭并不认为文明诸恶乃是人类本性所致,反而是人性腐化的结果。卢梭批判曼德维尔否认人类具有"怜悯"(pity)的天性,以及由此发端可以生长出真正的美德(virtue)。也就是说,卢梭批评曼德维尔误将人为的文明当成了"自然"。就此而言,卢梭与曼德维尔迥然有别:在卢梭与曼德维尔的身上,恰恰展现出自然与文明之间的矛盾、冲突与断裂。在这封信中,斯密甚至亲笔译出数段《二论》的内容,旨在向读者展示卢梭的滔滔雄辩、典雅的语言,以及"崇高并悲戚"的论述风格。[①] 在这里,斯密自觉地视自己为卢梭思想及其作品的介绍者。因而,我们完全有理由得出结论:在英国,亚当·斯密是最早研读,并且重视卢梭的思想

---

① 〔英〕亚当·斯密:《亚当·斯密哲学文集》(石小竹、孙明丽译),商务印书馆 2012 年版,第 296 页。

家之一。再加上卢梭与英国政治、社会理论间千丝万缕的联系①,斯密必然能对卢梭具有独到的深刻理解,对其论述所带来的挑战必然具有敏锐的感知。

在《道德情操论》第七卷,斯密将曼德维尔的学说归入"放荡的道德哲学体系"(of licentious systems)一类,加以系统的评述与批判。曼德维尔否认德性,而斯密认为"将每一种激情都视为完全邪恶乃其著述之大谬所在";他的理论虽然名噪一时,却"教唆邪恶更为厚颜无耻地展现在世人面前,以前所未闻的放荡大胆,旁若无人地招认它们的动机败坏"②。卢梭接受了曼德维尔对社会虚荣的批判,并力图以自然人的单纯和怜悯心(pity)来克服曼德维尔对道德哲学带来的危机。斯密并没有忽视卢梭对曼德维尔的批评,但仍坚持认为他们在根本的问题上保持一致。依据斯密的评论,卢梭借助于特有的语言风格,"再加上一点哲学炼金术(philosophical chemistry),曼德维尔放荡的原则和观念在他的手上就变得完全纯净,并具有了柏拉图道德学一般的崇高,似乎只不过是将真正的共和党人精神推进得略过而已"③。

斯密将卢梭与曼德维尔并置,认为他们的理论中具有共同的错谬。在一定程度上,斯密对曼德维尔的批评同样适用于卢梭,即两人均否认激情(passion)与道德之间的密切关系。卢梭虽然批判曼德维尔,但他的"哲学炼金术"并不能令斯密动容,从而引发其共鸣,原因还在于他对文明社会的否定。斯密注意到,此二者虽然对人类的原初状态有不同的描画,但"他们都否认在人的身上具有一种强大的本能,必然决定他们因为社会自身而寻求社会"④。也就是说,虽然他们对"自然"的理解不同,但都否认人的自然社会性。在斯密看来,这是他们最关键的错误。卢梭将道德的种子播在自然状态的土壤中,但这却是一个孤独者的世界,社会和文明在那里没有根基。依此逻辑推演,文明与社会均不合正义,没有自然基础,好比无根之木。在这样的世界中,没有正义、没有道德,一切败德恶行都可以假此学说横行。自然人的美好无助于我们理解自身、理解我们所身处的文明与社会,不能抗拒恶,反而使既有的邪恶变得"放荡大胆"。无论对道德,对个人的德性,还是对社会与文明,此类"放荡的道德哲学"都会产生消

---

① 比如,卢梭在《论人与人之间不平等的起因和基础》中反复提及霍布斯、洛克和曼德维尔。
② Adam Smith, *The Theory of Moral Sentiments* (Indianapolis: Liberty Fund, 1979), pp. 312-313.
③ Adam Smith, *Essays on Philosophical Subjects* (Indianapolis: Liberty Fund, 1980), p. 251.
④ Ibid., p. 250.

极的破坏作用。面对如此文明,我们即便等不到它的自然死亡,就算以革命的方式予以推翻亦不能视为不合理。

当英国在18世纪获得了前所未有的文明成就之时,卢梭对野蛮人的礼赞、对文明社会的批判就尤其具有挑战性和危险性。罗马帝国时代的盛世辉煌曾在野蛮人的铁蹄下倾颓坍塌。卢梭的论述为野蛮征战文明吹响了理论上的号角。刚刚崛起的商业文明因而也遭遇了思想上的危机。若要避免再一次遭受野蛮的蹂躏,在罗马帝国废墟之上新生的欧洲文明就有必要深入地进行自我检视和自我认知。① 它必须清晰地认识到自身的价值、内在逻辑、正义法则,以及为文明提供蓬勃活力的自然基础与内核。只有这样,文明才能获得自我意识和自我理解,才能更好地护卫自身,对抗野蛮的侵略。在这样的历史时刻,道德哲学教授亚当·斯密自觉地承担起了这一使命:他一面思索道德的本性与基础,一面理解商业社会的自然原因与法则。在他的理论背后,一直潜伏着文明与野蛮的张力,潜伏着卢梭带来的挑战。斯密称自己的理论为"立法者科学"②,他的著述正是为商业社会立法,而他也成为商业文明的"护卫者"。

"文明"与"野蛮"的张力在《国富论》的序言中就得以呈现。在这篇序言里,斯密列出了影响一国富裕程度的两项因素:一为国民运用劳动的技巧、熟练程度和判断力;二为运用于有用劳动(useful labour)和没有运用于有用劳动上的人数之比例。这两项因素均与社会的文明状况直接相关,只不过前者是正相关,而后者是负相关。一国的文明程度越高,其国民的劳动的技巧、熟练程度和判断力越高,却有更大比例的人没有从事生产性劳动。斯密和卢梭一样列举出了文明社会的两项最显著特点:劳动分工、不平等。社会的文明程度越高,劳动分工越发致密,劳动者的技巧、熟练程度、判断力越高;不事生产性劳动的人的比例越大,社会阶层分化越明显,从而越发不平等。③

斯密随即描绘出野蛮社会与文明社会的两幅图画,表面似在探讨影响国民财富的因素,实则展现出野蛮与文明、平等与不平等、贫穷悲戚与富裕文雅间的多重张力。

---

① 〔英〕亚当·斯密:《国民财富的性质和原因的研究》(上册),第346—383页。
② 〔英〕亚当·斯密:《国民财富的性质和原因的研究》(下册)(郭大力、王亚楠译),商务印书馆1972年版,第1页。
③ 〔英〕亚当·斯密:《国民财富的性质和原因的研究》(上册),第1—3页。

在野蛮的渔猎民族中，每一个有工作能力的人都投身于有用的劳动，尽其所能地将生活必需品和便利品提供给他自己和家内族内因老幼病弱而不能渔猎者。然而，这些民族是如此地贫穷凄厉，以致往往仅因为贫乏的缘故，迫不得已（或至少觉得迫不得已）要杀害老幼以及长期患病的亲人；或遗弃这些人，听其饿死或被野兽吞食。相反，在文明繁荣的国家，尽管许多人完全不劳动，他们消耗的生产物常常比劳动者要多出十倍甚至百倍。整个社会的产出却是如此巨大，所有人都常能得到充足的供给。就连最下等、最贫穷的劳动者，只要勤勉节俭，也比野蛮人享受更多的生活必需品和便利品。①

在野蛮社会，所有人都同等地参与生产劳动，参与到狩猎和捕鱼活动当中，但生产力相对低下，人们仍然食不果腹，最终不免出现抛弃、杀害亲人的凄惨景象。在斯密的笔下，野蛮社会虽未滋生剧烈的阶层分化和不平等，但其贫困不幸却滋养了残忍的风俗民情，完全不似卢梭形容的那般宁静幸福。与之相反，文明社会虽然存在较为明显的阶层分化和不平等，但也存在普遍的繁荣，即便最贫穷者也能得到充足的供养，甚至能促生人民的勤勉节俭，有利于培育良好的道德风俗。

与卢梭的"自然状态"相比，斯密对野蛮社会的刻画更具有"信史"的特点。这样的社会形态并不需要追溯到某个远古的洪荒时代，无需追溯到某个前社会的、不存在于人的记忆和历史记载中的时代。在当时的美洲、非洲的某些角落就可以发现此类渔猎社会的踪迹。甚至在历史和古典文学的记录中，被卢梭称为"连空气中都弥漫着德性"②的城邦就不乏抛弃婴孩和孤老的现象。在斯密笔下，野蛮人并没有生活在历史之外的"自然状态"里。自然与历史在斯密的理论中是统一的：野蛮人与文明人面对着同一个自然，也生活在同一条历史之河里。他们的区别表现在文明形态上，表现在生产方式上，进而体现在风俗民情上，而非卢梭意义上的自然与人为的区别。

斯密将野蛮社会与文明社会进行对比，不仅展现出贫穷与繁荣之间的差异、平等与不平等之间的对张，还有残忍与勤勉之间的道德张力。在这两幅图

---

① Adam Smith, *An Inquiry into the Nature and Causes of the Wealth of Nations* (Indianapolis: Liberty Fund, 1982), pp. 10-11.
② 指斯巴达，参见卢梭的《论科学与艺术》。

画里,斯密要传达的含义十分丰富,并不限于揭示影响一国贫富之因素。斯密虽然只字未提卢梭,但他显然在有针对性地回击卢梭关于野蛮与文明的论述。在《国富论》第一卷第一章的结尾,斯密对比了非洲部落酋长与英格兰农民的处境,他的意图也由此得到了更为清晰的展现。

> 与大人物的奢华生活相比,(文明国家中最卑贱者)的住所无疑极为简陋。然而,也许同样正确的是,一位欧洲君主在住所上超过一位勤劳节俭的农民的程度,并不总是像后者在住所上超过某位非洲君主的程度那样大。这位非洲君主则是成千上万名赤身裸体的野蛮人在生命和自由上的绝对主人(absolute master)。①

这段论述至少包含了三重含义:(1)文明社会与野蛮社会之间存在巨大的贫富差距,以至于文明社会中最为贫贱者在财力上都要远远超过野蛮社会中最尊贵者;(2)文明社会在道德水平上优于野蛮社会,勤劳节俭的美德浸润在社会里,体现于在当时处于社会最底层的农民身上;(3)文明社会比野蛮社会拥有更多的平等和自由。在写给《爱丁堡评论》创刊人的书简中,斯密认为卢梭关于自然状态和文明社会的论述"完全由修辞和描述"(rhetoric and description)构成。此论断暗含了斯密对卢梭的批评,即卢梭的描述并未描绘出野蛮人和文明人的真实情况。与文明社会相比,野蛮人之间的贫富差异或许较小,在财产上更为平等,但这一平等是建立在普遍贫穷的基础上。然而,财产上的普遍贫穷则更容易凸显自然的不平等,从而建立起绝对的权威②,甚至财产上的细微差距也有助于建立起这种权威。所以,实际情况是,野蛮社会或许存在更大更极端的不平等。野蛮社会不仅存在较为简单的治理行为,而且君主权威之大,足以成为成千上万名野蛮人"生命和自由上的绝对主人"。在这种绝对的、单向的依附关系下,奴役自然不可避免。

由此,斯密颠覆了卢梭对文明与野蛮的评价:野蛮社会不仅贫穷、残忍,而且不平等,充满了奴役;文明社会则相反,不仅富裕繁荣,具有优良的风俗,而且更为平等、自由。在《国富论》开篇,斯密明确了自己的立场。然而,要真正在理论上回应卢梭的挑战,则仍需在人性和自然法的层面上理解财富和文明、财产

---

① Adam Smith, *An Inquiry into the Nature and Causes of the Wealth of Nations*, p. 24.
② 如力量、智力等。

与正义等问题。

三、劳动分工与财富的分配：正义的财产权

斯密曾借制针工场的例子来解释财富及文明的原因和基础。在苏格兰简陋的制针工场里,若由十八人分工合作,每人专事一项特殊业务,则一日一人可成针4800枚。若各自独立工作,又没经过专门训练,则一天也难以造出扣针一枚。① 分工带来了劳动生产力的巨大增进,也带来了财富总量的巨大增长。依据斯密的分析,其因有三:分工增进了劳动的熟练程度、技巧;减少了因工作变换造成的时间上的损失;有助于机械的发明和改良。

分工改变了劳动的组织方式,随之改变了劳动品质,重新塑造了人的劳动,也塑造着人的才能。斯密颠覆了古典哲学对人性的看法,认为社会中人的才能的分化并非源自天性的差异,而是分工所致。哲学家与挑夫的差异,"看起来是起因于习惯、风俗与教育,而不是起因于天性"②。阶层分化正是分工的题中之义,自然亦为分工的结果。于是,政府、法律、艺术均在分工的基础上发展起来,人们因分工而彼此依赖,结成了文明社会的形态。分工塑造着人,塑造着社会;它不断运动着,也推动着人、社会、文明不断发展。既然劳动的最终对象仍为自然,分工也同样塑造了人与自然的关系,这具体表现为机械对自然力的运用,以及人借助机械对自然物进行改造。

在人、自然、社会等多重维度上,劳动分工都在积极地发挥着作用:它不仅造就出物质财富的增长,还发展了人的劳动品质、精神能力及社会形态。因此,分工不仅是财富和文明的原因,它本身就是文明的标志。分工越深入、精细,社会的文明程度越高。野蛮与文明的分野完全能从分工的程度上找到原因,也能够从中找到判分的标准。在"文明而繁荣的国家",普通工人的日用品中也包含了难以计数的生产者的劳动。③ 细致的劳动分工必然要进入文明社会的每一个毛孔。依据劳动分工程度之差异,社会和文明亦呈现出不同的发展阶段。分工的完成意味着社会中的每一个人都纳入到分工的体系中,一切人都要依赖交换

---

① Adam Smith, *An Inquiry into the Nature and Causes of the Wealth of Nations*, pp. 25-30.
② 〔英〕亚当·斯密:《国民财富的性质和原因的研究》(上册),第15页。
③ 同上书,第11页。

而生活,文明社会亦发展到最高阶段——商业社会。"分工一经完全确立,一个人自己劳动的生产物便只能满足自己欲望的极小部分。他的大部分欲望,须用自己消费不了的剩余劳动生产物,交换自己所需要的别人劳动生产物的剩余部分来满足。于是,一切人都要依赖交换而生活,或者说,在一定程度上,一切人都成为商人;严格地说,社会本身也成为商业社会。"①

以劳动分工作为文明社会的基石,斯密和卢梭在这一点上并无分歧。但分工是否必然带来人为的奴役呢?按照卢梭的观点,分工只不过是劳动组织的形式,而劳动本身便是一种人为的力。于是,在此基础上建立起来的权利体系和社会亦是人为的,悖离了自然,最终必将导向奴役。斯密不同意卢梭对自然与人为(社会)的生硬区分。劳动分工和文明的发展经历了漫长的演化,它并非出自某种人类智慧的设计,而是基于人性中"互通有无、物物交换、互相贸易"的倾向。②

在卢梭笔下,自然状态下的人与动物是相类似的:它们均无自我意识;他们也都孤独地生活着,不自觉地遵守着自然法;在宁静和煦的自然中,它们皆可轻易地获得自我满足。在卢梭的自然史叙述中,孤独的野蛮人所面对的自然与社会的道德人所面对的自然却不相同。前者充满善意与温情,后者则怀有曼德维尔所谓的自然之"恶"③。前者是可令人全心拥抱之自然,后者则是人们需要与其对抗之自然。斯密无法认同这种基于纯粹想象的"自然状态"论述,亦不能认同自然自身的变化。自然体现了永恒的法则与精神,不会因时间、环境而变易。所以,今日人与动物间的区分必与昔时的区分类似。人的自然状态与动物迥然有别,这一点并不会随文明的进程而产生或消失。在自然状态下,动物一到壮年便可完全独立,并不需要其他动物的援助。人无爪牙之利、筋骨之强,随时需要他人的协助。在自然状态中,人无法作为孤独者求得生存。不仅如此,上天赋予人类与他人缔结契约、彼此交易协作、互通有无的本然倾向和能力。这种倾向为人类所共有,亦为人类所特有,在其他动物身上皆无踪迹可觅。④

古典政治哲学中,人与动物的根本差异体现为"理性和语言能力"之有

---

① 〔英〕亚当·斯密:《国民财富的性质和原因的研究》(上册),第20页。
② 同上书,第13页。
③ 如火山、地震、酷暑、严寒等。
④ 〔英〕亚当·斯密:《国民财富的性质和原因的研究》(上册),第13页。

无。① 斯密修正了这一古典表述，将人与动物间的根本区分归结为自然"社会性"或社会能力之有无，即是否具备相互交易的契约能力。至于"理性"与"社会性"间的内在联系，斯密未置一词，因为"这不属于我们现在研究的范围"②。然而，若细致思索斯密在《国富论》中揭示的为人类所独有的自然社会性，那么，我们将不难发现，社会性所依赖的基石并非理性智慧，而是他在其道德哲学著作中一再阐释的情感机制——"同情"（sympathy）。

社会合作和交易的基础并非仁慈，而是彼此的需要，以及对需要的同情。"由于人类几乎永远都需要同伴的帮助，他必不能期待，仅仅依赖他人的仁慈就得到其帮助。如果他能刺激他们的自爱（self-love），使有利于他，并告诉他们：为他做那些所求于他的事情，对他们自己是有利的，那么他就更有可能达到目的。"③为了一顿晚饭，我们需要从烘焙师那里获得面包，从屠夫手里获得肉食，从酿酒师那里获得饮料。但要取得这些材料，我们不能依靠他们仁慈的恩惠，而只能由他们对自我利益的考量中获得。我们与他们交易，谈到的并非我们自己的必需，而是他们的好处。只有乞丐才会期待靠他人的仁慈来满足自己的需要。在从经济学角度做出的许多解释中，这一段论述往往被断章取义，以为斯密阐释的是"经济人"的"自私"动机。实际上，这一段所讨论的是社会、合作，甚至契约和交易得以产生、维持的心理基础，是支持自然社会性的心理机制。乞丐是为社会所抛弃的个体，其悲惨境地是他们弃绝社会逻辑，自我孤立的结果。乞丐不仅在经济上处于纯粹的依附状态，在道德上亦为卑贱的个体。他不仅被经济的"社会"抛弃，也被道德的"社会"抛弃。经济与道德原本就是社会生活的一体两面，两者遵循着同样的原则与机制。交易的双方均有所需要，更重要的是，双方都要能够理解对方的需要，要与对方的处境求得"同情"。当我们期待屠夫和酿酒师满足我们的需要时，我们就必须认识到，他们亦同样有所需求，他们亦处在渴求帮助的境地。在这一过程中，交易的双方彼此互为"旁观者"。他必须理解对方的处境，同情对方的需要，交易才可能发生。因此，交易的过程正是"同情"发生的过程，是情感交换的过程。既然如此，在自然状态下，交易的发生亦表明了道德上的认可，至少是对交易之正义性的认可。

---

① 〔英〕亚里士多德：《政治学》，商务印书馆1965年版，第8页。
② 〔英〕亚当·斯密：《国民财富的性质和原因的研究》（上册），第13页。
③ Adam Smith, *An Inquiry into the Nature and Causes of the Wealth of Nations*, pp. 25–26.

正因为契约、交易的自然倾向是基于情感机制的本能,亚当·斯密才一再强调,劳动分工并非人类智慧的结果。交易的倾向并非基于人的理性而是情感。斯密修正了古典哲人的论点,却无意与之进行辩论。当他讨论人与动物的自然状态时,潜在的对话者并非古典哲学,而是现代的自然法理论。当他将劳动分工的原因归结为人的自然社会性时,他也推翻了霍布斯、卢梭自然法学说的理论前提——在前社会的自然状态中,每个人都是彼此孤立的个体。道德与社会出自人的天性,劳动分工亦出自天性,是自然的结果。斯密将自己的思考置于自然法理学的大传统中,为之注入了新的精神,使其在社会理论维度上获得了新的发展。斯密消解了自然状态与文明社会间的二分与对立,将自然的逻辑与社会的逻辑有机融合起来。在这一新的理论视野中,孤独的自然人消失了;社会不再被认为是契约的产物,而是人的自然状态;契约与交易并非出自人为的理性设计,而是基于人的情感本能。劳动是人与自然发生关系的方式,亦为人的自然本能。既然劳动分工源自于人的自然社会性,人无法离开社会孤独生活,那么劳动本身就具有社会性。劳动不是分工的原因,也不是社会的原因。相反,社会和分工是劳动自身的内在规定性,恰如社会是人的内在规定性一样。在逻辑上,社会要先于个人,也先于个人的劳动。正是"社会"(分工)规定、塑造了人的才能和劳动的品质,并且塑造了文明,推动了文明和财富的发展。文明与"社会"展现出历史与自然的内在一致性,而非两者之间的紧张。"社会"展现出自然的一面,体现为人性中最根本的内在规定性和道德能力;文明则为社会逻辑在历史中孕生的具体形态。因此,野蛮的渔猎社会与文明的商业社会拥有共同的自然基础,由同一人性原理发轫而来。

斯密否认了卢梭关于社会起源的论述,并为文明与社会重新确立了自然基础。既然劳动和劳动分工是自然的,那么由此发端而来的社会结构和文明生活亦具有自然基础,具有其正当性。分工是财富得以增长的奥秘,也是分配财富的依据和尺度。既然社会的逻辑先于个人劳动,劳动自身又为社会之结果,那么社会结构自然决定了财产的结构和分配秩序。

《国富论》中关于财富分配的所有讨论均以财产权为前提。对斯密而言,财产权内含于社会的自然法则中,是为"无偏旁观者"所认可的规范,因而毋庸置疑。财产源于劳动,财产权则源自对劳动的同情。一切交易均以财产权为前提,以劳动为尺度。既然分工与交易源自人的自然倾向,那么财产权亦可从人性法则中找到根源。财产权并非完全由人为实定法确立,而是基于自然法,是自然正义的。因而,以此为基础的财产结构和分配秩序便也是自然正义的。光荣革命后,英国政府立法保护人民的财产权。在关于英国社会和法律史的论述中,斯密对这一举措给予极高的赞扬,认为此乃现代英国得以繁荣的根基。这项法律之所以值得称道,恰在于它使自然正义在文明社会中得以恢复,在于它与人性原则相一致。于是,奠基于人性原则中的力量得以有效发挥,甚至足以克服愚蠢法律带来的阻力。

"英国法律保证了一切人都享有自己的劳动果实。只要有这种保证,就能使英国繁荣,尽管有了上述以及二十条其他不合理的商业条例。而且,由革命而完成的这种保证,和奖励金的设置,几乎是同时的。在可自由而安全地向前努力时,各个人改善自己境遇的自然努力,是一个那么强大的力量,以致没有任何帮助,亦能单独地使社会富裕繁荣,而且还能克服无数的顽强障碍,即妨害其作用的人为的愚蠢法律。"①

在社会交往中,财富分配通过每一次交易实现,所以交易的价格便蕴涵了分配的秩序结构。然而,在野蛮社会和文明社会,价格具有不同的结构,与不同的社会结构相对应。

在资本累积和土地私有尚未发生的原始野蛮社会,获取物品所需要的劳动量之间的比例,似乎是各种物品价格的唯一标准。在这种社会状态下,交易价格只需要考虑一个单一的因素,即劳动者为生产或获取商品所付出的辛劳。"在这种社会状态下,劳动的全部生产物都属于劳动者自己。一种物品通常应可购换或支配的劳动量,只由取得或生产这物品一般所需要的劳动量来决定。"②

在资本聚集起来、土地私有化之后,劳动分工得到了极大发展,社会结构亦随之发生改变,分化为商人、地主、劳动者三个基本阶层。社会结构的变化乃是劳动分工的结果,并反过来巩固并进一步推动了分工的进程。在这样的社会中,资本家要求获得利润,地主要求获得地租。于是,商品价格不再单纯地考虑劳动者付出的辛劳,而是由三部分构成:利润、地租和劳动者的工资。在商业社会,每一商品的价格均可分解为这三者或三者中的某一部分。但作为国民财富之整体,"一切商品的价格,必然由那三部分构成,而且作为劳动工资、土地地租

---

① 〔英〕亚当·斯密:《国民财富的性质和原因的研究》(下册),第112页。
② 〔英〕亚当·斯密:《国民财富的性质和原因的研究》(上册),第43页。

或资本利润在国内不同居民间分配"①。斯密完全接受了文明社会的不平等,以及建立在此不平等之上的分配秩序。

在国民经济中,"自然价格"亦由上述三部分构成。亦即,"自然价格"完全接受了文明社会的结构,它是一个社会性的尺度。自然价格是斯密定义的正义价格,有其历史性。自然价格并非恒定不变,相反,它总是随社会条件起伏不定。"一种商品价格,如果不多不少恰恰等于生产、制造这商品乃至运送这商品到市场所使用的按自然率支付的地租、工资和利润,这商品就可以说是按它的自然价格出售。"②通过定义自然价格,斯密再一次展现了自然、历史、社会间的一致与融合。

野蛮社会与文明社会具有不同的分配秩序和价格秩序。前者是平等的社会,几乎所有人均为劳动者,成果亦为劳动者所专有。后者是不平等的社会,部分人从事生产劳动,成果却要在全社会间分配,与"游惰阶级"共享。③ 这两者如此不同,我们很容易感受到内在的紧张:如果野蛮社会的分配是正义的,那么文明社会的似乎就不应当是正义的;如果劳动是价格的基础和尺度,那么资本利润和地租又为何可以成为价格的正当构成? 若与卢梭的著述对比,此一张力则更显突兀,但在《国富论》中,斯密并未对它们之间的张力加以直接讨论。他从未忽视野蛮社会与文明社会在财产结构、分配秩序上的差异,但此张力并未对他构成问题和挑战。在他看来,两者都是正义的,皆可在自然法中找到有力支撑;两者间的差异是人的自然社会性在历史中不断发育的结果。文明史是人性和神意共同作用的结果。社会发展呈现为不同的阶段,每一阶段具有相应的财产权形式、财产结构和治理方式。通过"看不见的手"(invisible hand),自然的目的、神意在文明史的运动中呈现出来。斯密用社会的自然史来消解野蛮与文明之间的张力。在这条历史之河中,自然、社会、文明彼此交融:野蛮与文明间的对抗便在自然的运动中实现了和解。

四、社会与财产权的自然史

斯密将社会与文明的基础均归结为某种运动。社会和道德之基础为"同

---

① 〔英〕亚当·斯密:《国民财富的性质和原因的研究》(上册),第47页。
② 同上书,第50页。
③ 同上书,第49页。

情",文明与财富的基础则为"劳动"。"同情"为劳动赋予了天然的社会性,既使分工成为可能,也使之成为必然。既然社会为人类的"自然状态",劳动必永为分工之下的劳动,人的同情也必然凝结在劳动之中。于是,劳动既为同情之结果,自身又展现着同情的作用。社会与文明具有共同的自然基础,必也因其运动而共同发生改变。在斯密的道德哲学里,"同情"是一种情感机制:它预设了社会的存在,本身也表现为一种社会交往。"同情"发生在行为者与旁观者之间。旁观者要实现对行为者的同情,他就必须积极地想象自己处在与对方相同的情境中,看是否会产生与行为者相类似的情感。行为者若要获得旁观者的同情,他亦须积极地将自己想象为旁观者,借以思考何种情感方能得到认可。同情发生的过程表现为某种社会活动,它是不断运动着的。同情的能力以及对同情的欲求虽为自然所赋予,但"同情"自身并不等于道德,只不过是认知德性的情感机制。人正是在反复的社会交往中,在反复的同情和被同情之中才体认到德性的构成与本质,才认识到社会中的道德法则与自然正义法则。若要获得"无偏旁观者"的指引,人必须要经历一段社会生活的历史。在这段生活史中,人是在不断运动着、成长着的。既然社会的运行由人性中的"同情"机制推动,那么,社会必也是不断运动着的,必也要经历成长的历史。

　　劳动分工、交易和道德具有共同的情感基础,皆有赖于同情机制的运动。因此,劳动和交易不仅是人与自然之间的运动,也是人与人之间的行为。它既是物理性的力之运动,也是具有道德内涵的社会性运动。在社会生活中,劳动分工会不断发展。其深入将塑造劳动和人的品质,将带来生产力的改进、商业与财富的繁荣、市场和贸易的增长,也将塑造人与人之间的关系,带来社会结构、治理方式和政府形式的变化,甚至道德风俗的变化。斯密的道德哲学与政治经济学皆以"运动"为内核展开:在前者,此一内核为同情,在后者则为劳动(以及体现为劳动的同情)。社会之维系、对德性的认知均依赖此一运动,社会必在它的推动下不断演进,人与人之间的合作必将不断深入。因此,社会体便具有了自己的生命史,并呈现为不同的文明阶段。

　　在斯密的道德哲学中,道德情感(moral sentiments)具有认知能力,"同情"则体现为对诸德性(virtues)和自然法的认知过程。与之相类,人类在将自己的劳动施加于自然物时,同时也伴随着对自然的认知。"劳动"并非任意的行为,而是有其目的性,即满足人的需求。人在劳动中融注了自己的意志、意识,以及对自然的理解。即便最简单的劳动也必须以对自然的认知为基础。例如,卢梭笔下的自然状态,尽管气候宜人、物产丰饶,野蛮人依靠采集野果便可饱腹,但其"采集"至少须以对植物和果实的认知为基础——他必须知道哪些果实是无害的。所以,持续的劳动必然会加深人对自然的理解。反过来,这些理解和认知又会使劳动变得更有效。根据斯密的分析,劳动分工效果便源自劳动中的认知。在劳动变得更为专注的同时,人们对自然物的认知也更为专注而深入。劳动因认识而得到重塑,更为熟练也更为理性。在斯密给出的三重效果①中,"机械的发明"无疑最具代表性。人们在劳动过程中认识到节省劳力,使其工作变得简易迅速的方法。更重要的是,劳动分工造就了哲学家和思想家,他们有闲暇专注于观察自然,从而"能够结合利用各种完全没有关系而且极不类似的物力"②。机械是对自然力的运用。机械原理本就存在于自然之中,但人们只有在持续、专注的劳动中才能认识到它,并使之服务于自己的劳动。机械原理是自然法则的一个方面。我们完全可以说,劳动的过程是人认知自然、向自然学习的过程。自然教导、塑造着人的劳动,并使之能更深入地去认知自然。劳动与对自然的理解便在这一运动过程中辩证发展着。

由于劳动所具有的道德内涵与社会性品质,它与自然间的辩证运动必然对社会产生影响,从而推动文明的发展和法律的演化。也就是说,劳动自身的辩证运动为社会和文明的自然史提供了基础与动力。在漫长的人类历史中,劳动及劳动分工在不断演化着,法律关系、社会结构、政府形式,甚至军事组织方式也从未一成不变。两者互为表里,并行发展。斯密依据劳动的形式,将人类社会和文明史分为四个阶段:渔猎社会、畜牧社会、农耕社会、商业社会。

渔猎社会是最原初的社会形态。其规模很小,仅由数个独立家庭构成。人们居住在同一个村庄里,说同样的语言。面对任何侵犯,人们休戚与共,因彼此的安全而共同生活在一起。社会成员之间有高度的共识,依靠共同决策进行治理。人们依据自然法生活,没有常规政府(regular government)。

斯密笔下的原初社会与卢梭描述的野蛮人之间颇有相似之处。他们的生

---

① 即劳动技艺因分工而变得熟练;分工节省了因变换工作所浪费的时间;分工有助于机械的发明和改进,机械则简化和节省劳动。

② 〔英〕亚当·斯密:《国民财富的性质和原因的研究》(上册),第10—11页。

活都简单纯朴,都直接从自然中获取食物和生活资料。在此阶段,自然法仍然具有支配性的力量,人与人之间彼此和谐,少有侵扰和犯罪发生。但在最关键的地方,斯密不能赞成卢梭对自然状态的论述,而是认为人天然地生活在社会中,是天然的道德存在,而非纯然受生理冲动支配的动物。即便在最简单的渔猎社会里,人与人之间也存在权利关系和法律关系。渔猎社会虽然没有常规政府,但并不意味着没有治理行为。卢梭笔下的自然世界是一个纯粹的力的世界,没有道德、法律和正义,也没有邪恶与不义,自然也没有财产权。但在斯密看来,渔猎社会中的野蛮人(猎人)并非简单的捕食者(hunter),他们同时也是"劳动者"。他们的渔猎和采集是"劳动",他们为此付出的辛劳能够得到旁观者及"无偏旁观者"的认同,具有道德意义。经过"同情"机制的转化后,他们对劳动成果的"占有"便成为一种权利——财产权。在渔猎社会阶段,"财产权以占有开始并以占有结束,因为他们对于不在自己身体周围的东西似乎没有这些东西是属于他们自己的这种观念"①。

文明社会的第二个阶段是畜牧社会。畜牧是捕猎的延伸。人们将野生动物驯化,使自然物产更易于获得,财富也随之增加。牲畜的成长需要较长的时间,牧人必须对之加以持续的照料和牧养。在这段时间里,牧人的生活必需品只能依靠事先的贮存才能得以满足,而非像猎人那样依靠捕猎来满足即时的需求。所以,畜牧社会只有在一定财富积累的基础上才会出现,并必然对财富积累予以相当重视。于是,贫者和富者的分化便从这个根上生长出来。

贫富分化又滋生出侵害的欲望和危险,从而使政府和法律成为必要。"富者的贪欲与野心,贫者厌恶劳动贪图眼前安乐的性情,却足以激发侵害他人财产的情绪。"②富者随时都有不可测知的敌人在包围他,他纵没有激怒敌人,却无法满足敌人的欲望。他想避免敌人的侵害,只有依赖强有力的司法官的保护。"政府的目的在于保障财产,保护富者不受贫者侵犯。"③

无疑,在斯密的政治理论中,政府和法律乃是以财产权为基础建筑起来的。在此阶段,财产和财产权的范围进一步扩大。"不但他们带着走的东西属于他们,而且放在他们小屋里的东西也属于他们。他们认为那些有了回到他们那边

---

① 〔英〕坎南编著:《亚当·斯密关于法律、警察、岁入及军备的演讲》(陈福生、陈振骅译),商务印书馆1962年版,第127页。
② 〔英〕亚当·斯密:《国民财富的性质和原因的研究》(下册),第273页。
③ 〔英〕坎南编著:《亚当·斯密关于法律、警察、岁入及军备的演讲》,第41页。

来的习惯的牲畜是他们的。当大部分牲畜被占有的时候,连那些已经失去回家的习惯的牲畜,也认为是他们的,而且在它们走失以后的一定时间内,他们还提出要求。"①但与渔猎社会相比,财产权的基础并无变化。财产的获得起因于劳动,贫富分化源于劳动付出的差异,财产权则仍然源自"无偏旁观者"对牧人劳动的"同情"。

与渔猎社会相比,畜牧社会在更深的层次上学习并且模仿自然:牧人按照自然养育牲畜的方式来牧养它们。畜牧与狩猎都在收获自然生长的果实,但不同的是,牧人要规制、管理牲畜的活动,使之不致丢失或遭猛兽猎杀,而猎人则放任野物在自然环境中生长。在这一点上,猎人颇为类似自然环境下的猎食者,他的劳动只因"同情"才具有道德意义。畜牧和狩猎还有另一共同点。它们对气候和地域的依赖性较低,可以随自然环境的变化而迁徙。就此而言,农业在难度上胜过它们:农民必须深知作物的生长时节,又要了解其对土壤和气候的要求。农民的管理因此可以分为三个层面:对土壤的管理、对农作物生长的管理,以及对气候、节气的顺应(时间管理)。如卢梭所言,农业还需要较高的远见:人们必须舍弃部分种子才能有所收获。此外,对农产品的储存和加工均有更高的要求。动物肉经过火的烧烤之后便可为人食用,粮食却需要器皿加以烹煮。因此,农业生活又对制造业提出了相当高的要求,对劳动分工提出了更高要求。

农业有赖于人们对自然更深刻的认识,这只有在漫长的劳动过程中才能获得。在《鲁宾逊飘流记》这部讲述人与自然之关系的小说中,流落到荒岛上的鲁宾逊最先依靠捕猎生活,然后学会了豢养较为温顺的动物,最后才学会农作。鲁宾逊的农事经历亦颇为曲折。一开始,他由于弄错了季节,错过农时,播下去的种子颗粒无收。通过对自然的研究,他总结出岛上的气候规律。后来在正确的时候播种,但在稻麦出苗和抽穗时节又遭遇了野兽和鸟类的侵扰。终于有了收成,他又感受到工具的匮乏:没有收割的镰刀,缺乏测量稻谷、麦粒的量器,更找不到舂米、磨粉、烤制面包的器具。② 农夫能够得到自然最为深入且全面的教导,古希腊哲人亦将农事视为最合乎自然、最高贵的职业。

与渔猎社会、畜牧社会相比,农业社会无疑是更为复杂的社会形态,也是文

---

① 〔英〕坎南编著:《亚当·斯密关于法律、警察、岁入及军备的演讲》,第128页。
② 〔英〕笛福:《鲁滨孙漂流记》(徐霞村译),人民文学出版社1959年版,第78—89页。

明社会发展到更高阶段的结果。它需要对自然有更深入更全面的理解,同样也需要更广泛、更深入的社会分工。在农业社会,劳动对象变得前所未有地广泛,财产的观念亦由之得到了最大程度的扩充。① 土地开始得到耕耘,土地亦逐渐纳入"财产"的范围。土地对农事的意义是基础性的,土地成为财产,成为人们留恋的对象亦肇始于农业社会。在斯密的分类中,人类直到农业社会才进入文明开化阶段,渔猎和畜牧社会中的诸民族皆为野蛮人。野蛮人流动性极强,他们居住在可以随身带走的篷舍里。在他们所生活的地方,土地没有划分,"人们都不留恋土地,因为他们全部的财产系由活的东西组成"②。"一个阿拉伯人或鞑靼人把他的羊群赶过一片辽阔广大的地方,但他并不把这地方的一粒砂看作是自己的。"③野蛮人的财产观念仅限于动产。在农业社会中,土地的私有化也是逐渐发生的。在土地最初得到开垦时,城邦尚未出现,任何人都不具有对土地的私有权,土地为全村共有。直到城邦发展起来,土地才依据公共协定划为私有。在古希腊,提修斯建造雅典城便是土地划分的起点。与此同时,雅典城的出现也结束了此前畜牧部落的生活方式,希腊开始进入城邦政治阶段。尽管作为历史事实的私有土地与城邦和公共协议联系在一起,但斯密并不认为这一公共协议为土地财产权的根源。当人们定居下来,在土地上耕作的时候,当土地尚未划归私有,以公共的形式归村庄所有的时候,土地财产权的观念便已经在人们心中滋长。自然,正是旁观者的"同情"才奠定了土地占有的正义性基础。

"占有必定随着社会时期的不同而有所不同。当旁观者能同意我占有某一物,且赞同我使用武力来保护这个东西时,占有似乎就有了充分的依据。"④

当农业社会得到充分发展,劳动分工完全确立起来之后,"一切人都依赖交换而生活"⑤。于是,在一定程度上,一切人都成为商人,社会也成为严格意义上的商业社会。在商业社会,财产权的范围并无新的发展。资本积累亦非商业社会里新生的事物。资本只不过是财产的一种形式:被人们贮存下来,以推动生产性劳动的那部分财产。除了渔猎社会,资本在其他任何社会中都是存在的,

---

① 〔英〕坎南编著:《亚当·斯密关于法律、警察、岁入及军备的演讲》,第128页。
② 同上书,第47页。
③ 同上书,第128页。
④ 同上书,第127页。
⑤ 〔英〕斯密:《国民财富的性质和原因的研究》(上册),第20页。

而且是必需的。资本的正义性源自财产权的正义性。

按照斯密在《法学讲义》中的论述,人们获得财产的方式共分为五种,取得财产权的方式亦可分为这五种:占有、添附、时效、继承,以及自动让与。在这五种方式中,占有最为基础。在不同的时代,财产权以及获得财产权的方式皆有所不同。但是,奠定财产权的根本原则及其道德基础却并无差异,它们均源自于"同情",以及"同情"背后的神意。

斯密按照人类满足其基本需求,获得生活必需品的不同方式来划分文明的发展阶段。在这四个阶段中,人类通过学习自然来满足自身。在人与自然的辩证运动中,人性中的内在"运动"——同情、交易倾向——通过劳动这一外在运动不断塑造着人的品格、人的才能、社会关系、社会结构、法律关系、政府形式等,从而不断推动着分工、财富、风俗、社会与文明的发展。社会文明的发展是自然和人性运动的历史显现。因此,在任何历史阶段,文明与社会的核心原则并无变化,均由最根本的人性原则与社会性中生长出来。较高阶段的文明则是人性原则得到更充分展现的结果。

在斯密看来,文明的发展不过是社会体的自然生命历程。社会与自然的关系恰如个人与自然的关系:他生于自然之中,又从自然中学习,接受自然的教育,并在自然中成长。《鲁宾逊漂流记》对斯密的启示并非孤独者如何联合成社会,而是人与自然的辩证发展,是文明的历程及其自然逻辑。鲁宾逊漂流到荒岛,就像文明在自然里播下了一颗种子。在这样的环境下,人直接面对着最为原始、荒蛮的自然,人必须运用他自身的力量来维持他的生存和生活。鲁宾逊在荒岛上的处境正是社会最原初的状态;鲁宾逊在荒岛上的经历便喻示了文明的历程。在这一点上,斯密与自然法学派是一致的。他们都力图回到人类的原初状态中来思考人与社会的本性,以及法律的自然基础。正因为如此,斯密亦认为自己接续了由格劳秀斯开启的现代自然法理学传统。[①] 鲁宾逊的寓言在斯密的论述中反复出现。美洲殖民地的发展是另一个版本的"鲁宾逊漂流记",并能够揭示出财富和文明发展的自然逻辑。对斯密而言,这个寓言具有重大的理论意义,启发了他对文明之自然历史的思考。

"人类社会的四个时期是:畋猎、畜牧、农作和贸易。如果一些人因船只失事流落到一个荒岛上,他们最初是靠土地所生的野果和他们所能捕杀的野兽来

[①] Adam Smith, *The Theory of Moral Sentiments*, pp. 341–342.

活命。由于这些果子和野兽不可能时时都够用,他们不得不把一些野兽养驯,以便要使用时便拿来使用。过了相当时间以后,连这些也不够用了。当他们看到土地能生长出相当大的数量的蔬菜时,农业就应运而生。农作需要很大的改善才能成为一个国家的主要职业。对于这个常态,只有一个例外,这就是,某些北美洲民族都开垦一小块土地,但没有饲养牲畜的观念。当然,继农业时代之后的是商业时代。"①

斯密关于文明与社会之自然史的论述大不同于卢梭。卢梭认为,文明是对自然法的悖离,是奴役的锁链及其纹饰②,是人性腐败的结果。在文明社会中,自然人的内在平衡、单纯与统一性崩解,遭到社会与虚荣心的撕扯。文明社会的一切邪恶、专制和奴役皆源自对虚荣的追求。虚荣的具体表现则是:文明人以他人的评价、社会的意见作为自我认定的依据。③ 在卢梭看来,文明社会中埋藏着一个根本的矛盾——人性与社会性的冲突。人就其本性而言是自足的,具有内在的统一性与理性限度,天然能够遵守自然法。所以,在卢梭的哲学中,人的理想生活都是以孤独者的形式呈现出来:自然状态下的人是孤独者,甚至爱弥儿这样一个被精心教育出来的道德人与公民也不过是"文明社会中的孤独者";理想政治中的公民仅受公意统治,决不依附于任何个人和特殊意志,他是另一个层次上的孤独者。人与社会之间的冲突亦体现在其教育理念中:理想的教育是自然的教育,是消极的教育,要致力于摒除社会对人性的腐蚀。人与社会间不可调和的矛盾不仅日益深入地使文明人陷入悲惨境地,而且必然会将社会彻底吞噬,导致文明自身的瓦解。

但斯密却认为,社会性即人的根本属性。为一切人所有的良心、"无偏旁观者"便是对社会原则的抽象。也就是说,在每一个人心里都生活着一个抽象的"社会",而现实社会亦不过是人性原则的具体呈现罢了。所以,社会是自然的,亦是历史的。它深深扎根于人性原则之中,又由人性运动不断创造出来。这人性运动就是社会和文明永不停息的生命之火。斯密为它赋予了诸多名称:同情、劳动,以及"不断改善自身境况的欲望"。社会是不断成长着的,要不断从人性与自然中汲取动力和营养。在他的历史视野里,文明和社会的发育是一种生

---

① 〔英〕坎南编著:《亚当·斯密关于法律、警察、岁入及军备的演讲》,第 126—127 页。
② 〔法〕卢梭:《论科学与艺术》(何兆武译),上海人民出版社 2007 年版,第 119 页。
③ 〔法〕卢梭:《论人与人之间不平等的起因和基础》,第 119 页。

命史,是自然的成长。人性并不会随着野蛮与文明的分野而发生变化。在斯密的道德哲学里,人性并非某种固定不变的原则或精神结构,而是体现为"同情"的永恒运动。在不同的文明阶段中,人性是一以贯之的,正义与道德之基础同样如此。在最原初的时代,野蛮人面对最为原始的自然,他在学习自然的同时也塑造着自然,注入了自己的劳动和精神。文明由此创生,文明社会亦随着人性运动而逐步成长。在文明发展的每一阶段,甚至每一个历史的节点,文明社会对最基本的人性活动都具有两层意义:首先,它为人类活动提供了具体的历史条件;其次,它也是人类劳动所面对的"自然"。自然法仍然主宰着整个世界,以及所有的人类生活。只不过,在这一时刻,文明社会记录了所有人类劳动留下的痕迹。相对于最原初的自然状态,它可称为人类的第二自然。它是一个历史的自然,会呈现不同的面貌,但在它的背后还潜藏着一个精神上的自然,或神意的自然,它永恒守一,从不改变。这就像在历史的社会中还潜藏着一个精神的社会(无偏旁观者)一样。

所以,文明社会的历史变迁并不意味着对自然法的颠覆。文明受永恒的生命之火的推动,它既展现着运用自然法的历史条件,又遵循着自然神(Nature)的意志。这就像天体的运行从未止息,但其运动却必须遵循永恒的法则一样。自然法是永恒的活的精神,它既孕育着文明和历史,又以之作为自身的条件。因而,历史亦非偶然、无理性事件的汇集,而是自然之精神与生命力的轨迹。斯密对现代自然法理学进行了重大改造,自然状态与"文明社会"间的沟壑在历史中得以弥合。在这一点上,斯密不仅影响历史哲学,也按照一种不同于传统的方式来理解和思考自然法。斯密将格劳秀斯与霍布斯的法学理论归入"决疑论"传统,因为他们都试图列举出万世不变的自然法条文。然而,既然历史条件随文明的发展而改变,那么这些条文的适用性便值得怀疑。无论如何细致的列举都不可能囊括一切环境的变化和差异,这样的道德和法律教条要么失之于无效,要么流于暴戾。所以,自然正义就只可能是一种消极德性(negtive virtue),它总是提出禁令,而非积极性的命令。就不能伤害他人(生命、财产权利、名誉等)而言,自然正义法则古今如一,确切不变。但权利的具体内容在不同历史条件下却会有所差异。这正是亚当·斯密用历史论述来阐释其"自然法理学"的原因。

文明的发育有其自然的基础和逻辑。在自然史的沧海桑田里,"无偏旁观者"永远居住在人的内心,无论他是野蛮人还是文明人。它使人们认识到德性的具体要求,认识到自然正义的法则;它在社会中确立起道德风俗、权利和义务规范,以及法律之基础。农业社会中地主的土地所有权、商人对资本的财产权与渔猎社会里野蛮人对猎物的占有一样是正义的。在野蛮社会,劳动者占有全部生产物,这是正义的。我们需要注意的是,斯密在这里指的劳动者并非孤立的个人。在野蛮社会亦有简单的劳动分工,所以,劳动者在这里是参与协作的群体,是社会成员。例如,一群人去猎杀野猪,协作围堵,最终的收成则为大家所共有。同样,在土地私有和资本诞生之后,地租和利润在最终的生产物分配中占有一定比例,这同样正义。若地租和利润合乎自然的比例,为劳资双方所认可,它便可获得"无偏旁观者"的同情。另外,财产权的结构喻示了劳动分工的结构。在商业社会,劳动者群体本身就居于一个更大的分工结构中,他们的劳动中铭刻上了此结构的印记,并由此分工结构所塑造。他们的劳动并非孤立的,而是嵌入在更大的分工结构和社会结构之中。财富的增长是分工的结果。斯密总是提醒人们注意,劳动永远是社会性的——劳动永远都需要分工合作,而分工又会反过来塑造劳动本身。所以,劳动者的生产过程体现的是整个社会合作的效果,是结构性的产物。既然土地财产权、资本是正义的,具有其自然基础,既然为劳动所嵌入的财产和分工结构是正义的,那么由此确立的分配结构必然也是正义的。

五、不平等的"神正论"

自然神论是斯密思想体系中一个非常重要的维度,甚至是整个理论大厦的基础。斯密以其"情感理论"来解释道德、法律,以及社会中的经济生活。人的行为由情感推动,由具体行为织就的社会生活便对应着一张巨大、复杂、纵横交错的情感网络。社会的秩序同时也意味着社会行为之深层情感网络具有内在的法度,它虽然复杂、繁密,但并不混乱。社会中人通过情感的交互能够实现"同情",达成共识,使行为合于德性。德性是情感的"合宜"(propriety)。然而,情感自身却是非理性的,不具有反思能力,无法做出辩证的理性判断。情感只不过是一种自然的生理本能,它无从认知真理。在西方的古典哲学传统中,人要获得自主、自由,使其生活和谐有序,他就必须"战胜"自己。自己对自己的"胜利"指的便是理性对情感的胜利,要求情感服从理性,受其规制。斯密并不否认情感的非理性特征。他认为,人要成就德性,就必须自我克制(self-command），不能使情感无限泛滥。斯密一反源远流长的理性主义传统，自然也要面临理性主义给他带来的挑战：非理性的情感如何能成为秩序和法律之基础？情感的无理性又为何能够产生道德秩序，使行为"合宜"？既然斯密将文明与社会建基于人的情感机制，那么文明与社会结构必要遭受同样的拷问：社会为何不会被非理性的情感汪洋淹没？

在这一点上，卢梭对文明社会的批判仍然振聋发聩，是斯密不得不应对的挑战。文明和劳动分工孕生出不平等。如果文明与分工的基础并非理性，亦即情感运动具有任意性，那岂不意味着由此形成的社会结构亦是任意之结果？若如此，文明社会又如何能避免堕入奴役与苦难之渊？卢梭对文明社会的所有批评都源于这一点：文明和不平等源自激情的虚荣。虚荣是一个强壮且非理性的大根，它养育了文明和不平等的毒苗，使之茁壮成长，从而越远地偏离自然理性，让强力僭取君主的宝座。所以，社会偏离理性越远，它便越深地走向奴役和灾难。

斯密将劳动分工、贸易、财产权以及文明发育均归结为"同情"或"无偏旁观者"的作用，并以此确立分工、财产及文明在道德上的正当性。在斯密的道德哲学中，"无偏旁观者"居于最为核心的地位：他不仅要为个人生活确立秩序，又要为社会与文明确立秩序。也就是说，"无偏旁观者"要为个人生活与社会秩序赋予理性。斯密甚至直接将之冠名为"理性"。[①]

然而，"无偏旁观者"不过是对情感机制的描述，或是情感机制之结果。既然情感本身是非理性的，那么由情感所认知到的理性必然存在于情感之外。人们以非理性的方式走进了理性的生活，社会亦通过非理性的运动实现了理性的秩序。这一看似悖谬的现象皆可在这一情感之外的理性源头得到解释。斯密注意到，社会中无处不充满了这种悖谬与吊诡。"世人对自己幸运的不合理猜测"以及"对自己才能的过度自负"为国家贡献了勇武的水手和士兵，使他们乐于忍受艰难与危险，在海洋与战场上抛撒热血，九死一生。[②] 每人都努力关照自身，盘算着自己的安全与利益，最终却实现了社会的整体繁荣。[③] "愤怒"令人不愉快，甚至畏惧，却是正义的护卫者，从而也是最具效用的社会情感。

---

① Adam Smith, *The Theory of Moral Sentiments*, p. 137.
② 〔英〕亚当·斯密：《国民财富的性质和原因的研究》（上册），第 101—104 页。
③ 同上书，第 27 页。

这一系列"悖谬"不过是"理性的狡黠",它们体现的是自然的智慧。在斯密看来,人的心灵就像是做工精良的钟表,它的所有运动都体现了制作者的意志和目的。这个纷乱的世界里其实无处不体现着和谐。"在这宇宙的每一个角落,我们观察到,各种手段都被极其巧妙地调整琢磨,以适应它们预定要达成的目的。"①康德曾经这样评价牛顿:正是因为有了他,彗星才沿着几何的轨道运行。当然,在牛顿诞生之前,彗星便在按照自然预定给它的轨道运行着,只是不为人知罢了。牛顿揭示了物理世界中的"自然智慧"。斯密有意做道德世界的牛顿,其学说的一个核心意义便是要解释蕴藏在道德现象、文明社会中的"自然智慧"。

就方法论而言,斯密探究神意的方式与卢梭在《萨瓦牧师的信仰告白》中阐述的自然宗教颇为类似。自然世界的完美与和谐表明,造物主是一个智慧的存在。神意在造物及其行为中体现出来,格物致知,我们可以通过对经验现象的分析加以认知。卢梭的"告白"是要以自然的方式来确立信仰,从而破除既存宗教信条中的谬误。斯密关于自然智慧和神意的论述无疑具有类似的意图,但他更为深入,试图找到神意在人性中得以运行的机制、原理——同情。斯密的工作很像是一种解剖学,只不过他解剖的对象是人的心灵、社会以及文明。人的心灵与身体一样,均为大自然的造物,对它们的分析和理解便可采取相同的方式。斯密常常将两者放在一起比较,解剖学的成就给他的道德思考带来了启发:

> 为了增进个体生存与种族繁衍这两大自然的目的,各种植物或动物身体构造的每一部分设计之巧妙,是多么令人赞叹啊……然而,我们决不会努力根据那些目的去说明那些动作,仿佛把那些目的当作是那些动作的动因似的;同时,我们也不至于设想,血液循环,或食物自动地在那里消化,本身怀有什么考量或意图想要达成什么循环或消化的目的。②

人的道德心理遵循着类似的机理。自然无需人们理解他的意图和智慧,他通过赋予人本能便可实现他的目的了。在道德领域,自然赋予人的本能便是诸种道德情感。每个人都会感受到快乐、悲伤、愤怒,甚至恐惧,这并不是因为我

---

① 〔英〕亚当·斯密:《道德情操论》(谢宗林译),中央编译出版社2008年版,第104页。
② 同上书,第105页。

们认识到了神意及其仁慈,而仅仅是因为受到情感对象的触动。所以,在这些情感的驱使下,在我们追求旁观者的"认同"与同情的过程中,"无意识地"做出了富有德性的行为。神将其意志灌注在人的情感及情感机制中,人在表面上受情感支配,但实质上却是受神的支配。神引导人们以"无偏旁观者"的命令为其行动指南,引导人们努力获得他的同情。所以,"无偏旁观者"是神的"牧师",他布说的是自然的智慧和圣言。"无偏旁观者"之所以是"理性",恰是因为它传递着自然与神的理性。正因为如此,斯密才将之称为"半神"(Demigod)或"神在人心中的代理"。

道德世界是人性运动的无意识结果,它体现的并非人的智慧,而是自然的理性。文明亦在这种无意识的情感运动下成长,并彰显出神意(providence)。人心与社会就像精密的机器,每一部件、每一运动彼此配合,在整体上却展现出造物者的精神与目的。每一部件和运动并不理解自身,但它们完全被制造者的精神所支配,并因此具有了"理性"和价值。

卢梭认为虚荣源自社会,必然败坏道德与人性。卢梭对文明社会的批评也在一定程度上代表了古典传统。但在斯密的笔下,虚荣却在自然智慧面前发生了神奇的转化:它根植于人性机理之中,而且有益于人的幸福,有益于社会的秩序、繁荣与文明。

斯密注意到,人们对德性的追求近似于美学体验。我们之所以热爱某件事物,并非出于它的效用,或它能给我们带来某种实利性的结果。我们之所以爱它,最首要的是因为它具有某种合宜或美的品质,"使我们一想到它就觉得愉快"。对手表之精确性极为苛求的人并不一定就是守时的人。就其效用而言,手表的瑕疵并不会带来不便,但一个对此苛求的人则会百般嫌弃。他所苛求的正是精准的机械体现出来的特殊美感,他所嫌弃的亦是由瑕疵无限放大而产生的丑感。斯密将德性定义为行为与情感的"合宜",其中便包含了美学的含义。英雄在战场上抛撒热血,有几人是出于实利的计算?又有何种利益更甚于其生命呢?我们感动于英雄杀身成仁,自己又获得了哪些好处?难道这两者莫不出于无偏者的"同情",以及从中体现出来的舍生取义、慷慨赴死的壮美?人的道德动机与美学感受在深层次上彼此契合,皆出于感性冲动,而非理性计算。正因为如此,斯密在《道德情操论》中常将两者对勘,并认为拉辛、伏尔泰的文艺作品是比芝诺等人的哲学著作更好的道德教材。①

"同情"的美学原理进而衍生出对财富、贵胄的仰慕,并形成普遍存在的人性原则和社会性情感。富丽但冰冷的宫殿并不会比温暖的茅屋更加舒适,更有益于人的健康,甚至幸福,但在世人眼中,富贵的生活却会焕发出美丽耀眼的光彩,成为人们孜孜以求的目标。卢梭将此种心理称为"虚荣",然而自这虚荣中却孕生出人的审慎(prudence)、勤劳(industry)、节俭(frugality)。在斯密看来,虚荣心是与机械原理一般自然的社会现实,它并非人性败坏的结果。相反,虚荣心与诸德性同出一源,皆为同情运动之产物。因虚荣而滋生对财富、社会地位的不倦追求无疑是"自然的欺骗",但正是这一欺骗推动了人类文明的发展:文明才是自然的目的。

> 幸好自然女神是如此这般哄骗了我们。正是此一哄骗,激起了人类的勤勉,并使之永久不懈;正是这一哄骗,最初鼓舞了人类耕种土地,构筑房屋,建立城市与国家,并且发明与改进了各门学问与技艺,以荣耀和润饰人类的生命;正是此一哄骗,使整个地球的表面完全改观,使原始的自然森林变成肥沃宜人的田野,使杳无人迹与一无是处的海洋,不仅成为人类赖以为生的新资源,而且也成为通往世界各国的便捷大道。②

文明的成长亦为人类无意识之结果,彰显着自然的伟力与智慧。所以,文明的成长和进步在本质上是神意的展现,是神意在历史中借助人类劳动塑造的伟大作品。阶层分化和社会秩序随文明而生成,其心理基础同样为人们对财富与贵胄的尊敬与慕求。这所谓的"虚荣心"对社会秩序的维护便大有作用。在历史层面而言,"虚荣"恰为社会之基石。这一切均非人们思虑之结果,而是自然智慧使然。

既然社会不平等乃是神意的目的,是自然的结果,那岂不意味着自然有所偏爱,从而有违其仁慈的本性么?其实不然。神意对文明社会的安排是一种"自然的欺骗",我们必须透过分殊的表象才能洞见自然的大智慧。社会是一个彼此联系的整体,阶层的分化并不能割裂这种联系,造成社会的分裂。正如涂尔干后来的研究表明,劳动分工和阶层的分化使社会成员互相依赖,反而能造

---

① 〔英〕亚当·斯密:《道德情操论》,第170页。
② 同上书,第226页。

成更深层次的有机团结。既然如此,那么我们对"不平等"的理解必须置入有机体的社会中才能不失公允。富人与贵胄同样受着虚荣的欺骗,他们散尽资财,只为求得那些闪亮的饰品、"无甚作用的玩物"。他们散去的财富则养活了众多为他们服务、制造这些工艺品的工匠。于是,在自然需求的满足上,每个人都生有所养,都享有着同等的一份幸福。在工商业社会之前,即便没有那么多价值高昂的工艺品供消费,富人仍然不得不将自己的财富抛散出去,因为他并不具有一个更大的胃。既然自己消耗不了,他就用来养活那些依附他的人们——为其建筑豪宅、裁制华服、烹饪玉食的仆人、佃户等。

在社会体系中,富人不可能无止境地占有,他们只取得同样数量但最为精致的那部分必需品和消费品。其他的人则"从他的豪奢与人性中,得到他们绝不可能指望从其仁慈或公正中得到的那一份生活必需品"。于是,在任何时候,土地产出物都维持了它所能维持的居民人数。在对奢华的追求中,富人们受着"无形之手"的引导,做出对生活必需品的分配。以之与"这世间的土地平均分配给所有居民时会有的那种生活必需品分配"相比,其结果几乎没什么两样。①

> 他们就这样,在没有打算要有这效果,也不知道有这效果的情况下,增进了社会的利益,提供了人类繁衍所需的资源。当神把这世间的土地分给少数几个权贵地主时,他既没有忘记也没有遗弃那些似乎在分配土地时被忽略的人……就真正的人生幸福所赖以构成的那些要素而言,他们无论在哪一方面,都不会比身份地位似乎远高于他们的那些人差。②

土地私有、贫富与阶层的分化都是自然的安排,但这并不意味着社会的分裂。在自然的神意面前,甚至"不平等"也只是表面上的。首先,不平等的诞生源自劳动与贸易,它彰显的是勤劳与懒惰之差异。其次,通过人性运动,社会的不平等最终转化为人在自然层面的平等,或相对实质幸福而言的平等。"无形之手"正是神意的作用,它使每个社会成员都受其眷顾。

当然,斯密并没有忽视文明社会中所存在的奴役现象。在《国富论》中,他曾论及罗马帝国衰亡之后,欧洲普遍存在的农奴现象,以及都市居民的悲惨境地。甚至为卢梭称道的斯巴达也广泛使用着奴隶。这所有的社会性奴役要么

---

① 〔英〕亚当·斯密:《道德情操论》,第 227 页。
② 同上。

是社会野蛮化的结果,比如野蛮人对罗马的征服与蹂躏;要么是受限于较低的劳动分工和贫乏,社会习俗也因此变得粗鄙。但是,随着商业和文明的发育、繁盛,野蛮与贫困随之扫除,自由亦重新注入社会习俗,成为现实。商业与文明带来的政治、社会结构,甚至道德习俗的变化,正是亚当·斯密所经历的历史事实。在这样的大时代中,他亦最能领略自然自由的精神、自然的智慧。

六、结论:文明的精神

在现代性得以发育的时刻,斯密与卢梭都敏锐地感受到一种新的文明精神正在萌生,而古老的权威与秩序,甚至道德与习俗都在逐渐瓦解。在这样的时刻,卢梭声称一场革命即将来临。[①] 精神领域的革命无疑已经发生。他们继承了自然法理学的传统,都力图回到人性论的根本问题上,追问道德、社会甚至文明的根基。卢梭对人性与自然的反思致使他展开对文明的系统批判。在思想上,新生的现代文明遭遇了前所未有的危机。在卢梭的思想图式中,自然与文明割裂,两者彼此对立:文明必然要因为悖离自然,失去自然的根基而走向穷途末路。在斯密看来,这样的思想结构其实并没有真正理解文明,也完全拒绝了历史。彻底脱离了历史与文明,没有经验支持的自然莫不只是哲学的虚构?以虚构的自然为文明诊脉,又怎能识知真实的文明精神和机理?这样的批判又将产生何等消极的影响?

卢梭对现代文明带来的挑战,斯密有深刻的认识,并从人性论、法理学、文明史与自然神论等多重维度予以反击。按照卢梭的分析,文明社会以财产权为根基,财产权则以人为的劳动(强力)为根基。在这自然与人为的矛盾运动中,社会与文明只能日益远离神圣的自然法,堕入虚荣、不义、奴役、专制的境地。针对卢梭关于社会及文明起源的论述,斯密以"文明的自然史"来化解自然状态与文明社会间的冲突。相比起卢梭的自然状态,斯密的人性论及其原初社会论述具有更为坚实的人类学基础。放眼世界,甚至遍查欧洲历史,我们也很难找到"孤独的野蛮人"。在时间与空间两个维度上,所有人都生活在社会中。即便在最为原始和野蛮的状态下,人也生活在社会里。文明与野蛮的差别只会表现为文明程度的差异,而非孤独者与社会人的差异。如此普遍存在的现象必能揭

---

① 〔法〕卢梭:《爱弥儿:论教育》(李平沤译),商务印书馆1978年版,第260页。

示出人的自然:人最为根本的品质便是其社会性。在人性腐败得最厉害的状态下,即在"最残忍的恶棍、最麻木不仁的匪徒"身上,我们仍能发现"同情"的作用。① 人对死亡的恐惧,在本质上是对脱离社会、身陷孤独境地的恐惧。② 诸多的道德现象更能确证人的社会性。道德情感和同情的运动是自然赋予人的本能,劳动和交易则是人性运动的另一种表现形式。在人与自然、社会的运动中,神意随之彰显,文明得以成长。人类社会必然经历由野蛮走向文明的历史,财产权亦在这自然史中有所变化,范围逐渐扩大,但这一切并非人为的强力使然,而是人性运动的结果,从而具有自然正义的基础。

斯密将文明史分为渔猎、畜牧、农耕和商业社会四个阶段。文明的进程展露着自然的智慧,社会在这一进程中逐渐扩大,法律与风俗亦更为宽和、纯良。文明的发展绝不意味着奴役、专制的加深,而是在"无形之手"的推动下,实现社会的繁荣、富裕以及人在实质幸福上的平等。文明孕生于自然,又展现着自然的目的和精神。文明的四阶段论绝不只是历史分期的工具,它具有自身的价值,要为立法者提供指导。立法者应当理解文明的自然基础与逻辑,从而保卫文明③,为文明的发展提供条件。与正义相比,文明是更为积极的价值标准。在斯密的理论中,正义只不过是一种消极德性。它无法告诉我们最为理想的社会形态,也不能教导我们最美好的生活是什么。它只能确保最不坏的生活及社会形态——这样的社会甚至可以是冷漠和缺乏温情的。④ 最正义的人并非最高尚的人,他只是一个最不坏的人,甚至可以是冷漠的人。只要不侵犯他人,一个人即便无所作为,即便静坐不动,他也是正义的。文明则要对社会及其成员的勤劳、节俭、审慎、仁慈等德性提出积极的要求。

自然与文明在斯密的哲学中融为一体。所以,要正确、全面地理解斯密的学说,我们就必须兼顾这两方面:既要重视其自然法维度,重视他对自然正义的阐述,又不能忽视文明的意义。甚至,文明本身就是自然法的特殊表达。文明无疑要以正义为基础,但相比自然正义,它更为开放,能承载更多内涵与价值。自然正义亦因文明而获得了更为积极的意义。欧洲人发现并入侵美洲的原始

---

① 〔英〕亚当·斯密:《道德情操论》,第 2 页。
② 同上书,第 7—8 页。
③ 君主的一大义务便是保卫文明社会,使之不受外敌,尤其是野蛮社会的攻击。参见〔英〕亚当·斯密:《国民财富的性质和原因的研究》(下册),第五卷。
④ 〔英〕亚当·斯密:《道德情操论》,第 103 页。

动机是天主教的"黄金国迷梦",这一殖民行为既不理性又有违正义。然而,欧洲殖民行为却产生了意料之外的效果:欧洲文明在这里拥有得天独厚的发展条件,从而迅速繁衍、繁荣起来。文明在美洲的发展奠定了伟大帝国的基础,也在一定程度上弥补了原初的不义。① 与霍布斯的国家学说相比,文明突破了主权与正义之间的理论联系,为人们理解政治现象提供了一个更具普遍意义的维度。在文明的视野下,苏格兰与英格兰的联合就具有了更为坚实的合法性基础:这一联合并非使苏格兰失去主权,而是使之融入一个更大、更高的文明体。文明逻辑亦为英帝国的发展提供了理论基础和思想动力。时至19世纪,在密尔为英帝国所做的理论规划中,我们能够更为清晰地看到"文明"对帝国的意义。② 在英国的学术传统里,我们不能否认斯密对后世政治思想的影响。梅尼克亦非常公道地指出,我们能在斯密的学说里找到后世历史主义的源头。③

所以,无论在理论上还是现实效果中,斯密对现代文明都做出了成功的辩护。

---

① 〔英〕亚当·斯密:《国民财富的性质和原因的研究》(下册),第四卷第七章。
② 〔英〕J.S.密尔:《代议制政府》(汪瑄译),商务印书馆2007年版。
③ 〔德〕弗里德里希·梅尼克:《历史主义的兴起》(陆月宏译),译林出版社2009年版,第134页。

《国富论》中的需求与正义

〔英〕伊斯特万·洪特 迈克尔·英格纳梯耶夫

霍伟岸 迟洪涛 译*

　　设若生活于其中的绝大多数成员过着贫困而悲惨的生活,则任何社会都肯定不会繁荣和幸福……确实,与大人物的过度奢华比较而言,(劳动者的)住所无疑显得极端简朴——然而,这么说或许并不为过,一位欧洲君主的住所超过一个勤劳俭朴的农民的住所的程度,并不总是比后者的住所超过许多非洲国王的住所的程度那么大,而这些国王却是成千上万赤身裸体的野蛮人的生命和自由的绝对主宰。

——亚当·斯密,《国富论》,1776 年

　　若不对亚当·斯密在撰写《国富论》时试图回答的核心问题进行解释说明,我们就无法对 18 世纪苏格兰政治经济学的特征给予清晰的界定。这反过来又要求我们应该理解亚当·斯密在作为道德哲学家、法理学教授和政治经济学家时他所关注的问题之间的关系。本文的论点是,斯密在其道德哲学、法理学讲

---

* 此文的中译文此前曾发表在〔英〕伊斯特万·洪特:《贸易的猜忌:历史视角下的国际竞争与民族国家》(霍伟岸、迟洪涛、徐至德译),译林出版社 2016 年版,第 370—421 页。本文注释有删节。

伊斯特万·洪特,剑桥大学政治思想史教授。迈克尔·英格纳梯耶夫,学者、政治家,曾在剑桥大学、牛津大学、伦敦大学、美国加州大学、哈佛大学任教,曾任加拿大自由党领袖,现为布达佩斯中欧大学校长。

霍伟岸,对外经济贸易大学国际关系学院副教授。迟洪涛,国家发展改革委员会国际合作中心机制合作处处长,副研究员。

座和《国富论》早期手稿中都有一个关于现代"商业社会"的核心问题,这个问题也是《国富论》最终版本想要回答的问题。斯密在写作《国富论》最终版本时也可能怀有其他目的,但是回答该问题的意图是首要的。商业社会在财产分配方面,较此前任何社会发展阶段都更为不平等,然而还是能够满足挣工资的劳动者的基本需求。比较而言,原始社会尽管更加平等,然而却贫困不堪。为什么商业社会的"生产性劳动者"背负着"非生产性劳动者"的巨大负担,却仍能做到充分满足自身的需求呢?对斯密而言,这是一个关乎现代劳动方式的独特生产力的问题。

此外,为什么靠劳动力和食品市场来维生的自由劳动者,比那些依靠主人维生的奴隶或完全保有其全部劳动产品的野蛮部族,在被雇用时能创造出更高的生产力并吃得更好呢?所以,我们认为,斯密的劳动分工理论及其自然价格模型——其经济学说的核心——是用来解释自由市场体系内经济不平等与挣工资者可充分维持生存这两者之间的相容性的。我们坚持认为,这些新的经济学论点,是在18世纪关于现代商业社会的不平等与奢侈等议题的激烈辩论的语境中得以发展的,而且意在为现代性辩护,反对那些从下述两种视角谴责商业社会的人们,一种视角是一个有德性的共和国的古典公民人文主义理想(它将生产性劳动交予奴隶),另一种视角是基督教的社会理想,即对物品的完全共有(a positive community of goods)。

我们的观点是,《国富论》最核心关注的是正义问题,是要发现一个市场机制,它能够把财产权的不平等与为那些被排除于财产权之外的人提供充分生活保障这两者调合起来。斯密只不过是把由格劳秀斯、普芬道夫和洛克带入现代性的一种古老的法理学话语用市场的语言表述出来,这种古老的法理学话语的内容是关于如何保证对上帝领地的个别私有化不会拒绝给予那些无财产者以满足其需求的手段。然而,斯密对于这一问题给出的答案——一个食品与劳动力的竞争性市场体系能够充分确保贫苦劳动者的生计——在其本人生活的时代却是一个令人愤慨的答案,即使在政治经济学家群体内部,也有人坚持认为政府应该"监管"基本生活用品市场,而对于那些相信穷人取得基本生活用品的权利要优先于所有者对其财产权的主张的人来说,这个答案就更是引起公愤了。后来有人将政治经济学批判为"可耻的科学",可以看出这种情感仍然在发挥着作用。然而,斯密的论证意在表明如何可以创建一种富裕的经济,其中穷人的需求与富人的权利之间这个古老的法理学上的二律背反能够被完全超越。

一、商业社会的悖论

在《国富论》的开头几页——"序论及全书设计"——清楚地界定了商业社会的特点,斯密将其选定为全书分析的起点。他解释说,这种特点可以从商业社会与在人类发展史上先于它的"从事渔猎的未开化国家"的对照中清楚地显露出来。在那些未开化国家,人口尚未分化为生产性阶级与非生产性阶级。"每个能工作的人都或多或少从事于有用的劳动",努力供养其家庭以及那些不能为他们自己工作的人。① 在这样的社会里,正如他在其法理学讲座中向他的学生们解释的那样,"没有地主,没有高利贷商人,也没有收税官"②。每个人都保留他自己的劳动产品。从另一方面看,在所谓的文明化社会中,斯密在其《国富论》的"早期手稿"中尖刻地评论说:

> 穷人不但要供养自己,还要供养他们那些穷奢极欲的老爷们。用于支撑懒惰的地主们的虚荣的那些租金,乃系从农民们的辛苦劳作中盘剥而来的。有钱人自己纵情于声色犬马,其花费乃系借由出借股票收息从商人身上榨取的。同样地,一个朝臣家中的所有那些懒惰轻浮的仆从的衣食住行,都要靠着那些纳税的劳动者来供养。③

在一个文明社会中,贫穷的工薪劳动者,"可以说支撑着整个社会结构,并为所有其他人提供舒适、安逸的生活手段",但仅从自己的生产性劳动中获得"很少的一份"并且"埋没无闻""被迫成为世界上最等而下之的部分"④。工薪

---

① Adam Smith, *An Inquiry into the Nature and Causes of the Wealth of Nations*, Vol. 2(Oxford: Clarendon Press, 1975), 1.4.

② Adam Smith, "Lectures on Jurisprudence," in *Lectures on Jurisprudence* (Oxford: Clarendon Press, 1978), VI. 24.

③ Adam Smith, "Early Draft of Part of the Wealth of Nations," in *Lectures on Jurisprudence* (Oxford: Clarendon Press, 1978),4;亦可参见 Adam Smith, "Jurisprudence or Notes from the Lectures on Justice, Police, Revenue, and Arms delivered in the University of Glasgow by Adam Smith, Professor of Moral Philosophy, report date 1976," in *Lectures on Jurisprudence*(Oxford: Clarendon Press, 1978),213。

④ Adam Smith, "Lectures on Jurisprudence," VI. 28; Adam Smith, "Early Draft of Part of the Wealth of Nations," 6.

劳动者和工匠身上不仅背负着地主和有钱人,还背负着一帮"非生产性劳动者"。在《国富论》中,斯密将这些人列举如下:家仆、牧师、律师、医生以及各类文人;演员、乐师、歌剧歌者、歌剧舞者等;更别提那一切负担中最沉重的,即常备军和"君主及其全部的司法和军事官员"①。

然而,在原始社会里,尽管每人都保有其所有劳动产品,每个人还是"穷得如此可怜",以至于"往往仅仅因为贫乏的缘故,迫不得已,或至少觉得迫不得已,要直接杀死老幼和长期患病的亲人;或者遗弃这些人,听任其饿死或被野兽吞食"②。这样的社会是平等主义的社会,但是他们的平等是贫穷的平等,他们无法摆脱自然贫乏的控制。

在商业社会里,劳动产品的分割"绝不是按照每个人付出劳动的比例分配,恰恰相反,那些付出劳动最多的获得的也最少"③。然而,"在如此之巨大的压迫性不平等之中,"斯密问道,如何可能"解释清楚,即使是文明社会中地位最卑贱、最被人看不起的一员,他所拥有的财富的充裕程度,通常也要远远超出最受尊敬、最活跃的野蛮人所能达到的程度"④? 正如斯密在《国富论》中所说的,为什么商业社会中的"勤劳俭朴的农夫",能够比作为"成千上万赤身裸体的野蛮人的生命和自由的绝对主宰的非洲国王"生活得更好呢?⑤ 富人和掌权者在物质财富上的充裕,并不是经济学上的一个谜。在任何社会里,"在所有时候都能指挥1000人来劳动以达成自身目的的人"均可指望过上富裕的生活。

"商业社会"的显著特点在于那些"不但要供养自己,还要供养他们那些穷奢极欲的老爷们"的人们,应该能够从他们的劳动产品中,既获得自己的生活必需品,又获得多种多样较为简朴的生活便利品。任何人想要探究进步的推测史(conjectural history of progress),下面这个核心问题都会被揭示出来——为什

---

① Adam Smith, *An Inquiry into the Nature and Causes of the Wealth of Nations*, Vol. 2, Ⅲ. 2.

② Adam Smith, *An Inquiry into the Nature and Causes of the Wealth of Nations*, Vol. 1(Oxford:Clarendon Press,1975),4.

③ Adam Smith, "Early Draft of Part of the Wealth of Nations," 56;亦可参见 Adam Smith, *An Inquiry into the Nature and Causes of the Wealth of Nations*, Vol. 1, Ⅷ. 5。

④ Adam Smith, "Early Draft of Part of the Wealth of Nations," 5-6。

⑤ Adam Smith, *An Inquiry into the Nature and Causes of the Wealth of Nations*, Vol. 1,11. 亦可参见 Adam Smith, "Lectures on Jurisprudence," Ⅵ. 21,23; Smith, "Jurisprudence or Notes from the Lectures on Justice, Police, Revenue, and Arms delivered in the University of Glasgow by Adam Smith, Professor of Moral Philosophy, report date 1976," 212; Adam Smith, "Early Draft of Part of the Wealth of Nations," 3。

么现代社会未将全部劳动产品返还给劳动者,却能比过去的社会为最穷困者提供更好的生活条件呢?现代社会分配上的极端不平等又是如何与满足最穷困的劳动者的需求相协调的呢?

对斯密而言,这一问题的答案在于现代劳动分工所特有的生产率。正如他在《国富论》的"早期手稿"中所指出的,"通过劳动分工,每个人都将自己限于某一特定的行当,这本身就能够解释为什么文明社会的富裕程度较高。尽管有财产上的不平等,这种较高程度的富裕却能惠及共同体内最低阶层的成员"。正是劳动分工解释了为什么"如此大量的东西生产出来了,以至有足够的数量既能满足懒惰的压迫阶级的大肆挥霍,又能供给农夫和工匠的基本需要"。劳动分工理论说明了这样一个事实,即在富裕社会中劳动力虽然"昂贵",而产品或商品却很"便宜"。①

因此,在这样的社会里,"对劳动的慷慨回报"是"国民财富渐增的自然表现",而不像重商主义者和公民道德学家们(civil moralists)所假设的那样是腐败开始的迹象。② 自从柯尔贝时代以来,"重商主义体系"的鼓吹者坚持认为,保持低工资成本是在国际市场上维持具有竞争力价格的关键。此外,低工资还强迫穷人辛勤劳作。少数观察家相信,贫穷的劳动者如果得到高工资就会报以高产出,但他们却不能解释那些销往国外的商品的单位价格为什么与低

---

① Adam Smith, "Early Draft of Part of the Wealth of Nations," 11; 亦可参见 Adam Smith, "Lectures on Jurisprudence," Ⅵ. 28; Adam Smith, "Jurisprudence or Notes from the Lectures on Justice, Police, Revenue, and Arms delivered in the University of Glasgow by Adam Smith, Professor of Moral Philosophy, report date 1976," 213; Adam Smith, *An Inquiry into the Nature and Causes of the Wealth of Nations*, Vol. 1, Ⅰ. 1–11. 斯密对劳动分工的分析与其关于社会不平等的修辞学之间的关联,参见 Andrew Skinner, *A System of Social Science: Papers Relating to Adam Smith* (Oxford: Clarendon Press, 1980), p. 149; Donald Winch, *Adam Smith's Politics: An Essay in Historiographic Revision* (Cambridge: Cambridge Urirersity Press, 1978), pp. 88–89.

② Adam Smith, *An Inquiry into the Nature and Causes of the Wealth of Nations*, Vol. 1, Ⅷ. 42–44. 关于实际工资而非仅仅是名义工资渐增的原因,参见 Adam Smith, *An Inquiry into the Nature and Causes of the Wealth of Nations*, Vol. 1, Ⅷ. 35, 52. 关于奢侈品及其对穷人劳作的腐化影响,参见 Ellen Ross, *The Debate on Luxury in Eighteenth-Century France: A Study in the Language of Opposition to Change*, Ph.D. thesis, University of Chicago, 1975; S. M. Wade, Jr., *The Idea of Luxury in Eighteenth-Century England*, Ph. D. thesis, Harvard University, 1968; John Sekora, *Luxury: The Concept in Western Thought, Eden to Smollett* (Baltimore, MD: Johns Hopkins University Press, 1977).

工资经济体生产的产品相比还能保持竞争力。① 休谟发现低工资战略不能支持经济增长，就在于一个国家的进步是以牺牲"千百万本国劳动者的幸福"为代价而换得的。② 在他与乔赛亚·塔克(Josiah Tucker)的论战中，他支持世界自由贸易体系，其中富国将专注于高价格、高工资产品的生产，而穷国则集中于初级产品的生产，利用其低工资优势在国际劳动分工中为自己赢得一个立足点。斯密极为赞同休谟为了劳动者本身的好处而支持高工资经济，并且他确信富有的、高工资的国家通过利用劳动分工来削减商品的单位价格，就能成功地战胜低工资国家。富国采取劳动分工具有如此决定性的优势，以至于只有当它们在"商业政策"中犯下某种"重大错误"——诸如对基本生活用品征税以及人为促成劳动力价格上涨——的时候，才能导致它们丧失对穷国的领先地位。③

斯密既不是第一个指出商业社会悖论的哲学家，也不是第一个发现劳动分工为其解决方案的哲学家。在后复辟时期的经济学小册子以及自然法理学的传统中，我们都能发现关于这些主题的充分论述。例如，洛克的《政府论》(下篇)论财产权的一章和曼德维尔的《蜜蜂的寓言》中，都包含了劳动分工理论的

---

① 关于"重商主义"工资政策，参见 T. E. Gregory, "The Economics of Employment in England, 1660–1713," *Economica* Vol. 35, No. 1, 1921, pp. 37–51; E. S. Furniss, *The Position of the Laborer in a System of Nationalism: A Study in the Labor Theories of the Later English Mercantilists* (New York: Houghton Mifflin, 1920); M. T. Wermel, *The Evolution of the Classical Wage Theory* (New York: Columbia University Press, 1939); Peter Mathias, "Leisure and Wages in Theory and Practice," in *The Transformation of England* (London: Methuen, 1979), pp. 148–162. 关于18世纪政治经济学中的工资理论，参见 Richard C. Wiles, "The Theory of Wages in Later English Mercantilism," *Economic History Review*, Vol. 2, No. 2, 1968, pp. 113–126; A. W. Coats, "Changing Attitudes to Labour in the Mid-Eighteenth Century," in M. W. Flinn and T. C. Smout, eds., *Essays in Social History* (Oxford: Clarendon Press, 1974), pp. 78–99; A. W. Coats, "The Classical Economists and the Labourer," in *The Classical Economists and Economic Policy* (London: Methuen, 1974), pp. 144–179.

② David Hume, "Of Commerce," in Eugene F. Miller, ed., *Essays: Moral, Political, and Literary* (Indianapolis: Liberty Classics, 1987), p. 265.

③ Adam Smith, "Early Draft of Part of the Wealth of Nations," 13; Adam Smith, "Lectures on Jurisprudence," VI. 34–35; Adam Smith, "Jurisprudence or Notes from the Lectures on Justice, Police, Revenue, and Arms delivered in the University of Glasgow by Adam Smith, Professor of Moral Philosophy, report date 1976," 215; Adam Smith, *An Inquiry into the Nature and Causes of the Wealth of Nations*, Vol. 1, I. 4.

基本知识。① 然而，就曼德维尔来说，其论点与对高工资经济的辩护无关。他得出的结论是，除非有意运用低工资政策迫使穷人勤勉，否则富国将陷入衰退的循环。

斯密的决定性贡献是双重的：他提供了一个分析性的证明，表明通过采用劳动分工，高工资经济就能避免陷入波利比乌斯式衰退循环、进而腐化的情形；他还运用这一论证，使那些诉诸财产积极共有的基督教理想或有德的古典时代的奴隶共和国而对商业现代性提出的批判统统归于无效。当他谈到现代人易于将一个"拥有巨大产业"的人看作一只"社会的蛀虫、怪物和一条吞食所有小鱼的大鱼"时，他承认平均化的和平等主义的意识形态在他自己所处时代的现实影响力。② 他坚持认为，这样一个人并不比其他任何人吃得多——也就是说，他对生活必需品的消费并没有使穷人无法得到他们的生活必需品，而他的"存货积累"(accumulation of stock)却使劳动分工的扩展成为可能，并由此导致劳动力"昂贵"而产品"便宜"。他承认，确实"租金和利润吞没了工资，并且两个上层等级的人们压迫下层人民"③，但是，由于现代经济体是最早能够持续"改善"的经济体，由于它们是最早能够使自身超越奢侈、腐化、衰退的循环的经济体，纵使上层等级的压迫可能会阻止劳动者所获份额的相对提高，但在绝对值上这个份额是会持续增长的。

斯密对不平等问题的关注，应被追溯到其对自然法理学传统的融入，而不应追溯到盎格鲁-爱尔兰公民人文主义关于政治人格的话语。在后者的论述语境中，只有当商业和投机所创造的新财富威胁到了"宪制平衡"的时候，不平等才是一个问题。例如，乡村党及共和派人士作为沃波尔当局的反对派，声称王室和政府已经与因长期债务体制而致富的投机商结成了腐败联盟，要贿选并颠

---

① William Petty, "Political Arithmetick," in C. H. Hull, ed., *The Economic Writings of Sir William Petty*, Vol. 1 (Cambridge: Cambridge University Press, 1899), p. 260; John Locke, *Two Treatises of Government*, 2.5.42–43; Henry Martyn, *Considerations on East India Trade* (London: A.and J. Churchill, 1701); Bernard Mandeville, *The Fable of the Bees*, Vol. 2 (Oxford: Clarendon Press, 1924), p. 284; 亦可参见 W. Letwin, *The Origins of Scientific Economics: English Economic Thought 1660–1776* (London: Methuen, 1963); J. O. Appleby, *Economic Thought and Ideology in 17th–Century England* (Princeton, NJ: Princeton University Prese, 1978)。

② Adam Smith, "Lectures on Jurisprudence," Ⅲ.135; Adam Smith, *The Theory of Moral Sentiments* (Oxford: Clarendon Press, 1976), Ⅳ.Ⅰ.10.

③ Adam Smith, *An Inquiry into the Nature and Causes of the Wealth of Nations*, Vol. 4, Ⅶ.B.3.

覆议会的独立性。这一话语的焦点在于要在由拥有选举权的人们所组成的政治国民(political nation)内部维持平等,而不是要在他们与没有选举权的穷人之间维持平等。①

此外,公民话语的核心关注在于"德性"和财富精英中的政治行动主义,而休谟和斯密的核心关注在于正义。在公民话语中,欧洲社会是按照其政府形式以及它们赋予其政治国民的政治自由程度来加以比较的。在休谟和斯密的分析中,社会之间的比较是建立在它们如何确保财产权的安全以及如何充分满足其劳动者需求的基础之上的。这套偏好选择,在斯密的下述名言里表述得一览无余,即没有人会认为这样的社会是幸福的,"如果其绝大多数成员过着贫困、悲惨的生活"②。休谟曾写道,即使是被英国共和派人士和辉格党激进派斥之为专制统治的法国绝对君主政体,作为一个"合格政府"也与英国政府不分轩轾。像英国政府一样,它保障了财产权并且满足了本国最穷困居民的需要。正如邓肯·福布斯所指出的,休谟关于"合格政府"的这段话,打破了"庸俗辉格党"试图对比欧陆专制主义与英国自由的幻想。③

公民话语,尤其是1707年英格兰与苏格兰合并以前在萨尔顿的安德鲁·弗莱彻著作中所表达的苏格兰式的公民话语,哀叹商业民族军事德性之衰减与只顾一己之私利,这典型地体现在他们把军事职能委托给常备军。④ 斯密关于劳动分工的观点,使他能够对商人的私有化人格的历史发展采取一种根本不同的立场。在《国富论》第五篇中,他把自然法理学传统中财产权史的形式拿过来,

---

① 关于这一重要观点的一般性讨论,参见 Caroline Robbins, *The Eighteenth-Century Commonwealthman* (Cambridge, MA: Harvard University Press, 1961); F. Raab, *The English Face of Machiavelli* (London: Routledge & Kegan Paul, 1964); I. Kramnick, *Bolingbroke and His Circle: The Politics of Nostalgia in the Age of Walpole* (Cambridge, MA: Harvard University Press, 1963).

② Adam Smith, *An Inquiry into the Nature and Causes of the Wealth of Nations*, Vol. 1, Ⅷ. 36.

③ Duncan Forbes, *Hume's Philosophical Politics* (Cambridge: Cambridge University Press, 1975), pp. 145-172.

④ Andrew Fletcher, "A Discourse of Government with Relation to Militias," in *Political Works; Cambridge Texts in the History of Political Thanght* (Cambridge University Press, 1997), pp. 1-31. 关于英格兰与苏格兰民兵组织的讨论,参见 L. G. Schwoerer, *"No Standing Armies!" The Antiarmy Ideology in Seventeenth Century England* (Baltimore, MD: Johns Hopkins Universty Press, 1974); J. R. Western, *The English Militia in the Eighteenth Century: The Story of a Political Issue* (London: Routledge & Kegan Paul, 1965); John Robertson, *The Scottish Enlightenment and the Militia Issue* (Edinburgh: John Donald, 1985); Nicholas Phillipson, "The Scottish Enlightenment," in *The Enlightenment in National Context* (Cambridge: Cambridge University Press, 1981), pp. 19-40.

以解释说明随着社会从渔猎与采集阶段进入到农业与商业阶段,就要把公民职责和军事职责逐步委托给国家公职人员和常备军。斯密反对那些哀叹古代公民共和国的完整人格(undivided personality)已然丧失殆尽的人,坚持认为只有在"野蛮社会"中,人才能同时兼具生产者和"政治家、法官、战士"的身份。① 在富裕的自然进程中,人们在劳动分工中日益依赖彼此,迫使他们将公民和军事的职能委托出去。

由生产性劳动者对其非生产性职能所做的这样一种委托,对增加劳动力自身的产出来说是极为重要的。《国富论》第五卷证明,完整人格的瓦解注定与商业社会的最鲜明特色——能够让最贫穷的社会成员吃饱穿暖——联系在一起。尽管他无疑同情完整人格的公民理想,尽管他提倡通过军事教育来对抗劳动分工所带来的令人震惊的私有化的后果,但斯密还是确信不可能恢复人们作为生产性劳动者和战士—公民的完整身份了。② 满足贫困者需求的正义应该优先于公民的德性。

二、看不见的手

斯密想要把解决商业社会悖论的方案理论化,不但要通过经济学术语,即劳动分工的语言,来进行这种理论化工作,而且还要解释一种"慈善的"结果——对贫困者基本需求的满足——是怎么来的,这种解释却无需为任何对此做出贡献者加上一个"慈善的"意图。在市场社会中,正如他在其讲座和《国富论》的导言性章节里所解释的那样,尽管"一个人几乎总是要寻求他的同胞们的帮助,但是若仅仅寄望于他们的仁慈本身,则是毫无希望的"。把善行归结为现代社会分配结果的动机或者原因,就是未能真正地将人视为其所是,而且也忽

---

① Adam Smith, *An Inquiry into the Nature and Causes of the Wealth of Nations*, Vol. 5 (Oxford: Clarendon Press, 1975), I. A. 1-20; Adam Smith, "Lectures on Jurisprudence," IV. 79; Adam Smith, "Jurisprudence or Notes from the Lectures on Justice, Police, Revenue, and Arms delivered in the University of Glasgow by Adam Smith, Professor of Moral Philosophy, report date 1976," 335.

② Adam Smith, *An Inquiry into the Nature and Causes of the Wealth of Nations*, Vol. 5, I. F. 50-53; John Pocock, "The Machiavellian Moment Revisited: A Study in History and Ideology", *Journal of Morden History*, Vol. 53, No. 1, 1981, pp. 458, 498.

视了商业社会中这些慈善的关系要大大弱于封建社会的这一事实。① 究竟是因为什么,在现代社会中我们不是通过诉诸"屠夫、啤酒商和面包师"的"仁慈"而是要诉诸他们的自爱,来获得我们的晚餐呢?②

他的另一个与此相关的问题,是评估对物质财富的普遍化追求这一机制,通过这一机制他明确赞成的目的(对劳动的慷慨回报)得以实现的道德性质。一个重视目的的人也会重视手段,这种假定,似乎是合情合理的。无疑,斯密对现代劳动者物质充裕这一明明白白的事实赋予了无限积极的意义,他强烈反对公民道德说教者哀叹奢侈品对穷人的道德和勤劳所带来的冲击。然而众所周知的是,他在《国富论》中轻蔑地提及中世纪的领主迷恋贸易商品中"华而不实的饰物",以及他在《道德情操论》中讥讽人们酷爱积聚"毫无用处"的东西。从这些评论中可以看出,他相信物质繁荣经常是以他自己称之为"欺骗"的手段换来的。③ 乍一看,要想把他对商业社会"大争夺"(great scramble)的庸俗物质主义的明显厌憎与其对经济增长的明显赞许调合起来,并非易事。在他去世前几个月里完成的《道德情操论》的最后版本中,他增加了一章,提出"我们道德情感堕落的重大的、普遍的原因"在于"一种倾向,即钦羡和几乎是崇拜富人和有权势的人,同时又鄙视或至少是忽视处于穷困状态的人"④。这种倾向是商人对物质贪求无厌的根源。基本需求能够得到满足,但是渴求享乐的欲望——在商业社会中导致了对"华而不实的饰物"的积累——是"完全无止境的"⑤。这些物质欲望是无法满足的,因为人们是在一个不平等社会的等级体系中参照那些比自己更高或更低阶层的人,来判定他们个人的欲望满足程度。

正是经济进步状况的不平等,助长了现代商人对物质的特殊"贪婪"。斯密

---

① Adam Smith, *An Inquiry into the Nature and Causes of the Wealth of Nations*, Vol. 5 (Oxford: Clarendon Press, 1975), IV. 13-16, 此处论述了封建领主的开销由"款待客人"转向"华而不实的饰物";亦可参见 Adam Smith, *An Inquiry into the Nature and Causes of the Wealth of Nations*, Vol. 1, II. 42.

② Adam Smith, *An Inquiry into the Nature and Causes of the Wealth of Nations*, Vol. 1, II. 2; Adam Smith, "Lectures on Jurisprudence," vi. 46; Adam Smith, "Jurisprudence or Notes from the Lectures on Justice, Police, Revenue, and Arms delivered in the University of Glasgow by Adam Smith, Professor of Moral Philosophy, report date 1976," 220.

③ Adam Smith, *The Theory of Moral Sentiments*, Vol. IV, 1.6-10; Adam Smith, *An Inquiry into the Nature and Causes of the Wealth of Nations*, Vol. 3, IV. 10.

④ "人类社会的大争夺"一语见 Adam Smith, "Lectures on Jurisprudence," in *Lectures on Jurisprudence* (Oxford: Clarendon Press, 1978), VI. 24, IV. 163.

⑤ Adam Smith, *An Inquiry into the Nature and Causes of the Wealth of Nations*, Vol. 1, XI. C. 7.

与休谟小心翼翼地对这种倾向进行了历史化的描述:在更加平等但却落后的社会里,物质财富积聚的诱因和机会都是有限的。休谟在《论商业》中解释道,只要缺乏以制成品形式存在的诱因来诱使农民生产可向市场出售的剩余产品,那么纯粹的农业社会就注定要一直处于落后与"懒散"的状态中。① 斯密也同意:"我们的祖先因缺乏鼓励其勤勉的足够刺激而好逸恶劳。"自己作为欧洲经济发展外围的一个穷国的居民,他们两人都敏锐地觉察到,在他们的分析中绝不能将"经济人"视为理所当然,他们必须解释作为一种心理学类型的经济人的历史可能性。② 只有在商业社会中,随着城乡劳动分工的出现,正如斯密在《国富论》第三篇关于"华而不实的饰物"的段落中所解释的那样,以积聚商品为目标的纯粹私有化的动力才成为每个个体行为的支配性原则。

然而对"华而不实的饰物"的这种纯属现代的追求——不是为了其本身的价值而是为了其所带来的尊重,不是为了其本身的实际效用而是为了其符号意义或审美意义——是建立在一种欺骗的基础之上的,那就是财富将会带来幸福。斯密坚持认为,这种游戏得不偿失。"权势与财富"是庞大的"机器",需要用一生的劳动去创建,尽管它们旨在为其所有者带来幸福,却不能保护他们免于生活中的实际痛苦:

> 它们挡住的是夏日的细雨,而不是冬天的风暴,却使他总是要——有时甚至比以前更多地——感到焦虑、恐惧和悲伤,面临疾病、危险和死亡。③

这是斯密最具忧郁的斯多葛派色彩的评论。他说,正是斯多葛学派正确地

---

① David Hume, "Of Commerce," p. 260. 参见 Eugene Rotwein: "Introduction," in David Hume, *Writings on Economics* (Madison, W. I.: University of Wiscons Press, 1955), pp. XXXII—lIII。

② Adam Smith, *An Inquiry into the Nature and Causes of the Wealth of Nations*, Vol. 2, Ⅲ. 12; 亦可参见 Adam Smith, "Jurisprudence or Notes from the Lectures on Justice, Police, Revenue, and Arms delivered in the University of Glasgow by Adam Smith, Professor of Moral Philosophy, report date 1976," pp. 207-209。关于苏格兰作为一个省份的地位对苏格兰思想的影响,参见 Nicholas Phillipson, "Culture and Society in the 18th Century Province: The Case of Edinburgh and the Scottish Enlightenment," in L. Stone, ed., *The University in Society*, Vol. 2 (Princeton, N. J.: Princeton University Prese, 1974), pp. 407-448。关于苏格兰的经济落后及其在大都市经济中的边缘地位,参见 T. C. Smout, "Centre and Periphery in History: With Some Thoughts on Scotland as a Case Study," *Journal of Common Market Studies*, Vol. 18, No. 3, pp. 256-271; 也可参见 E. J. Hobsbawm, "Scottish Reformers of the 18th Century and Capitalist Agriculture," in E. J. Hobsbawm, ed., *Peasants in History*: *Essays in Honour of Daniel Thorner* (Calcutta: Oxford University Press, 1980), pp. 3-29。关于苏格兰高地的落后状况,参见 A. T. Youngson, *After the Forty-Five*: *The Economic Impact on the Scottish Highlands* (Edinburgh: Edinburgh Universty Press, 1973)。

③ Adam Smith, *The Theory of Moral Sentiments*, Vol. 4, 1. 8.

教导人们:"幸福完全或至少在很大程度上与财富无关。"①除了斯多葛学派哲学家芝诺、爱比克泰德和西塞罗的经典文本以外,斯密也思考了关于"人的欲望中的虚荣心"的现代论说,其中主要代表是卢梭的《二论》,斯密在其 1755 年发表于《爱丁堡评论》的文章中对之进行了细致的考察。当斯密在《道德情操论》中致力于分析现代社会对于财富的追求时,卢梭乃是斯密在那些段落中一位重要的,虽然没有明言的对话者。②

斯密断然与现代斯多葛主义者和卢梭主义者对现代欺骗的批判相决裂。他写道:"本性让我们以这种行为方式行事是好的。"要是人类的大多数都能像斯多葛主义者那样不以苦乐为意、心神安泰,要是他们能够看穿华而不实的饰物的诱惑,要是他们偶一兴起怀旧之情就过起一种超然物外的、斯多葛式的朴素生活,那么人类这一物种将永远被迫处于一种平等主义的野蛮状态。正是那种永不消退的想要拥有物质财富的幸福的诱惑"首先促使人们耕种田地、建造房屋、创建城市与国家,并发明所有能够使人的生活高贵和美化的科学和艺术"。不错,正如道德学家所谴责的那样,富人"只是想满足其自身的虚荣心和贪得无厌的欲望",但是他们的胃口并不比那些穷人的胃口更大。他们自己的食品消费并不会使那些穷人因丧失生活必需品而饿死,这不像卢梭在其所描述的图景中假定的那样,"一小撮人富得流油,而挨饿的大多数人却缺少生活必需品"。富人和穷人在生活必需品的消费上并非一种"零和博弈"。富人的需求启动了生产与雇佣劳动的循环,从而"通过一只看不见的手"引导商业社会对生活必需品做出的分配,几乎与土地在平均分配给全体居民的情况下所能做出的分配一样。因此,虽然"无意于此,对此也毫不知情",当然更不是对此怀有仁慈的愿望,但富人却"促进了社会的利益,为人类的繁衍增殖提供了手段"③。

---

① Adam Smith, *The Theory of Moral Sentiments*, Vol. 7, II. L. 20-21. 关于斯密思想中的斯多葛主义,参见 A. L. Macfie, *The Individual in Society: Papers on Adam Smith* (London: George Allen & Unwin, 1967), pp. 72-81; J. Ralph Lindgren, *The Social Philosophy of Adam Smith* (The Hague: Martinus Nijhoff, 1973), p. 35。

② Adam Smith, *Essays on Philosophical Subjects* (Oxford: Claren don Press, 1976)。

③ Rousseau: *The Discourses and Other Early Political Writings*, Victor Gourevitch, trans (Cambridge: Cambridge University Press, 1997), p. 188. 所引的句子值得重视,因为它是卢梭这篇著名论文中的最后一句话。本段所有对斯密的引文均来自 Adam Smith, *The Theory of Moral Sentiments*, Vol. IV. I. 10 论述"看不见的手"的段落;亦可参见 Adam Smith, *An Inquiry into the Nature and Causes of the Wealth of Nations*, Vol. 4. II. 9。关于斯密与卢梭之间的关系问题,参见 E. G. West, "Adam Smith and Rousseau's Discourse on Inequality: Inspiration or Provocation?" *Journal of Economic Issues*, Vol. 5, No. 2, 1971, pp. 56-70。

《道德情操论》中关于"看不见的手"的段落,把商业社会的悖论解释为一种非意图后果——穷人的生存需要通过一台由富人盲目贪欲所驱动的机器而得到满足。这有时被视为曼德维尔式的解决方案——通过其无意识促成的公益来为私人的恶德辩护。然而,曼德维尔在对贝克莱的回应中,明确指出他的论证并非一种诉诸非意图后果的论证。公益只能从私人的恶德中获得,假如有一位掌权的政治家不断调节私人利益的循环的话。① 斯密本人努力拒斥曼德维尔的观点,他认为,该观点已将一系列私人活动贴上了"恶德"的标签,而这些私人活动只有在行为过度或损害他人时,才能被公正地认为是恶的。曼德维尔实际上是一个严格的道德主义者,通过一种禁欲主义的德性标准来谴责商业社会,而普通人在日常生活中是不会渴求那样一种德性的。② 对道德情操进行现实主义解说的任务,不是要说明"一个完美的人"应该如何行动,而是要说明"像人这样一种如此羸弱且不完美的造物事实上怎样"行动。在实践中,普通人的自私自利受到对他人赞同这一渴望的制约。因为人,正如马勒勃朗士和休谟所言,是彼此的一面镜子,每个人的自尊(卢梭称之为自爱),都要依赖他人赞许的眼神。③ 这种对得到赞同的需要,乃是自利加诸自身的限制。它保证我们可以指望普通人遵守社会的行为规则。曼德维尔曾经将这种期望得到他人赞同的需要称作"虚荣",斯密争辩道,他这么做就将"无论如何都期望得到赞美的轻浮欲望"与对"应得的"他人赞扬的欲望相混淆了,前者仅仅是另一种方式的自私自利,而后者则是人类的自尊所必需的。斯密接着论述道,人既不会无法区分赢得的赞美和应得的赞美之间的差别,也不会对两者的差别无动于衷。他们事实上确实追求应得的赞美,而这就确保了大家对社会尊重的竞相追逐不会仅仅是一场虚荣的欺骗和自我欺骗的游戏。

---

　　① B. Mandeville, *A letter to Dion, occasion'd by his book call'd Alciphron, or the minute Philosopher. By the author of the fable of the bees* (London: J. Roberts, 1732), pp. 36-37. 相关评论参见 Jacob Viner, "Introduction to Bernard Mandeville, A Letter to Dion (1732)," in Jacob Viner, *The Long View and the Short: Studies in Economic Theory and Policy* (Glencoe, IL: Free Press, 1958), pp. 332-342; George Davies, "Berkeley, Hume, and the Central Problem of Scottish Philosophy," in D. F. Norton, N. Capaldi, and W. L. Robison, ed., *McGill Hume Studies* (San Diego, CA: Austin Hill Press, 1979), pp. 43-62.

　　② Adam Smith, *The Theory of Moral Sentiments*, Vol. 7, II. 4. 6-13.

　　③ David Hume, *A Treatise of Human Nature* (NY: Oxford University Press, 2000), p. 236. 关于马勒勃朗士的类似观念及其对休谟的影响的讨论,参见 Duncan Forbes, *Hume's Philosophical Politics* (Cambridge University Press, 1975), pp. 8-10. 关于法国哲学与道德思想中自爱(*amour de soi*)与自尊(*amour propre*)二元论起源问题的有趣讨论,参见 Nannerl O. Keohane, *Philosophy and the State in France: The Renaissance to the Enlightenment* (Princeton, NJ: Princeton University Prese, 1980).

此外,斯密声称"追求眼前快乐的激情",也就是那种经常是剧烈的而且是根本无法满足的、对物质上"华而不实的饰物"的追求,必须与那种"平静且不带感情的"自我改善的欲望加以区别。斯密认为,后者的"兴趣看起来不仅支配了,而且极大地支配了"追求眼前快乐的"激情"。如果不是这样,斯密坚称,我们就根本不可能对现代商业社会巨大的资本和货物积累做出任何解释。在商人的动机词汇汇表中,"节俭"原则支配了"消费"原则,这就说明他们在追求自我改善的进程中,能够做到克制,而不是完全迷失在盲目的物质追求中。①

　　与曼德维尔和卢梭相反,斯密坚持认为,通过自我施加的对适当规则的遵守以及为未来而储蓄的精打细算,经济上的自利确实能够制约其自身。整个社会都追求"华而不实的饰物"是盲目的,但是其道德性质却为其无限积极的非意图结果所证实,当然前提是经济上的自利打算被自由竞争的规则所限制。斯密式的行为规范要得到贯彻执行必须有一个自由市场社会。他解释道,在一些社会阶层(独立的专业人士、制造商和中等的贸易商)中,市场成功本身依赖于其正直诚实和行为适当的名声,对于这些阶层来说,通往德性之路与通往财富之路是同一条路。② 在一个市场社会中,对行为规范的主要威胁来自于那些大商人和行业垄断者,那些人的市场支配能力使他们能够通过"扩大市场并缩小竞争"来对抗公共利益。③ 斯密倡导的"自然自由体系"因此具有一个规范性目的,即对于市场关系中适当行为通用规则的贯彻执行来说,必要的是确保竞争的经济条件。

三、道德经济学、监管与政治经济学:谷物贸易大辩论

　　如果像斯密在《道德情操论》中关于"看不见的手"那些段落中所主张的那样,商业社会中分配的道德正当性在于下述事实——在财产"分割中被遗漏"的那些人,即那些靠挣工资过活的穷人获得了足够的生活资料,那么他仍然需要

---

① Adam Smith, *An Inquiry into the Nature and Causes of the Wealth of Nations*, Vol. 2, Ⅲ. 28; Adam Smith, *An Inquiry into the Nature and Causes of the Wealth of Nations*, Vol. 1, Ⅺ. C. 7. 阿尔伯特·赫希曼认为,斯密取消了自爱与自尊的区分,但这个观点是有争议的。参见 A. O. Hirschman, *The Passions and the Interests: Political Arguments for Capitalism before Its Triumph* (Princeton, N. J.: Princeton University Prese, 1977), pp. 100-113.

② Adam Smith, *The Theory of Moral Sentiments*, Vol. 1, Ⅲ. 3. 5.

③ Adam Smith, *An Inquiry into the Nature and Causes of the Wealth of Nations*, Vol. 4, Ⅲ. C. 9.

在《国富论》中来确切说明这一点是如何实现的。在商业社会中,挣工资的劳动者是"独立的",也就是说,他们并不依赖他们的主人来为他们提供生活资料,他们报酬的高低是由对劳动力的供求关系以及他们所在行业的惯例决定的,只是在最终的意义上才被对他们的基本生存来说是必需的那些东西所决定。斯密和休谟对现代的"独立性"给予了最为积极的肯定:正是这种对独立性的赞颂,使他们与那些怀恋公民身份的古典理想的公民人文主义者拉开了距离,那种公民身份在经济上依赖于将生产性劳动委之于奴隶的制度。① 然而那些关心古典理想的范例以及更为晚近的"封建依附"传统的人——安德鲁·弗莱彻、约翰·米勒,在某种程度上还有罗伯特·华莱士和詹姆斯·斯图尔特爵士——都指出,依附者的生存已经由他们的主人保障了,并追问如何才能确保现代工资劳动者的生存。鉴于食品匮乏甚至饥荒不断重演,再加上他们那个时代欧洲经济体普遍存在的不充分就业状况,甚至连那些自称政治经济学家的人都很自然地假设,只有通过对谷物市场加以"监管"才能确保贫穷劳动者的生存,这种监管由地方官员和中央权力当局来实施,以确保饥荒发生时有足够的贮存,并且即使在高物价年度也要管制基本生活必需品的价格。

在所有实行旧制度的社会中,谷物"监管"是"重商主义"经济管制的核心要素。正如卡尔·波兰尼曾经说过的,只有废除了这样一种结构并允许存在生活必需品的自由市场的社会,才能被称为完全的市场社会。质疑谷物"监管"的必要性,就是在挑战穷苦劳动者的"生存权利",这种权利是任何奉行旧制度的政府都不得不予以尊重的,而法国大革命只不过是将之作为一种自然权利在现代社会中予以重申。② 斯密的"自然自由体系"看上去要质疑的正是这样一组假设。从他所处的时代直到现在,其所有理论主张中最为激进的是,如果在劳动力市场和食品市场中摒除无端的干预,从长远来看,劳动力价格和食品价格会两两相抵取得平衡,使穷苦劳动者永远不再挨饿。即使是在他自己所处的时代,这一论断也为斯密赢得了一个教条的"计划者"的名声,说他把自然市场进程的长期模式当作实际政策指南来加以应用。

18世纪60年代欧洲的谷物贸易辩论——斯密的思想形成于这场辩论

---

① David Hume, *Essays: Moral, Political, and Literary*, p. 383.
② Karl Polanyi, "The Economy as Instituted Process," in Karl Polanyi, Conrad M. Arensberg, and Harry W. Pearson, eds., *Trade and Market in the Early Empires* (New York: Free Press, 1957), p. 255.

中——是自然经济秩序观念的关键战场。这场辩论将哲学家和经济学家分为两派,一派如斯密和重农主义者,他们相信食品应该像其他东西一样成为"自然"商品,理应由市场来确定其自身价格;另一派如詹姆斯·斯图尔特爵士和阿贝·加利亚尼,则认为食品是一种"政治"商品,其价格应该由政府来加以调节,至少在出现严重的迫切需要的情况下应该如此。这场辩论不仅事关在多大程度上应当让市场力量自行其是,而且也事关财产权。既然谷物明显属于某人,那么关键问题就在于,政府是应该让法律的力量与谷物商人的财产权保持一致,还是与处于窘迫境地的穷人的要求权保持一致呢?这场辩论还涉及自然模型(natural modeling)本身的使用。既然人类是在短期内而非在长期内挨饿,那么在自由市场中确保食品供应这一问题,就是对于将长期自然模型用作实际政策指南的正确性提出的可能最为尖锐的现实挑战。

爱德华·汤普森想让我们将这场在18世纪英国发生的关于面包价格和谷物贸易的辩论理解为新的政治经济学与大众的道德经济学之间的一次遭遇战,后者是对可以追溯到伊丽莎白女王统治时期的一个父权主义管制机构的普遍看法。[①] 这个市场监管和消费者保护的制度不经常发挥作用,在丰收的好年景和价格适度时中止效力,但是在闹危机的年份便又被激活。这一制度绝非形同虚设,而且无论何时如果地方官员在执行其条款方面行动缓慢或拒不执行,群众就会迅速以示威或暴动的形式施加压力,迫使地方官员规制市场。如果地方官员拒绝,大众就会自己动手解决问题,拦截谷物的运输,打开粮仓,按照"公道的"价格分配粮食。通过重述穷人的道德经济学和他们所诉诸的监管制度,汤普森使斯密式立场的反传统主义与之形成鲜明的对照,并称赞斯密是第一个废除了依附于财产权的传统社会责任的理论家。然而,这种道德经济学对政治经济学的二律背反是对双方立场的夸张描述。一方变成了残留的传统道德主义,另一方则变成了"驱除唐突的道德律令"的科学。

如果赞成为穷人提供充足的生活必需品可被称作一种道德律令的话,那么就此而言,这种道德律令在父权主义者和政治经济学家的观念中都存在。例如,斯密关于废除面包法令的理由,并非基于上述信条本身,而是因为法令使面包价格超出了其自然的竞争价格。同样地,他也反对出口补贴,因为这扭曲了

---

① E. P. Thompson, "The Moral Economy of the English Crowd in the Eighteenth Century," *Past and Present*, No. 50, 1971, pp. 76–136.

谷物的价格，以牺牲消费者利益为代价来确保农民的利益。① 而之所以把道德经济学看作传统主义的，就是因为它仅仅将其描绘为一套残留的道德偏好，却没有关于市场运作的实质性观点。实际上，所谓的传统主义者，完全能够与他们的对手也就是政治经济学家们以同样的水平论证其观点。确实，这是至关重要的一点，这场围绕着为穷人提供生活必需品而发生的关于市场与监管策略的辩论，在哲学家和政治经济学家内部所造成的分化，与它在斯密和大众之间所造成的分歧一样深刻。将斯密视为欧洲启蒙阵营中一系列观点的典型代表，是说不通的。如果能够超越英国的语境——汤普森把他的讨论局限于这一语境——而根据整个欧洲的背景来思考这场辩论，这一点就变得显而易见了。斯密《关于谷物贸易的题外话》的关键语境，不是他与英格兰或苏格兰群众的针锋相对，而是1764—1766年间法国发生的关于国内贸易自由化的论战，我们还应记得，此时斯密本人身在法国。

在1763年5月至1764年7月，法国的谷物贸易监管通过一系列法令的颁布被取消了，这些法令允许任何人经营谷物，终止必须在公共市场上出售的要求，彻底废除总督们在粮食匮乏时强征谷物的权力，并且在一个特定的价格门槛之下放开谷物的进出口贸易。② 英国的情况同样如此，只要粮食丰收，谷物自由贸易就不是一个会引起争议的问题。因此，在这些法令出台之前，王室政府已经在收成好的年景里采取了善意地忽略对谷物市场管制的政策。这里讨论的问题在于，当谷物价格过高将会导致贫苦消费者生活困难并引发骚乱时，他们是否应该继续干预，以暂时中止谷物商人和土地所有者的财产权。

在整个18世纪，国内贸易自由化的想法都不断被人提出，但正是重农学派以经济学术语阐述了最为完整的分析性理由。他们的观点是，贸易自由能够提高农产品的价格，从而吸引投资离开魁奈所谓的"奢侈品制造业中对人力财力的不适当雇用和使用"，而进入农业领域。③ 有了强大的农业，法国的食品供应就能做到自给自足，可以出口谷物换取像荷兰、瑞士等国生产的"毫无生气的"

---

① Adam Smith, *An Inquiry into the Nature and Causes of the Wealth of Nations*, Vol. 1, X. C. 62.
② Steven L. Kaplan, *Bread, Politics and Political Economy in the Reign of Louis XV*, Vol. 1 (The Hague: Martinus Nijhoff, 1976), pp. 90-101.
③ 引文出自魁奈在《百科全书》中所撰的"谷物"这一词条，以及 R. L. Meek, ed., *The Economics of Physiocracy: Essays and Translation* (Cambridge: Cambridge University Press, 1963), pp. 84-86, 235, 255-259.

奢侈品,而后者却不能为自己生产出足够的食品。较高的农产品价格,能够提高农业生产率并改善供给。正如魁奈所指出的,"充足加上昂贵就等于富裕"。高价格不会危及挣工资的穷人,因为他们的现金工资会等量增长,而高价格在生产效率方面所带来的影响会确保农民的利润、地主的收益以及国王税收的增长都会高于工资成本的上涨。魁奈整个论证的关键在于他颠覆了旧有的常识,即好年景等于便宜的价格。他坚持认为:"强迫的贫困不是促使农民勤劳的方法。"他想要把整个经济从其在低价位上形成的均衡中提起来,他将这种均衡视为永久贫困的循环。魁奈的经济观点反过来得到了他在论"自然权利"的条目(最初打算在《百科全书》中刊出)中所阐明的论点的支持。这一论点是,财产权(在这里指的是对谷物的财产权)的绝对性对于激发农业生产率的提高是至关重要的。从所有者那里征收谷物的监管体系,会对这种激励作用造成致命的损害。

魁奈的模型和由这一模型支持的法国的政策实验,结果被证明在18世纪谷物供应的顽固的周期性面前不堪一击。只要丰收,反对自由化的声浪就会减弱,而一旦如1768—1769年间那样出现谷物歉收,并且谷价开始急剧上涨,许多已经成为"自由之友"的哲学家就会从他们早先的狂热中抽身而退。接踵而来的辩论——加利亚尼、狄德罗、伏尔泰、奈克尔、格里姆、林格特和马布利等人与魁奈、波特、卢鲍、杜邦、马希尔、莫瑞雷和孔多赛——将"人道党"(party of humanity)一分为二,他们中间一部分人坚持主张政府必须在短期内稳定价格以防伤害穷人的利益,而另一部分人则坚持认为这种干预会使人们无法针对农业生产率方面不断发生的危机给出一个长期的解决方案。① 这不是现代性与传统主义之争。他们之中的许多人都在其他领域中为自由辩护,然而在谷物贸易自由问题上抽身而退。例如,狄德罗就在废除手工业者同业公会的问题上支持杜尔哥,但是在谷物自由贸易问题上却与之意见相左。②

对谷物贸易自由化最有影响的攻击出自一位本身也是政治经济学家的人

---

① Steven L. Kaplan, *Bread, Politics and Political Economy in the Reign of Louis XV*, Vol. 1, pp. 152-157.
② 关于狄德罗对同业公会法的立场,参见 W. H. Sewell, *Work and Revolution in France: The Language of Labour from the Old Regime to* 1848 (Cambridge: Cambridge University Press, 1980), pp. 65-72; 亦可参见 A. Strugnell, *Diderot's Politics: A Study of the Evolution of Diderot's Political Thought* (The Hague: Martinus Nijhoff, 1973); H. C. Payne, *The Philosophes and the People* (New Haven, CT: Yale University Press, 1976), p. 146.

物,他就是一篇令人钦佩的关于货币的论文的作者阿贝·加利亚尼。他写于1770年的《关于乡村贸易的对话录》可能会被读解为对自然自由的德性所做的悔恨性反思,而他早先的经济学著作曾经称颂过自然自由的德性。弗朗哥·文丘里提示我们,事实上正是1764—1765年间加利亚尼在托斯卡纳遭受饥荒的经历,导致他开始反思其早期对于自由化的狂热思想。① 他在街头亲眼所见的瘦骨嶙峋的穷人正在遭受着病痛和害虫的折磨,使他确信基本生活必需品的供应既不能留给控制收成的"自然的"力量也不能留给市场的力量加以解决。他说,现代政策的目标不能屈从于自然法则,而要运用人类的理性以确保社会永远不再受自然的摆布。他说,在理论上没有什么比下述内容更真切的了,那就是国内自由贸易体系能使谷物从过剩的地区自然地流向匮乏的地区,寻求最高价格并由此导致供求均衡。然而这种自然的长期过程理论是危险的,因其完全忽视了短期的矛盾摩擦。任何地方供应的短缺,哪怕仅仅是一周时间的延迟供应,都会在随后带来饥馑。他尖锐地指出,人是靠真正的面包而非潜在的面包活命的。

如果允许自由出口,最高价格的触发机制可能不会足够快速地运转,以使谷物供应从出口转向国内谷物匮乏地区,在一个为较差的交通条件所困的经济体中尤其如此。如果允许国内谷物商人毫无限制地在当地市场上自由采购,他们就会在当地穷人的需求尚未满足之前,买光所有谷物。加利亚尼并不反对在供应丰足的年度里实行自由贸易。在这样的年景里,全国性采购的代理商服务于一个有用的目的,就是在地区间均衡供应。然而,在谷物价格高企的年代,自由贸易肯定是危险的。当海面上风平浪静的时候,"让帆船随风自由漂流"固然是好,然而任何审慎的驾驭国家的舵手"在大海巨浪翻滚的时候都会见风使舵"。因此,他坚持认为国家保有其征募谷物储备的权威,并有权强迫当地农民在将剩余农产品卖给谷物商人之前,先将其分成小份卖给当地穷人。本质上,他的立场是,一旦分配正义的优先性得到满足,地主和商人的财产权就能得到首肯。正是这种立场,而不是重农学派的那种立场获胜了。1769—1774年间,泰雷(Terray)政府实施了全国谷物监管。② 当杜尔哥企图重新实行谷物自由贸

---

① Ferdinando Galiani, *Dialogues sur le Commerce des Bleds* (Paris: Fugard, 1784), p. 40. 关于加利亚尼,参见 Steven L. Kaplan, *Bread, Politics and Political Economy in the Reign of Louis XV*, Vol. 1, pp. 594-606.

② Reñe Girard, *L'Abbé Terray et la liberté du commerce des grains, 1769-1774* (Paris: Presses Universitaires de France, 1924).

易的努力在1775年的谷物战争(*guerre des farines*)中受到挫败之后,重农主义学派瓦解,谷物贸易监管重获施行。① 这种状况一直持续到法国大革命。当斯密在1776年出版其著作后,他立即成为一位倡导谷物贸易"自然自由"的旗手,而且一度还是唯一主要的倡导者。

法国的这些辩论与苏格兰的辩论紧密对应。詹姆斯·斯图尔特曾经以欧陆的自然法理学语言接受了教育,而且作为詹姆斯二世党人流亡图宾根数年,在那里他熟悉了德国的"监管"科学(*Polizeiwissenschaft*)。② 从18世纪50年代中期直到18世纪70年代,在苏格兰反复出现的那些论辩——关于如何给城镇供应粮食以及如何规制谷物和燕麦的进出口——的语境中,斯图尔特站在监管的一方,并且支持加利亚尼的立场。尽管他常常被认为是一个拥护父权制的传统主义者,但是他几乎像斯密一样成为一位把经济视为自然过程的分析家。他所坚决拒斥的乃是,从长远来看"事物的自然进程"应成为经济政策制定"技艺"的确定指南。他说,当有可能造成非正义的结果时,就不应该放任自然原因不受限制地发挥作用。③ 使经济环境符合正义,乃是当地政府的职责所在。没有什么地方比在生活必需品市场上更需要"政治家"的干预。纵使价格可在长期范围内自动调整,然而短期内的抢购、囤积以及投机,都能导致穷人现实的痛苦,并会造成本可避免的"聚众哄抢食物"的骚乱。④ 正是为了防止这种"市场价格的突然巨变",斯图尔特提议在国家仓库里贮存公共谷物,并在谷物价格较高时对这些谷物进行有序销售。作为稳定价格的附加措施,他赞同对进口谷物征税并对出口谷物提供补贴。他并未反对下述观点,即高价格是提高农业生产率的关键,但是他坚持认为要建立一种机制,使高价格不致影响穷苦劳动者和依靠救济者的常规生活必需品的获得。

---

① Steven L. Kaplan, *Bread, Politics and Political Economy*, Vol. 2, p. 606. 关于杜尔哥,参见 D. Dakin, *Turgot and the Ancien Regime in France* (London: Methuen, 1939)。

② 参见 Franz-Ludwig Knemeyer and Keith Trib, "Polizei," *Economy and Society*, Vol. 9, No. 2, 1980, pp. 168–196。

③ Sir James Steuart, *An inquiry into the principles of political oeconomy: Being an essay on the science of domestic policy in free nations, in which are particularly considered population, agriculture, trade, industry, money, coin, interest, …*Vol. 2(Edinburgh: Oliver & Boy for the Scottish Economic Society, 1966), p. 238,254.

④ Sir James Steuart,*Works, Political, Metaphysical, and Chronological of the Late Sir James Steuart of Coltness, Bart.*, Vol. 5 (London: Strahan and Preston for T. Cadell and W. Davies, 1805), pp. 347–377, 286–345.

虽然斯图尔特的公共粮仓计划所要求的行政管理能力超出了那时大多数地方政府的水平,但是其关于进口征税与出口补贴的提议却更贴近当时的大众见解。自复辟以来,这种制度一直是英国谷物法立法的特色,而最近的 1772 年法令则制定了一套补贴和进口制度,每当国内谷物价格涨到每蒲式耳 48 先令以上,就不再允许谷物出口,并允许谷物进口。设计这样的制度,就是为了协调农产品价格和消费者需求,毕竟,生产者想要的是高农产品价格,而消费者想要的是价格稳定和充足供应。这一法令也废除了伊丽莎白时代反对先发制人和囤积居奇——其做法是投机性采购,通过直接从农民手中购进谷物来避开当地市场——的立法。换句话说,这一法令在自由化与"监管"之间采取了中间的道路。

假如 1772 年法令体现了当时小心谨慎的共识,那么斯密对该法令的评论,则表明他所提倡的"自然自由"使其在多大程度上超越了常识性共识。他无奈地说,这一法令是"那个时代的利益、偏见和性情所能允许的最好的东西了"①。鉴于农民的偏见与影响力,征收进口税就具有一种政治上的必然性,但是"假如所有国家都接受自由进出口的自由主义制度,"他写道,那么整个欧陆的农业生产就会实现专门化,农产品的产出就可以达到最大化。斯密坚持认为,事实上,贸易保护制度通过阻止谷物流向最急需的地方,"将粮食匮乏这一不可避免的不幸恶化为极其可怕的饥荒之灾"②。

同样,斯密在赞同国内贸易自由方面也是毫不妥协的。他把那些反对谷物投机的法律以及要求农民首先在当地市场上售卖谷物的规定,统统看作是对财产权利的侵犯:

> 阻止……农民随时将谷物运至最佳市场,显然是为了迁就公共效益的观念,或为了迁就某种国家理由,而牺牲了普通的正义法则。除了在万分必需的情况下,立法权威的这种行为是要不得的,也是不可原谅的。③

---

① Adam Smith, *An Inquiry into the Nature and Causes of the Wealth of Nations*, Vol. 4, V. B. 53. 正是在 1772 年英国谷物法的一项修正案的内容当中,詹姆斯·斯图尔特发现"格拉斯哥的理论家们"已经采纳了斯密的建议,因为斯密在《国富论》中曾经"表明支持进口免税"。

② Ibid., Vol. 4, V. B. 39.

③ Ibid.

休谟曾经想当然地以为,不仅在实际发生饥荒的场合,"甚至在并非那么急迫的情况下",地方官员都有权打开私人粮仓并以预定价格将粮食分配给穷人。他曾用这个例子主张"平等或正义的规则完全依赖于人们所处的情况和状态"①。在"极其必需"的情况下,仍然坚持毫无限制的私有财产权利"根本没有任何用处"。斯密虽然也遵循了同一路线,但是他似乎想把"不那么急迫"的必需排除在外。只有在饥荒的发生确实迫在眉睫时,才够称得上是"最为紧迫的必需",此时暂时中止对于谷物的财产权利才是正当的。

尤其引人注目的是,他赞许谷物商人在粮食配给供应过程中所发挥的作用。粮商在预期价格上升时会惜售,这有助于限制需求,以便为粮食更加严重短缺时的供应进行储备。斯密承认,"贪婪"所造成的"谷物价格上涨,在一定程度上高于季节性短缺所造成的价格上涨",但这至少防止了过早地以低价倾销谷物,后者将导致季节末期无粮可供时的饥荒。② 正如斯密自己所言,现在甚至连证券交易所的投机商也没有比谷物投机商为商业社会的整个市场体系招致的憎恨多。赞同谷物投机行为,就是在为看不见的手做正当性辩护方面敢于走得比任何人都远,当然,重农学派经济学家除外。

穷人要获得充裕的生活必需品,就像斯密理论体系中的所有其他东西一样,有赖于制造业方面不断提高的生产率所带来的增长。能够产生剩余农产品的唯一方式,就在于城镇制造业生产的商品能够刺激农民为了销售而生产粮食。③ 通过发展制成品来换取国际市场上的粮食,制造业国家就能使自己摆脱对于本国农业难以确定的丰收还是歉收的依赖。国内挣工资的劳动者购买进口食物的能力,反过来又要取决于对制造业的投资。只有降低出口制成品的单位劳动成本,贫困劳动者的实际收入才会持续增长。如果地主和贫穷的消费者,都能同样用较低的价格买到国内的制成品,他们就会有更多的收入用于农业投资和购买食品。因此,国家的适当角色不是去调控价格,而是排除诸如出口补贴、进口征税之类的障碍,这些障碍将会扰乱城乡之间适当的劳动分工,并迫使投资转向农业而远离制造业。

---

① David Hume, *An Enquiry Concerning the Principles of Morals* (Oxford: Oxford University Press, 1998), p. 85.
② Adam Smith, *An Inquiry into the Nature and Causes of the Wealth of Nations*, Vol. 4, Ⅴ. B. 3.
③ Ibid., Vol. 4, Ⅸ. 48-49.

因此，斯密提高农业生产率的解决方案深深地违反了人们的直觉——发展制造业并诱使农业生产剩余产品用于交换工业制成品。尽管几乎所有其同时代的人，甚至重农学派经济学家，都被这样一个问题所困扰，即经济在收获周期的变化难测和土地丰收的不确定性面前显得脆弱不堪，但是斯密却在寄希望于国际劳动分工，其中像英国那样的发达经济体将会利用其制造业能力使自身永远摆脱大自然的这种封闭的局限。按照他的观点，增长的关键在于资源的自然分配和城乡的劳动分工。柯尔贝主义者和重农学派经济学家都不懂得制造业与农业部门之间相互依赖的微妙关系：一方过于将政策的指挥棒指向农业，另一方过于将政策的指挥棒指向制造业。① 在"事物的自然进程中"，两个部类之间最适宜的劳动力和投资分配将会自行达成和谐。几乎不用说，这样一种分析完全把公民道德主义者和乡村党对城镇的"寄生"与"腐化"式的发展所发出的哀叹，视为误导性的道德说教。②

斯密倡导"自然自由"的理由从未仅仅建立在经济学的基础上。其论证的第二个层面是法理学上的。正如我们所看到的，他强调谷物商人和农民的财产权几乎绝对优先于穷苦劳动者主张的需求权。为了避免人们将斯密关于财产权的观点仅仅看作是对其时代既有常识的一种反映，我们应该回想一下，在法国关于谷物的辩论中，同等的观点曾经引起公愤。狄德罗认为重农学派经济学家关于财产权的观点，如果在饥荒的情况下适用，就是一条"吃人的原则"，他大声疾呼，"难道人类的情感不比财产权更为神圣吗？"③林格特的观点已经发展到要主张，贫困者的需求构成了与财产权利具有同等约束力的权利要求④；莫利则把这个观点建立在古代法理学假定的基础上，即世界起初被赐予人们，使他们享受对财物的积极共有，在必需的情况下就可以恢复到这种财产共有的状态。换句话说，穷人要求从富人的财产中拿出一部分来减轻他们的贫困，只是在重新要回作为人类的共同成员一开始就属于他们自己的东西。

斯密的观点就像莫利的观点一样采用了历史悠久的自然法理学的词汇。

---

① Adam Smith, *An Inquiry into the Nature and Causes of the Wealth of Nations*, Vol. 4, Ⅸ. 4.
② 可参见 Raymond Williams, *The Country and the City* (London: Chatto & Windus, 1973)。
③ Steven L. Kaplan, *Bread, Politics and Political Economy*, Vol. 2, p. 609.
④ Ibid., Vol. 2, pp. 476, 479.

这些词汇并不是简单地拼接在一起来为他的分析所支持的经济利益提供正当性辩护。遵照休谟的分析，斯密只是理所当然地认为财产权制度在历史上的出现是因其效用与必要性所致。如果人类自然被赋予了对其同类的"慷慨"和"仁慈"，如果大自然的丰腴馈赠无穷无尽，那么就没有财产权制度存在的必要了。① 正是事实上人类有限的仁爱之心和自然的匮乏要求为个人私有制阐明规则。没有这些规则，人类的生命安全将是不可能的。正如休谟所指出的，正是"通过建立起财产稳定持有的规则"，"贪得无厌的、永久和普遍的渴求财物的贪婪"才能与社会的稳定有序协调一致。② 此外，这也是至关重要的一点，私有财产的绝对安全是克服自然匮乏限制的必要前提。如果不能保障一个人可以保有他予以改善的东西，他就不会再有任何进行改善的动力了。③ 休谟坚持认为，这种保障措施必须是"完善的"：财产权利，要真正成为一种权利，就不能允许任何限制。

休谟承认，毫无疑问，把世界分成个人所有的排他性财产，"必然经常与人们的需求和欲望相矛盾，并且人们与财物之间的关系必定经常严重失调"④。说得更准确些，财物很少与美德或功劳联系在一起：一个懒散未婚的单身汉如果拥有一个更好的头衔，就会在财产继承方面优先于一个拥有许多子女的有德行的穷人。然而，既然每个人都对他自己的或他人的功绩有着不同的评估，那么任何按照需要、功劳或者某种分配正义理想来分配财产的制度，都具有无休无止的争议性。任何企图按照这些原则进行分配的尝试，对财产的稳定持有来说都会造成致命的影响，而财产的稳定持有对于社会秩序和改善经济状况来说又是必需的。尤其有害的是按照"完全平等的观念"进行分配。"即便开始时如此平等地分配了个人财产，人们程度不等的技艺、关照和勤劳，也会立刻打破这种平等状态。"更为糟糕的是，任何遏制人类这些天资差异的企图，都会摧毁人们的积极性，因此"使社会陷入极度贫困的状态"。平等分配财物不仅不会预防饥饿与乞讨，而且还"会使整个社会都不能幸免于饥饿与乞讨的处境"⑤。

---

① David Hume, *A Treatise of Human Nature*, p. 494.
② Ibid., p. 316.
③ Ibid., p. 319.
④ Ibid., p. 330.
⑤ David Hume, *An Enquiry Concerning the Principles of Morals*, p. 91.

然则,如果财产权必须是绝对的,那么如何为那些被排除于世界财产分配之外的人提供生计呢?斯密对这一问题的回答,诉诸自然法理学中"完全权利"与"不完全义务"之间的差别。前者比如财产权,它在法律上是可以强制实施的,而后者比如慈善,是一种不能通过法律强制实施的道德义务。在"正义"与"仁慈"之间这种区分的后果是,否认了被排除在财产分配之外的穷人具有要求富人的慈善的完全权利。正如斯密告诉学生们的,"乞丐是我们慈善行为的客体,或者说他有权利要求我们的慈善行为,但是当我们这样使用权利一词时,并不是在一种严格的意义上,而只是在一种隐喻的含义上在使用它"①。法律无权命令人们行善:无论如何,行善必须是自愿奉献的,否则它就根本不是一种美德。正义的适用范围,就是强制执行"各应得其所有"(suum cuique),换句话说,这是财产权的规则。没有这些规则,"庞大的人类社会组织就会分解为一个个原子"。从另一方面看,没有仁爱之心,社会无疑就是一个刻薄、冷酷的场所,但是它却能"出于其效用感,无需任何彼此之间的关爱或情感而在不同的商人中间生存下来"。然而,像休谟一样,斯密相信,甚至在一个市场社会中,对不幸者的怜悯和同情,仍会成为自然的和自发的行为动机。正是依靠这种自发的情感,社会缓解了穷人在任何危急时刻的迫切需要。② 然而,正如我们所设法说明的,我们分析《国富论》的全部重点意在表明,通过在一个竞争性市场体制中刺激农业生产,贫困劳动者获得充足的生活必需品就不再是一个慈善的问题或具有重大必需的极端正义(drastic justice)问题了。个人的慷慨解囊和官员的行政干预就都不是必要的了。

这种观点,实际上将"分配正义"从市场社会中的政府职能中排除出去了。斯密坚持认为,正义唯一适当的功能是"交换";它处理的问题是个人之间责任的归属以及对伤害的处罚。③ 分配正义处理的是,根据需求、应得(desert)或功绩的要求对剩余产品进行分配的问题,严格来讲,不是法律领域的事,而是道德

---

① Adam Smith, "Lectures on Jurisprudence," Ⅰ.14—16.
② Adam Smith, *The Theory of Moral Sentiments*, Vol. 2, Ⅱ.1—10. 关于怜悯与慷慨的"自然"美德,参见 David Hume, *A Treatise of Human Nature*, p. 310.
③ Adam Smith, *The Theory of Moral Sentiments*, Vol. 7, Ⅱ.1.10. 斯密探讨了格劳秀斯关于严格的正义或交换的正义(justitia expletrix)与分配的正义(justitia attributrix)之间的区分,"前者在于不染指他人的东西,并且自愿去做所有那些我们按照规矩必须去做的事情",而"后者在于合宜的仁慈之中,在于恰当使用我们所拥有的东西,将之用于慈善或慷慨的目的,用于在我们看来是最适宜的那些目的之中"。

领域的事。

政府的根本功能是使财产权"免于"穷人"义愤"的侵犯。斯密从未幻想市场社会中现存的财产权分配能够向被排除在这种分配之外的人证明自身的正当性:"那些拥有由多年劳动或连续几代人的劳动才蓄积起来的价值不菲的财产的人,只有在行政官员的庇护下,才能睡个安稳觉。"① 然而,尽管否认穷人的需求构成了对富人财产的权利要求,斯密却并未将正义问题从其政治经济学中排除出去。恰恰相反,他将这一问题从法理学和政治理论领域移植到政治经济学领域,他用自然模型来证明,通过提高农业生产率,商业社会就能充分满足挣工资者的需求,而不用诉诸任何形式的再分配来干预私人的财产权。"自然自由"条件下的增长会推翻需求与权利之间的全部对立。

诚然,斯密非常了解,"坚持建立,并且不顾一切反对意见而一劳永逸地建立"任何系统的改革计划,特别是一套自然自由的体系,"必定是自负到了极点"。如果一位改革者不能"通过理性和说服去战胜人们那些根深蒂固的偏见","而尝试用武力去压服他们",那就大错而特错了。他必须使自己"尽可能地"适应"人们根深蒂固的习惯与偏见"②。然而,斯密的模型本身则是毫不妥协地支持"自然自由"观点的。它的结构特性没有任何形式的改变,尽管斯密知道实际的困难会妨碍它的执行。这些结构特性,正如我们所看到的,是由财产权理论所赋予的:财产权要么是"完全的"和绝对的,要么就是毫无意义的。虽然当实际发生饥荒的时候,需求必定凌驾在财产之上,但这只是一个例外,而绝不会对财产权构成永久的限制;赋予贫困者以索取富人财产的权利,会摧垮一切财产的稳定性,甚至在平常日子里也是如此,它也会危及财产的稳定占有给改善带来的刺激效应。因此,政府必须使自己关注交换正义,而不是分配正义。

将这一观点视为依条件而定的、对利益的合法化辩护,就会忽略这一事实,即该观点所使用的术语可以追溯到早于"商业社会"和政治经济学出现之前的某一传统。斯密本人非常明确的一点是,在精巧地提出他对"自然自由体系"的

---

① Adam Smith, *An Inquiry into the Nature and Causes of the Wealth of Nations*, Vol. 4, Ⅰ.B.2.
② Adam Smith, *The Theory of Moral Sentiments*, Vol. 6, Ⅱ.2.16–18; 亦可参见 Adam Smith, *An Inquiry into the Nature and Causes of the Wealth of Nations*, Vol. 4, Ⅱ.43。

论证时,他所运用的术语可以追溯到现代自然法理学的创始人格劳秀斯,追溯到他对亚里士多德和经院哲学家们的遗产的重新表述。他说,正是格劳秀斯首先对"监管法"与"那些理应贯通并成为万民法基础的自然平等的规则"做出了严格的区分。① 正是通过运用这些范畴进行思考,斯密发展出了下述概念,即政治经济学的任务就是以"自然自由体系"为标准,来批判依条件而定的、历史性的"监管"结构。甚至更为重要的是,自然法理学哲学家率先提议,通过转换分析的术语,即从权利话语转向市场话语,就能使有产者和被排除在财产分配之外的人对财产的要求权在理论上达成和解。我们现在要转而讨论的正是这一传统以及在古典政治经济学形成过程中这一具有构成性作用的步骤(constitutive move)。

四、政治经济学与自然法理学

故事始于阿奎那,因为正是他为18世纪中期天主教欧洲的谷物贸易辩论中关于财产权利的起源与限度的论证设定了术语。对阿奎那而言,世界乃是上帝的财产,交给人类共有,由他们集体保管。除了这种作为世界资源受托人的"权限"之外,个人还被赋予了第二种"权限",那就是去照料和分配这些资源。第二种"权限"为私人占有财物提供了正当性,因为财物在归个人所有的情况下,"每个人都会比在多人共有时更加费心地去照料财物,因为只有他有此职责"。在财产集体所有的情况下,就没有可靠的劳动激励,也没有可靠的裁决纷争的方法,而这种纷争在财产共有时是不可避免的。因此,像亚里士多德一样,阿奎那认为"私人占有财产并不……违反自然法;它是理性的存在物所得出的结论,并附加到自然法之上的"。因此,阿奎那限制了早期教会思想中的激进路线,例如,圣巴西略(St. Basil)的著作就否认了阻止他人使用公共财物的正当性。正是个人所有权使得负责任地、有成效地管理上帝的财产成为可能,这对有产者和无产者皆然。然而,在饥荒这种极端情况下,财产权将被彻底推翻,穷人有权要求收回他们在财产共有时的原始份额:

> 然而,如果有极为紧迫而明显的必需,而且这种直接的需要必须即刻

---

① Adam Smith, *The Theory of Moral Sentiments*, Vol. 7, Ⅳ. 37.

以无论什么可资利用的东西去满足,就像一个人面对即将发生的危险而又没有任何其他方式可以获得援助时,那么这个人就可以正当地拿走别人的财物,来满足他自己的需要,不管他是偷偷摸摸地还是明目张胆地这么干。①

欧洲自然法的历史,可以被理解为一系列对阿奎那所留下的难题中的要素进行重新安排的尝试。既可以假定原始的财产共有,于是相应地对后来出现的个人财产权利进行限制,最终这种限制要建立在下述假定的基础上,即在必需的时候有可能恢复到财产共有的原初状态;也可以坚持完全的私人财产所有权对于富有成效地管理资源的必要性,然后最终在其上添加矫正性的制度,以确保匮乏和饥荒情势下的和平。第一种立场的逻辑主旨是,为了总有剩余品分配给贫困者,人们应该按照自然的和必需的原则来限制其需求;第二种立场的推论是,私有财产权能够为改善上帝的所有物提供激励因素,最终不用节衣缩食也能满足每个人的需求。

现代自然法理学的创始人格劳秀斯接手并改造了亚里士多德—阿奎那传统中这些对立的因素。他同意阿奎那的观点:"如果一个人在如此必需的压力下,从别人的财产中拿走了其活命所必需的东西,他并未犯有偷窃罪。"他解释道,其原因不是财产所有者被"爱的法则"或普遍人性所束缚,而是"一切东西在被分配给个人所有者时似乎都带有某种善意的保留,以支持其原始的权利"②。在必需的情况下,根据这种"善意的保留",暂停行使私有财产权,恢复原始财产共有,穷人被赋予占有富人剩余品的绝对权利。

这一理论与阿奎那的两种"权限"说的历史化(historicization)密切相关。这种历史化是苏格兰推测性历史(Scottish conjectural history)的直接起源。③在原始财产共有状态下,人作为共有的上帝资财受托人的权限就凸显出来。格劳秀斯继续论述道,财产的共同所有权要想维持下去,就要求"人们继续保持极度的朴素,或者……基于相互关爱而生活,而这是极为罕见的"。只有当人们的需求受

---

① Thomas Aquinas, *Summa Theologiae*, Vol. 38 (London: Blackfriars, 1975), 2a. 2ae. q. 66. a. 7.
② Hugo Grotius, *The Rights of War and Peace* (Indanapolis: Liberty Fund, 2005).
③ R. L. Meek, *Social Science and the Ignoble Savage* (Cambridge: Cambridge University Press, 1976), pp. 12–16.

到限制时,在共有人中间分配个人使用权才能保持稳定与和平。"然而,人们不再继续保持这种简单淳朴的生活了",格劳秀斯接着说,并开始对这幅画面做历史化的描述。阿奎那的第二种权限开始发挥作用了,那就是人们可以自行决定对稀缺资源的排他性私人所有权。当新的需求出现时,只有通过劳动才能得到满足,于是可移动的东西就从共同所有权中分离出来了:用作牧场的土地在不同部落间加以分割;同一部落的土地又被其中的不同家庭所分有。既然每个家庭都在这块土地上辛勤劳作,人们之间的纷争注定会出现。为了平息这些纷争,一份或者接受土地占有现状或者明确划分原先共有土地的契约,就变得十分必要了。第一次通过契约划分土地的行为是独一无二的,而且不可被复制。那时未被分割的土地此后就遵从先到先占的原则被转化为私有财产。① 这种财产权一旦由契约确定下来,就成为其他所有人都必须加以尊重的充分的或完全的权利。格劳秀斯说,正是这种排他的或绝对的权利,才使财产权一词实至名归。语言的贫乏导致这个词也被不加区分地适用于那种使用公共财产的权利。在对法理学语言做了重要的澄清之后,他坚持认为财产权这一术语只能被用于现代形式的对事物的排他性占有权。②

然而,为了满足那些无财产者的生存需要,格劳秀斯不得不辩称,在必需的时候,历史就在某种程度上中止了,远离财产共有的运动暂时得到逆转。他还不得不对"公平价格"进行说明,也就是对应当支配生活必需品市场的法理学进行说明。尽管承认商业与贸易自由乃是自然法的派生物,但他还是坚持认为这样的自由必须受到自然平等(natural equity)的约束。特别是谷物贸易自由,必须受到穷人能够买得起这一要求的限制。"因此,我们断言,"格劳秀斯写道,"所有人都有权以公道的价格购买这些东西,除非有人找上门来表示自己急需帮助,因此在食物极度匮乏时期,谷物的销售是被禁止的。"这意味着,不应在粮食稀缺时出口谷物,并且还应该在谷物出产区提供销售。同样地,垄断的权利应该得到控制。他认为,实定法或市政法,应为人们从事贸易的自然自由设定限制条款。③

---

① Hugo Grotius, *The Rights of War and Peace*, pp. 1–5.
② Hugo Grotius, *Of the Law of Prize and Booty* (Oxford: Clarendon Press, 1950), ch. 12.
③ Hugo Grotius, *The Rights of War and Peace*, 2.2.19.

因此,格劳秀斯着重强调严格的正义在规范社会生活中的作用。然而,他实事求是地看待社会的运转,认为社会运转既超出了自然平等的限制,也超出了人为的简单纯粹的限制。正义的适当领域是补足正义(expletive justice),而不是分配正义。它恰当关注的不是应得(desert)或需求,而是各得其所。补足正义关乎"完全权利",其中最重要的是财产权利。分配正义或归属正义(attributive justice)关乎"不完全权利",例如"在政府事务上要有慷慨之心、同情之心和先见之明"。不完全权利不会引发严格的对等义务:它们是基于人性的命令,而不是法律的命令。完全权利是在必要时可以用武力加以捍卫的权利。① 这正是斯密论述分配正义的起点。格劳秀斯法理学的显著特点在于,大幅度缩小了分配正义的适用范围,以使在必需情形下偷窃的权利或以公道价格购买谷物的权利——应得的权利(rights of desert)和基于需要的要求权(claims of need)——在理论化时被作为法律上的例外,而不像托马斯主义法理学所做的那样,将之当作基督徒的义务。一个人只对自己所有的东西拥有权利,他对其所应得的东西(due)没有权利。他的不完全权利一般会得到人道的对待,但只有在最为急需的时候才能确定为一种完全权利。

格劳秀斯给他的继承者留下来两个主要难题。他宣称把共有财产分成小份变为私有财产需要一份契约,这一观点遭到其批评者的奚落,其中就有英国的君权绝对论者罗伯特·菲尔默爵士。他认为这一观点完全令人难以置信——现代所有权(dominion)的整套架构竟然能够追溯到一个达成集体协议的真实历史时刻。② 他所提出的批评坚称,更加可信的假设是,上帝将所有权授予亚当,以及之后的每一位主权者,财产权法应该将内容留给主权者去做实际的规定。为了驳斥这种对私有财产制度的合法化,自然法理学的捍卫者必须找到一套财产起源理论,以避免契约说的尴尬。第二个难题是格劳秀斯的下述命题,即迫切的必需发生时,私人财产权可以被悬置,并暂时恢复财物的共有。大多数自然法理论家都发现这个假设是危险的:如果穷人基于需求的要求权优先于财产权,甚至在相对充裕的时候,社会都有可能退化到无

---

① Hugo Grotius, *The Rights of War and Peace*, 1.1.2.5.
② R. Filmer, "Observations Concerning the Originall of Government upon Mr. Hobs 'Leviathan', Mr. Milton against Salmasius, H. Grotius, 'De Jure Belli'," in Johann P. Sommerville, ed., *Patriarcha, and Other Writings*(Cambridge: Cambridge University Press, 1991), p. 234.

政府状态。普芬道夫直面了这个难题。与格劳秀斯的理论针锋相对,普芬道夫认为,富人的义务将能得到更好的解释:

> 如果我们说,一个有钱人一定要帮助一个具有无害需求的穷人,其依据是一种不完全义务——没有人应该像必须遵守一个规则那样被迫去履行此义务;然而,极为迫切的必需的驱使又使人们有可能对这样的东西提出要求,其依据与那些拥有完全权利的人所能诉诸的根据完全一样,换句话说,人们可以向执政官提出一个特别的吁求,或者,当时间不允许做出诸如此类的事情时,就要允许当事人通过武力或偷窃的方式来满足其即刻的迫切需要。①

通过这种对"完全权利"和"不完全义务"的区分,普芬道夫找到了一种保障穷人生存的方法,同时又不必像格劳秀斯那样赋予穷人在必需的情况下获得富人财物的财产权。在他的理论中,穷人仅仅是在他人未能履行义务时才得到了一种权利。这种义务不是源于财产法,而是源于人道的自然法。从格劳秀斯到普芬道夫之间的转换是决定性的。前者关注的焦点在于穷人的权利,而后者在于富人心甘情愿的义务上。富人与穷人之间关系的隐含纽带从法律的根据转移到了道德情操方面,一方施诸善行,一方报以感恩。② 这种修辞法彻底消除了用语言表达穷人取得富人财产的应得权利的可能性。

普芬道夫无须诉诸某种财物共有就重新界定了为那些被排除在财产所有权范围之外的人提供食物的基础,于是他就可以简化格劳秀斯对财产权历史的解释。他鄙视那些将现代财产权利的起源归于这样一个假设——上帝最初把对世界的排他性所有权赐予了亚当及其继承者——的理论家。同样地,他也拒绝接受霍布斯的观点,即财产权利是个人与财物之间的一种自然关系,因而是自然状态中冲突的根源,而创建主权者的目的就是要制止这种冲突。普芬道夫坚持认为,财产权包含了同意,是一种人对人的关系,是在上帝最初应许土地给人类共有之后才建立起来的,以便确保人们在对世界进行个别化分割的时候能够达成和睦一致。其用意在于通过要求人们意识到所有人类的权利都需要附

---

① Samuel Pufendorf, *Of the Law of Nature and Nations: Eight Books* (London: J. and J. Knapton and Others, 1729), 2.6.6.

② Ibid., 3.3.5, 3.3.15-17, 3.4.6.

加不侵犯他人财产权的相关义务,从而预先排除霍布斯式的一切人反对一切人的战争。①

然而,像所有自然法理论家一样,普芬道夫必须同时说明共有财产个别化是如何发生的,以及这种个别化是否符合上帝将世界赐予人类使用的原意。在思考这些问题时,普芬道夫利用了西班牙耶稣会士弗朗西斯科·苏亚雷斯对"命令性的"(preceptive)和"许可性的"(permissive)两种自然法所做的区分。上帝把世界赐予人类是"命令性的"(换句话说,在自然法中对如何实现世界共有财产个别化提出了具体的命令),还是上帝只是"许可性地"把世界赐予人类,而没有附加任何明确的规定?普芬道夫赞同这位西班牙前辈的观点,即"所有权"(proprietorship)不能被认为从一开始就一直是命令性自然法的一道命令。所有权是"根据人类和平的要求"而被引入的。如果"事物的占有权未经明确划分",一个"平静安宁而庄重得体的社会"就无法存在。普芬道夫将命令性自然法的范围缩减到了最低的限度:"任何人都不应伤害他人",任何人都不应该拿走正当地属于他人的东西。人们有自由创建符合这些命令的共有财产个别化的形式。②

这种对"命令性的"自然法与"许可性的"自然法的区分,使得重新思考上帝最初将世界赐予人类的性质成为必要。利用这些概念,普芬道夫认为:"在《圣经》中所描述的上帝的赐予,没有详细说明所有权的确定性形式,而只是说明有一种将事物付诸合理而必要之用途的模糊权利。"因此,一开始,东西就放在那里"'对任何一个人都是开放的',也就是说,这些东西也被说成是不属于任何人的,其否定性的意义大于肯定性的意义;换言之,它们尚未分配给一个特定的人"。因此,从一开始,世界就归属于人类共有,但它不归属于任何一个特定的人;世界既不归属于亚当这个人,也不归属于一个原始人类群体。用普芬道夫的术语来说,它是一种"否定性的"共有,而不是一种"肯定性的"共有。③ 如果人们随后选择建立财产共有制度,他们可以这样做,但是他们必须达成某种明确的安排来分配个人对土地的使用权和对自然出产之物的使用权。普芬道夫认为,在一个特定的肯定性共有制度之下的这样一种分配正义的体系,只有

---

① Samuel Pufendorf, *Of the Law of Nature and Nations*, 3.5.3.
② Ibid., 4.4.14, 4.6.6.
③ Ibid., 4.4.2.

当需求被限定在同样的有限标准之内时,才能一直保持稳定和无争。这是他和格劳秀斯两人,对于以莫尔的《乌托邦》和康帕纳拉的《太阳城》为代表的、怀恋原始共产主义黄金时代的欧洲传统的共同回应。① 这样的社会要想维持下去,只有其全体居民一直满足于在同样平等但简陋的标准之下生活。此外,普芬道夫坚定地将这样的社会从既往的历史中清除出去,他争辩说:"当人类繁衍生息,通过勤劳让生活更便利时,保持社会生活的必要性就导致所有权的引进。"

正如格劳秀斯所假定的,土地的划分并非通过一张契约一劳永逸地完成的,而是有一个渐进的过程,从并不要求否定性共有解体的个别化的使用权,发展到要求有一个契约的排他性财产权。② 在渔猎和采集阶段,只要有"默示的协议",人们就攫取自然出产之物为己所用。因此,"一棵橡树不归任何人所有,而掉落在地上的橡子则归拾起它们的那个人所有"。像这样一种允许不加区分地使用各种东西的默示协议,普芬道夫认为,只有在"不扰乱公共安宁"③的情况下,只有在人们的生活"极为简朴"的情况下才能得到持续。在畜牧和农耕阶段也不需要完整的所有权,只要土地和牧场依然十分充裕,并且没有任何个人被排除在使用权之外。只有当土地相对于人口变得稀缺,并且土地的占有者们致力于在他们的小块田地上改进生产,以克服土地稀缺的限制时,完全的所有权才会产生。遵循亚里士多德的论证路线,普芬道夫坚持认为财产权化解了纷争,而"如果所有人都应该共同劳动,还应该共同储蓄他们的劳动所得",那么这样的纷争就是不可避免的。对那些不参加劳动的人,就可以正当地将其排除在外了。"一个不参加劳动的人,却与勤劳工作或为人服务的人享有对于财物的同等权利,乃是不适当的。"④然而,在一个没有货币的经济中,人们没有占有超乎其所需的动机,因此到那时为止,从共有财产个别化到排他性所有权都还没有排除他人获得维持生存的手段。在一个没有货币的经济中,"嫉妒和对于得到超乎其所需的东西的渴望"无以发展。普芬道夫认为:"大字不识的农业民族,尚不知道什么是欲望的引诱,什么是安逸的生活。"⑤

因此,普芬道夫认为,货币被引进不是由于人们天生就有的贪婪,而是因为

---

① Samuel Pufendorf, *Of the Law of Nature and Nations*, 4.4.7.
② Ibid., 4.4.12-13.
③ Ibid., 4.4.13.
④ Ibid., 4.4.6-7.
⑤ Ibid., 4.4.7-8.

一旦劳动开始带来剩余产品,他们的需求就开始膨胀。最初,这些需求可以通过物物交换而获得满足,但是由于自然出产之物会腐烂变质,物物交换不能为避免日后的匮乏提供保障机制。普芬道夫追随亚里士多德,认为货币的引进是为了突破对积累的限制,这限制是由未使用农产品的自然腐坏所导致的。"只要财富是以谷物、畜群等方式贮存,那么对谷物的无限贪欲,最终都会被这些东西所必然涉及的工作、处理它们的困难以及它们很容易损坏的事实所打消。"然而"一旦引进金银作为货币,"普芬道夫解释道,"对贪婪之人来说,甚至积聚数以百万计的财产也变得容易了。"①

在对货币的出现所做的分析中,自然法理学有机会来论述现代的奢侈生活,这种论述类似于我们在公民人文主义话语中会发现的那种论述。普芬道夫并不否认现代商业所带来的奢侈、贪婪、焦虑和不平等。然而货币经济中的交换,使社会有可能突破由自然匮乏和自然出产之物的腐坏对生活改善所施加的限制。同时,普芬道夫确实争辩说,只有当那些不拥有生存手段的财产权的人能够继续满足他们的需求时,由货币的出现和商业所引发的不平等才能通过自然法被证明为正当。这是他坚持下述主张——明确表达的或假定给出的同意,不仅是最初占有的规则,而且也是从使用权发展到排他性财产权的过程所要求的——的意旨所在。"无法设想仅仅是一个人的身体行为——某人将某物据为己有——怎么就会对其他人的能力(faculty)构成限制,除非他们做出了同意,换句话说,除非有契约的介入。"人们通过占有获得所有权的自然能力,有其自身的自然边界。同意把共有之物的个体化限定在可以得到使用的东西上:

> 上帝对人如此慷慨,他向人们提供了满足其需要的丰富物产。但是理性为人类规定了这样的财产界限,比如让他们满足于所获得财富的数量能够满足他们自己及其家眷的需求。也不是不让他们为将来未雨绸缪,只要他们的嫉妒之心和对超乎其需求之物的渴求不妨碍他人为自己准备生活必需品即可。如果任何人通过压迫别人,把手伸得太长并积聚了过多的财富,那么其他人若在时机来临时立即采取行动令他与大家保持一致,则无可厚非。②

---

① Samuel Pufendorf, *Of the Law of Nature and Nations*, 5.1.14.
② Ibid., 4.5.9.

然而，如果财产不仅要服务于有产者的利益，还必须服务于全人类的利益，那么那些被排除于获得生存手段之外的人，又该如何满足他们的需求呢？一位逻辑一贯的理论家要回答这个问题，就必须处理货币体系的正当性问题，因为那些无财产者的生活必需品正是在货币体系中被定价的。什么是这些应当在自由市场上交换的商品的"公道价格"？毫无疑问，普芬道夫认为，在一个由自由行动者组成的市场上，公道的价格就是市场将会承受的价格。普芬道夫说，即使"我给我的一件东西设定了一个离谱的价格，也没有人可以抱怨这一点"，因为他们可以自由地拒绝我的交易报价。商人有权要求在生活必需品的交易上获得利润，但是如果他"要么拒绝卖给一个有着迫切需要的人，要么只愿意以极其苛刻的条件卖掉它们"，那么人们就可以谴责他没人性。这个贪婪的商人违反了其人道行事的"不完全义务"，但并不违犯法律，当然除非他真的导致某人饥饿而死。①

普芬道夫相信，在商业经济条件下，确保有财产者与无财产者之间正义的唯一方式，是通过保持较高的农产品市场价格，来确保较高的农田生产率。"在货币供应充足的时期，如果土地及其产品的价格较低，那么土地耕种者就必定会破产；然而，如果货币短缺，而土地价格较高时，那么另一个阶级的人就必定会在贫困中劳作。"②为了贫穷消费者的利益，而以分配正义为名对市场价格进行干预，只会降低生产者的积极性。双方的长远利益要求市场价格要根据农产品在歉收年景的价格来加以设定。

虽然洛克的财产权理论完全属于欧陆的自然法理学传统，但是他却是用英国财产权辩论的话语来写作的，并未像格劳秀斯和普芬道夫一样把对"财产权"这一术语的使用限定在它的现代意义上，即一种排他性的、绝对的所有权利。在洛克所使用的话语中，财产权不仅意味着对某物的绝对"权利"，也意味着对其加以使用的共有权利。这一术语还指人对于自我保存所需之手段的自然权利。一个人的生命也是他的财产，其本身是不可让渡的。这种用法给人留下的印象是，洛克似乎是一个赞同肯定性共有的理论家，他声称上帝把土地馈赠给全人类共有，这赋予了每个人对其自我保存之手段的财产权。③ 然而洛克非常

---

① Samuel Pufendorf, *Of the Law of Nature and Nations*, 5.1.8-10.
② Ibid., 5.1.15.
③ 参见 James Tully, *A Discourse on Property*, pp. 11-12, 61, 111-116, 122。

明确地指出,这一对保存的不可让渡的权利,并没有假定世界是交给人类肯定性共有的。地球博大的共有之物是向任何一个占取者保持开放的:它是一种否定性的共有,既没有单独授予亚当,也没有授予任何一个肯定性的共有群体。

像普芬道夫一样,洛克应被视为试图为格劳秀斯的自然法辩护,其做法是重述其自然法的这样一些部分,特别是同意学说,这一学说遭到《政府论》的主要对话者菲尔默的揭穿。洛克通过排除在私有财产逐渐产生的过程中同意理论的必要性,从而改进了普芬道夫的财产理论。他之所以能够做到这一点,是通过假定在自然状态下,相对于人口来说,土地和自然的物产极大丰富,因而人们没有理由为此相互竞争,或者被要求就财物的分割做出明确的安排。① 正如洛克在一个著名的段落中所说的:"最初,全世界都像美洲……那里地广人稀,也不知道有货币这种东西,也就没有什么可以诱惑人们去扩大他们所占有的土地。"②

他的第二点改进在于,他比普芬道夫更明晰地说明了在自然状态下为个体所有的财产份额将不会超出自然边界。在普芬道夫看来,自然边界是由个人和家庭可以占有和耕种的产品或土地的数量给定的。洛克则通过"利用"和"腐坏条件"来界定财产个体化分割的自然边界。上帝把世界授予人类是让他们加以利用的,而不是让他们滥用或浪费的,而在货币出现以前的阶段,一个人没有理由积聚超过满足其基本需求的任何东西。相应地,"超出他的正当的财产范围"不在于"他占有多少,而在于是否有什么东西在他手里未加利用就毁坏掉了"③。洛克还简化了对私有财产的法学上的合法化论证,他主张首先占有的行为——捡到一颗橡子或占有一小块土地——就赋予此人一种排他性使用的权利,因为这种行为是一个劳动的过程。先前的法学理论总是会将先占所创造的资格权(entitlement)和劳动创造的资格权区分开来。"财产的范围"即每个人能够正当地据为己有、为己所用的东西的自然边界,是由他的劳动设定的。"没有任何人的劳动能够开拓一切土地或把一切土地划归私用:他的享用也顶多只能消耗一小部分,所以任何人都不可能在这种方式下侵犯另一个人的权利。"④

对于我们的目的而言,关于洛克理论的主要问题是,他是否通过其理论表明人的自我保存的权利授予了被排除在享有财产者之外的穷人对富人财产的

---

① John Locke, *Two Treatises of Government* (Cambridge: Cambridge University Press, 1988), 2.5.33
② Ibid., 2.5.49.
③ Ibid., 2.5.4.6.
④ Ibid., 2.5.36.

一种完全的或不完全的权利。洛克写道:"上帝从来没有让一个人处于唯命是听的地位,以至只要别人高兴,就可以随意将他饿死。"在有急需的情况下,"上帝的仁慈授予每个人这样一种权利,在他走投无路没有其他办法可以活命的情况下,就可以从他人丰富的财产中取走他极其需要的那点儿用以活命的东西"①。然而,作为富人一方的义务,就完全留给个人决定了。这是对无论何种有效的财产安排的一个次要约束条件(side constraint),而不是一个结构性条件。此外,作为一个次要约束条件,它也并非总是适用,而只是在有急需的条件下才适用。洛克主张:"我们没有义务给每一个人提供住所和膳食,只有当一个穷人的不幸需要我们的救济,并且我们的财产能够为行善提供手段时,我们才这样做。"②洛克接着说道,当穷人自己已经履行了对上帝的义务,即以劳动为天职时,他们才有向富人请求的权利。没有任何人有权利依靠他人的劳动而过上舒适的生活。那些有急需的人也没有权利以一种舒适的方式解除困境。只有他们最基本的生活必需品才会被提供给他们以解除其困境。洛克关于慈善的立场绝不是慷慨大方的,与普芬道夫不分轩轾。③

像普芬道夫一样,洛克也相信任何市场上的公道价格,只能是那个市场能够承受的价格。即使对于基本生活必需品也依然如此。正如他在一篇题为"销售"(Venditio)的笔记中所讨论的那样,供求之间的自由作用,从长远来看必然导致公道的价格。"货币和商品相互的、变化不休的需求中,买卖双方会达成非常平等和公平的账目。"如果自由贸易遭到阻碍,例如通过某种措施规定"最大的合理利润,则世界上就不会再有商业存在了,人类将会丧失从外国获得生活便利品的机会"。饥荒时的高价格会吸引供给。一个商人面对如下两种选择:出售谷物到奥斯坦德,在那里能够卖到5先令,那么或者在敦刻尔克出售谷物,那里饥荒遍地,能够卖到20先令,他会将谷物销往敦刻尔克。至少自西塞罗以来,审查这种交易的道德性,一直是古典法理学的特色。④ 但是,面对同样的情境,虽然西塞罗谴责任何人乘人之危而盘剥获利,但洛克和普芬道夫则视其为理所当然:如果某个人的需求就是另一人的收益,那么经济上的分配就会得到

---

① John Locke, *Two Treatises of Government*, 1.4.42, 2.6, 3.132.
② John Locke, *Essays on the Law of Nature*, p. 195.
③ John Dunn, *The Political Thoughts of John Locke: An Historical Account of the Argument of the Two Treatises of Government* (Cambridge: Cambridge University Press, 1969), p. 217.
④ John Locke, *Political Essays*, pp. 339—343.

最佳的实现。在市场上对穷人区别对待确实是仁慈的,但这不是"严格的正义所要求的"。事实上,以有利于穷人的方式对其区别对待这一点违反了严格的正义,因为严格的正义要求"对所有人只用同一尺度来衡量"。像普芬道夫一样,洛克承认商人乘人之危从中渔利的做法违背了人道法则,但是他认为,如果确实有人因为他们的行为而饿死,他们才违反了严格的正义。

　　洛克与普芬道夫不同的地方,在于其对现代货币经济起源的历史描述。正如我们所看到的,普芬道夫是从匮乏的出现来解释物物交换和货币的起源的,这反过来又要求通过同意来确立财产权。由于想要规避同意理论的必要性,洛克把自然状态理论化为一种丰足的状态。如果每个人都拥有超出其需求的东西,那么他为什么还要去从事贸易和物物交换呢?不像普芬道夫,洛克必须假设人们有一种贪婪的自然本性,甚至在原始的简单淳朴状态下这种本性也在发挥作用。"所有罪恶的根源"在于"贪求超出我们所必需的"(洛克在别处坚持认为,这"几乎在刚出生"的孩子们身上就能体现出来),贪欲控制了人们并使他们同意"让一小块不会损耗又不会败坏的黄色金属,值一大块肉或一大堆粮食"。通过同意将一种人为的使用价值加于某种像金子那样几乎无用的商品之上,人们就能够绕过自然法对一个人不能拥有超乎其所能利用的财产的限制。现在,他们就能卖掉他们的容易腐烂的剩余产品,并且积累换回来的货币,声称对货币的持有也算得上是对其剩余产品的一种"利用"。通过同意创建一种货币制度,人们事实上是在同意创建一种不平等的制度:

　　　　但是,既然金银与衣食车马相比,对于人类生活的用处不大,其价值只从人们的同意而来,而且大部分还取决于劳动的尺度,这就很明显,人们已经同意对于土地可以有不平均和不相等的占有。他们通过默许和自愿的同意找到一种方法,使一个人完全可以占有其产量超过他个人消费量的更多的土地,那个方法就是拿剩余产品去交换可以窖藏而不致损害任何人的金银。这些金属在占有人手中不会损毁或败坏。①

　　甚至在引进货币之前,在人们之间"不同程度的勤劳也会给人们以不同数量的财产"②。由货币出现所带来的不平等,是对人类勤勉程度的天然差异性的忠实反映。只有上帝或人坚决认为需求应该受到限制,这种不平等才能受到遏

---

① John Locke, *Two Treatises of Government*, 2.5.50, 2.5.37, 2.5.46.
② Ibid., 2.5.48.

制。然而,洛克坚定不移地认为,上帝把世界赐给人类,不仅要满足他们的基本需求,而且要"支持他们过上舒适的生活"。他说:"不能假定"上帝有意让这个世界"永远归公共所有而不加以耕植",而如果人类的需求从一开始就受到限制,那么世界就将会是这个样子。上帝已经把这个世界"授予勤劳和有理性的人们",以便他们能够不受限制地改善这个世界,而不是将它给予"好事吵闹和爱挑起纷争的人们来从事巧取豪夺的"①。然而,一旦土地相对于人口变得稀缺,无财产者和没有土地的人需要直面"理性而勤劳的"人们,则一份创建政府和关于财产的实定法的契约就变得十分必要了,因为如此才可以预防如若不然必将爆发的"掠夺与暴力"。这样的法律规定,那些无财产者"不应该干预旁人业已用劳动加以改进的东西:如果他这样做,很明显他是想白占人家劳动的便宜,而他并无这样做的权利"②。正如巴贝拉克的评论所言,洛克对普芬道夫学说的改进,凭借关于自然状态最初是一个丰足状态的假说,将会推迟使签订契约成为必要的那一历史时刻,然后才会对那种不平等的出现——它使得创建政府成为必要——进行理论化的建构。③

  洛克对于现代的不平等与贪婪的厌恶是非常真实的。在他的作品中,他曾经尖锐地批判过现代人"令人难以置信的焦虑不安(这是一种对荣誉、权力或财富等的强烈渴望)","宫廷的奢侈生活"很容易把这种焦虑不安灌输给那些勤勉的人们,从而使那些"实用的和机械的技能"受损蒙羞。④ 这样的评论,正如我们在普芬道夫那里所看到的,表明对现代奢侈生活的批判性论述绝非公民人文主义思想的专利。然而,洛克将贪婪理论化为人性内在固有的东西,而不是简单地看作对商业社会的一种可能的历史诅咒。它的副作用可以被抵消,主要是靠财产权法本身,然而,它不可能通过回到原始社会的质朴状态而得以根除。更加具有积极意义的是,洛克认为,不管现代人对金钱的追求是多么不虔诚,从这种追逐中所产生的社会都没有违反上帝的自然法,即每个人都应该享有其自身自我保存的手段。确实,那些除了拥有自己的劳动之外并不拥有任何财产的人,比起他们那些有德而赤贫的祖先们有更为牢固的生活基础。排他性的所有

---

① John Locke, *Two Treatises of Government*, 2.5.34.
② Ibid.
③ 参见巴贝拉克为普芬道夫所做的脚注, Samuel Pufendorf, *Of the Law of Nature and Nations*, 4.4.3. n.4, 4.4.4.n.2, 4.4.9.n.2, 4.6.2.n.1.
④ John Locke, *Political Essays*, pp. 326-328.

权所带来的激励因素,对于提高土地生产率和克服稀缺性的限制都是非常必要的。

现代生活中的几乎所有的物品,都是通过把人的劳动加之于上帝的最初馈赠物之上而创造的。洛克说:"如果我们正确地估算供我们使用的东西的各项费用——哪些纯然是得自自然的,哪些是从劳动中得来的——我们就会发现,在绝大多数的东西中,99%是劳动的结果。"①此外,在现代社会中,劳动分工带来了生产率的显著提升。也正是这种劳动分工解释了为什么"人口众多比土地广阔还要好",换句话说,为什么自然资源相对欠佳的国家无需通过征服就能够养活其全部人口。洛克强调,提高土地生产率是现代国家中"政府的伟大技艺"。要实现这一点,最好的做法是通过财产权法"保护和鼓励人类的诚实勤勉"。洛克说,关于现代劳动力的生产率,"再清楚不过的证明是"这一事实:那些几乎拥有无限土地的美洲部落却"没有享受到我们所有便利的百分之一"。洛克由此得出结论,在他们那里一个拥有广大领土的国王,"在衣食住行等方面还不如英国的一位粗工"②。

随着在英国粗工与野蛮部落国王之间的这个对比,我们绕了一大圈又回到了斯密在其《国富论》的"序论及全书设计"中几乎用同样的词汇所描述的那个商业社会的悖论上来了。作为17世纪90年代的若干经济学小册子的作者之一,洛克重新表述了格劳秀斯的自然法理学,并对奢侈生活在商业社会中的道德含义进行了哲学探究,他的著作是17世纪首先提出了商业社会悖论的三种主要话语的典范说明。例如,在与洛克同时代的一本重要的经济学小册子里,我们发现了关于这一悖论的明确表述:

> 在野蛮的美洲印第安人中间,几乎每件东西都归劳动者所有,99%的财富都被归因于劳动。在英国,或许劳动者只拥有全部生活日用品的三分之二,但这些东西的丰富程度却要大得多,因此,一位印第安国王在衣食住行等方面还不及一位英国的粗工。③

然而,在这本经济学小册子中,没有一个地方是将此悖论作为正义问

---

① John Locke, *Two Treatises of Government*, 2.5.40.
② Ibid.
③ Henry Martyn, *Considerations upon the East-India Trade*(London: Aand J. Churchill, 1701), pp. 72–73.

题——调和财产权的要求和需求的要求之间的矛盾——提出来的。这个悖论首先作为正义问题并在斯密的思想中开始占据核心地位是在《国富论》初具雏形的时候,那是在18世纪50年代至60年代早期之间,当时斯密是一位法理学教授。因此,《国富论》的这个核心问题,实质上是在法理学传统之中,而不是在那些通常被描述为斯密学说前身的"经济学"小册子里得以确立的。此外,正是在这个传统之中,我们可以看到,这一悖论及其核心问题——如何既不排除无财产的挣工资者对生存手段的获取,又能够享受排他性所有权的好处——可以找到具体的"市场"解决方案。在普芬道夫和洛克两人关于高物价对充足的生活必需品供应的必要性的讨论中,在洛克把财产权和劳动分工具体认定为提高土地生产率的关键的论述中,我们能够看出,这些自然法理论家是如何使裁决穷人的需要要求权与富人的财产要求权的问题转换到超出司法层面的,并能看到他们已开始思考市场体系如何能够这样运行,以便强迫人们在需求的要求权和财产的要求权之间做出选择的稀缺性限制能够被完全克服。一旦走出这关键的一步,斯密就有可能简化法理学对世界划分为劳动者和有产者的起源问题的繁复吃力的解释。只要西方关于财产权的思想一直被世界最初被给予人类共有的观念所左右,那么每种关于现代世界实际的私有财产的解释,都被迫要提供一段推测的历史来说明并论证排他性个人所有权的正当性。普芬道夫和洛克关于最初的共有状况是"否定性的"而非"肯定性的"共有的解说,以及洛克对默示同意作为共有财产个别化过程中的必要时刻的取消,为斯密的理论扫清了道路,现在,斯密将其所在的社会中的财产分配视为历史生成的结果,他还可以进一步给出一个明确的分析性证明,说明生活必需品市场和劳动力市场如何能够以一种与严格的正义和人道的自然法相一致的方式彼此达成均衡。

如果我们注意到,斯密停下来思考"全部劳动产品"能够归属于劳动者的世界的可能性时所表现出来的仓促草率,那么这一点会变得极为清楚。在"论工资"那一章的开头,他就说这种状态只有可能发生在"土地尚未私有而资本尚未积累的原始社会状态下"。斯密认为,这种状态如果继续下去,劳动者将会获得劳动分工的全部生产性收益,但是,他简要地总结说,由于缺乏对资本积累的必要刺激,这种状态压根儿就不可能对劳动分工有任何改进。因此,他说,"再往远处追溯也将是徒劳无益的",因为在世界尚未出现雇佣劳动者、资本家和地主的分化以前,无论发生什么事情都无关宏旨。斯密在其中着手解决其经济问题的那个世界,是一个土地已然成为私有财产的世界;虽然在他的讲座以及《国富论》第五卷中,他无疑使用了嵌入在法理学财产权理论之中的"虚构的历史",但是这些理论本身使他得出结论,"在没有分成我的和你的之前"的世界,是与现代世界没有直接关联的遥远的历史篇章。

自然法理学——特别是其在"严格"正义与"分配"正义之间的区分——为斯密提供了专门的语言,正是利用了这样的语言,斯密关于市场社会中的政府职能理论才得以成型。在这一传统中,自由主要是在被动的意义上加以定义的,比如享有和改善一个人的财产并使之免于他人侵害的完全权利。在这样的一个概念中,个人可能具备美德,《道德情操论》中指出他们至少能够中规中矩;但是作为一个整体的社会,作为互不相干的自私行为的非意图后果,不可能是有德的。它能够代表"严格正义",代表严格地实行"给每个人属于他的东西"——确实,正如斯密所言,这是支撑起整座宏伟大厦的柱石。然而,市场社会除了严格正义之外不能确保其他任何事情。正如约翰·米勒所指出的,正义是一个"专注于各种有利可图的行当的民族——其主要目标是获利,其支配性规则是贪婪"——能够对之保持忠诚的唯一的东西。然而,这"不是那种作为得到升华的人性之结果的美好而精致的正义,而是那种粗糙但有用的德性,即契约和承诺的护卫者,其指导方针是没有规矩,不成方圆,其护身符则是绞刑架"。①

从另一方面看,在文艺复兴时期的公民范式(civic paradigm)中,自由主要是在主动的意义上被定义的,不但被定义为对权利的享用,而且被定义为积极生活和公民权的实践。在这样的社会里,德性存在于为了全体公民的利益而对自私自利的限制之中。历史在公民范式中被理解为,不是对私人利益的非意图后果的记述,而是在共和国遭遇命运女神的捉弄而开始步入腐化的循环时,通过具有共和自治精神的公民制度与之抗争,以期能够战胜这种腐化的循环而得以生存下来。按照这种解释,如果一个社会的每个个人都充满了公民德性,那么社会作为一个整体就是有德性的。如此,社会结构本身就可以被道德化了,就能够代表和体现公民参与的理想。②

这两种范式,都对苏格兰启蒙运动的想象力,特别是对斯密,产生了深刻影

---

① John Millar, *An Historical View of the English Government*, *from the Settlement of the Saxons in Britain to the Revolution in 1688*, Vol. 4 (London: J. Mawman, 1803), p. 94.

② 关于积极自由与消极自由的区分,参见 J. H. Hexter, *On Historians: Reappraisals of Some of the Makers of Modern History* (London: Collins, 1979), pp. 255-303。

响。然而,他一直坚持认为,公民理想最终有赖于一种招致怨恨的而且非正义的安排,即把生产性劳动委诸奴隶。正像原始部落也在赞颂他们的军事德性和淳朴风尚一样,那些古代共和国事实上也像野蛮人一样贫穷。并非像有一个商业社会的悖论一样,也有一个"古代共和国的悖论"。正如斯密带着嘲讽的意味所评论的那样(在这一点上他追随了亚里士多德),在"柏拉图的《法律篇》中所描述的理想共和国",劳动生产率是如此之低,以至于它将需要有一片"极其宽广而肥沃的领土",只是为了养活那些具备军事德性的护卫者,即"五千闲懒之人(这是被认为护卫理想国所必需的战士数量)及其家眷和奴仆"①。现代商业社会既不平等也不具备德性,然而它并不是不正义的。它并不以其最贫困成员的不幸为代价来获取公民德性。不管人们在财产和公民权方面有多么不平等,他们在获取满足其基本需求的手段方面确实是平等的。从这些偏好来看,显然斯密会选择严格正义胜于公民德性,消极自由胜于积极自由。这些正是自然法理学传统的偏好。

---

① Adam Smith, *An Inquiry into the Nature and Causes of the Wealth of Nations*, Vol. 3, II. 9.

政治视野下的财产权问题
——黑格尔的重要贡献与问题

丁 凡[*]

财产权可以说是任何一种人类社会秩序中必不可少的组成部分;作为一种现象,它也的确遍见于任何一种可考的具体文明之中,因为它实际上是伴随着农业的产生而自然产生的。没有人能够想象一个没有农业的人类文明[①],也就是说,没有人能够想象一个没有以成文法形式处理过财产权问题的政治共同体。在以成文法成就见称的罗马时代,该问题可以说是得到了极为细致的处理。但是,只有到了现代,也就是欧洲政治传统发生重大转变的革命时代,财产权或者私有财产权,才作为"自然权利"的组成部分与反抗君权的重要武器而成为政治思想的重大主题,这一切都与约翰·洛克的政治学说有着莫大的关系。并且,时至三百年后的今天,关于财产权问题的探讨可以说极少超出洛克所规定的语境。

但是,本文的研究对象却不是洛克,而是一位使用了另一种语境的、欧洲资产阶级革命的亲历者与反思者黑格尔。本文试图着重发掘与展示的并不仅是黑格尔独特的概念表述,也包括更加值得思考的概念背后的现实关怀。

一

黑格尔的体系或著作中,位置问题有着较为特别的重要性,因为前后顺序

---

[*] 丁凡,中国人民大学国际关系学院副教授。
[①] 〔德〕黑格尔:《法哲学原理》(范扬、张企泰译),商务印书馆1996年版,第203节。

安排的依据是我们理解黑格尔的关键。黑格尔著作的顺序安排既不是历史顺序也不是简单的逻辑顺序，《精神现象学》《逻辑学》《自然哲学》以及《法哲学原理》无不如此。

以《精神现象学》为例，全书八章，分为三个部分：意识、自我意识以及理性。出现于第一部分的"知性"形态，从历史上看是在18世纪，而出现在最后一章中的却又有比古希腊文明更加古老的自然宗教。从逻辑上看，"知性"形态逻辑地"发展"到自然宗教也着实令人无法理解。因此，看起来更加合理的解释就是，在黑格尔的体系中，不同内容的排序遵循的是一个有层次的逻辑秩序。在同一个层次中，内容的前后安排具有清楚的逻辑顺序，然而当同一个逻辑被推到极致且出现了无法解决的困境时，理论视野便会出现一次质的提升。这个循环并不是无限进行的，一旦人的视野提升到"精神"的高度，作为"对智慧的爱"的哲学就结束了，取而代之的是作为"科学的体系"的哲学。《精神现象学》中展示了三个基本的层次：一是只有对象物的意识视野；二是只有敌对性"他者"的自我意识视野；三是物我而一、人我而一的理性视野。在各个层次中又各有数量不等的层次，并且低层次的视野既不能也不应当被用来处理更高层次的问题。

本文重点涉及的《法哲学原理》也遵循同样的排序原则，抽象法、道德与伦理对应了政治思考的三个由低到高的基本层次，对应了三种由低到高的理论视野。本文所要探讨的"所有权"问题正是出现在第一部分"抽象法"的第一章，这意味着所有权问题本身尽管有其重要性，但其重要性毕竟有限，它只是人们最容易第一眼就盯住不放的事物，因此它需要多重的深刻反思来明确其基础与界限。

这与黑格尔时代流行的所有权学说中所包含的政治意图有关，也就是说，关于"私有财产权"（其核心是土地私有权）的讨论从来就不是简单的法学讨论，而始终都是政治斗争的武器。就其内容而言，财产权学说的基本法理与当前相比几无任何区别，它是17世纪兴起的自然权利学说的重要组成部分，洛克是其中最重要的代表。洛克引人注目地将"生命、自由与财产"确立为自然权利的基本内容。三者之中，"财产"实为核心，因为在洛克看来，生命的目的是享受财产，而自由的全称则不过是"自由地享受财产"。"政治权力就是为了规定和保护财产而制定法律的权利，判处死刑和一切较轻处分的权利，以及使用共同体的力量来执行这些法律和保卫国家不受外来侵害的权利；而这一切都只是为了公众福利。"①

那么,财产权的来源又是什么呢?洛克认为,人拥有自己的身体,从而拥有自己的劳动以及自己劳动所施与的对象物。这个链条就可以证明人对某特定之物的、排他的且无需任何人同意的所有权。② 但是,人拥有自己的身体这个出发点并不是一个自明的前提,拥有自己的身体也并不意味着就拥有自己的劳动成果,施加劳动的具体行为和对象需要极为繁复的区分与具体讨论,而这样的讨论又将引出无穷多的问题。因此,这远远不是一个完整的"证明",而只是一个受人欢迎的"意见"。③ 相比之下,反而是与此相反的财产权制度更具有理论的自洽性,即根据当时欧洲人不得不承认的基督教的权威说法,顺理成章的解释应当是"除了全世界唯一的君主之外,谁也不可以享有任何财产"④。这一规定实际上并没有理论上的缺陷与实践中的不便,因为财产权的垄断并不一定会导致使用权的垄断,中国就曾有过数千年"莫非王土、莫非王臣"的持守,然而能够享受财产的人却一样遍布天下。就英格兰本土的经验而言,在洛克之前,难道人们就没享受过财产吗?

所以,在洛克这里,真正重要的事情不在于"创造"出并"赋予"所有人以所谓的"财产权",而是要由此颠覆王权乃至一切政治权威的一切理论支撑。因为,既然保护财产是政府存在的目的,那么就连主权者也不能侵犯私人的财产权,而一旦出现了主权不可侵犯之权,则作为最高权力的主权以及主权原则本身实际上就不存在了,从而君权、特权乃至洛克本人所主张的政府的权威实际上也都失去了基础。同样,洛克"赋予"人民的所谓"更换政府的权利"实际上早已是应有之义。只是,一国治乱所系的最高权威一旦无法树立,这对于一个政治共同体而言,将意味着什么呢?除了纷争、混乱、社会分裂以及黑帮化(也就是自然状态化)之外,还能怎样呢?

无论洛克怀有什么样的目的,洛克的政治理论并没有解决基本政治秩序的问题,而英国后来的政治实践没有也不可能遵循洛克的设想。仅就财产权而论,普通居民是无权私自改变房屋的颜色和内部格局的,神圣不可侵犯的私有房产是要交税的,个人从已被收过税的经营活动中所得的个人收入是还要再被

---

① 〔英〕洛克:《政府论》(下篇)(叶启芳、瞿菊农译),商务印书馆2010年版,第3、124节。
② 同上书,第27节。
③ 同上书,第2节。
④ 同上书,第25节。

收一道"个人所得税"的,警察是可以破门而入的,特工部门的权限就更不必多言。至于赋予人民另起炉灶或改朝换代的"革命"权利,让北爱尔兰问题困扰联合王国数十年,1998年4月达成的《贝尔法斯特协定》也不过是说"直到大多数人投票离开",2014年举行的苏格兰公投尽管未造成分裂,但对于作为一个主权国家的联合王国而言,这意味着政治上的统一已被打破,因为政治统一的法理基础已不复存在。

所有以自然权利的形式赋予人民造反权的政治理论都必然要面对政治权威无法树立的根本困境,洛克如此,卢梭亦是如此。康德认识到了这一问题,因而严词拒绝了人民反抗的权利,更别说更换政府的权利了,同样被严词拒绝的还有对于最高主之起源与来源的思考。[①] 尽管康德的这一拒绝的确展示出了极高的政治水平,康德也因此成为现代自然权利思想最高水平的总结者,然而,这样的政治水平却难以与其理性自我立法的道德学说相融洽。于是,康德的公民不得不成为心不在焉的世界公民,他们怀着心中抽象的道德律仰望着星空,带着蔑视的眼神和消极的态度冷漠地"服从"着各类现实国家中的各类法律。因此,很显然,康德的解决方案并不完善。[②]

那么,西方近世以来有没有解决了政治权威与自然权利这一对矛盾的思想家呢?黑格尔必定是无法绕过且应当第一个考虑的重镇。黑格尔解决之道的首要之处在于对主权问题的处理。当然,这并不是黑格尔的独创,也并不能说明黑格尔的"保守",而是显示出了黑格尔对人类文明历史基本经验的深刻理解。

大致了解黑格尔的人都清楚,在黑格尔这里,思想上处于第一位的,在行文上往往被安排在最后。对于主权问题的解决出现在《法哲学原理》最后一篇最后一章接近结尾的部分,这说明了主权问题对于一个特定政治社会的拱顶石地位。黑格尔将主权明确地赋予了世袭的君主[③],这一点与洛克恰成对照,而与博丹、霍布斯多有相合之处,但出于完全不同的理由。博丹与霍布斯都没有明确主权的归属,而是承认了主权形式的多样,君主主权只是其中一种,尽管是最具

---

① 〔德〕康德:《康德著作全集(第6卷):纯然理性界限内的宗教、道德形而上学》(张荣、李秋零译),中国人民大学出版社2007年版,第329—330页。
② 〔德〕黑格尔:《法哲学原理》,第40节附释。
③ 同上书,第279节及附释。

优势的一种。① 黑格尔的逻辑则大不相同:国家是整体,主权是灵魂,但是,主权决不能是抽象之物或归属不明的无主之物,它必须属于一个明确的自然人;主权的流转也必须是世袭的,正如无需任何人同意的私有财产权一样。然而,黑格尔并不认为这是向着原始家长制的倒退,用黑格尔的话讲,君主是在国家整体的诸环节都得到了充分发展之后的"绝对顶峰"。真正伦理国家的君主不同于封建君主或专制君主,因为他符合君主制的真正精神,即超越了激情与私利的理性的精神。②

这当然只是某种"虚文"。黑格尔这一违背"时代潮流"的主张背后的现实逻辑是:世袭君主制是唯一能够保证一国政治稳定与国家意志独立的制度。因为唯有这一制度能够从法理上彻底消灭觊觎"神器"的野心,能够以纯粹的权威结束无谓的争论。当然,仅凭纯粹的法理权威还是不够的,权威还需要理性的支撑与恩义的滋养,换言之,一国政通人和、上下相得、富而好礼、强而好义的盛世景象并不是仅靠最高权力在法理上的巩固就能够达成的,必须有忠良贤能共治国政使一国之人得享安宁才能实现,因此,黑格尔在"文与"的太平盛世——伦理国家——中强调,"理性"才是伦理国家一切正当性与各项事业成败的根本宪纲。也就是说,理性问题事关是非曲直之大分,并且,唯有理性能够成为"权力与权利"也就是政治权威与所谓"自然权利"之间的天然尺度。是非曲直问题的解决绝不可能也不应当将思路局限在权力的形式结构安排上,而是必须从为政的根本目的开始,到权力结构的安排,最后还必须要扩展到权力具体施行的各个领域与各个环节当中。因为理性在各领域的实现绝不可能依靠权力的相互制衡,权力制衡往往只是激情与私利的互相角逐,这样的争斗常造成分裂,而从未达成理性的结果。那么,理性的结果如何才可能达成呢?归根结底,只能通过国家对具备理性的人(黑格尔所称的"普遍等级")的任用来实现。这也是黑格尔既讨论君权、立法权与行政权这样的宪法问题,也讨论私法的法理与历史问题、农工商各行各业以及相关人群各项安排的法律政策问题,还要仔细讨论哲学与文教问题的原因所在。

---

① 〔法〕让·博丹:《主权论》(李卫海、钱俊文译),北京大学出版社 2008 年版,第 26、27、35 页;〔英〕霍布斯:《利维坦》,第十七、十八、十九章。
② 〔德〕黑格尔:《法哲学原理》,第 281 节附释、第 286 节及附释。

二

明确了黑格尔基本的"建中立极"政治关怀背景之后,再来看黑格尔关于财产权的论述才能是有意义的。而这时我们立刻会遇到另一个熟悉的概念:自由。"人为了作为理念而存在,必须给它的自由以外部的领域……人有权把它的意志体现在任何物中,因而使该物成为我的东西;人具有这种权利作为它的实体性的目的,因为物在其自身中不具有这种目的,而是从我的意志中获得它的规定和灵魂的。这就是人对一切物据为己有的绝对权利。"①在黑格尔这里,"理念"意味着"概念"与"实存"的统一,而"概念"又必须成为"理念",因此,"概念"必须获得"实存",即实现。这是"概念"的目的,也是人作为精神的存在者的根本目的。并且,因为自由是精神或"概念"的根本属性,所以,从根本上来讲,人的自由乃是由于人生而具有的精神。人具有精神,也就有了实现精神的能力与使命;正是为了符合精神本身的目的,"身体必须首先为精神所占有"②,而财产则是"自由最初的定在"③。因此,黑格尔为人对自己人身以及财产的所有权资格提供了能够贯穿始终的完整论说。

但这仅仅是第一步,因为从"具备资格"到实现对具体物的"占有"还需要他人的承认④,而不是如洛克所言的"无需他人同意"。道理很简单:两个"无需他人同意"的人撞在一处就会立刻出现"需要他人同意"的问题。但是这个承认却无法通过个体与个体之间的行为来达成,"自由的概念和自由的最初纯粹直接的意识之间的辩证法,就引起了承认的斗争和主奴的关系"⑤。黑格尔在此提醒读者回顾一下《精神现象学》中的相关内容,也就是在第四章"自我意识"中,尚未认识到"人我而一"的"自我意识"的相遇只能走向为承认而进行的生死斗争,并且这场斗争只能以主奴关系而不是"相互承认"而告终,因为这样的个体无法承认与之相同的另一个个体。因此,相互承认并不能通过斗争来实现,而

---

① 〔德〕黑格尔:《法哲学原理》,第41、44节。
② 同上书,第48节。
③ 同上书,第45节及附释。
④ 同上书,第51节。
⑤ 同上书,第57节附释。

是必须通过国家及其法律,"自由的理念只有作为国家才是真实的"①。

可以看到,关于抽象法的第一个问题即所有权的讨论,刚刚迈出第一步便不得不立刻请出法哲学,并在最后集中讨论国家,也就是说,所有权尽管有其"个人"的基础,但最终却是国家法律的权威,或者更明确地说,是君主意志最终的裁可,才使私人所有权得以实现。因此,所有权绝不是国家的目的,它也不可能高于主权。

那么,关于所有权的形式,黑格尔又是如何规定的呢?黑格尔坚决地站在了私有制一边,理由是:意志必然作为个人意志而存在,"所以所有权获得了私人所有权的性质;共同所有权由于它的本性可变为个别所有,也获得了一种自在的可分解的共同性的规定"②。对于私有产权的肯定是否会导致黑格尔成为马克思所批判的"资产阶级哲学家"呢?恐怕不能,因为黑格尔对其肯定私有制的理由真正做到了"贯彻到底",而不像洛克,仅仅贯彻到对本方有利的最大程度。假如人们可以肯定,唯有私有财产权才符合"产权明晰"的要求,则国家或主权也必须如此,否则国家或主权就实际上是无主的,与普通无主之物一样会引来争夺。因此,黑格尔的贯彻到底就体现在国家主权也一样遵守了"私有方为实有"的原则,主权有了明确归属,则普遍等级即文官的职位以及立法权系统的议员职位也一并有了明确的主人,即君主,从而任何人不得利用官职谋一己之私。公与私之间的辩证在"大私即大公"的等式中达成了统一。这不是黑格尔的原创,它至少可以追溯到霍布斯在《利维坦》中所下的断言:"在君主国家中,私人利益与公众利益是一回事。"③

既然黑格尔认可了私有产权,这会不会导致君主因此而成为徒有其名的"主权者"呢?不会。这与普鲁士的历史有关,普鲁士的创建者是13世纪来到此地拓殖的条顿骑士团,其建国历程可以说是充满了血腥与不义,他们"治下"的3个世纪中,原住民普鲁士人几乎灭绝。对于这段不光彩的历史,黑格尔并没有秉笔直书,而是用所谓"英雄"建国的特殊"权利"胡乱"解释"过去了。④ 经过3个多世纪的"奋斗",1701年,普鲁士最终成为王国。数百年来,从公国时

---

① 〔德〕黑格尔:《法哲学原理》,第57节附释。
② 同上书,第48节。
③ 〔英〕霍布斯:《利维坦》,第十九章。
④ 〔德〕黑格尔:《法哲学原理》,第93节附释。

代到王国时代,霍亨索伦王室几乎从未出现一个昏聩之主,王室与骑士团的"兄弟"也一直保持着健康的团契精神,骑士团几乎垄断了全部军官职位与重要文官职位。强大的王室与忠诚的贵族——尤其是后者——共同强有力地保障了普鲁士文官与军官队伍的高效与廉洁,而这正是普鲁士保持稳定与国力不断增强的奥秘所在。而就"财产权"状况而言,王室与骑士团或"容克集团"早已分完了普鲁士所有的土地。因此,以黑格尔法哲学中规定并论证的政治框架与普鲁士的实际政治权力格局,私有制或土地私有制丝毫不会有损于君主和国家法的权威,而在王室与贵族关系紧张的英国,同样的所有权制度却会产生完全不同的政治后果。

对于君主制国家中的贵族因素的重要性,黑格尔给予了极大的关切,这既是普鲁士成功的关键,也是各国文明历史一再证明的一条"规律",贵族的忠诚与强干是一国政治健康循环的最重要保障。贵族与王室之间本是"分土而治"的特殊关系,不是普通的臣属关系。没有贵族强有力的支持,君主的权威必定是徒有其表,君主的良好意图或伟大志向也必然无法实现,甚至往往出现反效果;一旦国家有难,贵族阶层的藩屏作用往往是国家统绪能否存续的关键所在,这是其他任何力量都无法替代的。秦始皇行郡县而废封建,正是彻底解除了中央皇权的地方保障;秦二世听信赵高,杀尽同族,致使群雄纷起之时,皇权既无外援"勤王",又无内援相助,从而迅速败亡。法国波旁王室为加强王权而削弱地方贵族的做法纵然能收一时之效,然而从长远看,这恰恰成为波旁王朝国家肌体败坏并最终灭亡的根本原因之一。贵族特权被剥夺导致了贵族责任感的丧失,而责任感的丧失又导致了贵族阶层的迅速腐化,由国之正气迅速变成了彻头彻尾的负能量。一旦雄主谢幕,主幼国危,就难免遭受巨大损失,例如约翰·劳与摄政王奥尔良亲王共同导致的财政崩溃。因此,一个健康的贵族阶层实乃一国之福,并且,这样的贵族阶层几乎是无法以人力造就的,而贵族一旦腐化堕落从而丧失政治敏感性与责任感,那么也几乎是无法挽回的。这也正是最令托克维尔无法释怀的法兰西之殇。①

从这一点来看,普鲁士王国是极为幸运的,而黑格尔也充分理解这一幸运。因此,在设计立法机构的时候,黑格尔没有选择与选举制和政党制有关联的议会制,而是选择了得到广泛应用的等级会议——大革命前的法兰西王国正是如

---

① 〔法〕托克维尔:《旧制度与大革命》(冯棠译),商务印书馆1992年版,第287页。

此。并且规定容克阶层凭其出身直接获得议员身份,这一方面体现了黑格尔对农业的重视,另一方面也表现出黑格尔对贵族"柱国"作用的深刻理解。与之相关的还有其他规定,如黑格尔明确指出,容克阶层必须实行长子继承制,因为这是保持贵族阶层长盛不衰的"高压线"。因此,条顿骑士团的后人——包括霍亨索伦王室在内——对于普鲁士土地的"私有"、对特权的垄断、对军事力量与文官职位的掌控,共同构成了普鲁士政治稳定的中坚力量。在至关重要的土地制度问题上,私有产权的安排在普鲁士非但没有成为对抗君权的要素,反而成为贵族阶层的坚实根基与王座的可靠堡垒。

三

那么,在市民社会中与容克阶层(第一等级)相对的工商业等级(第二等级)中,私有产权又会产生怎样的效果呢?这得从行业本身的特性与黑格尔所处时代的特征说起。工商业本身的自然属性与政治社会之间是有矛盾的,因为工商业并不像农业那样受到土地的制约,而是可以在任何地方开展并复制,尤其是商业与小手工业,至于机械化大工业与国际贸易就更加渴望原料与市场的全球化以及资本本身在全世界范围的自由流动。工商业本身与土地的疏隔导致了它与天然有边界的政治社会之间的自然对立,也就是说,工商业及其背后的资本天然就不是政治社会的健康力量,海外贸易与海外殖民造成的内外两方面的人道主义灾难恐怕是无法凭借所谓的"传播文明"与"进步"就能解释清楚并得到原谅。因此,对于这个第二等级,无论从历史上纵向地看,还是从地域上横向地看,所有堪称具备一定文明成就的政治体都采取了遏制的基本态度,而仅就西方而言,明确肯定工商业尤其是商业的思想人物也是寥寥无几。黑格尔显然站在了基本共识一边。

尽管普鲁士的工业化以及海外扩张的进程尚未全面开启,但是黑格尔早已认识到了其中的问题,比如该进程必然带来的贫困、依附、犯罪以及战争等问题[①]。因此,对待工商业,限制其负面影响就成为黑格尔考虑的主要方面。其中,权威来自主权者的相关法律与具体的司法和行政权构成了根本保障,而来自同业公会以及其他社会自治团体的自我管理功能则只能起到必要的辅助作用。

---

① 〔德〕黑格尔:《法哲学原理》,第 195、200、218、241、246、247、248 节。

前者的角色决不是仆人一般的"守夜人",而是主人般的管理者,普遍等级不但要提供基础设施等福利,要处理契约纠纷之类的问题,还要对市场进行干预和指导,因为各行各业的存在必须要为普遍福利服务,故而具备信息、知识、判断力与行动力等全面优势的普遍等级必须当仁不让地承担起统治的责任。①而作为辅助者的同业公会则要以"第二家庭"的形式为"市民社会"本身补上"伦理性"的亏空。因为市民社会使人从家庭的伦理关系中抽离出来,这一变化一方面使脱离家庭的人获得了更大的自由选择空间,另一方面也迫使他直接面对工商业界残酷的各类法则,即便是合法范围内的竞争也必将导致大量在竞争中不得利的人陷入贫困与危险之中。为了避免"贱民"(das Poebel)的产生——而不仅仅是防止他们"饿死"——市民社会必须以同业公会的形式提供全面的保障。②

黑格尔所论述的这两方面的遏制措施,一则与黑格尔所认可的"君主—贵族制"的统治责任原则相符,一则也与普鲁士以及所有成熟文明的传统做法有关。在黑格尔看来,普鲁士政治阶层即容克不务获利的基本精神③与其政治意志的保持大有关系,这实际上也是对容克贵族的重要提醒:一旦统治者陷入与民争利的格局,这也就必然意味着统治者丧失了基本的主人精神以至于成为视国家如他人之物必欲鬻之而他往的丧家之犬,而国家也必然遭受重大损失甚而有亡国的危险。普鲁士的骑士团在这一问题上曾经有堪称优异的表现。同时,在社会层面,诸如行会等社会组织也一直发挥着遏制资本原则的稳定作用,但是行会的限制力度有过大之嫌,而黑格尔在从业自由问题上还是赞同更大一些的自由度的。

我们不得不说,黑格尔提出的办法并不足以应对他已经发现并做出理论分析的工业社会的严重弊病。对于任何类型的政治权威而言,逐利之心始终都是不可触碰的高压线,不理解这个逻辑,就无法理解工业化对政治权威的空前挑战,因为工业化为人类追逐权力、财富以及各类便利的自然倾向提供了空前丰富的手段、空前强大的力量与空前强烈而持久的刺激。工业社会的资本逻辑几乎是无法驾驭的,黑格尔极力论证的霍亨索伦王室、容克阶级、作为"普遍等级"

---

① 〔德〕黑格尔:《法哲学原理》,第 236 节。
② 同上书,第 240 节。
③ 同上书,第 203 节"补充"。

的公务员队伍以及作为"第二家庭"的同业公会,能用什么去抵挡工业化时代完全不同量级的"私有财产"的挑逗与引诱呢?一旦政治等级被拥有资产者的惊人豪富与奢靡所"折服",再辉煌的历史,再廉明的过往,又有什么用呢?黑格尔对私人资本主导的工业社会的"承认"从一开始就注定了其全部理论思考的败局,内部的"贱民"问题与外部的帝国竞争最终还是成为"伦理国家"的无解死题。

四

黑格尔哲学体系展示了人类共同生活中各类问题的相关性,其中有没有能够将一切问题连接起来的独特问题呢?答案当然是,有。但是,它不是形而上学的问题,也不是逻辑问题,而是政治这个特殊的问题。因此,财产权问题从来都不是纯粹的法律问题,与之相关联的税收制度以及农工商各行各业相关制度问题也不是纯粹的社会问题或经济问题,一句话,它们都与政治问题紧密相关。在这一基本判断上,黑格尔与古典政治哲人保持了完全的一致。

而在对待本国历史传统的问题上,黑格尔却比古典哲人更幸运:普鲁士几乎具备柏拉图远赴西西里才能找到的一切有利条件,也几乎具备亚里士多德只有从迦太基政体中才能找到的一切优点。另外,普鲁士还有幸亲眼目睹了英国革命之后全面的商业化给本民族与世界各民族带来的种种灾难性影响,与近邻法国被绝对君主制与革命狂潮席卷的遭遇。然而,黑格尔的幸运却未能成就普鲁士的持久幸运。黑格尔空有"国家哲学家"之名,而未获"独尊"之遇。"黑格尔学"之不立,是黑格尔与普鲁士共同的悲哀。仅凭容克贵族的政治本能,根本无力抵挡资本原则的裹挟与意识形态的冲击,普鲁士三世而下便彻底沦为了资本的战车与"铁血"之国,第二帝国更是仅仅维持了47年便将数百年家业彻底葬送。

正义视野下人类发展的伦理
——约翰·密尔的分配正义理论

张继亮[*]

许多政治理论家都认为古典功利主义与分配正义相冲突,因为据说古典功利主义以实现幸福或欲求最大化为目标,为了实现这一目标,古典功利主义者并不太注重幸福或欲求是否以公平的方式进行分配。有学者甚至认为古典功利主义者主张只要能实现幸福或欲求最大化,人们可以牺牲某个人或某些人的幸福或欲求。例如,罗尔斯就指出,"功利主义正义观的显著特点是,除了以间接的方式之外,它不太关注这一满足(satisfactions)的总量是如何在个体之间分配的,就像——除了以间接的方式之外——它不太关注一个人在不同的时间里是如何分配他的满足一样。在每种情况下,正确的分配方式都是能产生最大满足(fulfillment)的方式"[①]。如果说,罗尔斯并没有"点名"批评密尔的话,那么,塞缪尔·弗莱施哈克尔明确指出密尔的功利主义伦理学与分配正义的主张不相符,"试图纠正边沁式功利主义中存在的诸多问题的约翰·密尔,尝试提出一种与传统观念相仿的正义原则。他和他的追随者(如马歇尔和西季威克)认为,针对穷人而进行的社会资源再分配在很大程度上是一个正义问题。但他们的道德哲学与正义不匹配,因而并不能够促进分配正义思想的发展"[②]。甚至是对

---

[*] 张继亮,东北大学文法学院副教授。

[①] John Rawls, *A Theory of Justice*, revised edition (Massachusetts: The Belknap Press of Harvard University Press, 1999), p. 23.

[②] Samuel Fleischacker, *A Short History of Distributive Justice* (Massachusetts: Harvard University Press, 2004), p. 109.

密尔的政治理论持同情态度的研究者阿兰·瑞恩也认为密尔难以将其功利主义理论与分配正义协调起来,"密尔没能,也肯定不能向人们展示如何将一个分配正义的理想纳入一个(功利主义的)集成式(aggregative)理想的"①。这些政治理论家的观点有失偏颇,他们都没有公平对待密尔的分配正义理论。事实上,密尔不仅持有分配正义理论,而且他的分配正义理论能很好地与其功利主义协调起来。

一、密尔对当时财产分配状况的反思

在《社会主义章程》(Chapters on Socialism)中,密尔赞同社会主义者的一项重要批评,即当时的工人非常贫困,甚至穷到无法保证获取维持生存所必需的食物,"……受雇者的全部所有仅仅是他们的每日食品。这些食品常常在数量上不够充足,几乎总是质量低劣。受雇者完全没有把握能够继续得到这些东西,而且这个勤劳阶级中的相当多人口在一生中的某时某刻会(并且所有人口都可能会)无所依靠,至少暂时依赖法律规定的或自愿的救济"②。另外,密尔意识到,与工人阶级的贫困状况密切相连的是,他们出于依附于雇主、服从于雇主的意愿,失去了择业的自由以及独立发展的自由,密尔甚至认为他们实际上生活在"真实的奴隶制"之下:庞大的多数不再受到法律的奴役,不再依附于法律,却受到了贫困的强制。他们依然被束缚于一个地点、一种职业,被迫和雇主的意志保持一致;他们由于出生的偶然性被剥夺了娱乐、被剥夺了发展精神与道德的有利条件……③而且,密尔在《政治经济学原理》中也指出:"英国和大多数其他国家的一般劳动者几乎没有选择职业或移动的自由。这些实际上都要取决于固定的规则和别人的意愿,和真实的奴隶制所差无几。"④最后,工人们忍

---

① Alan Ryan, *The Philosophy of John Stuart Mill* (London: Macmillan Press Limited, 1970), p. 228.
② 〔英〕约翰·密尔:《密尔论民主与社会主义》(胡勇译),江苏人民出版社2008年版,第303页。
③ 同上书,第300页。原文中,"精神与道德"译为"道德",笔者认为此翻译不准确,故改为"精神与道德"。书中将"merit"翻译为"优点",笔者认为不准确,故使用"功绩"代替。对照 John Stuart Mill, "Chapters on Socialism," in J. M. Robson, ed., *The Collected Works of John Stuart Mill*, Vol. V (Toronto: University of Toronto Press; London: Routledge and Kegan Paul, 1967), p. 710。
④ 〔英〕约翰·穆勒:《政治经济学原理及其在社会哲学上的若干应用》(上卷)(赵荣潜、桑炳彦、朱泱等译),商务印书馆1991年版,第237页。

受饥饿、没有择业以及独立发展的自由,他们甚至为生活所迫去做一些"不当行为",包括"犯罪、恶行(vice)和蠢行"。①

根据密尔的分析,造成工人阶级失去发展自由以及做出一些不当行为的一个非常重要的原因是贫困,而造成贫困的一个重要原因是不公平的财富分配制度,"即劳动产品的分配几乎同劳动成反比——根本不干的人拿得最多,只在名义上干点工作的人居其次,工作越艰苦和越讨厌报酬就越低;而最劳累、消耗体力最多的劳动甚至无法肯定能够挣到足以糊口的收入……"②简言之,在密尔看来,造成工人贫困的原因是,分配正义的观念也就是在成功与功绩(merit)、成功与努力之间保持一致的思想③,在当时社会实际上并不存在。

这一财产分配不公平的状况亟需改变。一方面,它危及人类的人身安全。人身安全在密尔看来非常重要,它在人类幸福中处于极为重要的位置④;另外,建立在生存安全基础之上的个体的独立发展对个体和人类也非常重要,个体的独立发展或个性的形成是"人类幸福"的"首要因素之一",对"个人和社会进步十分重要"⑤。另一方面,工人阶级逐渐获得选举权这一事实也促使人们重新思考财产的不公平分配问题。密尔指出,在工人阶级取得选举权之前,一些理论家从未考虑过财产权公正与否这一问题,但是,随着工人阶级的影响力增大,他们肯定会要求人们对财产权"这一主题的所有组成部分都要从头重新思考"⑥。而且,工人阶级还会运用手中的选举权去影响关于财产权方面的立法,虽然这种影响"不是完全决定性的",但它"也会是巨大的"。⑦

密尔认为,要实现改变财产分配不公平的这一状况,人们在确立新的财产

---

① 〔英〕约翰·密尔:《密尔论民主与社会主义》,第305页。对照 Fred R. Berger, *Happiness, Justice, and Freedom: The Moral and Political Philosophy of John Stuart Mill* (Berkeley: University of California Press, 1984), p. 184.

② 〔英〕约翰·穆勒:《政治经济学原理及其在社会哲学上的若干应用》(上卷),第235页。

③ 〔英〕约翰·密尔:《密尔论民主与社会主义》,第304页。对照 John Stuart Mill, "Chapters on Socialism," p. 714.

④ 〔英〕约翰·穆勒:《功利主义》(徐大建译),上海世纪出版集团2008年版,第61页。

⑤ 〔英〕约翰·穆勒:《论自由》(孟凡礼译),广西师范大学出版社2011年版,第66页。

⑥ 〔英〕约翰·密尔:《密尔论民主与社会主义》,第298页。

⑦ 同上书,第295页。同时可参见 Frederick Rosen, *Mill* (Oxford: Oxford University Press, 2013), pp. 180-182; John Medearis, "Labor, Democracy, Utility, and Mill's Critique of Private Property," *American Journal of Political Science*, Vol. 49, No. 1, 2005, pp. 139-141.

制度时就要坚持"公平原则"①（the equitable principle），即上文曾提到过的在成功与功绩（merit）、成功与努力之间保持一致的思想，或者说，"报酬与努力之间保持一致"②。在这一分配正义准则基础上，密尔认为："财产制度，就其根本要素而言，是指承认每个人有权任意处置依靠他自身努力生产出来的物品，或不靠暴力和欺诈从生产者那里作为赠品或接受公平协议取得的东西。整个制度的根本是生产者对自己生产的物品具有权利。"③在密尔笔下，财产权包含了两项权利，"即每个人对自身才能、对利用自身才能所生产的物品、对用它们在公平交易中换得的物品所享有的权利，以及他自愿将这些物品给予他人或他人接受并享用它们的权利"④。在这两项权利中，密尔认为前者的权利是整个财产权制度的"根本"："财产权的根本原则是保证一切人能拥有靠他们的劳动生产和靠他们的节欲积蓄的物品。"⑤因而，密尔重新界定的财产权正是基于他提出的分配正义原则，也正是基于这同一原则，他主张对人们接受遗赠的权利以及人们的土地所有权进行限制。⑥

密尔认为这一按照分配正义原则确立的新的财产权制度虽然不能保证"所有的人都在完全平等的条件下参加竞争"，但它会有效地缓和财富分配不平等这一现象："对于没有任何功绩、也不作任何努力而占有别人劳动和节欲的成果的人也给予保证，这不是这种制度的本质，而不过是偶然发生的事。"⑦

如果说密尔在反思当时社会财产分配状况的基础上按照分配正义原则重新提出了新的财产制度，而且，在他看来这一制度能够有效克服很多不符合分配正义的现象的话，那么接下来的问题就是，密尔的这一分配正义原则从何而

---

① 弗瑞德·R. 伯格将这一原则称为"应得原则"（the principle of deserve），参见 Fred R. Berger, "Mill's Substantive Principles of Justice: A Comparison with Nozick," American Philosophical Quarterly, Vol. 19, No. 4, 1982, p. 375.
② John Stuart Mill, "Principles of Political Economy with Some of Their Applications to Social Philosophy," in J. M. Robson, ed., The Collected Works of John Stuart Mill, Vol. II (Toronto: University of Toronto Press; London: Routledge and Kegan Paul, 1965), p. 208.
③ 〔英〕约翰·穆勒:《政治经济学原理及其在社会哲学上的若干应用》（上卷），第237页。略有修改。对照 John Stuart Mill, "Principles of Political Economy with Some of Their Applications to Social Philosophy," p. 215.
④ 〔英〕约翰·穆勒:《政治经济学原理及其在社会哲学上的若干应用》（上卷），第247页。
⑤ 同上书，第256页。同时可参见第236页。
⑥ 本文将在第三节对密尔笔下的遗赠权以及土地所有权进行更详细的讨论。
⑦ 〔英〕约翰·穆勒:《政治经济学原理及其在社会哲学上的若干应用》（上卷），第236页。

来?既然私有财产制度导致如此多的不公正的现象,为何他不主张直接废除这一制度而实行财产集体所有或财产国有的社会主义制度,毕竟密尔自称是一个"社会主义者"①?密尔难道仅仅依靠一项符合分配正义规则的财产权制度就能解决一切财富不平等问题?密尔的分配正义原则是如何与其功利主义主张协调起来的?下文将对这些问题一一进行回答。

二、历史视野下的分配正义与财产权

密尔在《功利主义》第五章之中曾提到过关于"社会正义和分配正义最高抽象标准"②:如果我们的义务是根据每个人的应得来对待他,以德报德,以恶治恶,那么就必然会得出,我们应当平等地善待所有应得到(deserve)我们平等善待的人(只要没有更高的义务禁止这样做),社会应当平等地善待所有应得到它平等善待的人,亦即平等地善待所有应绝对得到平等善待的人。这是社会正义和分配正义的最高抽象标准,一切社会制度以及所有有德性公民的行为,都应当尽最大可能达到这个标准。但这个伟大的道德义务还有一个更深的基础,它直接来自道德的第一原则,而不仅仅是根据次要的或派生的学说的逻辑推论。它包含在功利原则或最大幸福原则的本来含义之中。因为最大幸福原则之所以存在合理的意义,全在于它认为,一个人的幸福,如果程度(degree)与别人相同(种类[kind]可恰当地容有不同),那么就与别人的幸福具有完全相同的价值。③

根据密尔的这一陈述,我们可以得出以下几点:首先,作为"最高抽象标准"的社会正义或分配正义指的是一个社会应当平等地善待应得到它平等善待的人,反过来说就是,对于那些不应当得到它平等善待的人就会得到不平等的对待。其次,社会正义或分配正义直接源自功利原则或直接蕴含在功利原则之中。在这两条之中,第一条尤为值得人们注意。密尔指出,他所描述的分配正

---

① 〔英〕约翰·穆勒:《约翰·穆勒自传》(吴良健、吴衡康译),商务印书馆1987年版,第136页。

② 关于社会正义、分配正义以及经济正义三个概念之间的区别参见 Edmund S. Phelps, "Distributive Justice," in John Eatwell, M. Milgate, and P. Newman, eds., The New Palgrave: A Dictionary of Economics (London: Macmillan Press Limited, 1987), pp. 886-888。

③ 〔英〕约翰·穆勒:《功利主义》,第63页。略有修改。参见 John Stuart Mill, "Utilitarianism," in J. M. Robson, ed., The Collected Works of John Stuart Mill, Vol. X (Toronto: University of Toronto Press; London: Routledge and Kegan Paul, 1969), p. 257。

义原则是"最高抽象标准",这一分配正义标准之所以是"最高的",是因为在现实之中,一般社会制度以及公民都很难达到这一标准。另外,"抽象"是因为这一条准则虽然从形式上指出了社会应当平等地善待值得它平等善待的人,但是并没有具体阐明应当得到平等对待的标准是什么。① 历史上各种分配正义制度或与分配正义制度紧密相关的财产权制度体现了不同的人们得到平等善待的标准。例如,密尔就指出,在不同时代和地点,财产权得到了不同的阐释……财产权的观念不是这样一种事物:它自始至终是同一的,不能发生变化。它像人类思想中的所有其他产物一样,是易变的。② 总之,密尔在对待分配正义这一问题上持有一种相对主义的观点,时间、地点不同,分配或财产制度就会存在很大差异,而且这种差异最终受制于特定时间、地点的人们的"知识、经验、社会制度、智力和道德修养状况"③的综合状况。当然,特定时间、地点之下的分配或财产权制度并不是固定不变的,社会可以根据当时社会发展的状况来进行相应的改革,只要这种改革有利于"公共利益"(the public good),用密尔的话来说就是,"不是要让所有人类事务适应现有的财产权思想,而是要让现有的财产权思想适应人类事务的发展与进步"④。

回到密尔对当时财产权的讨论。如果说当时的私有财产的分配制度非常不公平,那么会有两个选择:一是对私有财产权进行改革;二是废除私有财产权,实行财产公有制并在人们之间平等地分配财产,即实行社会主义制度(具体而言是共产主义制度)。实行社会主义制度会极大地减少财富分配不公的现象。对于后一个选项而言,密尔认为,鉴于当时大多数人的道德、智力的状况,当时的社会不适于采取社会主义式财产分配制度。因为,社会主义式财产分配制度依赖于社会成员高水准的道德与智力条件,"在道德上,所有成员能够在劳动中诚实地和积极地各尽所能,不是基于刺激,而是基于他们对团体普遍利益的分享,基于他们对团体的责任感和同情心。在理智上,他们能够评价长远的利益和进行复杂的考虑,至少在自己的事务中,能够充分地把好的建议从坏的

---

① Huei-chun Su, *Economic Justice and Liberty: The Social Philosophy in John Stuart Mill's Utilitarianism* (London: Routledge, 2013), p. 86.
② 〔英〕约翰·密尔:《密尔论民主与社会主义》,第 349 页。略有修改。对照 John Stuart Mill, "Chapters on Socialism," p. 753。
③ 〔英〕约翰·穆勒:《政治经济学原理及其在社会哲学上的若干应用》(上卷),第 227 页。
④ 〔英〕约翰·密尔:《密尔论民主与社会主义》,第 349 页。略有修改。对照 John Stuart Mill, "Chapters on Socialism," p. 753。

建议中区别出来"①。但是,当时大多数人的道德与智力状况不适宜采用社会主义式财产分配制度。首先,大部分人缺乏集体意识,缺乏"对集体的责任感和同情心",对他们而言,"个人利益而不是更高性质的动机才是一种更有效的刺激"②:"经验证明,在人类迄今所达到的不完善的道德修养状况中,在多数情况下,良心的动机和声望与荣誉的动机虽然具有力量,但是,它们作为约束性力量比作为推动性力量更为强大,在普通职业活动中,它们可以被更多地用来制止不好的事情,而不是用来唤起最充分的能量。在大多数人中间,可以用来克服经常存在的懒惰与舒适享受的影响,并且诱使人们孜孜专注于在大部分情况下本质上乏味而无聊的工作,就是对于改善他们自己和自己家庭的经济状况的期望。勤奋的增加同成果的增加之间的对应关系越紧密,这个动机就越有力。"③其次,当时大部分人的智力水平较低。密尔认为,虽然当时有一种自发教育在工人阶级中间已经展开,但是工人阶级的智力的发展"至今一直很缓慢,而且现在仍很缓慢"④。

因此,在密尔看来,当时的社会不能废除而只能采用私有财产制度,"在即将到来的长时间里,个人财产权原则将会占据社会经济领域"⑤。私有财产制度虽然不能像共产主义制度那样极为有效地消除分配不公平的现象,但它至少能促使人们通过自己的"勤劳、简朴、坚韧、才能"去增加自己的财产。⑥ 而且,虽然私有财产制度会在今后的很长一段时间之内持续存在下去,但这不意味着"它必然会在这样一个长期阶段里毫无修正地存在下去"⑦,尤其是以非常不公正的方式存在下去。密尔认为,"社会完全有权利废除或者改变任何特定的财产权利",只要这一财产权利妨碍了"公共利益"⑧,为了实现更加公平的财产制度,也为了促进"公共利益",密尔在坚持分配正义原则的基础上,主张限制遗赠

---

① 〔英〕约翰·密尔:《密尔论民主与社会主义》,第 340—341 页。
② 同上书,第 334 页。
③ 同上书,第 333—334 页。
④ 〔英〕约翰·穆勒:《政治经济学原理及其在社会哲学上的若干应用》(下卷)(胡企林、朱泱译),商务印书馆 1991 年版,第 329 页。同时可参见约翰·密尔:《密尔论民主与社会主义》,第 322 页。
⑤ 〔英〕约翰·密尔:《密尔论民主与社会主义》,第 345 页。略有修改。对照 John Stuart Mill, "Chapters on Socialism," p. 750。
⑥ John Stuart Mill, "Principles of Political Economy with Some of Their Applications to Social Philosophy," p. 225。
⑦ 〔英〕约翰·密尔:《密尔论民主与社会主义》,第345 页。
⑧ 同上书,第 349 页。

权以及土地所有权,同时为了更进一步实现分配正义进而实现财产的公平分配,他还提出了比较公平的税收原则。最后,为了让穷人能够生存下去,他主张政府应按照人们的最低需求向他们提供最基本的帮助。总之,在密尔看来,"社会可以使财富的分配按它认为最好的规则进行,但是必须通过观察和推理,像寻求自然界或精神上的其他一切真理那样,明了这些法则的作用会产生什么实际结果"①。

三、抽象分配正义规则之下的具体分配正义规则

上文曾提到过密尔笔下作为分配正义"最高抽象标准"的规则:一个社会应当平等地善待应得到它平等善待的人。但由于具体时间、地点不同,人们应得到平等对待的标准有所不同,不仅如此,密尔认为,即使在同一时期的同一社会之下,人类生活的各个领域的分配正义规则也有很大差别。所以,抽象的分配正义规则之下会包含大量次级的分配正义规则,这些次级的分配正义规则的"家族相似性"在于它们在形式上都是平等待人,但是差别在于社会平等待人的标准有所不同。换言之,密尔笔下这一"最高抽象标准"的分配正义规则是一条指导性的分配正义规则,这一规则之下又有各种具体的分配正义规则,包括在财产分配领域中的按照平等的劳动来分配财产的原则,在税收领域中按照缴税能力来缴税的原则,以及在社会福利领域中按照人们的最低需求来分配生活必需品的原则。这些具体的分配正义规则的目标是促进"社会的功利"或"公共利益",亦即促进人们的发展。

(一) 财产权与分配正义

在密尔笔下,抽象的分配正义原则在财产权制度中的体现是,凡是付出平等的劳动就会获得平等的酬劳,即在财产权制度之下,人们应得到平等对待的依据在于付出平等的劳动。按照这一具体的分配正义规则,密尔提出限制遗赠权和土地财产权的主张。

对于遗赠权,密尔总体的观点是,要将个人的遗赠所得调整至符合正义标准的程度,"我不但同意,而且坚决主张,当富人们以其储蓄留给子孙时,这种不

---

① 〔英〕约翰·穆勒:《政治经济学原理及其在社会哲学上的若干应用》(上卷),第227页。

劳而获的好处(advantage)应当削减到与正义(justice)相符的程度"①。根据密尔对财产权的定义,财产所有者有权将财产遗赠于他人,但这些遗赠的接受者,尤其是子女对它们没有绝对的权利,因为这些财产并不是他们的劳动所得。另外,父母如果把大量财产赠予其子女也无助于他们子女幸福的提升,因为子女的幸福在于他们形成的良好的"个人性格"②,如果子女们没有良好的"个人性格",而又得到了大量遗赠的财产,他们就会用于炫耀。③ 而如果把这些财产"用于公益目的,或者分给许多人"④,则会有效提升公共利益。针对遗赠权,密尔总结道:"在大多数情况下,遗赠给子女适度的而不是大量的财产,不论对社会或是对个人来说都更好一些",父母为了使子女过上称心如意的生活,"通常不应使他们从童年期就养成他成年后无法继续的那种奢侈习惯",而是要"养成战胜困境的坚强意志,早点懂得生活的酸甜苦辣和在钱财上取得一些经验"⑤。

密尔认为,与财产权有关的具体分配正义规则严格来说并不适用于土地,因为土地的存在并不是来源于劳动,"任何人都未曾创造土地"⑥。然而,他紧接着指出,虽然如此,但是要让土地肥沃或具有很高的生产力需要靠劳动才能实现,并且,如果土地所有者不能获得其付出劳动所带来的收益,他是不会付出劳动的。另外,如果改良土地之后需要经过很长时间才能获得收益,而土地改良者又没有永久使用权时,他也不会去改良土地。⑦ 因此,在密尔看来,土地所有权的前提是"土地所有者就是土地改良者"⑧,而且他必须拥有永久使用权。换言之,只有当土地所有者付出劳动改良土地让其具有生产力时,他对土地的

---

① 〔英〕约翰·穆勒:《政治经济学原理及其在社会哲学上的若干应用》(上卷),第245页。略有修改。对照 John Stuart Mill, "Principles of Political Economy with Some of Their Applications to Social Philosophy," p. 216。

② 〔英〕约翰·穆勒:《政治经济学原理及其在社会哲学上的若干应用》(下卷),第250页。

③ 〔英〕约翰·穆勒:《政治经济学原理及其在社会哲学上的若干应用》(上卷),第255页。同时可参见〔英〕约翰·穆勒:《政治经济学原理及其在社会哲学上的若干应用》(下卷),第380页;〔英〕约翰·穆勒:《功利主义》,第36—41页;〔英〕约翰·穆勒:《论自由》,第65—87页。

④ 〔英〕约翰·穆勒:《政治经济学原理及其在社会哲学上的若干应用》(上卷),第255页。

⑤ 同上书,第250—251页。略有修改。对照 John Stuart Mill, "Principles of Political Economy with Some of Their Applications to Social Philosophy," pp. 221-222。

⑥ 〔英〕约翰·穆勒:《政治经济学原理及其在社会哲学上的若干应用》(上卷),第260页。

⑦ 同上书,第256—257页。

⑧ 同上书,第258页。

所有权才能成立;如果土地所有者不是土地改良者,那么他就失去了对它的所有权。"对土地的占用完全出于人类的一般利益。如果土地私有不再有利,它就是不正当的。"①这意味着,与财产权联系在一起的具体分配正义规则也适用于土地所有权,付出劳动才能获得土地所有权,但土地所有权与人们对动产所有权的区别在于对它的占有并不是无条件的。基于这一观点,密尔认为,由于英国大部分地主占有土地而不对它们进行改良,所以,他建议将"将全体地主转变为公债持有人或领年金者……而将承租人提升为业主",同时,"如果土地是地主本人或其祖先以劳动产品或节欲所得买下的,则地主自应因此而得到补偿",这一补偿的形式是"按土地的全价补偿他们"。这么做可以促进"人类的一般利益":从经济角度来讲,由于土地得到改良,土地的生产效率得到提高;从道德上来讲,由于承租人变成业主,他们的劳动积极性会得到提高,他们的才智将会得到锻炼,他们将会变得更加审慎,自我控制能力也会变强。②

(二)税收与分配正义

财富分配的平等与否一方面与收入状况相连,另一方面与强制性支出——税收——联系在一起。所以,密尔不仅基于抽象的分配正义原则探讨了公平的财产权制度问题,他还基于抽象的分配正义原则探讨了公平的税收制度问题。与基于具体的分配正义原则的财产制度相比,基于抽象分配正义原则、与税收有关的具体分配正义原则虽然也强调平等待人原则的重要性,但这里平等的标准并不是付出劳动的平等,而是牺牲的平等。

密尔认为,税收的平等意味着牺牲的平等,这意味着每个人要根据自己的收入水平进行纳税,"作为一项政治原则,课税平等就意味着所做出牺牲的平等。也就是说,在分配每个人应为政府支出做出的贡献时,应使每个人因支付自己的份额而感到不便,既不比别人多也不比别人少"③。或者说,密尔认为,在分配税收份额时,人们"向国家缴纳的税款,应当在数目上与一个人拥有的货币资产成比例"④。简言之,密尔主张实行比例制税收体制。为此,密尔反对各式各样的关于征税的分配正义标准。密尔首先反对的是看似公平而实际上非常

---

① [英]约翰·穆勒:《政治经济学原理及其在社会哲学上的若干应用》(上卷),第260页。
② 同上书,第314—319页。
③ [英]约翰·穆勒:《政治经济学原理及其在社会哲学上的若干应用》(下卷),第376页。
④ [英]约翰·穆勒:《功利主义》,第59页。

不公平的按照收益原则征收赋税的分配正义标准,因为,他认为,那些"先天或后天身心脆弱的人"①如果缺乏政府的保护"几乎必定会沦为奴隶"②,所以他们最需要政府的保护,但如果按照收益原则③征收赋税的分配正义标准,他们就需要缴纳最大份额的税收,"而这正好与分配正义的真正观念背道而驰,分配正义不是要仿效大自然造成的不平等和不公平,而是要纠正它们"④。这种分配正义标准跟"完全不考虑资产、每个人都缴纳绝对相同的税款(只要收缴得到)"⑤的分配正义标准一样不公正,因为这两种分配正义标准都使得"先天或后天身心脆弱的人"难以生存下去,更别提获得自由发展的机会。此外,密尔也反对更加公平的与税收有关的分配正义标准——累进税制,即"余钱较多的人税率也应较高"⑥。反对的原因是,他认为对收入高的人征税实际上是"惩罚那些工作比邻人努力、生活比邻人节俭的人"⑦,而这样做会对努力工作以及生活节俭的人形成负激励,从而不利于生产率的提高,不利于"社会的功利"的增加。

(三) 济贫法与分配正义

在社会福利领域,密尔基于抽象的分配正义规则提出具体的分配正义规则:按照人们的最低需求对每个穷人提供最基本的帮助。这一标准落实到具体政策主张层面就是,他认为应该由社会实施济贫法来帮助穷人。

密尔认为,按人的最基本需要向人们提供帮助这一具体的分配正义规则非常重要,因为它保障了人最基本的安全——人身方面的安全,这对人类来说"最为至关重要"⑧。人身方面的安全可能会受到两种形式的伤害:第一种是对个人的直接伤害——"无端攻击或滥用暴力行为"⑨;第二种是对个人的间接伤害,即"剥夺了个人能够合理地指望得到的某种物质福利或社会福利"⑩。就第二

---

① 〔英〕约翰·穆勒:《政治经济学原理及其在社会哲学上的若干应用》(下卷),第 377 页。
② 同上。
③ Huei-chun Su, *Economic Justice and Liberty*, p. 95.
④ John Stuart Mill, "Principles of Political Economy with Some of Their Applications to Social Philosophy," p. 808.
⑤ 〔英〕约翰·穆勒:《功利主义》,第 59 页。
⑥ 同上。
⑦ 〔英〕约翰·穆勒:《政治经济学原理及其在社会哲学上的若干应用》(下卷),第 381 页。
⑧ 〔英〕约翰·穆勒:《功利主义》,第 61 页。
⑨ 同上。
⑩ 同上。

方面的伤害而言,穷人可能由于得不到有效的救济而受到伤害:他们不仅可能挨饿,而且会因为缺乏基本的生存手段从而缺乏发展的自由,"在生活资料有了保障之后,人类的下一个强烈欲望就是个人自由"①。由于穷人是社会的一部分,他们也遵守这个社会的法律,同时由于个性是幸福的构成要素也是促进个人发展与社会进步的重要力量,而自由是一个人形成其个性的条件之一,自由的获得又要依靠"基本的生存手段",所以,如果他们由于缺乏良好的"机遇"②或者生来就缺乏相应的能力③而陷入贫困,他们完全可以"合理地指望得到的某种物质福利或社会福利",即获得社会的救济。社会有义务来向他们提供满足其最低需求的保障,或者用密尔的话来说就是,"不管我们如何看待道德原则和社会团结的基础,我们都必须承认,人类是应该相互帮助的,穷人更是需要帮助,而最需要帮助的人则是正在挨饿的人。所以,由贫穷提出的给予帮助的要求,是最有力的要求,显然有最为充分的理由通过社会组织来救济亟待救济的人"④。但社会救济容易使人养成"依赖他人帮助的习惯"⑤,养成这样的习惯会"损害人的活力(energy)和自立(self-dependence)"⑥以及"使人们丧失所有的个人勤奋以及自我管理(self-government)的精神"⑦,而"活力""自立"以及"自我管理"是个人发展其自身个性的重要保障⑧。为了防止人们养成依赖别人帮助的习惯,密尔提出,在设计社会济贫制度时,人们一方面要"确保所有人不受绝对贫困之苦",另一方面要"能使那些靠政府救济的人的生活状况远远不如自食其力的人"⑨。

---

① 〔英〕约翰·穆勒:《政治经济学原理及其在社会哲学上的若干应用》(上卷),第237页。
② 〔英〕约翰·密尔:《密尔论民主与社会主义》,第304页。
③ 〔英〕约翰·穆勒:《功利主义》,第59页。
④ 〔英〕约翰·穆勒:《政治经济学原理及其在社会哲学上的若干应用》(下卷),第558页。需要指出的是,密尔认为,公正的税收必须满足三个条件,其中第一个条件就是"低于某一数额的收入应完全给予免税。这一最低额不应高于目前人们购买生活必需品所需要的数额"。密尔做出的这一规定实际上是想达到他提出的济贫措施所欲实现的目的。〔英〕约翰·穆勒:《政治经济学原理及其在社会哲学上的若干应用》(下卷),第404页。
⑤ 〔英〕约翰·穆勒:《政治经济学原理及其在社会哲学上的若干应用》(下卷),第559页。
⑥ John Stuart Mill, "Principles of Political Economy with Some of Their Applications to Social Philosophy," p. 961.
⑦ Ibid.
⑧ 〔英〕约翰·穆勒:《论自由》,第65—88页。
⑨ 〔英〕约翰·穆勒:《政治经济学原理及其在社会哲学上的若干应用》(下卷),第559—560页。

四、结　论

　　以作为"最高抽象标准"的分配正义理论为基础,密尔就财产分配领域、税收领域以及社会福利领域分别提出了相应的、具体的分配正义标准。这些具体的分配正义标准表明密尔并不像罗尔斯等政治理论家批评的那样只关注幸福或"满足总量"的最大化而不关注幸福或"满足"的公平分配。相反,密尔恰恰是非常关注幸福或"满足"的公平性分配,而且在密尔看来,幸福或"满足"的公平分配能够增加"社会的功利",而且能够促进人们的发展或良好个性的形成。总之,密尔的分配正义理论最终是建立在功利主义基础之上,但与此同时,他并没有像罗尔斯批评的那样,"没有认真对待个体之间的差异"①。② 除此之外,密尔的分配正义理论具有历史面相,即他不认为分配正义在所有时间、地点之下都是相同的,不同历史条件下的分配正义原则有不同的表现,这些分配正义原则可以根据"社会的功利"或"公共利益"进行调整,他甚至认为,在将来,人们可以实现财产集体所有③或财产共有④。⑤　最后,需要注意的是,密尔的分配正义原则所试图达到的目标仅仅是起点的平等,而不是结果平等。"的确,有许多失败者比成功者更努力,其所以失败,不是由于努力程度上的差异,而是由于机会上的差异;但是,如果政府通过教育和法律尽其所能地减少了这种机会的不均等,人们也就没有理由再对劳动所得造成的财富不均感到愤慨了。"⑥

---

　　① John Rawls, *A Theory of Justice*, p. 24.
　　② 〔英〕约翰·穆勒:《功利主义》,第58—60页。对比伯格的观点,参见 Fred R. Berger, *Happiness, Justice, and Freedom*, p. 183。
　　③ 〔英〕约翰·穆勒:《政治经济学原理及其在社会哲学上的若干应用》(下卷),第361页。
　　④ 〔英〕约翰·穆勒:《约翰·穆勒自传》,第137页。
　　⑤ Dale E. Miller, *J. S. Mill: Moral, Social and Political Thought* (Cambridge: Polity Press, 2010), pp. 158-162.
　　⑥ 〔英〕约翰·穆勒:《政治经济学原理及其在社会哲学上的若干应用》(下卷),第381页。

财产权与正义

· 专题研讨 ·

斯宾诺莎与现代世界的神学政治问题
——基于对斯宾诺莎犹太人身份的思考

蔡廷建[*]

一、什么是"神学政治问题"

> 偶像的黄昏已被延后。在两个多世纪的时间里,……西方的政治生活尤其以政治问题为中心。我们论证了战争与革命、阶级与社会公正、种族与民族身份认同。如今,我们已经发展到了这样一个阶段,我们又在打响那些16世纪的战役——关于神启和理性、教义的纯正和宽容、感召和同意、神圣职责和良俗。我们心神不宁,感到困惑。我们觉得不可思议,神学的观念还会让人们头脑发热,激起弥赛亚的激情,后者令社会成为一片瓦砾。我们假想这种情况不再可能,人类已经学会把宗教问题从政治问题中分离出来,宗教狂热已成为过去。我们错了。
> ——马克·里拉,《夭折的上帝:宗教、政治与现代西方》

神学政治问题是贯穿人类思想史的重要主题之一。"神学政治问题",即宗教与政治的关系问题,简单来说,就是究竟政治应该统摄宗教还是宗教应该统摄政治的问题。神学政治问题一方面表现为政治架构中政权与教权的权力之争,另一方面则表现为自由民主的理性启蒙理念与宗教的虔敬信仰对人的不同

---

[*] 蔡廷建,慕尼黑大学绍尔兄妹政治学院科研人员。

影响。在一定程度上,整部的西方政治思想和实践的历史,都可以看作对这一问题做出的尝试性解答。

在神学政治问题产生之前,在历史上的大部分时间里,当人们思考政治问题时,便求助于上帝,借助的是政治神学的形式。但神学政治问题之所以产生,在马克·里拉看来,是因为随着文明的发展和世俗化进程的展开,人类逐渐忽视了信仰和神启的力量。他认为:"(人类)对世俗化之必然性的绝对信心滋养了智识上的自满,这种自满已使得我们对以下的现象视而不见,这些现象包括政治神学的持久性,以及它随时塑造人类生活的明显力量。"①世俗化的进程带来了人们对神启力量的忽视以及之后的政治与宗教权力之争。人们一方面试图使政治摆脱宗教力量的束缚,建立自由民主的政治体制,使人得以体验真正的心灵解放与心灵自由,另一方面却又要时时求助宗教以解决自身的信仰之苦。

在卡斯坦·费舍尔(Karsten Fischer)看来,政治与宗教的关系问题在早期文明中并不为人所知,因为在早期文明中并不存在对于诸如"政治""决策"等概念的清晰理解。② 在当时的情况下,超验秩序与世俗事件之间的共存是自然而然的,因为并不存在对于"政治"这一独立的、属人的概念的单独理解。"政治"作为一个清晰的概念自古希腊时期开始出现,政治与宗教关系问题也随之产生。在古希腊时期,"政治"第一次作为"由自由公民自主决定"的概念为人所理解,并与其他非政治的、超验的成分区分开来。"政治"的概念第一次脱离宗教,而被当作与"自由"相关的概念来理解。这种"自由"不是《出埃及记》描述的那种在上帝律法下生活的"自由",而是由民众的政治决定所产生、限定,以"自治"形式显示出来的"自由"。古希腊时期是世俗化的开端,也是政治与宗教关系问题产生的开端。这一进程在16世纪宗教改革导致的教会分裂以及随后持续的国民战争中被加速,直至三十年战争以及随后1648年签订的《威斯特伐利亚和约》最终确立起主权国家原则,宗教权力在国家政治权力中心的角色逐渐被取代,慢慢开始成为个人世界观性质的问题。

---

① 〔美〕马克·里拉:《夭折的上帝——宗教、政治与现代西方》(萧易译),新星出版社2010年版,第2页。

② Karsten Fischer, Die Zukunft einer Provokation: Religion im liberalen Staat (Berlin University Press, 2009), pp. 9–16.

但是,之所以一直存在神学政治问题,是因为在合理的政治与宗教关系中,世俗化的国家也必须依赖来源于内部的驱动力量生存,这种驱动力正是赋予其国民宗教信仰的力量。① 反之,正如恩斯特-沃尔夫冈·博肯福德在《作为世俗化进程的国家诞生》中所阐述的那样,信众也不应将世俗化的国家看作某种异化的和充满敌意的东西,而应该认识到,为民众提供获得并实现自由包括信仰自由的机会也是国家本身的使命之一。②

那么,究竟如何解决神学政治问题,或者说,究竟如何实现宗教与政治的合理关系,以及在当前政治体系中,在何种程度与多大范围内可以允许"教有、教享、教治"③,这是我们目前急需探讨和解决的问题。由神学政治问题出发得以进一步过渡到本文的主题。本文所关注的焦点是在神学政治问题的思想史上的一位重要思考者,巴鲁赫·斯宾诺莎。

在整部由理性与信仰、哲学与启示的古老争论书写的思想史中,斯宾诺莎有着非常特殊的地位。斯宾诺莎是西方思想史中的重要人物,他的哲学革命与后来欧洲的现代化中的一系列重要进程,包括世俗化、圣经批判、自然科学的兴起、启蒙运动和自由民主国家的诞生等都密切相关。

主流的斯宾诺莎研究者认为,斯宾诺莎是一个泛神论者,一个理性主义者,他的理性主义为近代自由理论奠基。史蒂文·史密斯认为:"《伦理学》能够教给我们一些关于现代性基础的东西,因为它就是一块基石。"④在这个意义上,《伦理学》代表了近代理性主义的完成。但是,斯宾诺莎的哲学体系并不只是为了解决上帝的观念而构建的,也不只是为了突出理性的作用而构建的,而是一个着眼于神学政治问题的解决、着眼于人的自身定位的完整哲学体系。在《斯宾诺莎的理性启蒙》中,吴增定对这一看法进行了比较完整的表述。他认为,

---

① Karsten Fischer, "Die permanente Projektion: Zur Problembeziehung zwischen Religion und Politik," *Ökumenische Zeitschrift für Sozialethik*, Nr. 2, 2011, p. 6.

② Ernst-Wolfgang Böckenförde, "Der säkularisierte Staat. Sein Charakter, seine Rechtfertigung und seine Probleme im 21," *Jahrhundert* (Carl Friedrich von Siemens Stiftung, 2007), p. 72.

③ 费舍尔代用林肯关于民主理论的著名三原则"民有、民享、民治",并指出,对这三个方面的确切理解和定义是建立合理的政治宗教关系的关键。参见 Karsten Fischer, "Religionspolitische Governance im weltanschaulich neutralen Verfassungsstaat: Eine Problemskizze," in Andreas Voßkuhle, Christian Bumke, and Florian Meinel, eds., *Der Staat. Beiheft 21: Verabschiedung und Wiederentdeckung des Staates im Spannungsfeld der Disziplinen* (Berlin: Duncker & Humblot, 2013), p. 132.

④ Steven B. Smith, *Spinoza's Book of Life: Freedom and Redemption in the Ethics* (New Haven: Yale University Press, 2003), p. 12.

《神学政治论》和《伦理学》事实上刚好构成了斯宾诺莎哲学整体的两个方面：前者的目的是揭露传统神学和宗教是一种束缚和禁锢人的迷信、偏见和蒙昧，后者则是教导人如何在理性的引导下认识神，获得真正的自由、幸福和拯救。斯宾诺莎的哲学和政治哲学作为一个思想整体，恰恰体现了现代性和现代理性启蒙的自我筹划、自我解放和自我肯定精神。①

按照理性主义的解释思路，斯宾诺莎对神学政治问题的解决方案是非常明确的。西蒙·费尔德曼指出："斯宾诺莎不只是标志着中世纪哲学的结束，而且更标志着文艺复兴哲学的结束，他预示它的完全过时，已经落后于潮流了。他，而不是笛卡尔，是第一个近代哲学家。他不仅使自己，而且使哲学摆脱了宗教的管束，他不畏惧新科学及其在哲学和道德领域内的应用，同时他也将世俗世界看作了实现拯救的场域。"他甚至认为："（斯宾诺莎）是苏格拉底再世。"②也就是说，斯宾诺莎被视为带领哲学突破神学桎梏的领军人物。

然而，这种清晰的阐释容易掩盖思想家本身思考的厚重。理性主义路径的理解，无法解释斯宾诺莎思想中的多元与矛盾。斯宾诺莎思想的魅力很大程度上在于他为我们塑造了一个思想的迷宫。本文主要从政治哲学的角度，着眼于论述斯宾诺莎如何思考与解决神学政治问题，进而解决犹太人身份问题。正是纷繁复杂的斯宾诺莎形象和单一的理性主义路径解释之间的强烈反差让笔者开始思考，着重分析理性主义框架内的政治构建，特别是斯宾诺莎关于人的自由权利的论述，是否掩盖了其对宗教问题特别是犹太人问题思考的重要地位。更进一步，宗教问题和政治问题，哪个才是斯宾诺莎思考的源头和核心。

引发这一思考的直接源头是史密斯在其著作《斯宾诺莎、自由主义与犹太特性问题》中所言"解放意味着个体自由，而不是犹太人的自由"③，以及埃里克·沃格林在《政治观念史稿》中关于"斯宾诺莎政治思考的核心是其东方主义

---

① 吴增定：《斯宾诺莎的理性启蒙》，上海人民出版社2012年版，第2页。
② Simon Feldman, "The End and Aftereffects of Medieval Jewish Philosophy," in Daniel H. Frank and Oliver Leaman, eds., *The Cambridge Companion to Medieval Jewish Philosophy* (Cambridge University Press, 2003), pp. 439-440.转引自谭鑫田：《知识·心灵·幸福——斯宾诺莎哲学思想研究》，中国人民大学出版社2008年版，第5页。
③ 转引自谭鑫田：《知识·心灵·幸福——斯宾诺莎哲学思想研究》，中国人民大学出版社2008年版，第14页。

式的神秘主义"①的论述。本文思路的形成,同时受到了卡拉科夫斯基对斯宾诺莎的研究文章《斯宾诺莎的双眼及其他关于哲学家的论文》的启发。在这篇文章中作者指出,斯宾诺莎拥有两副面孔,即思想的两只眼睛:一只眼睛将逃避现实的目光转向绝对存在的超验性力量,另一只眼睛聚焦于由有限事物组成的世界,用科学家冷静的理性主义来观察。他思想中的神秘主义线索一方面来自宗派主义的自由思想家的小资产阶级神秘主义,另一方面则来自资产阶级共和主义。② 也就是说,斯宾诺莎思想中的神秘主义因素,应当受到关注。耶米雅胡·约维里的作品《斯宾诺莎和其他信奉异端者:理智的马拉诺》也为本文提供了重要的思考资源。约维里将斯宾诺莎定义为"犹太教中的信奉异端者",一位关注内在理论和世俗化理论的哲学家,因为斯宾诺莎的思想深深根植于其作为马拉诺人的身份背景之中,他是"理智的马拉诺人"。③

　　对于斯宾诺莎的一生,海涅曾这样说过:"斯宾诺莎的生涯没有丝毫可非议的余地,这是可以肯定的。它纯洁、无疵,就像他那成了神的表兄耶稣基督的生涯。而且有如基督,他也曾为了自己的学说而受苦,并像基督那样戴上了荆冠。一个伟大的精神人物不管在哪里说出他的思想,哪里便会成为他的各各它"④。他的思想影响如此深远,甚至像黑格尔和尼采这两位各持极其不同立场观点的哲学家,都分别宣称斯宾诺莎是自己的先驱。海涅说:"我们所有的哲学家,往往自己并不自觉,却都是通过巴鲁赫·斯宾诺莎磨制的眼镜在观看世界。"⑤黑格尔也曾说:"斯宾诺莎是近代哲学的重点:要么是斯宾诺莎主义,要么不是哲学。要开始研究哲学,就必须首先做一个斯宾诺莎主义者。"⑥因此,本文尝试论述斯宾诺莎及其犹太人身份背景之下的神学政治问题并加以分析,虽有管中窥豹之嫌,虽不期望以一知万,但希望可以找到一块斯宾诺莎磨制的镜片,从中窥见他思想之一隅。

---

① Eric Voegelin, *History of Political Ideas*, Vol. 7 (Columbia: University of Missouri Press, 1999), p. 127.
② Leszek Kolakowski, *The Two Eyes of Spinoza: And Other Essays on Philosophers* (St. Augustine's Press, 2004).
③ Yimiahu Yovel, *Spinoza and Other Heretics: The Marrano of Reason* (Princeton: Princeton University Press, 1992).
④ 〔德〕海涅:《海涅选集》,人民文学出版社1983年版,第257页。
⑤ 同上书,第104页。
⑥ 〔德〕黑格尔:《哲学史讲演录》(第四卷)(贺麟、王太庆译),商务印书1987年版,第100—103页。

二、斯宾诺莎的神学政治思想

(一) 神学政治问题的解决思路

宗教与政治的关系问题曾在启蒙之初成为讨论的热点,但随着现代社会的发展慢慢被忽略。正如史密斯在《斯宾诺莎、自由主义与犹太特性问题》的开篇"神学政治问题的回归"中所言,直到最近,宗教问题似乎仍然属于黑暗的过去时代;世俗理论的思想家们充满信心地认为,宗教冲突以及与其相伴的部落与种族仇恨情绪将会随着现代社会的发展而消失;社会经济的发展将为一个持续稳定的民主政府创造条件,而民主则将反过来使我们的社会从以前居于统治地位的宗教思想与宗教机构中彻底解放出来。然而,当今不断出现的宗教极端主义浪潮和世界范围内爆发的宗教冲突却不断地提醒那些世俗化理论的思想家,也提醒我们,神学政治问题回来了。[1]

从启蒙时期思想家们对于神学政治问题的解决思路来看,可以说,现代自由民主理论的那些开创者,如霍布斯、洛克、莱布尼茨和康德等,都可以被称作"世俗化神学"理论家。他们都重视神学研究并认为神学与政治不可分割,但与传统神学家不同的是,他们的注意力更加集中于"世俗"一词而非个人救赎与神启等教会概念。他们批评教会,把教会当作黑暗的王国,把教会的统治等同于迷信。启蒙时期思想家对神学政治问题的解答思路基本是宗教与政治分离,这一分离的思路与后来自由理论中关于私域和公域的划分以及密尔关于个人"利己"和"利他"行为的区分一脉相承。[2] 在这一思路下,政治被定义为解决公共问题,例如保护公民道德生命、自由和财产的权利,而宗教则被私人化,只与个体信仰相关。

史密斯区分了两种不同倾向的解决方案:第一种他称为"多元主义",也就是指在宗教宽容的框架之内不干涉宗教的自由发展,这种思想在洛克的《论宽容》、伏尔泰的《哲学书简》中都有表达。在这一思路下,对宗教压迫与教派冲突的解决方案不是通过建立一种共同的信仰而是在于包容不同教派并允许其自

---

[1] Steven B. Smith, *Spinoza, Liberalism and the Question of Jewish Identity* (Yale University Press, 1979), p. 2.

[2] Ibid.

由竞争。另一种则被称为"理性策略",其核心在于发展甚至创造一种新的、理性的宗教形式以取代旧有的圣经神学。这种理性宗教不再是拘泥于宗教文献与教会体制的宗教,而是包含着对神圣统治秩序之信仰以及对基本的道德律令之遵守的宗教。在这个意义上,启蒙运动的这一思路可被视为"前宗教改革",在洛克的《基督教的合理性》、康德的《纯粹理性界限内的宗教》中都有对这一思路的表达。史密斯认为,这种"理性宗教"的策略也包含着宗教宽容的成分,却是一种"世俗性"的宽容策略。它一方面可以通过相互之间的宽容结束困扰整个欧洲的宗教战争,另一方面通过将宗教限制在私人信仰领域,结束占据主导地位的教会和其他宗教机构的宗教权力,并进而促成对少数派宗教团体和其他异议者的宽容。①

可以看出,斯宾诺莎对神学政治问题的解决方案基本上属于第二种思路。斯宾诺莎曾在他与奥尔登堡的通信中叙述了他写作《神学政治论》,其实也是他的全部思考与著述的理由。他列举了三条理由:"第一,神学家的偏见。因为我认为这些偏见是阻碍人们思想通往哲学的主要障碍,因此我全力揭露它们,在比较谨慎的人们的思想中肃清它们的影响。第二,普通群众对我的意见,他们不断地错误地谴责我在搞无神论。只要有可能的话,我也不得不反驳这种责难。第三,哲学思考的自由,以及我们想什么就说什么的自由。我要全力为这种自由辩护,因为在我们这里由于教士的淫威和无耻,这种自由也常常是被禁止的。"②为了更好地理解和还原斯宾诺莎的思想体系,本章的分析也将按照这三条线索依次展开。斯宾诺莎将扫清神学家的偏见,即将扫清通往哲学的主要障碍当作自己的首要任务。因此探讨斯宾诺莎对神学政治问题的观点,首先应该从他的宗教批判入手。事实上,斯宾诺莎的宗教批判仅仅针对的是他所思考的某些宗教成分,而非对其完全否定。如果按照中文语境将这些宗教成分概称为"迷信"的话,那将斯宾诺莎的宗教批判称为"迷信批判"更加合适。

(二)迷信批判

在介绍斯宾诺莎的宗教批判思想之前,有必要首先简要介绍两位对斯宾诺莎产生重要影响的思想家。第一位是马基雅维利。可以说,马基雅维利是现代

---

① Adam Smith, *Spinoza, Liberalism and the Question of Jewish Identity*, pp. 4-5.
② 〔荷〕斯宾诺莎:《斯宾诺莎书信集》(洪汉鼎译),商务印书馆1993年版,第138页。

宗教批判的奠基人,他奠定了现代政治的基本原则,即政治的"去神圣化"和"去道德化"。① 马基雅维利所处的时期,是西方历史上宗教与政治相互分裂和对立的时期,他将这一分裂和对立当作当时基督教世界混乱无序状态的根本原因。② 马基雅维利著述的核心在于维护共和国的和平统一与长治久安,因此他一方面提醒世俗统治者要防止宗教权力干涉世俗政治,另一方面又告诉统治者必须借鉴基督教对待民众的控制手段。另一位是霍布斯。霍布斯承袭了马基雅维利对神学政治问题的看法,他认为自己当时置身其中的英国内战,其根源正是宗教权力与世俗政治的冲突所导致的"神学政治危机"。③ 他将宗教"自然化",与人的"自然状态"联系起来,认为是人在自然状态下的激情导致了宗教的产生。霍布斯对神学政治问题的解决清晰明确,即捍卫主权者在宗教问题上的主导和绝对权力,让主权者来决定如何处理宗教在世俗国家中的位置以及宗教权力的问题。可以看出,斯宾诺莎在神学政治问题上的许多看法都是从两位思想家身上汲取了重要的思想资源。

斯宾诺莎在《神学政治论》的序言中谈到:"人若是能用成规来控制所处的环境,或人的遭遇总是幸运的,那就永远不会迷信了。但人常陷于困境、成规无能为力,又因人所渴望的好运是不可必的,人常反复于希望与恐惧之间,至为可怜,因此之故,大部分人是易于轻信的。虽然人心寻常是自负的,过于自信与好胜,可是在疑难之际,特别是希望与恐惧相持不下的时候,人心最容易摇摆不定,时而向东,时而向西。"④他认为,迷信产生于人们的恐惧心理,并且在人们的恐惧中得以维系、发展起来;迷信只与人们的"希望、憎恨、忿怒与欺骗"等心理状态相关。在迷信的作用下,人们已经不知道如何真正地敬神,只把敬神和宗教当作一套令人发笑的成规和仪式来遵守,而使信仰简单地成为人们的各种轻信与偏见的混合体。而且,在斯宾诺莎看来,迷信经常与专制政治结合在一起,专制统治者利用迷信作工具,"欺瞒人民,用宗教的美丽的外衣来套在用以压倒民众的畏惧的外面,这样人民既可以英勇地为安全而战,也可以英勇地为奴隶

---

① 〔意〕尼科洛·马基雅维里:《君主论》(潘汉典译),商务印书馆1985年版;《论李维》(冯克利译),上海人民出版社2005年版。
② 吴增定:《斯宾诺莎的理性启蒙》,第80页。
③ 同上书,第83页。参见霍布斯:《利维坦》。
④ 〔荷〕斯宾诺莎:《神学政治论》(温锡增译),商务印书馆1963年版,第9页。

制度而战"①。

专制统治者利用迷信作为工具,以宗教信仰为借口,控制和迷惑民众。斯宾诺莎在《神学政治论》中分析和批判了当时宗教中存在的各种迷信成分。首先是关于预言和先知。对于一切传统的启示宗教来说,预言和先知都是重要的成分之一。但是斯宾诺莎通过他对《圣经》的研究指出,上帝将其律法启示给摩西,是"用真的语声的唯一实例"②,而在其他情况下,"预言家仅是借想象之力,窥知上帝的启示而已"③。所谓的预言,归根结底就是一种人的想象,而那些所谓的先知则只是一些想象力特别发达的人而已。其次,针对犹太教正统所宣称的犹太人是唯一的"神选"民族的说法,斯宾诺莎指出,犹太人并没有相对其他民族的优越之处,上帝对所有的人都给予同样的宽厚与仁爱。在他看来,犹太人之所以获选,"不是由于别的,而是由于现世的物质幸福和自由"④,是因为犹太民族"在统治和在物质方面"占了便宜,而非"在智力和纯正的德行"方面比其他民族有什么优势。再次,对于犹太律法是"神律"的传统观点,斯宾诺莎指出,犹太人的律法不是神律,而是根据摩西的意志为了保护犹太人的生命安全和国家秩序而创立的。⑤ 摩西创造律法,是为了"根据启示,或启示于他的基本的律法……用这个方法以色列族在一特殊领土内最能团结起来,能够形成一个国家。而且更进一步,用这个方法最能使他们不得不归依顺从"⑥。然次,对于与神律密切相关的犹太教仪式,正统的犹太教会认为这些仪式是神律不可或缺的组成部分,但斯宾诺莎却指出,仪式并非神律的组成部分,这些仪式只是犹太民族的特殊传统而已。他认为:"《旧约》中只为希伯来人所制定的仪式适合于希伯来国,大部分只能为整个社会所遵守,不为个人所奉行。显然这种仪式不是神律的一部分,和幸福德行毫无关系,只是和希伯来人之为神选有关,也就是和他们现世肉体幸福和他们的国家的安宁有关。"⑦也就是说,无论是犹太教中所宣扬的神律还是与神律关联的仪式,这些都只是针对特定时期的特殊人群即

---

① 〔荷〕斯宾诺莎:《神学政治论》,第 11 页。
② 同上书,第 21 页。
③ 同上书,第 32 页。
④ 同上书,第 56 页。
⑤ 同上书,第 72—73 页。
⑥ 同上书,第 72 页。
⑦ 同上书,第 77 页。

出埃及时的犹太人,它不是神的启示也不是所有人都应遵守的普遍法则。事实上,斯宾诺莎总结道:"如果一个人富于敬神的果实,仁爱、喜悦、和平、坚忍、和蔼、善良、信实、柔和、纯洁,正如保罗所说,没有法律是禁止这些的。这样的一个人,无论他只是听理智的指挥,还是只是依从圣书,实质上是听命于上帝,是完全幸福的。"①最后,对于启示性宗教的另一个重要教义"奇迹",正统教义将"奇迹"看作神的意志和力量的见证,但是在斯宾诺莎看来,这种观点将自然的力量与神的力量看作了两种不同的力量,因而是错误的。他通过研究《圣经》中对奇迹的记载得出结论:"发生奇迹的情况分明表明,自然的原因是必要的","《圣经》中叙述的所有的事都是天然而起的,其所以直接归之于上帝者,乃是因为《圣经》的目的不在于用自然的原因来解释事物,而只是在叙述动人想象的事物,用最有效的方法以激起惊奇,因而使大众的心深受感动,以唤起他们的敬神之心"②。因此在他看来,奇迹只是人类想象的产物而已。

(三) 理性与想象

在斯宾诺莎看来,迷信之所以产生,是人们用想象和激情取代了理性思考的结果,迷信归根结底是人们想象的产物。从"知性改进"的角度来看,人类总会不自觉地有这种倾向,即把自然事物本身的活动和人类自身有目的的活动进行类比,"当人类把目的性强加到自然事物的活动中时,宗教就产生了,并且伴随着它的堕落的形式——迷信"③。因此需要改进人类认识事物的知性,需要破除想象的桎梏,并进而实现神学与哲学的分离,将人类的理性推到第一的位置。

斯宾诺莎将想象看作是人类最低层次的知识,认为想象只是外物作用留下的印象或形象。他认为:"假如人的身体因激动而呈现某种情况,这种情况包含有外界物体的性质,则人心将以为这个外界物体是现实存在的或即在面前,直至人的身体被激动而呈现另一情状以排除这个外界物体的存在或现存为止。"④而当人类可以不再只根据偶然的外在形象或印象认识事物,而是根据身体与外物的"共同特性"去认识外物时,人们就可以获得关于身体或外物的充分知识,

---

① 〔荷〕斯宾诺莎:《神学政治论》,第88页。
② 同上书,第99页。
③ 〔英〕列奥·施特劳斯、约瑟夫·克罗波西主编:《政治哲学史》(李天然等译),河北人民出版社1998年版,第528页。
④ 〔荷〕斯宾诺莎:《伦理学》(贺麟译),商务印书馆1983年版,第63页。

即斯宾诺莎所说的第二种知识——"理性"。当然,最高的知识是第三类知识即"直观知识","(直观知识)是由关于神的某一属性的形式本质的充分观念出发,进而达到对事物本质的充分认识"①。

事实上,斯宾诺莎笔下的理性知识与直观知识都是对于事物的"充分观念",因而差别不大,它们都是对于事物的"充分理由"和"必然联系"的知识。在他看来,"理性的本性不在于认为事物是偶然的,而在于认为事物是必然的"②,"理性的本性在于在某种永恒的形式下来考察事物"③。而且,只有通过理性认识必然,摆脱想象和激情的束缚,即"唯有当一个人遵循理性而生活,他才可说是绝对地依照他自己的本性的法则而行动"④。

(四)宗教

斯宾诺莎为自己提出的第二个任务,是反驳外界关于他是无神论者的指控。在斯坦利·罗森(Stanley Rosen)看来,斯宾诺莎的形而上学一定程度上保留了经典政治学的传统,即认为"永恒秩序是世俗秩序的基础,并决定着世俗秩序"⑤。不同于霍布斯将个人的自我保护意识看作是社会、哲学和宗教得以产生的先决条件,斯宾诺莎认为永恒秩序先于并且独立于个体及个体的意愿而存在。虽然无法仅仅从斯宾诺莎的著述中精确地描述其宗教观,直接宣称斯宾诺莎就是一个试图取消宗教的无神论者或者相反,是个"迷醉于神的人",但可以肯定的是,"(斯宾诺莎)从未企图怀疑和否认人对宗教的需求"⑥,他对待宗教的态度不是"取消",而是"纯化"。事实上,对待真正的宗教,斯宾诺莎明确表示,"我们的结论绝不是和虔敬相违背"⑦,我们需要做的是区分宗教与迷信,学会如何真正地敬神。

斯宾诺莎在《伦理学》中为我们提供了关于宗教的定义。他说:"当我们具有神的观念或当我们认识神的时候,我们一切的欲望和行为,皆以我们自己为原因,我认为这就算是宗教。由于我们遵循理性的指导而生活所产生的为人谋

---

① 〔荷〕斯宾诺莎:《伦理学》,第80页。
② 同上书,第83页。
③ 同上书,第84页。
④ 同上书,第194页。
⑤ 〔英〕列奥·施特劳斯、约瑟夫·克罗波西主编:《政治哲学史》,第521页。
⑥ 同上书,第530页。
⑦ 〔荷〕斯宾诺莎:《神学政治论》,第42页。

幸福的欲望,我称为虔敬。"①这一定义与传统意义上所理解的宗教的最大不同在于,他呼吁人们以理性来对待或者"认识"神,而这种对待神的新观点源自他对神的特殊理解。

《论神》是斯宾诺莎《伦理学》的第一部分,其核心观点是神即自然,是唯一存在的实体。他通过对"实体"概念的解析来论证自己的观点:"实体,我理解为在自身内并通过自身而被认识的东西。"②斯宾诺莎的实体观念继承了笛卡尔关于实体是"能自己存在而其存在并不需要别的事物的一种事物"③的观点,但同时做出了修正。他否认了笛卡尔关于神是"绝对实体"而其他被创造物是"相对实体"的区分,因为实体的"独立存在"的特性使"相对实体"的概念不可能成立。因此,实体只能是唯一的。他进一步指出,只有神才是唯一的实体,"除了神之外,不能有任何实体,也不能设想任何实体"④。作为唯一实体的神就是服从必然法则的无限自然力量本身,斯宾诺莎解释道:"在自然中发生的事情不会违反自然的普遍法则,也没有任何东西不符合这些法则或不是来自这些法则。因为所有发生的事情都是通过神的意志和永恒指令发生的……这意味着,所有发生的事情都符合那些包含了永恒必然性和真理的法则和规则。"⑤同时,"一切存在的东西,都存在于神之内,没有神就不能有任何东西存在,也不能有任何东西被认识"⑥,"从神的本性的必然性,无限多的事物在无限多的方式下都必定推得出来"⑦。也就是说,神服从自然存在的必然法则,反过来,自然世界中存在的万事万物都是神的必然力量的外在表现和必然结果。

因此,斯宾诺莎关于神学政治问题的论述,目的不在于取消神的地位,更不在于将人提升到神的地位,事实上,他在《神学政治论》中明确表述了其宗教批判的目的,"关于预言家及预言那些点只和我们的目的直接有关,那就是说,哲学要和神学分家"⑧。

---

① 〔荷〕斯宾诺莎:《伦理学》,第197页。
② 同上书,第3页。
③ 〔法〕笛卡尔:《哲学原理》(关文运译),商务印书馆1958年版,第20页。
④ 〔荷〕斯宾诺莎:《伦理学》,第14页。
⑤ 〔荷〕斯宾诺莎:《神学政治论》,第91页。
⑥ 〔荷〕斯宾诺莎:《伦理学》,第15页。
⑦ 同上书,第19页。
⑧ 〔荷〕斯宾诺莎:《神学政治论》,第50页。

(五)"哲学和神学分家"

斯宾诺莎主要通过《圣经》解释的方法来达到他实现神学与哲学分离的目的。他力图区分哲学与神学,但极力证明他的哲学思想与《圣经》并不对立,原因在于两者的目的根本不同。针对别人对自己的无神论指控,斯宾诺莎解释道:"我没有说任何对不起《圣经》的话,凡我所说的没有我不能用最明显的论证证明其为真的,所以我确信我没提出任何不虔诚甚或有不虔诚意味的话来。"①他只希望通过对《圣经》的重新解释说明,哲学和启示各有不同的目的,而两者之间并不冲突,通过哲学家以及自然理性的路径理解神,是另一种形式的真正的对神之爱。

在斯宾诺莎看来,"哲学的目的只是真理,而信仰的目的,就像我们已经充分证明的那样,仅仅是顺从与虔敬。不但如此,哲学只能以普遍有效的公理为基础,并且必须是仅仅通过研究自然来建立,而信仰却依赖于历史和语言,必须仅仅来自于《圣经》与启示"②。但是,如何实现哲学与神学的相互分离、互不干涉呢?神学政治问题的产生由来已久,历代哲人都努力解决这一存在于理性与信仰之间难以化解的紧张冲突,但是直到斯宾诺莎的时代,对这一问题的解决似乎并不成功。

斯宾诺莎为我们提供的是一种政治解决的思路,他试图通过政治国家实现理性与信仰的有效分离,保障哲学与神学各自的权力,事实上是保障哲学思考不被宗教权力干涉的自由。这就过渡到了斯宾诺莎为自己提出的最后一个任务,即如何实现和保障哲学思考的自由。

(六)政治保障哲学自由

斯宾诺莎在其《神学政治论》中花了很大的篇幅来讨论这一问题。他认为:"把哲学与神学分开,说明这样分开就保证哲学与神学都有思想的自由。现在应当确定,在一个理想的国家里,上述的思想与讨论的自由可以达到什么限度。为适当地考虑这个问题,我们必须把一个国家的基础加以研究,先注意个人的

---

① 〔荷〕斯宾诺莎:《神学政治论》,第178页。
② 同上书,第201页。

天赋之权,然后再及于宗教和国家的全体。"①

可以看到,斯宾诺莎也是从人的自然权利出发论述他的政治思想的。斯宾诺莎继承了霍布斯关于人在自然状态下的自然权利的看法,但同时做出了修正。他认为,人的自然权利最终来自神(自然)的权力或力量,简言之,即权利就是力量。斯宾诺莎指出:"自然之权是与自然之力一样广大的。自然之力就是上帝之力,上帝之力有治万物之权;因为自然之力不过是自然中个别成分之力的集合,所以每个个体有最高之权为其所能为;换言之,个体之权达于他的所规定的力量的最大限度。"②与霍布斯相同,斯宾诺莎也认为只有在国家状态之中个体才能最大限度地保障自己的生存与自由。与早期现代社会契约思想相同,他也是通过建立"社会契约"的途径创建政治国家,"一个社会可以这样形成而不违犯天赋之权,契约能永远严格地遵守,就是说,若是每个个人把他的权力全部交付给国家,国家就有统御一切事物的天然之权;就是说,国家就有唯一绝对统治之权,每个人必须服从,否则就要受最严厉的处罚"③。他认为,这样建立起来的政体就是民主政体,这样的政体就能够保证人的生命和自由。

斯宾诺莎认为每个个体都要把他们自身的权力全部交付给国家,因而民主政体的统治权力是不受限制的,"(民主政体)是一个社会,这一社会行使其全部的权能。统治权不受任何法律的限制,但是每个人无论什么事都要服从它;当人们把全部自卫之权,也就是说,他们所有的权利,暗含着或明白地交付给统治权的时候,就会是这种情形"④。他认为民主政体能够"避免不合理的欲求,竭力使人受理智的控制,这样大家才能和睦协调相处"⑤。事实上,民主政体或者民主国家的目的就在于维护自由,这种自由更多地意味着思想的自由,而这一自由反过来也会促进民主政体的巩固,这也就是斯宾诺莎所说的,"让每个人自由思想,并说出他心中的话,这是统治者保留这种权利和维护国家安全的最好办法"⑥。此外,这种自由也是在政治框架内解决哲学与神学之争的关键,他认

---

① 〔荷〕斯宾诺莎:《神学政治论》,第 211—212 页。
② 同上书,第 212 页。
③ 同上书,第 216 页。
④ 同上书,第 217 页。
⑤ 同上。
⑥ 同上书,第 16 页。

为:"(思想)自由比任何事物都为珍贵……若无此自由,则敬神之心无由而兴。"①因此,在"自由"这一观念的前提下,斯宾诺莎提出了自己对解决神学与哲学、信仰与理性之争的方案,即"政教分离"和"宗教宽容"。这一方案意味着,首先要限制宗教的权力,使宗教不再拥有干涉公共政治的权力而只成为私人信仰领域的东西,这样也保证了宗教权力无法干涉哲学思考的自由,保证神学与哲学的分离。同时,政治权力保障个人的信仰自由,不得干涉个人自由选择宗教信仰的权利。斯宾诺莎认为,通过这种政治建构,可以确保神学和哲学的分离,实现信仰与理性的共存。

如果在考察斯宾诺莎的政治建构的同时加入道德因素,那么他解决信仰与理性之争的逻辑会变得更加清晰。罗森指出:"斯宾诺莎把宗教的权力界定到道德领域(它是由政治秩序所决定的精确准则),既没有否定忠诚这一品德的良好作用,又把理性从迷信中解救出来。理性和天启就显得相互一致了。"②也就是说,在政治自由的框架之下,他将宗教启示的作用与民众的道德相联系,特别是忠诚于政体、忠诚于信仰的道德。而在其他的领域中,理性成为第一位,而理性反过来又成为民主的政治秩序的保障,这样,一个良性的循环就得以建立起来。

(七)神学政治问题的解决

启蒙时期对神学政治问题的解决,即实现宗教与政治的分离在初期阶段似乎取得了相当的成功。宗教宽容政策逐渐在荷兰和英国得以确立,在新成立的美利坚共和国这一原则得到了更明确的保障,美国宪法中对"宗教宽容"进行了明确和制度化的规定。③ 然而,我们不能轻易得出启蒙思想全面获胜而宗教权力的捍卫者完全失败的结论。站在当代回顾历史,启蒙思想家对神学政治问题的解决方案似乎并不是那么成功,而神学政治问题至今一直存在。这表现在,一方面,将教会与国家分离开来的屏障开始不断地受到越来越多的"宗教狂热"的冲击;另一方面,宗教团体作为个体和国家之间重要的连结团体的形象并未改变。事实上,宗教热情一直是自由民主理论推动诸如废奴运动和争取公民权

---

① [荷]斯宾诺莎:《神学政治论》,第12页。
② [英]列奥·施特劳斯、约瑟夫·克罗波西主编:《政治哲学史》,第538页。
③ Adam Smith, *Spinoza, Liberalism and the Question of Jewish Identity*, p. 5.

运动等一系列活动的重要动力。

所以,当世俗化理论的思想家们试图将他们的理论发展到不仅仅实现宗教的私人化而是完全将宗教边缘化的程度时,结果可想而知:自由民主社会赖以维系其自身存在的道德权威和合法性基础也被一起边缘化了。自由理论中对宗教私人化的论述如今却使宗教成为社会的边缘,而政治则危险地暴露在教条与控制的恶兆之中。① 正如费舍尔所言:"自由的世俗国家就像童话《皇帝的新衣》里面的皇帝一样,它在宗教世界观方面是完全赤裸的。"②

现在的状况正是哈贝马斯所描述的,整个自由社会都陷入了合法性危机,自由理论变成了它自身完全胜利的牺牲品。③ 因此,我们需要重新回顾神学政治问题,从它的起源一直到它目前的发展状态,把它重新摆到我们思考的中心位置,而这正是神学政治问题本身的重要性和魅力所在,它需要人类持续的思考和关注。或许神学政治问题终究不会给人类提供一个明确的解答,但对它的思考本身就是用来修正人类自身发展轨迹的宝贵资源。当然,本文的重点不在于对此问题的探讨,接下来的部分将继续围绕斯宾诺莎展开。在斯宾诺莎的思想中,犹太人身份作为其神学政治思考的背景往往容易被人忽视,而明确他的这一思考背景,将对理解他的神学政治思考极有帮助。

三、斯宾诺莎的犹太人特征

(一)引入:理性的悖论?

在理性主义的解读路径下,吴增定在《斯宾诺莎的理性启蒙》的最后向我们提出了一个非常值得思考的问题。他认为,斯宾诺莎的政治哲学存在着难以克服的内在矛盾,他将这一矛盾称为"理性的悖论":"一方面,为了捍卫民主政体,他(斯宾诺莎)必须肯定大众具有理性的能力;另一方面,为了批判'神权政治',他又必须反过来否定大众有理性的能力。"④在笔者看来,之所以会产生这一疑问,原因在于理性主义的解读路径在斯宾诺莎对待"民主政体"和"大众"

---

① Adam Smith, *Spinoza, Liberalism and the Question of Jewish Identity*, p. 6.
② Rolf Schieder, *Sind Religionen gefährlich?* (Berlin: Berlin University Press, 2008), p. 141, inferred from Karsten Fischer, "Die permanente Projektion: Zur Problembeziehung zwischen Religion und Politik," p. 5.
③ 〔德〕尤尔根·哈贝马斯:《合法性危机》(刘北成、曹卫东译),上海人民出版社 2000 年版。
④ 吴增定:《斯宾诺莎的理性启蒙》,第 192 页。

的定位上存在误解。事实上,斯宾诺莎为之思考的群体小之又小,他从未将"大众"与"理性"关联起来。那么,斯宾诺莎到底是在为谁思考呢?

事实上,斯宾诺莎所理解的"自由"和现代意义上的自由并不相同。他倡导民主制,呼吁社会上的言论自由,实则是为了哲学利益和哲学家的言论自由。斯宾诺莎既不是一位现代意义上的自由主义者,也不是一位完全意义上的宗教信徒,因此只有哲学条件下的自由对于他来说才是可能的。哲学家的言论自由才是自由社会最重要的保障,也就是说,"自由的社会并不依赖于任何个人意义上的言论自由,而是依赖于哲学的言论自由"①。在他看来,哲学家的命运与民主的命运互相依赖,"一方面,哲学家必须维护民主才能使哲学自身得以维护,否则,如果发表言论的自由被扼杀垄断,哲学就会被教条和迷信所毁灭;另一方面,民主也必须保护哲学的自由,其自身才能得以维持。当哲学和民主被正确地定义,两者的利益是共生共灭相一致的"②。因此,斯宾诺莎眼中的最终目标是哲学,他把"哲学探讨的自由"当作是维护社会安宁和平以及保持心灵虔敬必不可少的前提。而对于普通民众,斯宾诺莎并不认为民众具有理性的能力,因此他将国家政体和理性化的宗教两者当作将民众的"想象"能力转化为对"理性"的模仿的必要工具,而这一转变过程所依赖的就是国家所具备的权威力量以及宗教所具备的让人服从的力量。③ 也就是说,不需要将民众仅有的"想象"能力转化为理性,只需要通过使民众服从理性化的政体和宗教,就可以使民众在形式上按照理性的要求行动。在斯宾诺莎看来,直觉性的理性,也即他所谓的第三类知识"直觉知识",只能被极少数的人掌握,因此他一直使用极其隐秘的方式表达对政治和宗教的思考。

沃格林对斯宾诺莎的这种表现手法做出了解读。在他看来,斯宾诺莎的理论中具有隐秘的和外在的两种表达。其外在政治理论的表达显得明确清晰,但容易使人忽视了这其实只是他使用的修辞手法,以使他的理论能够更容易地被时代接受。沃格林认为,斯宾诺莎的外在性政治语言表达,其目的在于对社会大众的心理掌控,他甚至认为斯宾诺莎无意中开启了极权主义的萌芽——教会

---

① 〔英〕列奥·施特劳斯、约瑟夫·克罗波西主编:《政治哲学史》,第535页。
② 同上书,第526页。
③ Yirmiyahu Yovel, *Spinoza and Other Heretics*: *The Marrano of Reason*, Vol. 1 (Princeton University Press, 1992), p. 32.

文明的崩溃以及与此同时当政者开始成为民众的精神领袖。① 事实上,"(斯宾诺莎)对思想自由的呼吁只是一种对像他那样的神秘主义思想家免受宗派主义者狂暴影响的呼吁"②。总而言之,可以这样认为,斯宾诺莎的全部努力都是面向并且为了一个特殊的思考者群体的。在接下来的分析中我们可以看到,这个思考者群体根植于犹太传统之中,身上体现了深刻的犹太人特性,并且终生都为解决犹太人问题而思考。作为这一群体的代表人物,斯宾诺莎身上深刻地体现了犹太人特性。笔者将通过犹太教神秘主义特征和"马拉诺"(Marrano)特征两条线索来阐述这一特性。

(二)"东方主义式的神秘主义"

沃格林在《政治观念史稿》中指出:"斯宾诺莎的哲学使用的是欧洲巴洛克时期的语言,包括自然权利、契约以及几何方法论,但这些符号背后的精神却在更大意义上是东方主义的","斯宾诺莎政治思考的核心是他的神秘主义"③。在进一步展开论述之前,我们首先需要了解什么是犹太教神秘主义。

《犹太教神秘主义主流》一书的作者索伦在书中为我们列举了几种神秘主义的定义。例如,将神秘主义定义为一种宗教,"它注重直接感受与上帝的关系和切近体察上帝之在场。它是处于最敏锐、最热烈和最生气勃勃阶段的宗教"④。而托马斯·阿奎那则将神秘主义理解为通过体验而获得对上帝的知识。在此书序言中何光沪指出,尽管对宗教神秘主义的定义众说纷纭,但神秘主义作为一个内涵广泛的概念,主要是指"这样一类修持、体验和著述,其主要核心是对上帝或终极实在的直接意识,对神之临在或与神合一的切身感受;也可以指这样一种信念,即相信有一种最高的认识,靠人的理解或感觉经验无法达到,但通过特殊的修习却可以在意识的扩展或直觉中达到"⑤。何光沪肯定了神秘主义是宗教的重要方面,甚至将神秘主义看作宗教信仰的核心,"宗教信仰的终极对象超出了理智或狭义理性所及的范围,从根本上说,是不可理解、不可把捉

---

① Eric Voegelin, *History of Political Ideas: The New Order and Last Orientation*, Vol. 7 (University of Missouri Press, 1999), p. 135.
② Ibid., p. 133.
③ Eric Voegelin, *History of Political Ideas*, Vol. 7, p. 127.
④ [德] G. G. 索伦:《犹太教神秘主义主流》(涂笑非译),四川人民出版社 2000 年版,第 4 页。
⑤ 同上书,序言第 3 页。

和不可表达的,所以,甚至可以说神秘主义是处于宗教的核心"①。

犹太教神秘主义注重造物主与造物之间、有限与无限之间的直接联系。神秘主义体现为一种根本的体验,即与上帝的神秘合一、灵魂向最高天的急剧上升的体验。在索伦看来,神秘主义产生于这样的背景之中,"新的宗教冲动并未冲破旧宗教体系的外壳去创造一个新体系","(因而)对相应于新宗教体验的新宗教价值的渴求就会在对旧价值的重新解释中表现出来,常常使后者获得更深刻和更个性化的意义"②。神秘主义对旧宗教所建立的价值标准的突破,就体现在它推崇个体与上帝的直接接触的特性上。索伦宣称:"归根结底所有的宗教都建立在神秘主义之上"③,因为宗教从来都是来源于伟大先知们的直接的宗教体验。

神秘主义思想对斯宾诺莎思想的形成产生了很大的影响,正如沃格林所言:"斯宾诺莎的神秘主义态度与犹太教神秘主义中的神秘与推测性的部分相关。"④犹太教神秘主义思想对斯宾诺莎思想的重要影响体现在:首先,在产生背景上,犹太教神秘主义产生于谋求突破旧宗教所建立的价值体系,但它并没有完全冲破和摒弃旧宗教体系的外壳,这与斯宾诺莎当时所处的环境与他针对犹太教所采取的策略有很大的相关性。其次,在对待理性的态度上,犹太教神秘主义不是对理性主义的反动。犹太哲学和犹太神秘主义的兴起时间相隔不远,它们是相互联系和相互依赖的。事实上,"某些哲学启蒙者的理性主义常常显示出神秘主义倾向;另一方面,没有学会使用自己语言的神秘主义者经常使用和误用哲学家的词汇"⑤。索伦引用一位犹太教神秘主义者的话:"有些人以人类的理性事奉上帝,还有些人紧盯着虚无……得到崇高体验的人失去了他的理性,但当他从冥想中回到理性中来,他会发现这时理性注满了神圣的光辉。"⑥从话中可以看出神秘主义信条对人类理性的肯定。斯宾诺莎继承了神秘主义关于理性的观点,并将理性的地位提升到了前所未有的高度。最后,上帝与自然之同一。犹太教神秘主义关注"活的上帝","活的上帝"意味着上帝可以在它

---

① 〔德〕G.G.索伦:《犹太教神秘主义主流》,序言第3页。
② 同上书,第9页。
③ 同上书,第7页。
④ Eric Voegelin, *History of Political Ideas*, Vol. 7, p. 127.
⑤ 〔德〕G.G.索伦:《犹太教神秘主义主流》,第6页。
⑥ 同上。

物中显现,显现于创造、启示和救赎之中。神秘主义者所理解的"赛法拉世界",就是"活的上帝"所创造的"神域",即自足的神性领域。这个"神域"处于我们感官经验的世界里,活跃在所有存在物之中。不难看出,后来斯宾诺莎将上帝之域与身边的自然之域同一起来,将神等同于自然的观点与喀巴拉(Kabbalah)信徒所宣称的"En Soph"(En Soph 是神秘主义所宣称的最高存在,即"无")是一脉相承的。斯宾诺莎认为,只有对永恒与无限之物的爱才能给思想带来充分的愉悦,而对他来说这一永恒与无限之物就是自然。人类需要自己寻求理解自然的能力,寻求连结人的思想与整个自然的知识,这种知识就是理性。

斯宾诺莎的思想中体现了犹太教神秘主义的深刻影响,他的许多理论都与神秘主义思想一脉相承。但是不同于以往犹太教神秘主义者的生存环境,中世纪时由受教育程度很高的教会领导层作为统治阶层的情况在斯宾诺莎生存的时代已经被改变,他不得不面对"由低层次的新教徒所组成的政府、宗教改革后受到限制的新教徒以及犹太正统教会"的多重压力。① 明确这一背景,再反过来分析关于"理性的悖论"以及斯宾诺莎关于"政体""民众"的真实观点,那么斯宾诺莎想要表达的真实思想就会更加清晰。

(三)"理智的马拉诺"

马拉诺特性是观察斯宾诺莎身上犹太人特性的第二条线索。沃格林指出:"他(斯宾诺莎)的对《圣经》的批判态度以及理性主义可以回溯到犹太哲学中的理性源头,回溯到12世纪伊本·伊斯拉(Ibn Ezra)和迈蒙尼德(Maimonides)以及14世纪吉尔松尼德(Gersonides)的批评主义。但是斯宾诺莎的异教思想的更直接的来源应被追溯到其作为马拉诺犹太人的特殊命运之中。"②要了解斯宾诺莎身上所体现的马拉诺特性,首先需要了解马拉诺人这一特殊群体。

14世纪时期的西班牙是犹太人的主要聚居中心之一,犹太人在穆斯林的统治下被宽容以待。但在基督教赶走穆斯林取得伊比利亚半岛的统治权之后,犹太人的生存状况被极大地改变了。基督徒喊着"基督或者死亡"的口号,残忍地迫害当地的犹太人,强迫他们接受洗礼改信基督教。此后,西班牙的犹太人急剧减少,许多是因为被屠杀,但大部分是因为改信基督教而失去了犹太身份。

---

① Eric Voegelin, *History of Political Ideas*, Vol. 7, p. 133.
② Ibid., p. 127.

在此后长达四分之一个世纪的时间里,整个伊比利亚半岛持续着所谓的"大转换",即犹太人从犹太人身份向基督教徒的转换,这批新受洗的犹太人被称为"新基督徒"(New Christians),以区别于原本的基督徒,而他们暗地则称自己为"受迫者"(the Forced Ones)。这些人就是所谓的"马拉诺人"。①

在被迫改信基督教的犹太人中,有许多人在长达几个世纪的时间里秘密保持着自己的犹太教信仰。这些马拉诺人生活在犹太教徒和基督教徒的中间地带,他们一方面与纯粹的犹太教徒有千丝万缕的联系,却因为已经受洗而始终与其存在隔阂;另一方面,受洗改信基督教之后,至少在法定意义上他们与原有的基督徒享受同样的地位和权利,他们开始渗入西班牙基督教社会的方方面面。但是,随着这些"新基督徒"在西班牙社会的各个方面取得成功,原有基督徒的嫉妒和怨恨情绪也不断增加,他们制造骚乱,要求不能再以宗教信仰来作为判断基督徒的标准,而应以"血统"作为标准。"新基督徒"的血统并不纯正,他们天生是坏基督徒,因而必须把他们从公共行业和领域中驱逐,剥夺他们所有的荣誉。这一"纯血运动"在菲利普二世②时期开始获得官方承认,对马拉诺人的迫害日益严重,导致他们不断外逃。斯宾诺莎的祖先就是在这一背景之下逃到荷兰,寻求安全的庇护所。

有人将马拉诺文化看作"欧洲现代化的开端",这并不是没有道理。不难理解,当人同时生存在基督教和犹太教两大文明之间时,他会在选择并融入其真正所属集体的时候面临巨大的困难。对马拉诺人来说,犹太文明是他们真正的根,但是生存在基督教环境中使他们无论是对犹太教的核心价值还是对其形式符号都缺乏认识。这种思想上的分裂状态对身处其中的思想家来说,很容易产生对无论是犹太教还是基督教的双重怀疑,甚至会开始质疑宗教起源的根基问题。③ 即使在16世纪,葡萄牙的马拉诺人获得机会逃离伊比利亚半岛之后,他们也只不过是在心理上再一次经历流亡,并没有得到本应的归属感。犹太教的拉比们刻意与这些信奉犹太教的马拉诺人保持着距离,拒绝承认他们是犹太

---

① Yirmiyahu Yovel, *Spinoza and Other Heretics: The Marrano of Reason*, Vol. 1, pp. 15-17.
② 菲利普二世(1527年5月21日—1598年9月13日),哈布斯堡王朝的西班牙国王和葡萄牙国王,他执政的时期是西班牙历史上最强盛的时代。菲利普二世雄心勃勃,在位期间一直试图维持天主教大帝国,但最终未能成功。
③ Yirmiyahu Yovel, *Spinoza and Other Heretics: The Marrano of Reason*, Vol. 1, p. 6.

人。这些马拉诺人冒着生命的危险保存着对其祖先宗教的信仰,到头来却遭自己的犹太同胞拒绝承认,其心理上的落差可想而知。马拉诺人的这种特殊生存状态①导致了他们特有的思维特性,包括诸如在心理体验上倾向"此世"的态度,分裂的宗教身份认同,形而上的怀疑主义,通过反对正统教条以获得替代性救赎的需求,内心与外在生活的对立和使用模糊性语言与双重语言的倾向,等等。② 斯宾诺莎就诞生在这种马拉诺传统中,同其他马拉诺人一样,他的一生饱受深层次的身份认同问题的困扰,他对这一问题的思考和解决也体现了深刻的马拉诺特征。

  总结起来,斯宾诺莎的思想中的马拉诺特征主要体现在:第一,犹太教和基督教的混合状态导致了马拉诺人思想中的不同形式的怀疑主义理论、世俗化理论、异教信仰和理性的自然神论等异端思想,这一点在斯宾诺莎身上体现得非常明显。斯宾诺莎对宗教中"启示性"的迷信成分大力批判,其力度远超同时代的其他异端者,而他们中的很多人只是试图赋予启示全新的阐释。第二,马拉诺特性中模糊语言和双重语言的表达在斯宾诺莎的身上也有明显体现。他对不同的听众使用不同的语言,他的真正意图只有有能力分辨的人才能真正了解,而其他的读者则极易误解。第三,和其他马拉诺人一样,他所使用的双重语言都源自更深层次的事实,即自身的双重生活状态。对于斯宾诺莎来说,这种内在与外在、隐藏与公开的生活状态之间的差别体验尤其明显,因为他的生命历程中至少经历过两次这种体验:第一次是青年时代作为异端思想的持有者与其生存的犹太社区之间的分隔,第二次是在被驱逐出犹太教会之后作为一个自由思考者和宗教异端与加尔文派信徒主导的荷兰共和国之间的分隔。这种生存体验使他习惯了随时在公众的视野内将自己内心的思考隐藏起来,这也决定了斯宾诺莎对社会大众的态度。在很大程度上,斯宾诺莎本质上是精英主义者,他不会将自己的真实想法展示给那些没有能力领悟的人,因此,他的理性对

---

① 在约维里看来,马拉诺人心理感受上遭受着三重的"疏离"。首先,这些人把自己和其他犹太人一样当作是上帝的选民,因而他们和其他犹太人以及他们的犹太王国一样处于心理和身体上的流亡状态;其次,虽然他们把自己看作犹太人,却因为无法在现实生活中遵行犹太法则,因此他们与自身最本质的部分,即他们生存状态中本应最深刻也最真实的状态分离开来;最后,他们的现实生活和真实的生存意义之间也存在着巨大的分离,他们不仅疏离于基督教的社会环境,而且疏离于自己的内心世界。他们无法表达自己的生活,事实上,他们的生活和内心之间始终保持着对立状态。参见 Yirmiyahu Yovel, *Spinoza and Other Heretics*: *The Marrano of Reason*, Vol. 1, pp. 22–23.

② Yirmiyahu Yovel, *Spinoza and Other Heretics*: *The Marrano of Reason*, Vol. 1, p. X.

社会大众来说只是一种幻想和说辞。引用约维里的话来说:"尽管斯宾诺莎的理性理论是指向现代的和民主的,但他对待大众的态度仍是中世纪的。"①第四,斯宾诺莎和其他马拉诺人一样始终处于与社会现实分离的状态中。他的遭遇和前后截然不同的生活经历,同马拉诺人生命中经历的不同的生存状态如出一辙。马拉诺人在内心上不容于基督徒,但在脱离伊比利亚半岛之后,又不被纯正的犹太教社区所容纳。而斯宾诺莎一开始在思想上不容于其所处的犹太教社区,但在脱离他的"伊比利亚半岛",即脱离犹太教会之后,却因为思想太异于常人而不被其他社会团体所接受。斯宾诺莎一直处在与社会现实分离的状态中,他终生的呼吁和期待始终无法成为社会现实。第五,与严厉的宗教裁判对立的宽容态度。马拉诺人对严酷宗教迫害的深刻记忆极大地影响了斯宾诺莎思想中宽容观念的形成。不同的是,他的宽容思想不仅没有局限在宗教宽容上,而且更多地表现在作为社会少数的理性人对待民众的态度上。在他看来,具备理性的人和大众之间的分隔,就如同马拉诺人内心信仰和外在社会行为之间的差别一样,而对这种分隔的宽容是维持人类政治和运转的必要条件。第六,斯宾诺莎试图提供给个体一条通向救赎的替代性道路,但是并不使用任何现存的宗教形式。这一思路直接来源于马拉诺的传统。这些秘密保持犹太教信仰的马拉诺人将摩西律法而非基督看作救赎的方法,并且将这一秘密宗教信仰当作通向救赎的替代性道路。斯宾诺莎继承并且发展了这一思路,但是他并不认为基督或者摩西律法是救赎之道,而是将"第三类知识"即"直觉知识",以及对上帝与自然同一观念的认知当作通向救赎之路。② 我们可以在此同时看到马拉诺特性和犹太教神秘主义对斯宾诺莎的影响。正如前文所述,神秘主义宣扬对上帝的直接的心理的感受,而斯宾诺莎将人的"直观知识"看作通向救赎之路是对神秘主义思想的直接继承和发展。

总而言之,斯宾诺莎的思想中体现出强烈的马拉诺特征,他从未也并未试图摆脱这些特征。认识到这一点,我们可以更好地理解斯宾诺莎传递给我们的真实信息。

斯宾诺莎身上所体现的犹太特性决定了他的思考只能面向并且为了犹太

---

① Yirmiyahu Yovel, *Spinoza and Other Heretics*: *The Marrano of Reason*, Vol. 1, p. 31.
② 关于斯宾诺莎思想中所体现的马拉诺特征,参见约维里的相关论述:Yirmiyahu Yovel, *Spinoza and Other Heretics*: *The Marrano of Reason*, Vol. 1, pp. 28–38.

民族。他试图为犹太人重建精神性的文明,他的政体思想也是为犹太精神性文明服务的。他的政体不是为了民众,而是适应当时的德·维特贵族政体的统治。他的自由思想特别是宗教自由代表了缓和贵族派和奥兰治君主派间争权背后之宗教冲突的努力。① 斯宾诺莎从来都没有否认宗教对政体的重要作用,他一直强调信仰和服从的重要性。他将信仰定义为一种关于上帝的知识,没有这种知识对上帝的服从将不可能,而且这种知识也在对上帝的服从中得以体现。事实上,斯宾诺莎一直都在使用隐秘的马拉诺的方式探索重建犹太精神性文明的可能性。②

尽管在沃格林看来,斯宾诺莎对犹太文明的思考无意中开启了神性陨落之门,尽管他的思想被有些研究者评价为只是"一种并未摆脱绝对信念的世俗化宗教或者一种被人为神圣化却错误地将其超验的精神性任务赋予宗教神秘主义的理性观"③,但是我们至少可以这样认为,斯宾诺莎一生都没有背弃自己的犹太人特征,相反,他一生的思考都围绕其犹太人身份展开。

四、斯宾诺莎与犹太人问题的解决

(一)为斯宾诺莎平反

斯宾诺莎身上所体现的犹太人特性、他为解决犹太人问题所付出的努力以及他对知识历史的影响和犹太教会给予他的合法性身份之间的巨大差异令越来越多的人开始对当初的禁令产生怀疑。因此,呼吁对斯宾诺莎取消禁令的声音越来越多地出现。已故以色列史学家约瑟夫·克劳斯勒和 20 世纪 50 年代

---

① 沃格林指出,斯宾诺莎的宗教自由政策并不是要取消宗教在国家中的地位,恰恰相反,他通过一种"最小化教条"的方式来实现宗教自由。这意味着,他所支持的贵族派政府需要制定建立在"最小化教条"基础上的国家宗教而把增减其他教条的自由留给普通信众。关于"最小化教条"的论述,参见 Eric Voegelin, *History of Political Ideas*: *The New Order and Last Orientation*, Vol. 7, p. 134.

② 在沃格林看来,斯宾诺莎这种重建精神性文明的努力是失败的。他一方面想实现宗教与哲学的分离,保证自己作为一个神秘主义思考者自由思想的权力;另一方面,当他试图引入政治因素来保障这种自由时,他赋予了当政者涉足以至操纵民众精神世界的权力。在斯宾诺莎的理论中,政治的保障开始显现如同上帝一般的威力,而这一思路发展到极端,就是尼采所宣称的"上帝已死"。关于沃格林对斯宾诺莎的评价,参见 Eric Voegelin, *History of Political Ideas*, Vol. 7, pp. 135-136.

③ Yirmiyahu Yovel, *Spinoza and Other Heretics*: *The Marrano of Reason*, Vol. 1, p. 37.

初期的以色列总理大卫·本·古里安都曾经在这方面做出了巨大努力。①

其中,约瑟夫·克劳斯勒的呼吁最为著名。他强调斯宾诺莎身上的犹太性特征,并以此为据抨击犹太教会对斯宾诺莎的禁令。克劳斯勒认为,虽然斯宾诺莎主义不是纯粹理论意义上的犹太性,但犹太性不只是一种宗教,也不只是一个民族,犹太性是一种基于道德本源的民族世界观,而从根据民族性来定义集体界限这一原则出发,像斯宾诺莎等过去一直被教会列为信奉异端者的人就不应再被排斥在犹太社会之外。他认为,斯宾诺莎即使不是一位伟大的学者,至少也是有学问的犹太人。克劳斯勒指出:"(斯宾诺莎)精通希伯来原文的《圣经》,能够熟记在心,倒背如流……而且精通《塔木德》,经常引用……精通中世纪的希伯来文献,经常引用希伯来原文……《神学政治论》大约百分之八十的内容都与犹太主题相关,只有百分之二十涉及基督教或者人的普遍问题。"②因此,斯宾诺莎是犹太宗教文化中的重要成员,不容被忽视。克劳斯勒站在耶路撒冷的斯各帕斯山上发出呼吁:"犹太性会因为其所有伟大后代,甚至失去和疏远的后代而得到丰富和增强……我们向他(斯宾诺莎)呼唤,承认他的民族对他犯下了巨大罪过。我们也不否认他对其民族犯下了不小的罪过,但是我们承认他人性的伟大及其学说的犹太特征……(斯宾诺莎)犹太教对你犯下的罪过已经清除,你对犹太教的罪过已经得到赦免!你是我们的兄弟!"③

斯宾诺莎对犹太民族的贡献和他身上所体现的犹太人特性最明显地体现在他对犹太人问题的思考和解决之中。在展开这部分论述之前,首先我们应该明确,到底什么是"犹太人问题"。

提起"犹太人问题",很多人首先都会想到马克思青年时期的著名论文《论犹太人问题》。马克思在这篇文章中将犹太人问题的解决放入了政治解放和个人解放、政治国家与市民社会的大背景中。他认为,政治解放只代表着实现了国家自由,而绝非每个个体的自由。在马克思看来,犹太人问题归根到底产生于世俗的

---

① Yirmiyahu Yovel, *Spinoza and Other Heretics: The Marrano of Reason*, Vol. 1, p. 202.

② Joseph Klausner, "Der jüdische Charakter der Lehre Spinozas," in Siegfried Hessing, ed., *Dreihundert Jahre Ewigkeit Spinoza-Festschrift 1632-1932* (Springer Science and Business Media Dordrecht, 1962), pp. 109-133. 转引自〔美〕迈克尔·沃尔泽等编:《犹太政治传统》(第二卷)(冯洁音译),华东师范大学出版社2011年版,第370—371页。

③ Joseph Klausner, "Der jüdische Charakter der Lehre Spinozas". 转引自〔美〕迈克尔·沃尔泽:《犹太政治传统》(第二卷),第372页。

冲突,包括"政治国家对自己的前提——无论这些前提是像私有财产等等这样的物质要素,还是像教育、宗教这样的精神要素——的关系,普遍利益和私人利益之间的冲突,政治国家和市民社会之间的分裂"①等,这些对立借助宗教或者以宗教的形式持续存在,导致犹太人个人解放的问题无法得到解决。在马克思看来,犹太人问题的解决,在于完全的世俗化,使犹太人摆脱宗教的束缚,实现犹太人个体的解放。

事实上,犹太人问题自产生起就成为人类的重要议题之一。它表达的是以犹太民族为代表的少数文明,如何在联系日益紧密的社会中保持自我身份认同,同时又能在整个社会体系中获得一席之地的普遍问题。可以说,犹太人问题是关于人类社会中"异者"问题的最生动表达,也是自由社会所标榜的人类多样性的最生动表达。犹太人和犹太教被当作现代社会的最具代表性的"异者",他们的同化被看作是社会在道德力量的作用下越来越趋于理性和宽容的最好证据。在斯宾诺莎的时代,"异者"的问题主要被当作神学领域的问题来理解,而现在则越来越多地与种族、民族等世俗概念联系起来。但无论通过什么角度,理解犹太人问题的本质都没有改变,人类社会始终需要处理少数者群体的地位问题。② 可以说,犹太人问题伴随着人类社会的发展始终存在。

(二)斯宾诺莎的解决方案

史密斯在《斯宾诺莎、自由主义和犹太特性问题》中指出,"犹太人问题从一开始就是斯宾诺莎思考的最主要的主题"③,"犹太主义是(斯宾诺莎)自由主义的基础"④。斯宾诺莎与他的两位同时代大家霍布斯和洛克一样,都把教会与国家、神学与政治之间的关系当作思考的核心。但与两位不同的是,斯宾诺莎不仅把神学政治问题当作思考的核心,还进一步将犹太人和犹太教问题纳入其神学政治思考之中,也正是他使犹太人问题成为现代政治思考的核心内容之一。

若从整体上理解斯宾诺莎解决犹太人问题的思路,可以说,他的最终目标是实现犹太人的世俗化。斯宾诺莎对世俗化的呼吁对无论是西方社会还是思想史的发展都产生了重大影响,"(斯宾诺莎)对世俗化的呼吁使他成为西方现

---

① 《马克思恩格斯文集》(第一卷),人民出版社 2009 年版,第 31 页。
② Adam Smith, *Spinoza, Liberalism and the Question of Jewish Identity*, p. XIV.
③ Ibid., p. 12.
④ Ibid., p. 13.

代化的真正先驱者"①。斯宾诺莎试图将犹太人身份从"神权统治下的个体"转化为"现代政治中的世俗个体",他关心的是如何使犹太人在平等的基础上有尊严地与其他民族共同生存。他呼吁建立自由民主的政体以消除宗教迫害,并提供犹太人和基督徒共同生活、共享公民资格的政治架构。对于犹太教,他主张突破旧的宗教体系,建立新的、能够作为世俗化犹太人的新身份基础的神学体系。②

但是对于世俗化之后的犹太人,应该如何解决他们的身份认同问题呢?

对犹太人群体身份问题的解决方案,总结来说至少包含以下四种:第一种方案是教会改革,即将犹太教会和它的教众改造为与政治统治更适应的形式以容纳全部犹太教徒。教会改革是最简单的方案,但这一方案并不为斯宾诺莎认可。他主张彻底突破旧的宗教体系,建立能够为犹太人提供新的世俗化身份基础的新神学体系。因此,他不会认同对原有教会的保留,他唯一支持的宗教改革是建立自己笔下的"普遍性宗教"。

第二种是"同化"方案,即推动个体融入其所处的社会环境。但是通过斯宾诺莎的著述可以看出,对他来说,"同化"绝对不是解决犹太人身份认同问题的办法。斯宾诺莎关心的是他所处时代中流亡状态下的犹太人的生存问题。在他看来,犹太人之所以能够在流亡世界各地的情况下仍然保持着他们自身的特性,保持着他们对"家国"的幻想,是根源于他们作为异教徒而受到敌视的生存状态。事实上,是犹太人作为异端受到基督徒的敌视以及相应产生的仇外情绪,才保证了他们作为一个团体持续存在。正如斯宾诺莎在《神学政治论》中所说的:"犹太人的生存大部分是由于非犹太人对他们的仇恨,这是经验可以证明的。从前西班牙王强迫犹太人信从国教,否则就被放逐,很多人信了天主教。

---

① Yirmiyahu Yovel, *Spinoza and Other Heretics: The Marrano of Reason*, Vol. 1, p. 177.

② 在约维里看来,斯宾诺莎将犹太教看作一种政治性宗教,仅仅为解决古希伯来时期神学体制中的特殊问题而产生。所以,当犹太人遭受入侵开始流亡生涯,政治身份也随之被剥夺之后,犹太教已经失去了它存在的意义,这种宗教的政治本性已经不再和处于大流散之中的犹太人的非政治的存在相适应。参见 Yirmiyahu Yovel, *Spinoza and Other Heretics: The Marrano of Reason*, Vol. 1, p. 179. 史密斯进一步指出,在容许宗教宽容的政治框架之外,斯宾诺莎要建立的是一种"自由个体的新神学",作为犹太人新的政治身份的基础。这种新神学不同于传统的犹太教启示,因为它指向的是自由的世俗化的宽容与信仰自由。斯宾诺莎试图通过他的新的、理性的个体神学为人们提供一个新的应许之地,一个为解决犹太人身份问题而开辟出来的应许之地。参见 Adam Smith, *Spinoza, Liberalism and the Question of Jewish Identity*, p. XIII.

那么,因为这些背教的人都享受西班牙本地人的利益,并且有资格为官从政,其结果是他们马上就和西班牙人混在一起,他们自己没有留下任何东西可以做纪念了。可是葡萄牙王强迫信基督的那些人却正与此相反。这些人虽然信了基督教,他们和人分开居住,因为人家认为他们是不配充当任何官员的。"①对他来说,犹太人身份是难以也不能够被抹去的。犹太人被看作异端受到敌视,他们不为社会所容纳而无法被同化,以及犹太人对自身犹太教信仰的推崇,都导致了外界对他们的憎恨以及犹太人自身的仇外情绪,而正是这些敌对情绪保证了犹太人作为一个"民族"的存在。因此,斯宾诺莎不会同意通过放弃犹太人身份来解决身份认同问题的"同化"方案。②

　　第三种是"犹太复国主义"方案。既然斯宾诺莎不认同"同化"的思路,因为"同化"的方法只能解决犹太个人的自由问题而无法解决整个犹太群体的身份认同问题,那么作为与"同化"思路截然相反的方案,他会选择"犹太复国主义",重建犹太民族的锡安王国吗？通过阅读斯宾诺莎的论著可以得知,他从未明确表达过对"重建犹太人国家"的看法,虽然重建犹太人的主权实体确实是解决流亡中犹太人的身份问题的方案之一。但可以确定的是,斯宾诺莎所向往的这一犹太主权实体必是世俗性的,它不是建立在神启和犹太教经典之上,而是完全根植于世俗性的历史进程之中。斯宾诺莎明确地表示,如果犹太复国会得以实现的话,它一定是基于自然律法而非天意、圣选和弥赛亚主义等宗教信条。所以,即使现今犹太人民正因为其"非政治"的身份而饱受流亡之苦,斯宾诺莎也不同意"重建锡安",恢复犹太教经典中所记载的那种神权政体。因为作为一个世俗化的自由思考者,斯宾诺莎所推崇的始终是在宗教宽容的国家体制中实现教会与国家的分离。在他看来,这种世俗化的犹太国家可以为犹太人提供一

---

① 〔荷〕斯宾诺莎:《神学政治论》,第64页。
② 参见 Yirmiyahu Yovel, *Spinoza and Other Heretics*: *The Marrano of Reason*, Vol. 1, p. 184. 史密斯也表达了对于"同化"方案的质疑。他认为:"(犹太人从传统犹太教中)自我放逐的心理后果转变为寻求同化的冲动,解放意味着个体的解放而非犹太人的解放。个体一旦获得自由,经常会陷入孤独,徘徊在为基督教的价值和结构组织所笼罩的社会体系之外……因为缺乏与其他民族共同生活的传统,被解放了的犹太人在极度的自怨自艾与自身强烈的革命诉求之间徘徊挣扎,这种诉求谋求最终的解脱,也就是说,谋求通过终结犹太教来结束犹太人自身的苦难。"史密斯相较于斯宾诺莎的优势之处在于,他能够站在当今回顾整个启蒙时期的历史,真实地看到许多解放了的或者世俗化的犹太人,那些享受到宗教宽容、公民权利和公民身份的犹太人,不仅没有融入当地社会,反而因为失去犹太身份而陷入认同危机。参见 Adam Smith, *Spinoza*, *Liberalism and the Question of Jewish Identity*, p. XIV.

个真正的"家国",消除他们世代饱受困扰的"疏离"状态,使全体犹太人甚至像斯宾诺莎自己这种"异端"都可以享受到市民身份。① 在这个意义上,现在的以色列似乎就是对斯宾诺莎的世俗化犹太国的绝佳表达。但遗憾的是,在斯宾诺莎生活的时代,他不会有任何的机会预见有可能产生这样的以色列。

第四种方案,建立世俗化的犹太国家。这似乎是斯宾诺莎所赞同的方案。但是,一方面斯宾诺莎无法看到实现这一方案的任何希望,另一方面,深受马拉诺特性影响的斯宾诺莎,无法摆脱他思想中根深蒂固的犹太教成分,他无法也不愿尝试彻底地将犹太教世俗化。他一生所遭受的双重疏离的生活状态使他无法再重新融入犹太生活却始终摆脱不了犹太影响。也就是说,斯宾诺莎反对重建神权政治,而是试图在历史进程中发现一个世俗化的犹太国家,但是他的世俗化方案中却有挥之不去的犹太教因素。他不否认《圣经》中关于上帝对犹太人的神选是因为犹太人的确在"统治和物质方面占了便宜"②,犹太人享受着"现世的幸福和独立政治的优越"③。他对世俗化犹太国的阐释中,也充满着关于"永恒的以色列"、救赎观念和将割礼作为与上帝之间契约象征的论述。

总结起来,斯宾诺莎对犹太人身份问题的解决方案并不成功,"在对西方社会提供了清晰的世俗化的指引的同时,斯宾诺莎却只能为自己的同胞无助地呼喊。他不愿也无法找到一条使犹太主义得以彻底隔断'公民身份'与宗教虔敬之间依存的路径"④。斯宾诺莎一生都在探索解决犹太人身份问题,他谋求世俗化的解决办法,但始终无法提出彻底的世俗化方案。他始终徘徊在矛盾之中,终其一生都没有找到为犹太民族提供新的身份认同的合理办法。

五、结 语

犹太人生存及其身份问题始终是斯宾诺莎思考的核心,是他思考神学政治问题的根本目的。斯宾诺莎由思考神学政治问题出发,逐步过渡到尝试构建自己心目中理想的政治国家。他通过宗教批判,将上帝与自然同一起来并将理性推到第一位的位置,为他心目中能够给个体提供新的世俗化身份基础的新神学

---

① 参见 Yirmiyahu Yovel, *Spinoza and Other Heretics*: *The Marrano of Reason*, Vol. 1, pp. 190-193.
② 〔荷〕斯宾诺莎:《神学政治论》,第 65 页。
③ 同上书,第 54 页。
④ Yirmiyahu Yovel, *Spinoza and Other Heretics*: *The Marrano of Reason*, Vol. 1, p. 201.

体系奠定基础。斯宾诺莎推动哲学与神学的分离,要求新的政治国家必须保证自由特别是哲学家的思想自由,但这并不表示他代表普通民众呼吁自由。事实上,在其隐秘的话语中,斯宾诺莎始终在表达对自己所属的犹太人群体的关心与思考。斯宾诺莎身上有浓厚的摆脱不去的犹太人特征,他深深地根植于犹太传统中,所有的思考都围绕如何解决犹太人的生存及其身份认同问题展开。

在过去的三百年中,许多人都尝试为解决犹太人身份问题提出这样或那样的方案,但是现在这一问题仍然存在。即使在如今的以色列,在犹太人可以不再虔诚、不再承认他的宗教的神圣根源但仍然保持其犹太人的"公民身份"的时候(这种发展想必不是斯宾诺莎所愿意见到的),犹太教世俗化所包含的问题仍然没有得到全部解决。斯宾诺莎预见了犹太教问题的发展和那些对问题的解决方案,但是终其一生他都未能提出更好的解决办法。作为一个孤独和被疏离的犹太人,一个马拉诺后裔,他始终无法找到自己的归宿,在双重身份、两重拒斥中漂泊流离。

但无论如何,我们可以引用约维里在《斯宾诺莎和其他信奉异端者:理智的马拉诺》中的一段论述作为本文结语:"斯宾诺莎放弃了他那个时代虔信宗教的犹太文化,但同时又拒绝改信基督教,因而不知不觉地代表了在犹太文化遭遇现代社会之后等待犹太人的其他选择。这种遭遇的结果是不再有犹太人生存的单一规范:既有正统派和世俗犹太人,保守和改革派犹太人,也有犹太复国主义和反犹太复国主义犹太人……犹太文化由犹太人实际的犹太生活方式决定,而非由任何强制性的模式来决定……斯宾诺莎自己已经预见到这种发展,他再一次成为当代思考犹太文化和犹太存在以及生存复杂性的中心。"[①]

---

① Yirmiyahu Yovel, *Spinoza and Other Heretics: The Marrano of Reason*, Vol. 1, p. 204.

自我意识作为理解奥古斯丁思想的关键

雷文皓*

这篇文章的要旨是展示人的自我意识①在奥古斯丁思想中的位置。为了充分地展示奥古斯丁这一部分的思想,以下的文章将会分成两个部分。

首先,集中讨论奥古斯丁思想所应对的时代问题,以及他如何通过对自我意识的理解去回应它们。

然后,转向奥古斯丁对自我意识理解在政治思想史上所产生的两个突出贡献:一是自由意志学说;二是基督教的世界观。笔者认为,这些贡献最终使得整个西方世界产生了世界观②上的范式变化,即从古希腊—罗马的世界观过渡到中世纪的世界观。这一个变化最终使得人与自然的关系发生了根本性的倒置:在古希腊,自然是不朽的,而个人附属于人类整体,被视作自然的一部分也因此是不朽的,但在中世纪,自然变成了有朽存在,反而独立的人类

---

* 雷文皓,伦敦政治经济学院社会科学哲学硕士,中国人民大学政治学与行政学学士和哲学学士,澳门理工学院在读中葡/葡中翻译学士;现居澳门,从事教育工作。

① "自我意识"一词并非来源于奥古斯丁,而是当代学者在研究思想史中关于人类如何理解自己时所用到的术语。在这篇文章,这个术语是指奥古斯丁所理解的关于人类存在(esse)、知道(nosse)、意欲(velle)这类属性的总集合(包括了奥古斯丁在其他著作中与此相似但略有不同的表述),它被视为奥古斯丁的认识论、自由意志学说以及包含尘世政治的世界观的基础。

② "世界观"一词有两个相互依赖的含义:其一是哲学学说所依赖的世界观,代表着特定时期的人们对他们所处四周的看法;其二是一种特定的生活方式,包含着人的价值判断尺度。从哲学史的角度来看,罗马哲学是植根于希腊哲学的。因此,尽管奥古斯丁是一个罗马人,但是他的哲学著作主要反驳的是希腊学说。相似的是,当他反对罗马的生活方式时,本质上他是在反对植根于古希腊的生活方式。是故,在这篇文章中,如果笔者意指哲学世界观,那么笔者将会使用"希腊的世界观""在古希腊人看来"等这些用语;如果笔者意指的是一种生活方式,则会使用"希腊—罗马的世界观"等用语。

个体可因为上帝神秘的恩典而获得永生。在这个世界观的过渡中,自我意识的概念被突显出来,并最终重新定义了个人、人类群体以及与自然的相互关系。

一、奥古斯丁所应对的问题及解决方案

尽管奥古斯丁的著作高达九十五部,另外还留下了二百封书信和四百篇布道①,并且涉猎的领域极广,但我们可以通过他的写作动机来了解他的思想核心。他的写作动机可以概括为:反对异教徒②,阐释和捍卫他所坚持的基督教教义。这些动机可以进一步指向两个相互关联的讨论:一是关于人类信仰及其认识能力;二是人们该如何寻找幸福。因为,对奥古斯丁来说,人们的认识本身并非无目的的,它是作为追求真正幸福的手段。③

但是,在奥古斯丁的那个时代,人类追求真理的认识能力却陷入了理论上的危机,体现在怀疑主义的兴起。从哲学史的角度来看,人类认识真理的可能性在不同的历史阶段,不同的哲学家以不同的方式予以关注。而在奥古斯丁那个时代,怀疑主义的兴起是希腊理性主义发展的一个不可避免的结果,因为后

---

① 周伟驰:《论原罪与恩典中译本导言》,载〔古罗马〕奥古斯丁:《论原罪与恩典》(周伟驰译),商务印书馆 2012 年版,第 III 页。
② 《上帝之城》的第一卷和第二卷主要是反对异教徒对基督教的攻击。在奥古斯丁那里,异教徒至少指两类人:第一类是信奉除基督教上帝以外的神祇的人(特别是摩尼教徒),第二类则是指哲学家,特别是柏拉图主义者以及那些自称是神学家、"叫自己基督徒"的人(〔古罗马〕奥古斯丁:《论信望爱手册:致劳伦修》,I,5,载〔古罗马〕奥古斯丁:《论信望爱》[许一新译],生活·读书·新知三联书店 2009 年版,第 29 页)。在《上帝之城》的第六卷,奥古斯丁借瓦罗的学说将异教徒所崇拜的异教的神学划分为神话神学、政治神学和自然神学,并在第十卷完成了对这三种神学的反驳。第二类异教徒则多数是指基督教内部对教义持不同观点及学说的人。奥古斯丁对这类异端观点的关注主要集中在三位一体教义、关于物质世界是善的讨论(例如奥利金的观点,见《上帝之城》[第十四卷],23)和自由意志与恩典的讨论(例如佩拉纠及其支持者所持的观点)三个方面。当然,就《圣经》的解释和译文问题及教会仪式问题,他同样为自己的观点辩护(例如《上帝之城》第三部和第四部就谈及了这些问题)。
③ "理性是灵魂的凝视……我们可以把正确的、完满的、由形象跟随着的凝视称作美德,因为美德是正确的完满的理性……说得详细一点,随凝视而至的是上帝的形象,而上帝正是我们凝视的最终目的,不是因为到此凝视便不再存在了,而是因为它顺着努力的方向无可进展了,理性达到它的目的,这是真正完满的美德,随之而来的将是有福的生命。"(《独语录》[第一卷],6)从引文可知,在奥古斯丁的思想中,人类的认识是有目的的,没有正确的认识就没有幸福的生命。

者的独断论倾向最终揭露了人类理性的有限性。① 对奥古斯丁来说,除非这场危机被化解,否则人类便无法获得真正的幸福。

因此,为了应对这场危机,奥古斯丁所做之事便是为人类认识能力奠定新的基础,以获得真正的幸福。他说:"在努力进行探索的时候,除了发现应当如何指引我们的生活达到幸福的境地,这些哲学家似乎并不具有其他任何目标"②,哲学家之间的争论也只是为了说明"在任何情况下,如果没有神圣权威的引导,不幸的人类应当朝什么方向或以什么方式寻求幸福,又能有什么差别呢?"③这些引文清楚地说明了,奥古斯丁认为,只有通过神圣的基础,人类才有可能获得真正的知识以及达到幸福这一目的。

(一) 自我意识以及人类的认识能力

在《论信望爱》中,奥古斯丁就为自己的认识论观点提供了清晰的说明:人在认识对象时,一方面通过理性实现,"理性必既有肉体感的来源,也有心智本能的来源"④;另一方面,他又强调信仰在认识过程中的作用,因为存在一些单凭人自身是无法认识或正确认识的事物。他说:"对于感官未曾经历,心智也未能领悟的事,人就必须相信《圣经》作者所做的见证。这些作者借助上帝的帮助,或通过感官,或通过领悟,得以见到或预见到我们所谈论的事。"⑤

在奥古斯丁看来,人类的认识过程中,信仰应比理性处于更优先的地位。为了说明这一点,他引用《以赛亚书》说:"除非相信,你们不能理解。"⑥这样,信仰便成了认识论问题的基础,亦成为解决整个问题的关键。

在奥古斯丁那里,认识论中的信仰的含义是广泛的,它不仅指作为特殊启示的《圣经》,而且指人通过对内心的探索而发现的真正的知识,因为他认为通

---

① 相关论述,见张荣:《语言、记忆与光照——奥古斯丁的真理之路》,《南京大学学报(哲学·人文科学·社会科学)》2003 年第 5 期,第 61—68 页;张荣:《"Si fallor, ergo Sum"——奥古斯丁对希腊哲学的批判和改造》,《哲学研究》1998 年第 10 期,第 36—42 页。
② 〔古罗马〕奥古斯丁:《上帝之城》(王晓朝译),人民出版社 2006 年版,第 867 页。
③ 同上书,第 868 页。
④ 〔古罗马〕奥古斯丁:《论信望爱》,第 29 页。
⑤ 〔古罗马〕奥古斯丁:《论自由意志》,载〔古罗马〕奥古斯丁:《独语录》(成官泯译),上海社会科学院出版社 1997 年版,第 118—119、126—152 页;〔古罗马〕奥古斯丁:《忏悔录》(周士良译),商务印书馆 1996 年版,第 303—304、306—307、311—313、319 页。
⑥ 〔古罗马〕奥古斯丁:《独语录》,第 73 页。

过内心的探索,个人最后会发现上帝之光,而它会帮助人们去理解万物。①他说:

> 这样我逐步上升,从肉体到达应肉体而感觉的灵魂,进而是灵魂接受器官传递外来印象的内在力量,也是禽兽所具有的最高感性。更进一步,便是辨别器官所获印象的判断力;但这判断力也自认变易不定。因此即达到理性本身,理性提挈我的思想清除积习的牵缠,摆脱了彼此矛盾的种种想象,找寻到理性所以能毫不迟疑肯定不变优于可变,是受那一种光明的照耀……最后在惊心动魄的一瞥中,得见"存在本体"。这时我才懂得"你形而上的神性,如何能凭所造之物而辨认洞见"。②

这段引文表明了,通过信仰,人们在对内心自省的过程中能寻找到确定的知识。我们可以把人们内心中能找到、感受到事物称为内在经验,包含了内心中的理性和情感的要素,而它对理解人的自我意识非常重要,可以说处于中心位置。

如前文所述,自我意识这一个概念意指关于人类的存在、知道和意欲这些属性的集合的理解。在奥古斯丁的著作里,自我意识是不证自明的,且是其认识论的基础。为了说明自我意识的存在及其属性,在《忏悔录》③中,基于人类信仰基础和认识能力,奥古斯丁试图通过对内心的探索而找到真理,因为他认

---

① 相关的论述,见〔古罗马〕奥古斯丁:《忏悔录》,VII,17;《上帝之城》(第六卷),24;李秋零:《教父哲学集大成者:奥古斯丁》,载张志伟编:《西方哲学史》,中国人民大学出版社 2002 年版,第 208—209 页;赵林、邓晓芒:《西方哲学史》,高等教育出版社 2005 年版,第 92 页。赵林在《西方哲学史》称这一看法为"光照说",并认为它与柏拉图的灵魂回忆说相仿。笔者认为,更精确一点来说,对于奥古斯丁,"光照说"更多是来源于苏格拉底而非柏拉图的言行(特别是《美诺篇》《斐多篇》和《理想国》中的苏格拉底),因为奥古斯丁评价苏格拉底时说:"他(苏格拉底)认为,从前那些哲学追求的事物的终极原因无非就是一位真正的、至尊的上帝的意愿,而只有洁净了的心灵才能理解这些意愿。因此他认为,人必须努力通过良好的道德来纯洁生命,使心灵摆脱欲望的重负,用它的天生的活力把自己提升到永恒事物和沉思的领域,这样就能用洁净的理智去思考无形体的、不变的光明,而一切被造性质的原因的稳定居所就在其中。"(奥古斯丁:《上帝之城》[第八卷],第 310 页。)

② 〔古罗马〕奥古斯丁:《忏悔录》,第 131 页。

③ 在学术界中有一个意见是,《忏悔录》章节按照一个精密的结构而安排,但至于它是如何安排,学者们的意见不一。总的来说,这本书可以被分为三个部分。第一个部分包含第一卷到第九卷,主要是描述他本人在依皈基督前的生活;在第十卷,他引入了关于人类认识能力的讨论;最后三卷则集中在对《圣经》的解释以及追寻其中包含的真理。在笔者看来,如果这些章节存在关联,那么卷十可能是一个过渡性章节。相关论述,见夏洞奇:《奥古斯丁〈忏悔录〉1.1.1 释义》,《云南大学学报(社会科学版)》2012 年第 6 期,第 10—20 页。

为真理不在别处而在人的心灵自身。在《独语录》和《论自由意志》中,奥古斯丁谈论了人的存在和被欺骗的关系。在《上帝之城》中,这一关系进一步被表达为命题——Si fallor, ergo sum(我错故我在)①。

这个命题是极为重要的,因为通过它,人的本性被重新定义,希腊理性主义所带来的独断论问题被消除。这个命题所揭露的是,人并不能单纯通过自身的理性去获取真正的知识(这一点与柏拉图等人的看法相悖),相反,人是容易被骗的,人的理性是有限的。这个结论并非来源于特定的知识前提,而是生活的经验,通过它我们可以推断出人的生存,因为只有人先存在,才可以犯错。他说:

> 我错故我在。因为,不存在的人不会弄错的。而我会弄错,所以我可以借此肯定我的存在。还有,我错故我在,但我假设我存在又怎么会弄错呢?因此,如果我会弄错,那么我必须存在,我知道自己存在无疑没有错。同理,我知道自己知道也没有错。因为正如我知道我存在一样,我也知道我知道。②

这一段引文的含义是:首先,它论证了人的存在,因为存在是犯错的前提;其次,它亦论证了人的认识能力,因为人能知道自己知道以及自己的存在;再次,它展示了人有自由意志。张荣指出,"犯错"来源于拉丁文的动词 Fallor,是一个第一人称的现在时被动形态。它有着许多的含义,有"被欺骗、被人弄倒、被驱入不执行的状态即被破坏,不得不伪装、不得不躲避,由于某种原因而掩饰自己的错误,以致虚度光阴"③等意。通过对这一词的含义的分析,张荣指出,Fallor 不能仅被理解为因为被欺骗等因素而造的错误,亦指人有意图的犯错。笔者认为,这关涉到对人的本质的理解:人有选择去犯错的能力,这即体现了自由意志的能力(在本文的第二部分我将继续讨论这一点)。

从以上这些方面,奥古斯丁说明了人的自我意识以及属性。

总的来说,如前所述,自我意识是奥古斯丁认识论的基础。这是因为人的自我意识是自明的,即它的存在是不可被怀疑的。奥古斯丁相信,通过它人可

---

① 〔古罗马〕奥古斯丁:《独语录》,第 34—43、122—132 页;〔古罗马〕奥古斯丁:《上帝之城》,第 478—484 页。

② 〔古罗马〕奥古斯丁:《忏悔录》,第 95—98 页。

③ 同上书,第 288—325 页。

以找到上帝的光照,而这一光照保证了人的知识的有效性,即人的认识能力的有效性。以这种方式,奥古斯丁回应了怀疑主义的挑战。亦是这个原因,自我意识成为奥古斯丁思想的拱顶石。

(二) 由信仰、理性交互自证的知识体系和世界观

从人的自我意识,信仰再到知识的确定性,从上文的论述中我们不会奇怪为什么奥古斯丁强调信仰在认识能力中的优先性,因为只有通过信仰人才能从内心中找到上帝的光照。是故,在众多的作品中(尤其是《独语录》和《论自由意志》),我们会见到奥古斯丁从这个基础去推导出他的知识体系。

在这里,笔者认为,"知识"一词具有两层含义:一是意指神圣知识,例如与上帝相关的知识、创世的知识以及对基督教众信条的理解等。这一类知识是可通过对《圣经》的解释以及人对自我内心的反省达到。二是关于心智以外的外部世界的知识,诸如关于物理世界和政治世界的知识等。在奥古斯丁那里,这两层含义是相互依赖的。

对第一种知识,我们会看到奥古斯丁富有特色的论证方式,即他先为每一个问题预设了答案(通常是由《圣经》提供的解释),并试图从某些既定的原则(特别是被认为来自真理之光的个人内在经验)出发,通过理性的方法和希腊的学说(特别是柏拉图及新柏拉图主义的学说)做推导和解释,从而构建自己的知识体系。这样的推论和论证是必要的,因为奥古斯丁深知他是不可能通过纯粹对《圣经》的字面阅读来实现对知识体系的构建,正如他在《忏悔录》中曾指出《圣经》从表面文字看充满谬误以及矛盾重重。[1]

对奥古斯丁来说,希腊学说带给他的是如何考察四周、人类自身的方法,以及理性推导的方法。

于前者,我们可以见到奥古斯丁在解读《圣经》时运用了柏拉图及新柏拉图主义者所用的术语。例如,他在对《创世记》进行解读时,采用了"真理之光""黑暗的物质"这类普罗提诺式的说法。[2] 此外,在《上帝之城》中他亦多次强调柏拉图的学说是最接近基督教的,甚至猜测他本人可能在埃及了解过《圣经》。[3]

---

[1] 〔古罗马〕奥古斯丁:《独语录》,第98页。
[2] 〔古罗马〕奥古斯丁:《忏悔录》,第260、264页。
[3] 〔古罗马〕奥古斯丁:《独语录》,Ⅷ,9—Ⅷ,13。值得一提的是麦克里兰认为,奥古斯丁在他的晚期作品中改变了这一看法,认为柏拉图主义与基督教的观点相对立。

而于后者,即推理的方法,奥古斯丁对它的运用主要体现在对话体的写作方式,这种方式的好处在于它有利于奥古斯丁较为全面地展示自己的思想。但是,奥古斯丁对推理的用法与柏拉图等人的用法还是有所区别的:在柏拉图的作品那里,双方对话者往往都是相互反诘而使概念背后的真理变得明晰。① 然而,在奥古斯丁的作品那里,对话的作用是使他认为的某些不证自明的观点或是在一定语境下被承认的观点合理化。② 例如在《论自由意志》中,他将人不能否认的三样东西(存在、生命和认识)作为推论的前提。然而,面对这样突如其来、缺乏足够说明的前提,他的对话伙伴非但不提出任何反诘和解释说明的要求,反而直接认同了这一点。③ 当然,奥古斯丁或许会认为他已经给出了足够的说明,这种说明的方式类似于我们今天所说的反证法。例如,在反驳怀疑论者对人类存在的怀疑时,奥古斯丁认为他们的目的在于避免错误,而他转向强调人之所以犯错正是因为存在④;同样的逻辑也被运用于善恶问题,即有恶必有善。⑤ 但是,在笔者看来,这就反证恰恰是预设了前提,故有循环论证之嫌。这就说明了,脱离信仰的语境,奥古斯丁的论说是难以令人信服的。⑥

　　以这种方式,奥古斯丁实现了对《圣经》的解读,尽管这种理性和信仰交互运用会导致一些怪诞的现象:概念的前提是经验的(或源于内在经验的),推导的过程却依赖于希腊学说和方法,而在推导过程中概念间的衔接是通过《圣经》提供的字句并依赖于特定语境来达到的。无论如何,通过这样的理性和信仰交织运用的方式,奥古斯丁建立并展示了他的知识体系及世界观。

(三) 奥古斯丁对《圣经》解读的方法

　　上文关于奥古斯丁自我意识以及他的方法论的论述使得我们更容易理解

---

① 当然,还有一种说法是柏拉图为了保护自己免于政治迫害而掩盖自己的真实观点。
② 相对于柏拉图而言,奥古斯丁对概念的运用是相对随意的、不清晰的,体现在他同时运用多个概念指谓同一事物,而且对于一些抽象的概念也缺乏严格定义或固定说法。例如成官泯在《论自由意志》第一卷的译注中说:"奥古斯丁关于灵魂的术语并不总是严格一贯的,他用的术语很多。"(〔古罗马〕奥古斯丁:《论意志自由》,98页。)
③ 见〔古罗马〕奥古斯丁:《论自由意志》,II,7。
④ 见〔古罗马〕奥古斯丁:《论信望爱》,XX;〔古罗马〕奥古斯丁:《论自由意志》,II,7。
⑤ 见〔古罗马〕奥古斯丁:《上帝之城》,XXII,1。
⑥ 诚然,或许在奥古斯丁看来,笔者对他的指责是不当的,因为正如他在反驳怀疑论者时便明言前提的不证自明的真实性,是从现实经验中获得的。而在笔者看来,他的做法其实是把前提的经验的主观必然性直接等同于客观必然性,而这一观点背后的支撑是信仰。

奥古斯丁对《圣经》的解读。毫无疑问，奥古斯丁视《圣经》为上帝的话语，即它包括了真理的知识。然而，奥古斯丁的这种理解至少让他面对三个方面的困难：首先，他要处理不同版本的《圣经》中的行文差异（特别是希伯来《圣经》、武加大译本和七十士译本之间的比较），以及辩护这种差异不会有损《圣经》的真理性；其次，要解决《新约》和《旧约》之间联系的问题，即如何把两约看成一个相呼应的整体；最后，与第二点相关，确定解经（找出《圣经》话语原来的意义）和释经（《圣经》话语对读者面对的处境的意义）的原则是什么。①

对第一个问题，奥古斯丁认为抄写或翻译《圣经》的人应为这一个问题负责，因为这极有可能源于他们的失误。②

而面对第二个及第三个问题，情况要稍稍复杂些。我们知道，《新约》写在《旧约》之后，两者的写成时间有一定差距，故基督教思想家的主要工作是寻找两约之间的内在联系以证明它们同属上帝的启示。可是，对《圣经》进行解读和解释的主体是思想者个人，因此他们对《圣经》的研究难免带有主观性（而异端往往就是对同一文本的理解与教会不同而产生的）。这样一来，对《圣经》的理解必然失去客观性，而作为《圣经》重要解释者的奥古斯丁也势必面临这一困境，因为如前文所述，他对信仰的理解很大部分来自个人经验，尽管他声称上帝的真理之光保证了这种经验的真实性。

在理解两约的问题上，奥古斯丁假定两约之间存在着象征的联系，即《旧约》的字句往往与《新约》的事件含有隐秘的关联。最直接的例子是，他认为《旧约》的《创世记》中描述的上帝的创世七日分别代表着七个不同的有关人类的时期。例如在提及第七日即安息日时，他说：

> "到第七日，上帝造物的工已经完毕，就在第七日歇了工，安息了。上帝赐福给第七日，定为圣日，因为在这日上帝歇了他一切创造的工，就安息了"……如果我们把《圣经》中看到的"日"理解为一段时代，那么这个安息日的性质向我们更加清晰地显示，因为到那时就可以看出安息日是这些时代中的第七个时代了。③

---

① 相关的论述，见〔加拿大〕戈登·菲、道格拉斯·斯图尔特：《圣经导读：解经原则》（魏启源、饶孝榛、王爱玲译），上海人民出版社2013版，第16—22页。
② 见〔古罗马〕奥古斯丁：《上帝之城》，XV，14。
③ 同上书，第1160页。

在这里,他把《创世记》中的"日"理解为"(历史)时期",认为这是"日"的象征意义。此外,这些时期又包括了至少两个《新约》事件,即基督的降临以及最后审判的到来。通过如此的方式,两约被紧紧地联系起来。

最后,在保证其见解的客观性问题上,奥古斯丁强调了教会传统在客观性问题上的作用。在教会史中,这一个传统常常会被用于反驳异端学说,因为神学家们相信教会是由耶稣基督(也即上帝)的门徒们创立的,因此,教会在解释《圣经》的问题上有绝对的权威。奥古斯丁亦持有这样的看法。例如,他在《上帝之城》中按《圣经》文本解释最后审判前特意做了说明:

> 不愿相信这些证据的人想要推翻它们,凭的是凡人虚假的、荒谬的智术。他们要么说《圣经》提出来的证据有其他含义,要么否认这些证据是神圣的启示……真正上帝的整个教会,坚持并承认这一信仰:基督会从天上降临,审判活人与死人。①

从这一段引文中,我们可以知道,无论《圣经》的解释基础来自个人体验还是希腊学说,都必须与教会一致。

以这种方法,奥古斯丁解决了以上的难题。他用这种解读方式构建了他的知识体系,这种解读方式建基于对基督教的信仰,并且植根于其背后的是个人的自我意识。

二、自由意志、人类的历史进程与对希腊世界观的倒置

在上一部分的论述中我们知道了奥古斯丁对自我意识的理解在其认识论上以及对《圣经》的解释中的地位。人的自我意识亦为他对于个人和群体的看法奠定了基础,通过这一基础使得他得出了自由意志学说,以及与此相关的信仰世界观。前者是关于人类行为及其所追求的目标,以及关于人如何在善与恶中选择的学说。此外,在对自由意志的理解上,他进一步给出了他对于整个尘世以及人类历史的看法。而这些看法,最终颠覆了希腊—罗马世界观中关于个人、国家以及人类历史的看法。

---

① 〔古罗马〕奥古斯丁:《上帝之城》,第951页。

（一）自由与自由意志

在我们讨论奥古斯丁的自由意志学说前，我们首先要讨论一下"自由"这个概念。汉娜·阿伦特在《论自由》一文中提出了富有启发性的见解。在该文中，她通过对思想史的概念进行分析，指出：

> 历史上，在所有古老的形而上学问题中……自由问题最晚成为哲学探索的主题……自由在我们哲学传统中首次露面，发生在宗教对话的经验中，首先是在保罗那里，然后是在奥古斯丁那里。①

在她看来，"自由"这个概念之所以长期没被哲学家讨论，是因为在古希腊那里它是被认为存在于以自由人交往所组成的政治空间中且作为政治存在前提之存在，即自由并非抽象的，而是存在于政治之中。正因为这个原因，这一概念长时期被当作不证自明的东西而没讨论。但在基督教那里，自由之所以被提起，是因为基督徒长期遭受迫害，以致他们"避世离俗，迫使世界经验向内在自我经验转化……人们就尝试有意识地让自由观从政治中摆脱出来，并力图提出一个人即使在世为奴也不失其自由的主张"②。这说明：首先，自由与自由意志是基督教发展过程中的产物；其次，按阿伦特的说法，不论是保罗还是奥古斯丁的自由，本身就是"避世离俗"的，它必然强调与政治的分离。自由从这个人们交往的框架中抽离出来势必把这种政治上的自由（人与人之间不存在依存关系）变成个体的自由。在这一过程中，奥古斯丁将古希腊意义上的"自由"改造为个体的"自由意志"，并将之提炼成自由意志学说。

奥古斯丁的自由意志学说是以基督教所理解的自由为背景，并建基于人类的自我意识之上。在《忏悔录》中，奥古斯丁认为人的意志并非一个完满的整体。相反，意志和经常自己分裂成为对立的意志：一边是作为意欲的意志；另一边是不愿意的意志。他说：

> 灵魂命令自己，却抗拒不服……灵魂不是以它的全心全意发出命令，才会令出不行……因此可见我们有双重意志，双方都不完整，一个有余，则另一个不足……我和我自己斗争，造成了内部的分裂，这种分裂的形成，我

---

① 〔美〕汉娜·阿伦特：《过去与未来之间》（王寅丽、张立立译），译林出版社2012年版，第6页。
② 同上书，第139—140页。

并不情愿;这并不说明另一个灵魂存在,只说明我所受的惩罚。造成惩罚的不是我自己,而是"盘据在我身内的罪",是为了处分我自愿犯下的罪,因为我是亚当的子孙。①

奥古斯丁对于自由意志的理解至少来源于两个相互关联的方面:一是由《忏悔录》所展示的他的生活经验,以及在其中他所展开的关于人类心灵思考的过程,上面的引文便体现了他生命中一个重要的思考环节;第二个方面则来源于他对《圣经》的解读。《忏悔录》一书详细展示了奥古斯丁对人的自由意志的兴趣源于他对善恶问题的思考。在依皈了基督教后,他试图通过对《圣经》的解读理解自由意志。② 简而言之,他认为上帝赐予了亚当自由意志,一种自由选择善与恶的能力,而人作为亚当的子孙后代也因此拥有了自由意志。但是,亚当在伊甸园时犯下了罪而就让他的后代(所有人类)都带有罪,而这就让人的意志常处于分裂的状态。

为了更进一步展示关于意志善恶的看法,下面我们将展开讨论奥古斯丁的善恶观。

作为基督教的神学家,奥古斯丁的一个主要任务是解释恶的存在。对于基督教来说,要给出恶存在的原因是困难的。因为它并不像摩尼教那样承认分别存在一个代表善的神和一个代表恶的神。相反,基督教相信只存在一个全能的上帝,他是永恒的、不动的以及善的。基于这些性质,他决不可能是罪恶的原因。同理,又由于他是全能的,他的创造物亦不可能本质上是恶的。出于这个原因,基督教的信条似乎无法对现实生活中关于恶的存在给出一个满意的解释。

奥古斯丁接受了上述关于上帝和创造物的前提,即全能的上帝是至善的且所有创造物的本性都是善的而非恶的。他争论说,所有被创造的事物本性上是善的,而我们在理解恶的时候不能像理解善那样将之理解为事物的本性。相反,恶只能被视为事物中善的缺失,并作为一种依附于事物的属性,它不能是任何事物的本性。他说:

创造万物的主是至善的,万物因此也都是善的。但因它们不像其造物

---

① 〔古罗马〕奥古斯丁:《忏悔录》,第152—154页。
② 详见《独语录》和《论自由意志》全文。

主那样至善而恒善不变,所以它们的善可以消长。善之亏缺便是恶,然而善无论怎样减少,只要该事物依然存在,必定是因为它有善尚存,使其得以维继。①

这一段陈述说明所有事物从本性来说都是善的,恶只能依赖于善而不能作为事物的独立本性而存在。

尽管奥古斯丁说明了恶是作为事物的一种属性而非本性,他仍未能解释它是如何产生的。为了说明这一点,我们首先要弄清楚奥古斯丁思想中恶的含义是什么。

在奥古斯丁的著作中,笔者认为,恶至少具有两层含义:第一层含义针对独立心灵的外部世界,即意指在尘世中那些(特别是物理上的)创造物的缺陷;第二层含义关涉到人的心灵自身,即以道德的角度看待人的意志。

对于第一层含义,如前所述,我们知道《圣经》解释在奥古斯丁知识体系建构中的作用。这种解释一方面立足于《圣经》的经文,而另一方面立足于人的心灵并通过希腊的学说而达到。当他在理解外部世界创造物的缺陷时,他亦试图通过对《圣经》的解释而获得相应的答案。而他对于这一问题的回答集中在对《创世记》这一段经文的解读上。首先,在《忏悔录》的第十一卷,他指出被创造物的基本属性是它们的可变性。② 而在第十二卷,他进一步通过对《创世记》的解读讨论了这一可变性,并以此区分了两个世界:一是作为天堂的天上世界(他称为"天"),二是作为尘世的世俗世界(他称为"地")。③ 对于后者,他进一步写道:

"地是混沌空虚",是一个莫测的"深渊"——深渊上没有光,因为没有任何形式……它什么也没有,没有形状、没有颜色、没有形状、没有肢体、没有思想,但不是绝无的空虚,而是一种不具形相的东西。④ ……我猜测到物体从这一种形相进入另一种形相的过程不是通过绝对的空虚而是通过一种未具形相的原质……一切能变化的事物,之所以能接受各种形相,因而

---

① 〔古罗马〕奥古斯丁:《论信望爱》,第34页。相关的论证,亦可见〔古罗马〕奥古斯丁:《论自由意志》,III,36。
② 见〔古罗马〕奥古斯丁:《忏悔录》,XI,5。
③ 同上书,XII,1-3。
④ 同上书,第260页。

能形成各种事物,是由于它们的可变性。①

这段引文清楚地表达了所有尘世的事物都是从物质通过形相赋予原质(物质)而演变过来的,而这些原质之所以能接受不同的形相是因为它的可变性。

此外,形相的能力是去改变物质。在《忏悔录》的第十二卷中,奥古斯丁并没有说明这些形相的本质,因为这本书旨在说明物质的可变性。但在《论自由意志中》,当他探索善的存在时,他讨论了形相的属性,他说:

> 任何你能看见的可变之物,若无数目构成的某种形式②,不论你以身体感觉还是以心灵凝思,都根本不可能把握它,因为没有数目它就沦为虚无。因此,请不要怀疑,有一永恒不变的形式会使这些可变之物不会朽坏……(但)通过它,一切可变之物得以形成,且相称于它们的级类,实现时间和位置上之数目。③

这一段引文清晰地表达了形相的属性。它是不同于物质的,是永恒且不变的。形相塑造物质且产生尘世事物。但是,物质本身是可变的,所有现存的事物便注定不会永恒存在,而是会通过不同的形相改变成另外的形态。

是故,恶作为事物的缺陷的这一种含义便可以被我们理解:恶是因为物质可变性而导致的事物的形态的改变。人之所以观察到这种缺陷恰恰是感知到它的形相。这样,他便论证了恶是一种事物属性,并不是事物存在的本性。以这种方式,奥古斯丁成功地解释了现实生活中人们所能观察到的事物的缺陷以及维护了上帝所创造物本性上都是善的这一个观点。

第二层恶的含义关涉到人的自由意志,即人的心灵自身。尽管奥古斯丁认为所有事物本性上都是善的,但是他并不因此认为所有事物都平等地被创造。在奥古斯丁的思想中,创造物存在着一个等级序列,即服从理性的存在者、野生动物到非生命存在物这一排序。④ 而理性存在者的标志,则是由上帝给予人类

---

① 〔古罗马〕奥古斯丁:《忏悔录》,第262页。
② 即形相。
③ 〔古罗马〕奥古斯丁:《论信望爱》,第146页。
④ 在《论自由意志》中,奥古斯丁认为有三类东西是人不能否认的,即存在、活着以及理解,他写道:"奥:这三者你认为哪个最优越? 埃:理解力。奥:为什么? 埃:因为存在性、生命、理解是存在着的三件事。一块石头存在,一个动物活着,但我不认为石头活着或动物理解。但凡理解的一定也存在且活着。所以我毫不犹豫地得出完全拥有这三者的优越于缺了其中一个或两个的。"(〔古罗马〕奥古斯丁:《论信望爱》,第112页。)由引文可见,被创造物都是按等级排序的,事物都有着它自身的位置。

与天使的自由意志。

由于文章的题目所限,在这里我们只讨论人的自由意志。

如前文所述,人的意志是复杂的,因为它会经常分裂它自身为不同的意志。由于这一复杂性,在他的主要著作中(如《独语录》《论自由意志》《忏悔录》和《上帝之城》等),他并没有对这一概念给出清晰的定义①,而仅仅只是讨论它的能力。他说:

> 我们可以提到自由意志的原因了。这个原因可以是上帝的,也可以是天使的,或者是人的。如果没有理性的动物按其本性进行各种运动,寻找或拒绝各种东西,也能被称作意志的话,那么这类原因也可以是动物的……当我说人的意志时,它既可以是好人的意志,又可以是坏人的意志……除非有具有自由意志的原因,否则没有有效原因使一切发生。②

从以上引文可见,在奥古斯丁看来,意志首先是一切原因的原因,用现代术语来说,它可以作为事物因果链条的开端;其次它与人的价值判断相关,因为它既是好的原因又是坏的原因。

与恶的第一层含义相似,奥古斯丁坚持认为自由意志从本性上来说是善的。尽管它可以作恶,但恶只是依附于善的一种属性,非本性的存在。这是因为上帝所创造的一切都是善的。奥古斯丁写道:

> 我们所谓的"恶"究竟是什么?它无非是善之缺乏。正如在动物身上,所谓伤病无非是健康之缺乏。当身体疗愈时,先前的"恶",即伤病,并非离开身体而寄居他方,而是不复存在。因为伤病并非实体,只是肉体实体缺欠而已。肉体才是实体,因而是善的事物;伤病之"恶",只是我们所谓健康之"善"的缺失,属于偶然。同理,我们所谓"灵魂的罪"也只是人原本之善的缺失。一旦这些缺失得到医治,它不会转移他处;当缺失不复存在于健康灵魂的时候,它也不复存在于其他地方了。③

---

① 奥古斯丁没有对这一概念给出清晰的定义的原因可能有两个:一是他认为这个概念本身是不证自明且每个人都能理解的,因此他在日常的语境中使用这个概念而不需给予清晰的定义;二是自由意志无法被人类所完全把握,故无法得出相应的定义,如他在《忏悔录》中说:"(但)人心仍有不知的事,唯有天主才知道人的一切,因为人是你造的。"(〔古罗马〕奥古斯丁:《忏悔录》,第189页。)由此可见,在这个概念不能被完全掌握的前提下,奥古斯丁无法给予它定义。
② 〔古罗马〕奥古斯丁:《上帝之城》,第198页。
③ 〔古罗马〕奥古斯丁:《论信望爱》,第33—34页。

从这段引文可以看出,奥古斯丁肯定了自由意志从本质上来说是善的。但是,人的意志并不总是自由的,因为如前所述它在尘世中无可避免地承受着分裂之苦,这使得人们犯错,并犯罪。①

在这里,我们应当进一步区分奥古斯丁关于自由意志思想中"恶"的概念,它又另外地包含着两层含义:第一层含义是指因人的无知以及误解等所犯的错;第二层含义则建立在第一层含义基础上,指一种故意的对上帝的背离,这种恶称为"罪"。人可能会犯错但这并不一定是罪,因为他可能没有背离上帝。但是一个人若是有罪,那么他必定是犯错了并且这一过错背离了上帝。我们只有理解了这两层含义才能真正地理解奥古斯丁关于恶作为善的缺失的自由意志的思想。

由无知及误解所产生的恶关乎到心灵的认识问题。如前所述,奥古斯丁认为只有真正的知识才能帮助人们追求真正的幸福生活。因此,一个善的意志就意味着依靠信仰统一其分裂的意志并防止犯错以选择真正的善,从而获得真正的幸福。

对奥古斯丁来说,真正的幸福不能被期待于在尘世间获得。这是因为在这个尘世中,所有的事物所包括的幸福都是无常的和有时限的。在其中,一个有德之人可能得不到他应配的幸福,反而无德之人似乎获得一切他想拥有的。是故,奥古斯丁认为真正并永恒的幸福不能在这个尘世实现,而只能在人死后,通过上帝神秘的恩典而获得的。

由此,人的意志在善恶之中的选择直接关系着个人死后的结局,简单一点来说即上天堂还是下地狱。这个理论的后果是,每个个人只能通过他自身(他的意志和行为)去追求理想的结局(真正的幸福)②,因此,个体生活方式被重视起来。个体的地位由此高于整个社会联系及整个人类历史,而结果是,它改变了希腊—罗马的政治思想范式,使其过渡到中世纪的范式。

---

① 意志的分裂与奥古斯丁对人类原罪的解释有关。简单地说,原罪(它包含着由亚当所代表的骄傲之罪与夏娃所代表的肉体之罪,相关论述,可见吴飞:《"对树的罪"和"对女人的罪":奥古斯丁原罪观中的两个概念》,《云南大学学报(社会科学版)》2010 年第 6 期,第 28—39 页。)极大地影响了人类的心智,使得人们犯错。

② 对于个体命运的讨论引导我们对上帝恩典与人的自由意志关系之讨论。这篇文章的目的是展示奥古斯丁的自由意志学说、政治思想以及从思想史的角度来看他的历史思想,因此,在这篇文章中,我并不打算对这个复杂的关系展开讨论。

(二)对希腊—罗马世界观的倒置

奥古斯丁从两个方面改变了希腊—罗马的世界观:第一个方面是它关于人们生活于其中的尘世;第二个方面则是关于在这个世界中个体和人类群体在其中的角色。

1. 现存的尘世

据阿伦特的说法,在古希腊—罗马的世界观中,人们并不认为世界是被创造的,为说明这一点,她引用了吉尔伯特·慕瑞的观点:

> 大多数民族的神都宣称是他们创造了世界。但奥林匹斯山诸神并没有作出这样的宣言。他们做过最出格的事情就是征服了世界①

从这个引文中,我们可看到,古希腊人相信世界没有特定的开始,因为他们的诸神没有创造这个世界。此外,他们亦认为这个世界会是永恒的,即这个世界没有终结。为说明这一点,阿伦特说:

> (对希腊人来说)自然物是不朽的……亚里士多德向我们保证,就人作为一种自然存在和属于人类这个物种来说,人拥有不朽性;通过生命周而复始的循环,自然保证了有生有死之物,与是其所是并不再变化之物有同等类型的永恒存在。②

从古希腊人的角度来看,所有的自然存在物,包括人这个族类,是不朽的。在这个世界观下,个人是人这个族类的一部分,就像其他单独的事物服从于它自己的种族那样。因此,在这个世界观下,个人的角色并不是非常突出的。

然而,这种世界观是与基督教的世界观相反的。首先,关于现存的世界(上文提及的自然),古希腊人的观点就与《圣经》矛盾。因为对于后者来说,它承认永恒上帝对这个世界的创造以及这个世界将会有末日的到来,这就是说,它认为世界不仅有它的开端并且有它的终结,这些都分别记载在《创世记》和《启示录》里。因此,整个自然,包含了它的存在物,在这个尘世中都不是不朽的,而是有朽的。其次,从基督教自然有朽的观点来说,人的自我意识在这种世界观中被突显出来。这不同于在古希腊自然循环观中的个人。在古希腊的世界观中,

---

① 〔美〕汉娜·阿伦特:《过去与未来之间》,第37页。
② 同上。

作为人类群体和自然的一部分,个人只是这个循环的一部分。①

通过对自然观的改变和个人意志的强调,个人的地位在世界中被突显出来,与此相应的是,人类群体作为个人的总体在世界中也突显出来。如前所述,在古希腊的世界观中,人类群体是不朽的,但是在基督教的世界观中,人类群体却是有朽的,而且在时间中它本身是有它的目的,这为我们今天所说的"历史神学"②奠定了基础。这一神学观认为,从时间的角度来说,人类事务本身有着它自身的秩序,这是由上帝的意志或是其法则所决定的。

2. 奥古斯丁论个人与人类群体在尘世之中的角色

自由概念在古希腊—罗马的世界观中是作为政治前提的存在。按照阿伦特的说法,在那时,自由的含义对一个人来说是"只有通过征服他人才能让自己摆脱必然性束缚,他只有在世界中拥有一个位置、一个家,他才是自由的"③。这意味着,一个自由人具有双重身份:在公共领域中他是自由人,而在私人领域中他是主人、丈夫和父亲。④ 由此可见,希腊这种政治结构高度依赖于人身的依附关系,并且只有少部分能进入公共领域的人才是自由的。既然自由发生的场所是(城邦的或国家所提供的)公共领域,那么在这个逻辑之下,城邦(或国家)必然优先于家庭和个人。⑤

毫无疑问,这个世界观下的生活方式是一种世俗导向的生活方式。据阿伦特的说法,由于自然(包含了人类这一个族类)是不朽的,有死性成为每个个体的标志。希腊人相信,尽管个人是有死的,但是个人却能通过他的事务、言行等来打破日常生活的循环,并抗击有死性,也就是说,借着值得被后人铭记的某些功绩,个人就不会因死亡而就此消失于历史长河中。她说:

> 身处一个万物都不朽的宇宙当中,正是有死性成了人存在的标志……在一个所有事物只要运动,就都要以循环方式运动的宇宙中,沿着直线运动,就是有死的含义……然而,如果有死者成功地赋予他的功业、作为和言辞以某种永恒性以抗击其易朽性的话,那么这些东西至少在一定程度上进

---

① 相关的讨论,亦可见〔德〕卡尔·洛维特:《世界历史与救赎历史:历史哲学的神学前提》(李秋零、田薇译),上海人民出版社2006年版。
② 同上。
③ 〔美〕汉娜·阿伦特:《过去与未来之间》,第140页。
④ 〔古希腊〕亚里士多德:《政治学》(吴寿彭译),商务印书馆2009年版,第一卷第三章。
⑤ 同上书,第一卷第二章。

入了永恒世界,在那里居留,而有死的人自身也会在那个除了人类之外的万物都不朽的宇宙中,找到他的位置,人类能做到这一点是由于记忆力,因此记忆女神墨涅墨绪涅被认为是所有其他缪斯女神的母亲。①

因此,从这个角度来看,为了抗击有死性,古希腊—罗马的世界观鼓励人利用自身的在世时间去追求公共生活中的成就,即强调了人的公共性的一面。

奥古斯丁和基督教的世界观则是:首先,个人是有死的,永恒只能通过上帝的恩典来实现;其次,真正的幸福只能由个人以独立的身份去追求,因为每个人只为自己死后的结局负责。这个恩典实现的场所并非人与人联系的公共领域,而是自己的内心领域。世界的成就无关于真正的幸福,而且对于基督教来说,对成就的追求常建基于骄傲的罪之上:所有人作为上帝的创造物都是平等的,但为追求功业,个人可能会把自己的喜恶强加于他人身上,破坏上帝赋与的平等,模仿上帝统治他人。②

因此,在奥古斯丁看来,由于他认为一方面个人能通过上帝的恩典获得真正的(而非公共生活中虚假的)不朽,另一方面世俗的成就是建立在罪之上,独立而不是在社会关系中的个人显得比家庭和国家这些人类群体更重要。

从这一点来看,奥古斯丁从两个方面打破了古希腊—罗马的政治结构。首先,他通过重新定义自由概念而提出自由意志学说,即自由这个概念不再依赖人们交往所在的政治领域,而是系于人的自我意识。这样,个体的心智所构成的领域(私人领域)优先于政治领域。

其次,与第一点相关,他借此重新定义了人与人之间的关系,体现在以下几个方面。第一,既然个人的真正自由不在公共领域而在个人的心智里,那么公共领域的重要性必然在个体之后(而不再是优先于个人)且公共领域中的事物(例如公共权力)也必不能侵害个人自由。这种思想在当代成为个人自由与公共权力关系的基本假定。③ 第二,人与人之间的关系不再依赖于家庭或国家,而是永恒的上帝。如前文所述,人们在自我意识中能找到上帝的光照,上帝作为

---

① 〔美〕汉娜·阿伦特:《过去与未来之间》,第39页。
② 〔古罗马〕奥古斯丁:《上帝之城》,第920—923页。
③ 〔美〕汉娜·阿伦特:《过去与未来之间》,第156—157页。
此外,在笔者看来,这种划分也常见于当代英国的政治思想家的作品中(例如以赛亚·伯林的《两种自由的概念》、欧克肖特的《政治中的理性主义》)。他们作品中的一个核心观点就是维护笔者所述的个人自由的至上性。

不动的创世者是人类与外部世界知识的保证。与此相似的是,在人与人之间的关系中,上帝亦起着相应的连结作用:一切人与人之间的关系因为人的有朽性所以都是暂时的,只有通过上帝,人与人之间的关系才能建立在永恒的基础上。此外,又由于所有人与无罪的耶稣基督相比都是有罪的,因此,在尘世中,按照这一种依赖于上帝的连结,人与人之间应是平等的,不存在一个人对另一个人统治的权利。真正的社会关系是建立在这样一个平等的基础上。

从这几方面,奥古斯丁颠覆了古代世界的政治关系,强调个人的角色在社会关系中的中心作用。

对现存世界和人们社会关系看法的改变最终为一种从人类整体角度出发的历史观念奠定基础:首先,按基督教的说法,自然由上帝所创造,自然作为被造物有着它的开端和结尾,而尘世的人也注定不会永恒存在。这种直线运动观念更进一步认为,人类的开端和结尾必然服务于上帝的某种目的,因此,人类历史中发生的种种事情都是有意义的,都是按照上帝给予的某种秩序而进行的。其次,这种秩序最终建基于个体的心智之中的。当奥古斯丁试图说明个体与人类历史的关系时,他强调了个人的心灵是历史的(作为人类事务总体的)基础。他说:

> 我要唱一支我所娴熟的歌曲。在开始前,我的期望集中于整个歌曲。开始唱后,凡我从期望抛进过去的,记忆都加以接受,因此我的活动向两面展开:对已经唱出的来讲是属于记忆,对未唱的来讲是属于期望;当前则有我的注意力,通过注意把将来引入过去。这活动越进行,则期望越是缩短,记忆越是延长,直至活动完毕,期望结束,全部转入记忆之中。整个歌曲是如此,每一阕、每一音也都如此;这支歌曲可能是一部戏曲的一部分,则全部戏曲亦然如此;人们的活动不过是人生的一部分,那么对整个人生也是如此;人生不过是人类整个历史的一部分,则整个人类史又何尝不如此。①

由引文我们可以看到,人因为自由意志的选择构成了整个人生,而无数个人的选择构成了整个人类历史,因而,历史跟个人一样具有开端和结束。就这样,一种为学界所熟悉的线性历史时间观最终代替了古希腊的自然循环观。

总的来说,这篇文章的内容展示了人的自我意识在奥古斯丁学说的位置。

---

① 〔古罗马〕奥古斯丁:《忏悔录》,第273页。

首先，它是奥古斯丁学说认识论的基础。奥古斯丁相信，人有自我意识是不证自明的，而通过它人能发现上帝的光照。这种光照保证了人类知识的有效性。

其次，人的自我意识进一步成为他的政治学说的拱顶石，通过它奥古斯丁把古希腊—罗马的世界观范式转变为中世纪的范式，这主要集中在两个方面：其一，通过对《圣经》经文的解读，他反驳了古希腊—罗马世界观中关于尘世的本质的观点。奥古斯丁认为，自然，包括人类群体并不是不朽的，而是有朽的。人类群体并不是循环不息的，而是像一条有限的直线那样有着它的开端和终点。这一看法为奥古斯丁的线性历史观奠定了理论基础。其二，奥古斯丁通过强调个人的心灵而提炼出自由意志学说，并由此重新定义了自由的概念。其结果是，它改变了人与人之间的政治关系。此外，他亦指出了真正的幸福并不能从公共领域中获得，人应当关注自己的内心并期待上帝的神秘恩典。

从意向之"无所为"到"王道"之实功
——张栻义利观论说

吴亚楠[*]

张栻(1133—1180),字敬夫,一字钦夫,号南轩。汉州绵竹(今四川德阳)人。他是南宋著名理学家,湖湘学派创始人胡宏最重要的弟子,与朱熹、吕祖谦并称"东南三贤",也是朱熹一生中极为重要的道友。

义利观是张栻哲学的重要组成部分。在他的思想中,"义利观"正是与"理欲观"相对应的。一方面,他探究理欲的来源,以"同行异情"发挥现实理欲之间复杂的关系,并进一步提出要从对心念念动机的"无所为"与"有所为"的察识中对二者严格分判,从而精审个人的道德行为;另一方面,怀着对现实的关怀,他强调理欲观不仅有"学者治己"的意义,也是"建立邦本,垂裕无疆"[①]的现实政治需要,为此他反对那种认为王道"迂阔迟钝"[②]的看法,明斥霸道之流害深远,通过大小远近不同功用的比较,突出王道深远之裨益,从而提出返回三代的王道理想,以实现"一一务实,为所当为"[③]的儒者之政。张栻的理欲观表现出对于其师胡宏理论的继承、修正和发展。与对《孟子》文本的解读密切相关,他对于公私义利的严判在当时产生了很大影响,亦使儒家对理欲问题的辨析更入精微。

---

[*] 吴亚楠,南开大学哲学院讲师。
① (宋)张栻:《孟子讲义序》,《张栻集》(第三卷),中华书局2015年版,第972页。
② (宋)张栻:《答朱元晦》,《张栻集》(第四卷),中华书局2015年版,第1096页。
③ (宋)张栻:《与施薪州》,《张栻集》(第四卷),中华书局2015年版,第1153页。

一、理欲"同行异情"的复杂状况

在张栻看来,一方面"事无巨细,莫不有义利之两端存焉"①,另一方面"人之患莫大于自私"②而"莫难制者人欲"③,故而他把义利之辨作为儒者进入圣门的基础,并尤其强调天理、人欲的对立,从而突出存理灭欲而徙义的必要性和紧迫性。④ 不过现实中理欲之存在状况却并非平铺着的、显明的,对它们的甄别,以及对自我道德行为的审查,其实都是极其复杂的,张栻对这一点显然有深刻的认知。这首先可以从他"同行异情"的命题中看出:

> 天理人欲,同行异情,毫厘之差,霄壤之谬,此所以求仁之难,必贵于学以明之与?⑤

这是张栻一个著名的命题。对此,学界之前的研究略见分歧。但是笔者认为,这里首先值得注意的是,在"同行异情"的表述中,张栻所要强调的是一定要在"同行"中见出"异情"的必要性。这里"同行"并非表达天理、人欲可以在价值上甚至本体论上并立,反而正是为了显示理、欲二者常常存在于同一事件或者同一行为当中,因此更加难以辨识的严峻性,所以他才又说"毫厘之差,霄壤之谬",即理、欲之间虽然别如霄壤,但是在显现上却可能只有"毫厘"而极容易被忽略。这也就是张栻"求仁之难"的感叹所以发出的原因,故而他强调必须以"学以明之"为工夫。而张栻这样一种观察和思考,一方面来自自身严肃的、持续深入的道德实践经验,另一方面,如同之前研究者们所指出的,与胡宏的启发密切相关,后者早有一个相似的命题,即"天理人欲同体而异用,同行而异情。进修君子宜深别焉"⑥。张栻谨慎地去掉了"同体而异用"这种有争议的用法,

---

① (宋)张栻:《孟子说·滕文公下》,《张栻集》(第二卷),中华书局2015年版,第422页。
② (宋)张栻:《论语解·卫灵公》,《张栻集》(第一卷),中华书局2015年版,第260页。
③ (宋)张栻:《论语解·公冶长》,《张栻集》(第一卷),中华书局2015年版,第136页。
④ 例如,张栻说:"盖君子之远不义也,如恶恶臭;其不敢迩也,如探汤;其不敢须臾宁也,如坐涂炭。而其徙义也,惟恐弗及。盖其见之之明,而决之之勇,以为不如是,不足以自拔而日新故也。"(张栻:《孟子说·滕文公下》,《张栻集》,第432—433页)。
⑤ (宋)张栻:《潭州重修岳麓书院记》,《张栻集》(第三卷),第900页。
⑥ (宋)朱熹:《宋朱熹胡子知言疑义》,载(宋)胡宏:《胡宏集》,中华书局1987年版,第329页。

而只保留了"同行异情"的表达,盖如此言之虽无胡宏反复言说的强调之意①,但是其中心思想已然俱现。

胡宏曾就理欲之间复杂交织的存在现状进行了细致的剖析:

> 天理绝而人欲消者,三代之兴王是也。假天理以济人欲者,五霸是也。以人欲行而暗与天理合者,自两汉以至于五代之兴王盛主是也。存一分之天理而居平世者,必不亡;行十分之人欲而当乱世者,必不存。其昭然如日月,断然如符契。②

胡宏在这段话中区分了三种情况:其一,三代是天理得行的代表;其二,五霸则是假天理之名而行人欲之为;其三,两汉一直到五代之间的兴旺圣主则是"人欲行而暗与天理合"。第二与第三种情况虽然彼此有殊,但是其相通之处在于都是行"人欲",只是前者行人欲而多见所弊,后者则因为一定程度上亦有国事之强盛而可造福于民,因此而说"暗与天理合"。以上三种情况实际上也可以归纳为两点:一方面,从动机上来看,所谓依"天理"而行的行为,其背后的真实动机并不一定是"天理",也有可能是"人欲",这正是三王与五霸的区分;另一方面,从结果上来看,符合"天理"结果的行为也可能是通过人欲的手段达成的,三王与汉唐的区别正在于此。通过这种分析可以看出,胡宏对于"天理"与"人欲"复杂的存在情状有充分的认识,因此才以"同体""同行"而发明之。张栻对于胡宏的表述虽然有所扬弃,但是他显然继承了这种对于理欲现状的思考,深刻地意识到了其中的复杂性所在,这可以分为两个方面来理解。

首先,从政治的领域来讲,可以以下面的一段引文为例:

> 程子曰:晋文公欲率诸侯以朝天子,正也;惧其不能,故谲而行之,召王以就焉。人独见其召王之非,而不见其欲朝之本心,是以谲而掩其正也。齐桓本侵蔡,遂至于楚而伐之,责其职贡之不修,其行非正,然其所执之事正,故称其伐之正,而不见其行事之本谲,是以正而掩其谲也。圣人发其心迹,使晋人勤王之志显,且使后世知慎所举,而不失其正也。虽然,桓、文皆未为尽善也。圣人斯言,使知夫立意虽正,而用之之差,则反害其本意;又

---

① 即使是朱熹也认识到胡宏这句话的初衷:"熹再详此论,胡子之言盖欲人于天理中拣别得人欲,又于人欲中便见得天理。其意甚切。"（[宋]朱熹:《宋朱熹胡子知言疑义》,第330页。）

② （宋）胡宏:《与樊茂实书》,《胡宏集》,第124页。

使人知夫所行虽正,而本意发之未善者,亦终不可掩也。大抵始终一出于正,表里粹然而无疵,乃为善耳。①

在张栻这段对于《论语》的注解中,他以晋文公和齐桓公为例,对于行为的表现和动机之间的关系进行了具体的剖析。问题的关键在于:一方面,行为对于动机有障蔽的作用,故而对于行为的评价不能仅仅停留于表象,还要以"圣人发其心迹"为必要条件;另一方面,又不可仅仅停留于动机之善,所谓"立意"之"正",如果"用之"有差,那么"反害其本意"。就晋文公与齐桓公而言,二者一则"谲而掩其正",一则"正而掩其谲",皆未实现尽善,所以张栻认为动机与行为应当同禀于"正",只有这样才算善而无疵。这里虽然没有直接引入理欲或者义利的概念而言之,但是二者"同行异情"的复杂性已经得到一定的体现。

其次,张栻对此的探讨不仅仅停留于政治领域,他对于个人行为的分析则更为细致和精彩:

常人亦岂无一事之善哉?然其所谓善者未必非人欲也。②

所以,谓其所为也。即其所为者而视之,其事善矣,则当观其所从由之道为善乎?为利乎?人固有同为一事,而所发有善利之分者矣。其所由者是,则又当察其所安者焉。所安,谓心之所主。人固有一事所发之善,而平日之所存未必在是也矣。观详于视,而察深于观,观人之法亦尽于此矣。③

第一句引文中指出,"常人"亦有善事之行,但是问题是不能单纯从行为的外在表现或者结果而做出所有的判断,比如,所谓善行亦可能有其"人欲"的动机。第二句引文则可以看作是对此具体地发明。它原出自张栻对《论语》中"视其所以,观其所由,察其所安"一句话的注解,本是对于"观人之法"的言说。在张栻看来,"即其所为"而"视",由此所获得的对事之"善"的判断只是第一个层次;接下来还应当深入其"所由之道"而察其善、利之分,这则是第二个层次,因为即使是同一善行中,亦有理欲动机甄别之必要。而在一件事当中所发为善,但是平日当中"心"之所"安"、所"主"却未必就是"天理"而非"人欲",这则是

---

① (宋)张栻:《论语解·宪问》,《张栻集》(第一卷),第240页。
② (宋)张栻:《答直夫》,《张栻集》(第三卷),第1177页。
③ (宋)张栻:《论语解·为政篇》,《张栻集》(第一卷),第106页。

需要被检视的第三个层次。所以综合而言,对于理欲的观察正如同对人的观察,亦当由外在行为而进入其内在的动机;从当下之一事而进入到其平日中内心恒常的状态。不过问题并非到此为止,其中还包括更复杂的一面,即对于动机之善恶的判定。有时候亦容易对其形成错解,这是因为当动机中混杂善意与私念的因素而两者同时存在时,这种情况下"人欲"的本质就容易被忽略或者掩盖,兹举一例①:

> 非礼之礼、非义之义,谓其事虽本是礼义,而施之不当,一过其则,则为非礼义矣。故程子之说曰:"恭本为礼,过于恭,是非礼之礼也;以物与人为义,过于与,是非义之义也。"推是类可见矣。盖礼义本于天而著于人心,各有其则,而不可过,乃天下之公,而非有我之所得私也。一以己意加之,则失其典常,是则私情之细而已。故其事虽以礼义,而君子谓之非礼之礼、非义之义也。天下之为礼义者鲜不陷于此矣,此无他,以其不知天故尔。虽然,孔门高弟间亦有未能免者。有姊之丧,过时而弗除,曰"予弗忍也",以是为礼,而不知过夫先王之制矣。为宰而与之粟,则辞而不受,以是为义,而不知失夫当受之宜矣。此皆贤者之过,毫厘之间,一有差焉,而未免流于私情而蔽乎公理。凡非公理者,皆私情也。甚矣,中庸之难择也!夫惟大人者,己私克尽,天理纯全,非礼之礼、非义之义有所不萌于胸中矣。②

这段话是以"知天"和"中庸"为标准对于"贤人之过"的分析,具体则是针对"非礼之礼"与"非义之义"而发。理欲问题在这一类行为上则显示出迷惑性,很容易错识"人欲"为"天理"。而其所以难以辨识的原因则在于,行为人的初衷是更好地表达对于礼义的崇尚,所谓"以是为义",而不知礼义著于人心本有其"则",此"则"正是"天下之公"的所在,所以不可根据一己之意,任意揣度和增加,这则是以"私情"而"失其典常"。贤人之过往往如此,所以张栻指出"天下为礼义者鲜不陷于此",由此亦可见其迷惑性与严重性。能直接说明这种情况的就是孔门高徒于此之失的两个例子:其一,于姊之丧"过时"而"弗忍"除;其二,为宰而辞不受粟。盖礼义即公理,与此相关,"毫厘之间,一有差焉"皆

---

① 对此,很形象的事例还包括张栻对于孟子贬子产"以其乘舆济人"的说明,对于仲子"小廉妨大德,私意害公义"的评价,对于孟子"好名之人,能让千乘之国"的解释等,都可以一并参看。限于篇幅,此处只略举一例以作简析,其他则不再展开叙述。

② (宋)张栻:《孟子说·离娄下》,《张栻集》(第二卷),第472页。

是"私情",由此亦可见"中庸"之为难。这对于工夫亦提出要求,因为只有克尽己私纯乎天理,才能确保这种私意不萌于心胸,而在此之前,则必得以"礼义"为准,不可因"过"之而失坏典常。①

另外,理欲复杂的存在状况,不仅可以静态看待,亦可在动态之中见二者之间消长的关系:"然用力于仁,贵于久而勿舍,若一暴而十寒,倏得而复失,则暂存之天理,岂能胜无穷之人欲哉?是犹以杯水救车薪之火也,救之不得,而遂以为仁不可以胜不仁,而不加勉焉。是则同于不仁之甚者,其沦胥以亡也必矣。学者观于此,其可斯须而不存是心乎?天理寖明,则人欲寖消矣。及其至也,人欲消尽,纯是天理,以水胜火,不其然乎?"②"用力之初,舜、跖之分未尝不交战也。盖所谓善者,虽人性之所素有,而所谓利者,乃积习之深固,未易遽以消除也。斯须之间,是心存焉,则为善之所在,而舜之徒也。一不存焉,则为利之所乘,而跖之徒矣。可不畏哉!是以君子居敬以为本,造次克念,战兢自持,旧习寖消,则善端益著。及其至也,私欲尽而天理纯,舜之所以圣者,盖可得而几矣。"③要达到天理明而人欲消的最后结果需要经过一个漫长的用功过程:在起初的阶段中,往往是理欲双方交战于内心,从二者的力量对比来看,因为对私利的积习已然深固,所以如同"杯水"的"暂存之天理",不可能马上消除如同"车薪之火"的"无穷之人欲"。也正因为如此,一方面,斯须之间,此心之存亦不可放失;另一方面,更不可灰心放弃,而须恒久"居敬"、用功不懈。于此则可见张栻对于理欲动态变化关系的理解。而通过前文两方面的分析,已经可以充分看出他对于理欲复杂难辨之情状的思考和对于胡宏思想的继承与推进。

二、精察于"无所为"与"有所为"的意向之微

上文已经提到以"礼义"为对照作为辨察理欲的标尺,虽然这种考察已经涉及对于内心"私情"的识别,但"礼义"毕竟还只能算作一种外在的参考。天理

---

① 与本段的内容相关,关于以"礼"为标准的问题,还可以参看张栻在另外一处的发明:"恭、慎、勇、直,皆善道也。然无礼以为之本,则过其节而有弊,反害之也。盖礼者,其节之存乎人心者也,恭而无礼则自为罢劳,慎而无礼则徒为畏惧,勇而无礼则流于陵犯,直而无礼则伤于讦讦。然则其弊如此,其贵于恭、慎、勇、直者何哉?盖有礼以节之,则莫非天理之当然;无礼以节之,则是人为之私而已。是故君子以约诸己为要也。"([宋]张栻:《论语解·泰伯篇》,《张栻集》[第一卷],第170页)。

② (宋)张栻:《孟子说·告子上》,《张栻集》(第二卷),第561页。

③ (宋)张栻:《孟子说·尽心上》,《张栻集》(第二卷),第603—604页。

人欲"同行异情",二者的存在状态错综复杂,因此为了可以更有效地辨察理欲,张栻进一步提出以"无所为"与"有所为"作为检查意向的内在标准,而这个发明也是张栻对于儒家理欲观的最重要的贡献。对此,张栻在《孟子讲义序》中有一段集中的说明:

> 盖圣学无所为而然也。无所为而然者,命之所以不已,性之所以不偏,而教之所以无穷也。凡有所为而然者,皆人欲之私,而非天理之所存,此义利之分也。自未尝省察者言之,终日之间鲜不为利矣,非特名位货殖而后为利也。斯须之顷,意之所向,一涉于有所为,虽有浅深之不同,而其徇己自私则一而已。如孟子所谓内交要誉、恶其声之类是也。①

这段引文被很多研究者看重。其中张栻明确把"无所为"理解为圣学的特征所在,并认为它也正是"命之所以不已,性之所以不偏,教之所以无穷"的原因。张栻并进一步以此作为区分理欲的标准。以"意之所向"为检验对象,它有两种存在情况:其一,当其"无所为"时,则合乎性命之道;其二,当其"有所为"时,则已非"天理",那么无论深浅,皆为"己私"。以上两种情况又分别对应着义利之分与理欲之别。这样一种分析具有两个特点:首先,"利"或者"私欲"的范围,从普通的"名位货殖"而深化为意念的"有所为";其次,这不仅意味着对于理欲的识别从"行为"进入"动机",从"外在"进入"心念",它更是直接连接着本体论的发明,以本体而见出二者最为根底处的区分。这则根源于张栻对《孟子》性善论的继承:

> 太极动而二气形,二气形而万物化,生人与物俱本乎此者也。原物之始,亦岂有不善者哉!其善者天地之性也。而孟子道性善,独归之人者,何哉?盖人禀二气之正,而物则其繁气也。人之性善,非被命受生之后,而其性旋有是善也。性本善而人禀夫气之正,初不隔其全然者耳。若物则为气所昏,而不能以自通也。②

这是张栻对于人性论发明的一段重要文献。以"太极"与"二气"来解释人物之性的构成和区分。一方面,"天地之性"即"太极",它作为"物之始"是无有不善的;另一方面,人因为禀有"二气之正",不会阻隔全然的本性,所以"性善"

---

① (宋)张栻:《孟子讲义序》,《张栻集》(第三卷),第971页。
② (宋)张栻:《存斋记》,《张栻集》(第三卷),第931页。

之名独归于人,而物则因为禀受昏浊的"繁气",所以不能自通于本善之性。正是因为人性之为善,故而张栻以"顺其性"与"逆其性"对应"无所为"与"有所为"①,并引入"有所为"而解释不善之"人欲"的产生②。本节第一段引文的最后,他引入孟子"孺子入井"为例来说明二者的区别,亦正是以此处的理解为基础的:盖在孟子,本来是由孺子入井时当下心念中自然产生的恻隐之心而证明人性之善;在张栻则反而用之,因为已经以"性善"为前提,故而在"乍见"孺子入井的瞬间,"顺"此性而发则必然有不忍之情油然而生,而任何的内交要誉与恶其声之类,则是"逆"本性而然,由此而形象地见出"无所为"与"有所为"的区分。

与此相关,还可以再参考以下几段引文:

> 圣人岂独无意哉?盖发于心者莫非实理,无一毫私意也,若有所作为,皆私意耳。③

> 曰"无为而治",又曰"夫何为哉",盖叙典秩礼,命德讨罪,莫非天也,舜何所为于其间哉?恭已以正南面而已。"恭已"则奉顺而不失也;"正南面"云者,犹云以是居正位而已。独称舜者,礼乐法度至舜而备,人见其制作之盛,而不知其本无为也。④

> 若君子之心,则何怨之存?以直答之而已。直者,盖待人之常道,顺理之是非也。⑤

> 顺理之为直,计较作为,有纤毫之柱,则害于直矣。⑥

---

① "私欲所动,而逆其性故耳。善学者何为哉?无为其所不为,无欲其所不欲,顺其性而已矣。"([宋]张栻:《孟子说·尽心上》,《张栻集》[第二卷],第596页。)

② "有所为而然,杜撰出来,此人欲也。"([宋]张栻:《答吴晦叔》,《张栻集》[第四卷],第1206页。)另外,需要说明的是,关于张栻"无所为"与"有所为"的研究,学者之间多有共识,也是一直以来研究的重点所在。《孟子讲义序》和孟子所谈及的孺子入井的例子被很多研究者广泛关注。而刑靖懿博士在其博士论文《张栻理学研究》第二章中将此归纳为"循理顺性"与"循气从欲"的不同(刑靖懿:《张栻理学研究》,河北大学博士毕业论文,2008年6月,第13页);邹啸宇亦指出"顺性之'无所为者'即'天理',逆性之'有所为者'即'人欲'"及"'无所为'与'有所为'于'意之所向'处分判"(邹啸宇:《天理人欲不并立,反躬以存理遏欲——南轩理欲观探析》,转引自蔡方鹿主编:《张栻与理学》,人民出版社2005年版,第320—343页)。本文借鉴了他们的相应观点。

③ (宋)张栻:《论语解·子罕》,《张栻集》(第一卷),第180页。

④ (宋)张栻:《论语解·卫灵公》,《张栻集》(第一卷),第254页。

⑤ (宋)张栻:《论语解·宪问》,《张栻集》(第一卷),第246页。

⑥ (宋)张栻:《论语解·公冶长篇》,《张栻集》(第一卷),第141页。

圣人是在现实中可以完整地展现人性之善的典型,故而在此境界之下,圣人虽然亦有"意"之发,但已全乎"实理",在此之上再加一毫,就是"私意",而这里的"有所作为"正是前文"有所为"之意。以舜为具体实例,《论语》中提到的"无为而治者",是指其"叙典秩礼,命德讨罪"皆与"天"而为一,并无私意间于其中,所以说其"本无为也"。另外,"无所为"之意与"直"的概念亦有相通之处:"顺理"而为"直",在此之上不可有纤毫之枉,任何"计较作为"都是有害于"直"的行为,如是"直"其实正相应于"无所为"之意,而"计较作为"则是相应于"有所为"。只是"直"是以"理"为对照,"无所为"则直接从本性上讲起,不过"理"与"本性"亦本为相通。

张栻的这种发明其实在胡宏的相关言说中已经可以找到源头,比如,胡宏曾说"君子于天下无成心,不徇人以失己,不徇物以失道,称情而施,当于义而已"[1],"五霸假仁义而不归,则既有之矣,其得罪于三王者,何也?以有为而为之也,此王霸之所以分乎!"[2]这些说法虽然没有张栻的概括明确,但是"无成心"与"无所为"之意实有相近,而且亦是以"徇人失己"为对立,以"称情当义"为相合。胡宏曾经以"有为而为之"直接作为王道与霸道的区分,张栻则在这一点上完全继承了胡宏的做法,即"无所为"与"有所为"的区分对于张栻亦不是一个仅仅关乎个人道德修养的命题,他本来是将此引入王霸问题的分析当中。关于这一点将会在本文第四部分中有所呈现。

但是这里还有一点需要注意,张栻对于天理与人欲的辨识。一方面,"无所为"与"有所为"的标准最为精微。另一方面,它又是一个从多角度予以发明的综合衡量体系,比如上文提到的"礼义",另外还有"天理"——"方是时,异端并作,人欲横流,世无孔子,孟子乌得不以行道自任?予则曰:颜子、孟子易地则皆然。若夫墨氏兼爱,则似乎禹、稷之忧民者;杨氏为我,则似乎颜子之在陋巷者;惟其不知天理时中,而妄意以守一义。盖墨氏终身被髪缨冠,以求救天下之斗,而杨氏则坐视同室之斗而不顾者,其贼夫道岂不甚哉?则是人欲而已矣"[3];或者天理体现于物中的物之"道"——"事事物物,皆有其道,是天之所为也。循其道则各止其所,而无不治者。一以私意加之,则始纷然而乱矣。夫顺下者,水之

---

[1] (宋)胡宏:《释疑孟》,《胡宏集》,第323页。
[2] 同上。
[3] (宋)张栻:《孟子说·离娄下》,《张栻集》(第二卷),第494页。

道也。禹之治水,未尝用己私智也,固水之所以为水者耳,故以四海为壑,顺其性而纳之。今白圭欲免其国之害,而以邻国为壑,天理私意之广狭如此。水而逆行,则为人害。仁人之所恶者,以其不顺理而为害故也。"① 如是内外兼备,由浅入深,才能真正保证对于理欲的有效识别。

三、利欲之害与霸道流弊

张栻区分"欲"与"人欲"之不同,认为前者是合理的存在,但是却有发展为后者的危险。其实胡宏也表达过类似的观点:"有德而富贵者,乘富贵之势以利物;无德而富贵者,乘富贵之势以残身。富贵,人之所大欲;贫贱,人之所大恶。然因贫贱而修益者多,因富贵而不失于昏淫者寡,则富贵也,有时而不若贫贱矣。"② 以富贵为例,人因此而陷溺于昏淫者实多,从这个角度上而言反不如贫贱之有益于人。而张栻当初区分"欲"与"人欲"其中之意更包含着对于后者的防范。对此,他进一步从各种角度对私欲之害进行了全面细致的反思:无论是对当下还是长远,对个人还是社会,私欲之害实为深重。

  道二。义与利而已矣。义者亘古今、通天下之正逵;而利者犯荆棘、入险阻之私径也。人之秉彝固有坦然正达之可遵,而乃不由之,而反犯荆棘,冒险阻,颠冥终身而不悔,独何欤? 血气之动于欲也。动于声色,动于货财,以至于知爵禄之可慕则进以求达,知名之可利则锐于求名。不宁惟是,凡一日夕之间,起居饮食,遇事接物,苟私己自便之事,意之所向,无不趋之,则天理灭而人道或几乎息矣。其胸次营营,岂得须臾宁? 处于斯世,亦侥幸以苟免耳。徒知有六尺血气之躯,而不知其体元与天地相周流也,岂不可惜乎! 虽然,义内也,本其良心之不可以自已者,反而求之,夫岂远哉!③

张栻把"利"比作"犯荆棘、入险阻之私径",从而与"义"作为"亘古今、通天下之正逵"相区别。这种对比的结果是从两个角度上得出的。首先,循"利"之由,源于血气之动于"欲",而如果一切遵"欲"而行,那么声色、货财、爵禄、名

---

① (宋)张栻:《孟子说·告子下》,《张栻集》(第二卷),第 578 页。
② (宋)胡宏:《知言·仲尼》,《胡宏集》,第 17 页。
③ (宋)张栻:《送刘圭父序》,《张栻集》(第三卷),第 991—992 页。

望,包括日常生活的任一细事,但凡有利可图,皆作追逐,但能便己,无不趋驰。这样一来,一方面,见利忘义之下则有天理灭与人道息;另一方面,终日营营,亦无得宁境,所以张栻又说"血气亦禀于天,非可贱也,而心则为宰之者也。不得其宰,则倍天遁情,流为一物,斯为可贱矣。人惟不知天理之存,故憧憧然独以养其口腹为事。自农工商贾之竞乎利,以至于公卿大夫士之竞乎禄仕,是皆然也。良心日丧,人道几乎息,而不自知"①。其次,人生而有良心良知,仁义为内,反躬可求,而逐利之行"徒知有六尺血气之躯"而不知"体元与天地周流",亦是见小而失大。与此相关,张栻有时也说"夫民所以不肯为仁若是其甚者,其故何哉? 私欲蔽之也。能克其私,则其于仁也孰御?"②由此而见"私欲"对"为仁"的危害。

以上两个方面,在具体的事例中更可以明确地显示出来:

> 夫使虞人而一有畏死之心,应非其招,则为见利而忘其义矣。然自常人观之,则必重一死,而以非其招为细事;不知义之所在,事无巨细,苟爱一身之死,而隳天命之正,则凡可以避死者无不为,而弑父与君之所由生也。③

> 向也箪食豆羹,不得则死,而与之非其道,则有所不受;今也万钟之多,乃不辨礼义之当否而受之。万钟之不受,未至于死也。均是人也,何向者一死之不恤,而今者冒昧若此欤? 盖欲有以蔽之,而羞恶之端陷溺而莫之萌也。故曰:此之谓失其本心。嗟乎! 举世憧憧,以欲为事,于得失之际,盖不能以自择也,而况于死生乎? 是故君子遏人欲而存天理,其于斯世何所求哉? 惟礼义之是安耳。故穷达死生,举不足以二其心,而人道立矣。④

以上两段引文都是对于《孟子》之义的发挥,从中皆可看出私利或者人欲有怎样严重的危害性。首先,第一段引文着重发挥人在"生"之大利面前,是否能够以死而卫"义"。问题的关键在于,凡是涉"义"之事,本无分大小巨细,而一旦爱惜一身生死,则为"避死"计而至于无所不用其极,父君之义亦由此而失,如

---

① (宋)张栻:《孟子说·告子上》,《张栻集》(第二卷),第557页。
② (宋)张栻:《论语解·卫灵公》,《张栻集》(第一卷),第263页。
③ (宋)张栻:《孟子说·滕文公下》,《张栻集》(第二卷),第421页。
④ (宋)张栻:《孟子说·告子上》,《张栻集》(第二卷),第554页。

是其乱将至于家不家而国不国。第二段引文,则又发挥了另外一种情况:即使人能够于生死之际而不失其义,此已为难,但是重利之下有时亦可能会放失本心、不辨礼义。按引文中所说,人在饥渴频死之际,于所馈之箪食豆浆,若予之而非其道,则宁死亦不肯受;可见欲而未肆之时,即使是作为生死的人之大欲,亦不足以坏其"羞恶之端",这也可以看作"舍生取义"的一种表现。但是对比之下,不受万钟亦不会危及生命,然而在重利的诱惑之下,却不辨礼义而接受,可见私欲蒙蔽之下,"羞恶之端"已是无由萌发而本心亦已放失。如果世人皆以逐"欲"为事,那么得失、生死则无能自择,天理即会于此沦丧,所以君子之行必要安于礼义而遏制人欲,于此人道方可挺立。

不过,问题还有另外一面,即利欲之害不仅仅是对个人持身修德而言,它也会蔓延至国家治理的领域中来:

> 盖王欲利吾国,则大夫欲利其家,士庶人欲利其身矣,上下交鹜于利,而国其有不危者乎?故万乘之国,弑君者必千乘之家;千乘之国,弑君者必百乘之家。惟其以利为先,而不顾于义,则其势必至于不夺则不餍,利之所在,岂复知有君亲之为重哉?然则欲利反所以害之也。①

张栻继承孟子的观点,强调上下交征利的弊端。以霸者之政而言,为王者惟以利于己国为目的,但是这样一种对于"利"的推重态度,将导致大夫、庶人亦皆以己利为图而罔顾礼义。利之所在,何见君亲之重?于是国之危乱由此而来:万乘之君将被弑于千乘之家,千乘之君将被弑于百乘之家。可见以利是图的结果终是被利所害。当然这里是通过最极端的情况以凸显国君逐利之蔽,其实在一般的政事中理欲之害亦有体现,比如从获得人才的角度来看,"逮德之衰,在下者假名而要利,在上者徇名而忘实,而人才始坏矣。降及后世,则不复以仁义忠信取士,而乃求之于文艺之间,自孩提之童则使之怀利心而习为文辞,并与其假者而不务矣,则人才何怪其难得,而治功何怪其难成乎?"②有别于古,德衰之世,士人徒假天爵之名以求利,而在上者亦徇名而忘其实,人才之事由此败坏。至于后来,则重文艺之事,于是孩童之际即习文辞以为求利,人才无由而得,故治功终难以成。

---

① (宋)张栻:《孟子说·梁惠王上》,《张栻集》(第二卷),第313—314页。
② (宋)张栻:《孟子说·告子上》,《张栻集》(第二卷),第559页。

不过,虽然君臣不可逐利,为其流害之深,但是霸者功利之说在现实中却"易以惑人":"霸者功利之说,易以惑人,人或趋之,则大体一差,无往而非病,虽有嘉言善道,亦何由入?"①霸者盛极一时,于是世人但见求利之效,趋而向之,病害丛生,而仁义之说亦由此而难入,王道之政遂为难行。所以欲舍霸道而行王政,还需再较王霸之短长。

四、黜"霸道"而行"王道"的现实政治选择

早年胡宏在给张栻的书信中就曾经指出:"学圣人之道,得其体,必得其用。有体而无用,与异端何辨?井田、封建、学校、军制,皆圣人竭心思致用之大者也。"②所以对于张栻而言,他对于义利问题的辨析,亦不仅停留于对个人修身的要求,而且是包含着对于家国天下的关注。王者行义而霸者图利,王霸之辨的本质正是天理人欲的所在。因此张栻继承胡宏的观点,进一步将"无所为"与"有所为"的义利标准扩大到对于王道和霸道的区分:"大抵王者之政,皆无所为而为之,伯者则莫非有为而然也。无所为者天理,义之公也;有所为者人欲,利之私也。"③在张栻看来,王政即天理,是"无所为而为";霸政,则是人欲,是"有所为而然"。那么王者"无所为"之政究竟是怎样的呢?对此,可以结合下面几段引文加以理解:

> 循夫天理,无利天下之心,而天下归之,此三王之所以王也。④
>
> 先王制法,其高下轻重皆天理之大公,而非私意之得为,故其广大均平,足以一天下之心。后王以私意加于其间,其纲先紊,故上下交征于利,而法之所由坏也。⑤
>
> 所谓为善者,循天理而不以己私也。为善者初不期于后世之有王者,而必有王者,理则然也若有期于成功之意,则欲速而见利,私意所生,无复可继之实矣。⑥

---

① (宋)张栻:《孟子说·梁惠王上》,《张栻集》(第二卷),第329页。
② (宋)胡宏:《与张敬夫》,《胡宏集》,第131页。
③ (宋)张栻:《汉家杂伯》,《张栻集》(第四卷),第1007页。
④ (宋)张栻:《孟子说·离娄上》,《张栻集》(第二卷),第450页。
⑤ (宋)张栻:《孟子说·万章下》,《张栻集》(第二卷),第522页。
⑥ (宋)张栻:《孟子说·梁惠王下》,《张栻集》(第二卷),第349—350页。

对于王者而言,其"无所为"重要的体现之一即在于遵循"天理"而"无利天下之心",比如"期于后世之有王者",后者有必成之意,故而"欲速而见利",亦是"己私"的表现。以先王"制法"为例,皆是秉承"天理之大公",而非"私意"所为,而后王亦不可以"私意"而加之,于此可见"无所为"与"有所为"的区别所在。不过,就治己而言,关键在于精察义利以及工夫上的存理灭欲,但是就家国天下而言,仅仅讲明王道"无所为"的特征还是不够的,同样重要的还在于必须首先对于行"王道"而弃"霸道"的原因给予充足的说明,因为"今日大患,是不悦儒学,争驰乎功利之末,而以先王严恭寅畏、事天保民之心为迂阔迟钝之说"①,君臣双方往往都迷惑于霸道的功利之说,而视王政之行为"迂阔迟钝"不切实际之论,缺乏对于王霸利弊的清晰认知。

对此,张栻认为必须将王道与霸道的实际功效做理性的对比:

> 王霸之分,德与力也。以力假仁者,以其势力假仁之事以行之。如齐桓责包茅于楚,会王世子于首止,衣裳之会,不以兵车之类是也。惟其大国也,故其力得以胁诸国而从之;不然,其能以强人乎?若夫以德行仁,则是以德而行其仁政,至诚恻怛,本于其心,而形于事为,如木之有本,水之有源也。曰"王不待大",盖言无所资于力也。观汤与文王,则可以见。或以七十里,或以百里,则其力可知矣。然则天下归之者,岂非以德乎?盖以力服人者,特以力不赡之故,不得已而服之,而其中心固莫之服也。至于以德服人,虽无意于人之服,而人将中心悦而诚服之。如七十子之服孔子,浃洽充满,盎然服从,无一毫勉强之意。诗曰"自西自东,自南自北,无思不服",言感无不通也。回视区区势力欲以服人者,不亦陋乎?②

> 霸者之为利小而近,目前之利,民欣乐之,故曰驩虞如也。王者之化远且大,涵养斯民,富而教之,民安于其化,由于其道,而莫知其所以然也,故曰皞皞如也。详味此两言,则王伯之分可见矣。③

王道与霸道的行事方式本来不同:王者以德而服人,霸者以力而假仁,政不同则效亦有异。从后者来说,霸者强力,所以力不赡者不得不服,以此可收暂时之利,却无法保证长久之功;前者无意于屈人,但因为推行仁政之故,所以如同

---

① (宋)张栻:《答朱元晦》,《张栻集》(第四卷),第1096页。
② (宋)张栻:《孟子说·公孙丑上》,《张栻集》(第二卷),第368页。
③ (宋)张栻:《孟子说·尽心上》,《张栻集》(第二卷),第593页。

"木而有本""水而有源",于是人人心悦诚服,如同七十子之服孔子也,而民既中心依归,于是功在千秋。就王道来说,最典型的事例是汤与文王以"德"而使天下归服,由此可见"王不待大"的意义。所以对比之下,霸道诚然有其利,然而此利既小且近,相反王者之化则既大而远。同时结合上文对于霸道弊端的分析,那么从利弊两个方面权衡,并从当下与长远两个视角来审视,王道都应当是理性上更优的选择。

关于这一点在孟子对于宣公之事的具体分析中,更可以直观地见出两种选择的优劣:

> 孟子复发端以问,谓王之欲在于辟土地、朝秦楚、莅中国而抚四夷,求遂其所欲,而独区区于兴甲兵、危士臣、结怨于诸侯,非特无是理,且将召后灾。盖以兵力为胜负,则当推小大强弱众寡之计。以吾之一,而当天下之八,其不败亡者几希。然于此有道焉。小大、强弱、众寡盖不必论,盖亦反其本而已。其本安在?特在于发政施仁而已。发政施仁,则吾国之仕者无不得效其才,而天下之士皆愿立于吾朝;吾国之耕者各得其时,而天下之农皆愿耕于吾野;商贾之在吾国者无苛征之患,而天下之商皆愿藏于吾市;行旅之经吾国者无乏困之忧,而天下之行旅皆愿出于吾之途;他国之困于虐政者,闻吾之风,皆愿赴愬于我,而孰能御之?夫行王政者,其心非欲倾他国以自利也。惟其以生民之困苦为己任,行吾之所当为,而天下归心焉耳。夫欲辟土地、朝秦楚、莅中国而抚四夷,自世俗之务功名者言之,则以为有志;而自圣贤观之,苟不本乎公理,则特亦出于忮求矜伐之私耳。宣王惟汲汲于济其私,故颠沛错乱,非惟不能克济,而祸患从之。蹈乎欲者,固危殆之道也。若由孟子所言以发政施仁为事,则是为公理之所存,可大之业,自尔驯致。此天理人欲之分也。①

这段话出自张栻对于《孟子》的注释,其中以宣王之政为实例,具体分析了霸道之害与王道之效的实际不同。一方面,宣王"汲汲于功利",而以"辟土地、朝秦楚、莅中国而抚四夷"为目标,于是勤力于"兴甲兵、危士臣、结怨于诸侯",但是这种做法非但南辕北辙,而且还有可能带来后续的危害。因为在以力角力的规则之下,宣王纵然致力于甲兵之事,但以一敌八,胜算实小。另一方面,若

---

① (宋)张栻:《孟子说·梁惠王上》,《张栻集》(第二卷),第326—327页。

能发政施仁,推行王政,却可以收到天下归心的效果,因为王政之行正是以生民之困苦为己任而行所当为,故其落实于具体措施之行必然可以广利仕者、耕者、商贾、行旅等,而他国困于苛政之民亦会赴愬于我。这样一来虽然其动机中并不欲望"倾他国以自利",但是其实际功效却远过于霸者之为。所以霸道者本是以私心而欲利,但往往事与愿违,祸患相从,故而实乃危殆之道。而孟子所言之王道,则通过发政施仁,存心公理,不求利而利自致,终成广大久远之业,所谓"义所当然,则亦无不利者"①。

而对于如何具体达致治境,张栻的理想是回到三代圣王的王道政治,对此他实际上在土地、教育、军队等各种措施上皆有诸多具体发明。但是限于篇幅,此处不再展开详述。但是先王之治所以可以事业广大,其中有两个尤为重要的核心问题,在此以简单呈现:其一,所谓"格君心之非",张栻指出"君心之非格,而天下治矣,盖其本在此故耳"②,"其本则在于格君心,故拳拳有望于王之改之也。王一改悟,而孟子之道可行,齐民可安;齐民安,而天下之民将举安矣,其序固而也"③,可见君心之改于王政之行实为基础而至关重要。其二,扩充一己仁心以保民而王:"王者以得民为本"④,"所谓不忍人之政者,即其仁心所推,尽其用于事事物物之间者也。徒善不足以为政,谓有是心而不取法于先王,则终不足以为政也,为徒善而已。徒法不能以自行,谓王政虽存,苟非其人,则不能以自行也,为徒法而已。盖仁心之存,乃王政之本;而王政之行,即是心之用也。"⑤从这两句话来看,张栻实际上认为王道政治的内涵包括两个方面:其一,扩充一己之仁心而保民,此乃王者之本,所谓"仁人之心,王政之本也"⑥;其二,取法先王之政,这则是本心之用。善、法兼具,于是王政广大深远之功方得见效,这则是张栻义利之辩为现实政治所开出的药方。

---

① (宋)张栻:《论语解·子罕》,《张栻集》(第一卷),第179页。
② (宋)张栻:《孟子说·离娄上》,《张栻集》(第二卷),第461页。
③ (宋)张栻:《孟子说·公孙丑下》,《张栻集》(第二卷),第395页。
④ (宋)张栻:《孟子说·梁惠王上》,《张栻集》(第二卷),第317页。
⑤ (宋)张栻:《孟子说·离娄上》,《张栻集》(第二卷),第441页。
⑥ (宋)张栻:《孟子说·梁惠王下》,《张栻集》(第二卷),第339页。

告密的自由:古代的与现代的

〔美〕斯蒂芬·霍姆斯

李海强 译*

所谓双轨制的司法制度,是指大多数犯罪嫌疑人在普通法庭接受审判,而有些据说特别危险的个人,则被带到特别民事法庭或"军事委员会"接受审判,并且极度地省略了程序上的诸种保障。这样双轨制的司法制度,在法律上和道德上,有什么错呢?邦雅曼·贡斯当在两百年以前就提出了这个问题,并极为清晰地回答:"它意味着在审判前,甚至是在他们刚刚被起诉的时候,就已经被裁定有罪。"不存在区分无辜者与罪犯的绝对可靠的外在标准。这就是司法程序必定不能被简化的原因,因为它们仍然是"可资用来确定事实的最好的方法"。宣称简化正当程序是为了"公共安全"的政治权威,如果不完全是欺骗,也是犯了"荒谬的"错误。这是贡斯当终生秉持的信念之一。更为令人瞩目的是,他用令人信服的细节解释了,一旦刑事审判制度不是用来惩罚已经发生的犯罪,而是避免未来的犯罪,那它就会无可避免地走向堕落。他论述说:"预防未来的犯罪的托辞",是完全不能与一个自由社会相适应的,原因很简单,因为"实

---

* 斯蒂芬·霍姆斯(Stephen Holmes),纽约大学法学院 Walter E. Meyer 法学教授,著有《权利的成本》(*The Cost of Rights*:*Why Liberty Depends on Taxes*)、《激情与控制》(*Passions and Constraint*:*On the Theory of Liberal Democracy*)、《反自由主义剖析》(*The Anatomy of Antiliberalism*)、《贡斯当与现代自由主义的形成》(*Benjamin Constant and the Making of Modern Liberalism*)等。本文原版信息为"The Liberty to Denounce:Ancient and Modern,"in Helena Rosenblatt, ed., *The Cambridge Companion to Constant* (Cambridge University Press, 2009), pp. 47-68。

李海强,政治学博士,江西理工大学文法学院公共管理系讲师。

施犯罪行为的可能性是现代自由固有的特性之一"①。

正如上述段落所表明的,贡斯当关于司法权力的清晰论述,与21世纪人们的关切具有一种诡异的相关性。本文关注的主题与刚刚提到的相关性,也直指当前的法律和政治难题。

一

在贡斯当赖以提炼出其现代自由观的诸多文本的和经验的源头中,《论法的精神》中的一段话显得格外突出:"一个公民的政治自由是一种心境的平安状态。这种心境的平安是从人人都认为他本身是安全的这个看法产生的。要享有这种自由,就必须建立一种政府,在它的统治下一个公民不惧怕另一个公民。"②在孟德斯鸠的词典中,政治自由,并不必然与参与性的权利相关。诸如审核国家预算的权利,投票选举议员的权利,或使当选官员对其公共行为负责的权利,都属于参与性的权利。至少在前引的那段话中,政治自由是一种在社会中弥漫的内心的宁静,它奠基于公民普遍认同的信心,即他们没有什么可害怕对方的。这就提出了如下的问题:政府应如何组织,政治官员应如何行事,从而使公民不必相互害怕?很显然,定期选举代议制议会的议员可能有助于这一目标的观点,在孟德斯鸠对政治自由的基本意义所做的盎格鲁中心论(Anglocentric)的探索中,并没有被排除在外。

一个合理而有效的政府或许可以阻止公民借由暴力或欺骗去严重伤害他人。但又靠什么来规制政府权力的暂时使用者,使他们不会为了非法的个人目的而不当地使用公共手段呢?相互制衡是一种答案,定期选举是另一种答案。探讨政治上的问责机制问题会把我们直接引向贡斯当宪政理论之错综复杂的细节部分。尽管那仍然是一项重要而具有挑战性的工作,但本文的探讨要狭隘得多,也深入得多。

---

① Benjamin Constant, *Principles of Politics Applicable to All Governments* (Indianapolis, IN: Liberty Fund, 2003), pp. 74-77, 153-157. 尽管本文中的引文均来自贡斯当的著作 *Principles of Politics Applicable to All Governments* 和"The Liberty of the Ancients Compared with That of the Moderns",但我通常对译文有所改动。所有其他译自法语的引文都由译者自己翻译。

② Montesquieu, *The Spirit of the Laws* (Cambridge: Cambridge University Press, 1989), p. 157. 中译文取自孟德斯鸠:《论法的精神》(上册)(张雁深译),商务印书馆1995年版,第152—153页。

所有的公民,无论其有无公职,都可能不当地对待其同胞。对政府官员所做的宪法的和程序性的限制,是正当的。首先,这些限制创设了旨在遏制政府官员不当行为的设置。其次,这些限制使得私人党派借由公共权力去打击他人变得更为困难。如果政府惩罚公民个人的权力是高度自由裁量的,也就是说,是不受严格的正式程序限制的,结果将是紧密结合的非政府派别可以相对容易地"捕获"国家的惩罚性权威,并用它打击甚至消灭其敌手。

贡斯当对这种冷酷的可能性所持的深切关注,可以从他终其一生对"幽暗的指控"①(tenebreuses delations)的病理学分析的关注看出来。所谓"幽暗的指控",指的是恶意的,尤其是匿名的告密者对个人自主(或现代自由)所造成的危险。对于为了不正当的私人目的,而将不可信的道听途说式证据偷偷吸纳进司法系统这一问题的关注,贡斯当既不是最早的也不是唯一的自由主义理论家。② 但他终其一生对这一主题的持续关注,表明了他对待这一问题所持有的严肃态度。③ 他不断重申,没有什么比如下的罪行更加侵犯自由的了。一个人"因为被秘密送到法官手中的告密信息而接受审判",并且"不允许被告对这些告密信息进行驳斥"④。

以下摘自贡斯当的《对菲兰杰里全集的评论》(*Commentaire sur l'ouvrage de Filangieri*)中关于"告密的自由"(the freedom to denounce)的论述,就很有代表性。为了表现贡斯当之方法的特色,我大篇幅地加以引用:

> (将某人告发至警察的)告密自由,有着极其严重的缺陷。仇恨、嫉妒,所有基本的或恶意的激情,都将利用这种自由。无辜者将屈从于诽谤者;最无可非难的公民将发现他们任由潜藏的敌人摆布……当人们诉诸那些有点可憎的手段时,很少是出于热忱或公正无私。在一百件告密案中,有可能没有一个人是由于对正义的热爱或对犯罪的憎恨而受到审判……基

---

① Benjamin Constant, *Discours de M. Benjamin Constant a la Chambre de Deputes*, Vol. 2 (Paris: Ambroise Dupont, 1828), p. 158;贡斯当之前对这个问题的讨论,参见 Benjamin Constant, *Des suites de la contre-revolution de 1660 en Angleterre* (Paris: F. Buisson, 1799), pp. 90-94。

② Montesquieu, *The Spirit of the Laws*, p. 208.

③ Benjamin Constant, *Discours de M. Benjamin Constant a la Chambre de Deputes*, Vol. 1, p. 199; Constant, *Discours de M. Benjamin Constant a la Chambre de Deputes*, Vol. 2, pp. 169-178.

④ Benjamin Constant, "Lettre a M. Odillon-Barrot sur l'affaire de Wilfrid Regnault condamn'e 'a mort (1818)," in *Cours de politique constitutionnelle*, Vol. 2 (Paris: Librairie de Guillaumin, 1872), pp. 398, 409-411.

于秘密告发而将被告发者囚禁的地方法官,他的行为是不正当的,其罪责也是无可开脱的。①

易言之,为逮捕、宣判和惩罚行为设立高举证标准,不仅是为了绑住潜在暴君的手,也是为了避免私人党派造成的恶意作证、故意造谣破坏刑事审判制度,避免为了公开的派别利益而劫持表面上公正无私的权力。

从法国大革命开始,告密者对公民安宁造成的威胁在法国显而易见,贯穿了贡斯当的积极政治生活。在弗朗索瓦·傅勒和丹尼斯·里歇看来,"在旧制度下被看作是可耻的告密行为,变成了一种美德、一种义务,因为现在人们是生活在共和国"②。在拿破仑统治时期和复辟统治的最初几年的法国也存在着同样的事情。

特别是恶意作证的可能性,迫使我们必须重新构建政治权威与公民社会之间的关系。在一种霍布斯式的论证框架中,至少国家构建可被理解为:以国家对个体与次国家群体的单一的纵向威胁,取代个体与群体相互之间的横向威胁。通过对告密行为的关注,贡斯当改变了这种简单化的论述,打破了在一个内在统一的政府建立后公民社会立即从一个危险的领域转变为无害的领域这一神话。相反,他向我们展示,"纵向的"国家构建,非但远未遏制公民间"横向的"暴力和欺骗,反而为私人党派消灭个人的与派系的敌人提供了可供凭借的额外武器。18世纪晚期的"大恐怖",不仅是一件自上而下的事情(从某种意义上说,法国大革命中的"恐怖统治",不是一个自上而下推行的事件);相反,它是一种得到了广泛参与的公共部门与个体公民联合冒险的行为。

让贡斯当的研究者对公共权力的私人化运用特别感兴趣的是,这一问题有助于理解他在古代人的自由与现代人的自由之间所做的区分。为了理解这种相关性,我们需要简要地重新探究那个著名的区分。

二

在任何既定的时空,人的利益和欲望都持续不断地被社会组织提供的机会

---

① Benjamin Constant, *Commentaire sur l'ouvrage de Filangieri* (Paris: Les Belles Lettres, 2004), p. 238.
② Francois Furet and Denis Richet, *La Revolution Francaise* (Paris: Hachette, 1973), p. 211.

所重塑。人们只能欲求他们接受了的利益,相应地,他们的利益是完全不受他们掌控的历史转型之副产品。① 例如,古希腊共和国的居民,对典型的现代欧洲自由既不感兴趣,也不需要。他们所欲求的是另一种类型的自由:"他们的社会组织导致他们欲求的自由,是一种与这种制度②赋予我们的自由完全不同的自由。"③不仅是他们所能实现的,还有他们想要实现的,都是他们所处的国际环境和制度设置的结果,也反映了小型的、蓄奴的战士共和国竭力维持的文化上根深蒂固的生活行为准则。

在贡斯当的经典区分中,无论"自由"包括什么,它显然不包括人有自由去选择其想要的自由类型。人类富有激情地或不假思索地追求的那些目标,不是由人自由地选择出来的,而是由一种无法逃脱的命运强加给他们的,取决于特定的人们恰好生活在何时何地(对于这条决定论原则的一个重要例外,将在下文探讨)。

在贡斯当看来,古代共和国居民所欲求的是哪种类型的自由呢?评论者通常给出的答案,涉及的是一种"积极自由"版本。古代公民无须通过选定的代表就能够直接地、亲自行使部分主权。他们在公共广场协商战争与和平问题,批准与外国的缔约,通过法律,宣布审判结果,监督执政官的行为——迫使他们接受人民会议的召唤,或解除他们的官职,如此等等。

到此为止,这种概述仍是准确的,但也只能到此为止。首要的是,它误导性地贬低了贡斯当的论述所表达出来的古代自由的消极属性。在贡斯当看来,古代自由所具有的"免于……的自由"(*freedom from*)的含义,优先于"做……的自由"(*freedom to*)的含义。

外在于每个城邦的那个残酷的、暴力的、竞争的和危机四伏的世界,有助于解释古代共和国的居民所珍视的那种自由。因为古代共和国都领土狭小,且不断相互干涉其他城邦对安全、荣誉、权力和财富的追求,基于荣誉和生存的紧迫

---

① Benjamin Constant, *Du polytheisme romain considere dans ses rapports avec la philosophie grecque et la religion chretienne*, Vol. 2 (Paris: Bechet Aine, 1833), p. 168.

② 这种制度指现代国家制度。(译者注)

③ Benjamin Constant, "The Liberty of the Ancients Compared with That of the Moderns," in *Political Writings*, Biamcamaria Fontana, ed. and trans. (Cambridge: Cambridge University Press, 1993), p. 310.

"The Liberty of the Ancients Compared with That of the Moderns",即贡斯当于 1819 年发表的著名讲演《古代人的自由与现代人的自由》,本文所有取自该讲演的引文的中译文,采用的是李强教授的中译文(见刘军宁编:《自由与社群》,生活·读书·新知三联书店 1998 年版,第 306—328 页。)(译者注)

性,他们被迫不仅要构筑阻止外敌入侵、具有保护作用的城墙,而且要让全体男性公民接受军事训练、为战争做准备。好战精神是他们外在脆弱性的结果而非原因。这样,受彼此对抗的必然性所驱动,它们之间不断地战斗或相互威胁。即使是那些没有征服野心的国家也不可能放下武器,否则它们自己就会被征服。所有国家都不得不以战争为代价来换取它们的安全、独立以及存在本身。[1] 古代共和国的居民无法将他们发自肺腑珍视的自由与战时协调一致的行为相分离。因为一旦他们被打败并想活命,他们就会被无情地卖身为奴。即使是不想成为征服者的公民,也无法放下手中的武器。假如他们各自拒绝集体战斗精神,他们将各自承受公民的和文化的——如果不是肉体的——毁灭。

当贡斯当把古代自由描绘为"对集体权力积极而持续的参与"时,古代自由似乎是积极的。但当他将其描绘为(不是隐喻的而是事实上的)免于被奴役的自由时,古代自由的消极面向就突然冒了出来。古代公民不是简单地把迫不得已而为的事装成出于好心而为。相反,历史必然性迫使他们将战士的美德置于其价值体系的顶端。战争是古代自由城邦永不厌倦的兴趣和习惯性行为。它们的战士文化与摧毁邻邦的行为达到了完美的结合。但这也是古代公民为了避免其他敌对城邦的公民—战士的狂怒和贪婪,所不得不付出的代价。

为了让一些人获得自由,其他人必须被奴役。古代共和国所特有的存在于自由人与奴隶之间的不平等,是它们保持全体备战之需求的必要的副产品。[2] 只有当经济活动完全托付给不具公民身份的人从事时,公民才能专注于备战训练。不具公民身份的人包括外邦人和奴隶。这就是贡斯当,一个19世纪仍在进行的奴隶贸易活动的坚定反对者,对古代共和国之残忍的选择性自由(the cruelly selective liberty)的看法。唯有使奴隶屈从于主人阶层的专断意志,公民才能够维系他们免于被敌对城邦军事征服的自由。给我一个公民战士,我将还你一个铁石心肠的驱使奴隶做工的人(a slave-driver with a hardened conscience)。

积极参与集体决策的行为本身,就是古代共和国无休止地被牵扯进保卫战争和征服战争之直接后果。古代的公民—战士不得不寻找方法,以便更有成效地利用战争与战争之间的那段宝贵的和平时间。经济活动基本都是由奴隶来从事,因而它具有极低的地位,这就意味着公民—战士的唯一选择就是政治生

---

[1] Benjamin Constant, "The Liberty of the Ancients Compared with That of the Moderns," p. 312.
[2] 参见 Montesquieu, *The Spirit of the Laws*, pp. 112-130。

活。相反,他所强调的是对惩罚、流放和处死公民同胞的集体参与。

在古代共和国,每个公民都参与了国家主权的行使。但为什么古代公民在行使政治权力时,能体验到"一种真实的、不断重复的乐趣"呢?① 贡斯当的回答在某种程度上令人困惑不解:"作为集体组织的成员,他能对执政官或上司进行审讯、解职、谴责、流放乃至处以死刑。"②在这里,贡斯当最重要的文献来源,毫无疑问是《论李维》中的著名章节。在那个章节,马基雅维利解释了,在公共法庭上穷人能对富人提出刑事指控,这就让那些如若不然则会激发革命的不良情绪得以宣泄,从而使共和国得以稳固。③

最能够完整地体现个人自主完全屈从于集体存在的制度,是陶片流放制。通过秘密投票、无须任何理由(且不允许进行任何辩护)就流放公民,甚至在雅典也有这样的行为。而雅典是唯一与被公认为是与现代自由国家的美国和英国在某种程度上具有共同特点的古代共和国。"雅典的陶片流放制建立在这样的假设上,即社会对其成员拥有完全的权威。"④由于他的家庭背景及个人经历,贡斯当对流放和驱逐出境知之甚多。这或许是为什么他不断地以流放制作为社会优先于个人的标志。⑤ 作为古代及中世纪时期小型共和国中常见的一种行为,流放与现代欧洲的道德标准和社会结构明显不相容。"作为一种法律的专断行为的流放制度,受到了所有时代的立法者的颂扬。而对我们来说,正确的是,流放制度是一种令人作呕的古代之物,它表明,雅典的个人比今天任何自由的欧洲国家中的个人,都更为屈从于社会的权威。"⑥必须承认的是,无辜的庇护寻求者仍在从现代欧洲不自由的国家逃离。贡斯当对各种非自愿的放逐行为的熟悉程度,毫无疑义地解释了为什么他会满怀热忱地从其受害者的角度去描述古代的流放制。古代共和国的公民—法官们感到自己具有影响力,对此他们很兴奋。但处在古代自由承受端的任何人,具有的是与之截然不同的感受。

---

① Benjamin Constant,"The Liberty of the Ancients Compared with That of the Moderns," p. 316.
② Ibid., p. 312.
③ Niccolo Machiavelli, *Discourses on Livy* (Chicago and London: The University of Chicago Press, 1996),第一卷第七章。如要了解贡斯当的有关论述,参见 Benjamin Constant, *Commentaire sur l'ouvrage de Filangieri*, p. 241.
④ Benjamin Constant,"The Liberty of the Ancients Compared with That of the Moderns," p. 321.
⑤ 贡斯当并没有始终如一地把判处地位低下的罪犯流放刑罚的行为视为一种令人反感的罪恶,关于这一点,在 *Commentaire sur l'ouvrage de Filangieri* 第三部分第十三章中有清楚的表述。
⑥ Benjamin Constant,"The Liberty of the Ancients Compared with That of the Moderns," p. 316.

"作为集体组织的臣民,他可能会被他所归属的整体之专断意志褫夺身份、剥夺特权、流放乃至处以死刑。"①

需要提及的是,在多数情况下,古代的政治流放是一种比现代欧洲的政治流放更为残酷的处罚。这很大程度上是由于现代国际经济中的财富具有高度的流动性。在早期,铁胜过金。拥有武器的人可以统治拥有财富的人,因为那时的财富多是如土地这类固定资产,因而很容易被武力夺取。武力与财富的相对权力随着现代商业社会的发展,尤其是流动资产的增加而改变:"贸易使得加诸我们生活之上的专断权力,比过去更具压迫性。因为贸易改变了财产的属性,由于这种变化,财产变得几乎难以没收。"②在贡斯当看来,在现代欧洲,"个人可以带着他们的财产远走高飞,与之一起被带走的还有私人生活的所有乐趣"③。对有钱人而言,能将大量流动资产转移至国外;不被流放性权力染指的可能性,在某种程度上减缓了流放的感受,至少对有些社会阶层来说是如此。

三

在《古代人的自由与现代人的自由》一文的其他地方,贡斯当提到1789年事件,并接着称之为"我们那场幸运的革命"④。他赞扬法国大革命的真正原因是,它导致了不平等的法律制度的彻底解体。在其他著作中,他将大革命描绘为一场由产权和启蒙的传播酝酿了两个世纪的大危机,它突然爆发于1789年,是因为各种短期的因素,例如君主制下令人畏惧的财政赤字。⑤ 在推翻君主制后,大革命的领导人被胜利冲昏了头脑,并很快开始高估他们改变这个国家的能力。由于熟读关于与君主制相对的共和制应如何统治的书籍,他们开始进行在现代国家无法长期维系的制度改革,"他们希望以从其指导者那里学到的、曾

---

① Benjamin Constant, "The Liberty of the Ancients Compared with That of the Moderns," p. 312.

② Ibid., p. 324.类似地,"商业赋予财产新的性质,即流通。没有流通,财产仅仅是一种收益权。政治权威在任何时候都可能影响收益权,它可以阻止收益权的享用。但是,流通却给社会权威的行动创造了一种无形的、不可克服的障碍"(Benjamin Constant, "The Liberty of the Ancients Compared with That of the Moderns," pp. 324-325)。

③ Benjamin Constant, "The Liberty of the Ancients Compared with That of the Moderns," p. 325.

④ Ibid., p. 309.

⑤ Benjamin Constant, *Melanges de litterature et de politique*, Vol. 1 (Bruxelles: Imprimerie-Libraire Romantique, 1829), p. iii.

经在自由国家实施过的方式来运行公共权力"①。

但观念或意识形态在导致大革命时期的法国之种种过火行为(excesses)的过程中,究竟起了什么作用呢?在贡斯当看来,恐怖统治的出现,某种程度上是混淆了两种本应判然两别的观念之结果。正因为如此他才引入了古代自由与现代自由之区分。"对这两种类型的自由的混淆一直在我们当中存在。在著名的大革命时期,它是许多罪恶的肇因。"②恐怖统治的原因,与其说是古代自由的观念,毋宁说是混淆了存在于小型城邦的古老的共和主义自由与适应现代的自由之结果。③

这种不可兼容性之最重要的渊源显而易见。现时代首要的特征是"平等的趋势"④,尤其是对奴隶制在道德上的厌恶。古代最进步的人士也会认为,奴隶制在道德上是无可非议的,但即使是现代法国最反动的人士也不会想恢复这种可憎的制度。"尽管不愿承认,但今日之最愚蠢的人也不会倒退至之前数世纪最开明的人士所拥有的观点。"⑤因而,任何试图在现代法国恢复古代自由的努力都将注定失败,因为就其本质而言,古代自由无法被普世化,而唯一能在当今世界存续的自由,必须是能被普世化的。

结果,法国人民想要的并不是他们的革命领袖所希望的。他们希望说"先生"而不是"公民";在星期五吃鱼,上教堂;与外国人结婚,诸如此类。为了这些完全自然的欲求,许许多多不幸的法国人成为恐怖统治的牺牲品。"法国被一些毫无益处的实验折腾得精疲力竭。这些实验的始作俑者因为失败而懊恼,于是力图强迫法国享受她不愿享受的'好处',却不让她享受她希望享受的好处。"⑥官员指导之下进行迅速变革的措施,遭到了大革命之前就已经存在的各种习俗的顽强抵抗。这让革命者感到很沮丧,也让他们变得更为狂暴,因而,革命者试图通过强制和恐吓来达致通过说服无法实现的目的。罗伯斯庇尔不是基于对人民的冒犯的程度被施以相应的处罚,而是针对普通人视为情有可原

---

① Benjamin Constant, "The Liberty of the Ancients Compared with That of the Moderns," p. 320.
② Ibid., p. 309.
③ Ibid., p. 323.
④ Benjamin Constant, *Melanges de litterature et de politique*, Vol. 2 (Bruxelles: Imprimerie-Libraire Romantique, 1829), p. 142.
⑤ Ibid., p. 136.
⑥ Benjamin Constant, "The Liberty of the Ancients Compared with That of the Moderns," p. 309.

的,甚至在道德上是不得不为之的行为施以残忍的处罚。①

现代法国人的敏感性是数个世纪社会进化的结果。它无法被政治法令在数月之间根除或取代。因为欲望支配着选择,而欲望本身是无法被选择的,至少不能像选择欲求的其他对象那样去选择。这是一个重要的洞见,因为大多数法国人在1792年至1794年渴望的自由类型,是与雅各宾派所提供的自由类型截然不同的。公共安全委员会握有的权力能折磨个体,但它并不能摧毁个体对独立的渴望。对个人自主的追求,是现代历史长期酝酿的结果,它不是砍掉几个脑袋就能消灭的一种昙花一现的潮流。

尽管他们不愿承认,但恐怖统治的一些重要领导者有时表达出了存在于革命者当中的自命不凡与当时公共道德之根深蒂固的限制之间的鸿沟。与此相关,贡斯当给出了一个最有趣的例子:"圣鞠斯特发表的所有演讲都是短句,以便让厌倦了的灵魂保持清醒。尽管他假装认为,国家有能力让人们做出最艰难的牺牲。但他以这种方式承认,即使只是让人们集中注意力都无法办到。"②由于绝大多数法国人并不是真的渴望,也无能力维系革命者提供的那种自由,因而无论怎样组织良好,革命事业都将注定失败,"重新树立的古代人的大厦业已倒塌,纵使那是付出了诸多的努力和值得我们仰慕的英雄行为"③。

在贡斯当看来,"掌握权力的人,都有一种把自己神秘化的持续冲动"④。前现代的统治者通常用宗教来提升自己统治的正当性,宣称法律必须被遵守,那是因为法律是从上帝或神灵那里传承下来的。法国大革命时期的统治者采取了一种相似的策略,宣称其统治具有正当性,因为他们的统治代表了主权人民的意志。因而,贡斯当通常称雅各宾主义者为"以所有人的名义行事的那些人"⑤。或许这是大革命那一代人对现代政治发展做出的最大贡献:用自由的标志和修辞来装扮压迫。当公共安全委员会压迫一个人时,它并不宣称这样做是基于神圣的权力,相反,它是以人民的名义来压制人民。更让人震惊的是,"正

---

① Benjamin Constant, *Des suites de la contre-revolution de 1660 en Angleterre*, pp. 56-57.
② Benjamin Constant, *Principles of Politics Applicable to All Governments*, p. 362.
③ Benjamin Constant, "The Liberty of the Ancients Compared with That of the Moderns," p. 320.
④ Benjamin Constant, *Cours de politique constitutionnelle*, Vol. 1 (Paris: Librairie de Guillaumin, 1872), p. 75.
⑤ Ibid., Vol. 1, p. 279.

是在自由的名义下,我们被赋予监狱、绞刑架以及数不胜数的烦恼"①。与传统的专制不同,现代僭主制是对"自由的拙劣的模仿"②。贡斯当用他那令人震惊的词句,描述了大革命对专制权力的重组行为:"暴政权力的胜利,是强迫奴隶宣称自己是自由人。"③在1819年演讲的某些段落,贡斯当似乎不再坚持认为雅各宾派混淆了古代自由与现代自由,而认为他们足够清楚地认识到了这种区别,只是误解了涉及的权衡取舍。"他们认为所有事情都必须让位于集体意志,且所有对个人权利的限制,都将因参与社会权力而得到充分的补偿。"④但为了分享政治权力而牺牲个人自主,但是,在一个小的古代共和国而不是在一个大的现代国家中,牺牲个人自主权以求分享政治权力是一笔更好的交易。雅各宾派的事业,受制于现代共和国的面积和人口,注定失败。政治参与或许仍是有价值的,但它不再具有如此巨大的价值,以致值得人们放弃个人自主去拥有它。

四

现代自由又是如何呢?在贡斯当看来,与现时代相容的自由,有着两个相互区别又相互强化的面向。不能混淆这两个面向,必须明白无误地区分二者,尔后策略性地加以整合。

现代自由的第一个方面,我们可称之为正当程序或法治。"只屈从于法律的权利,不因某个人或某些人的专断意志而被逮捕、拘留、处以死刑或以任何方式虐待的权利。"⑤正当的法律程序利于人们生活的可预测性,利于促进孟德斯鸠所认为的政治自由,即"心灵的平静"和个人安全感。

贡斯当一以贯之地将现代自由等同于个人安全感:"个人权利包括不被任意对待的确定性……也就是说,除非按照法律以及遵循正当的法律程序,一个人有保障既不会被逮捕也不会被拘留、被审判。"⑥首要的是,生活在自由政府治下的现代公民,只能依据事先公开的法律规定才能被流放(或囚禁乃至处死),

---

① Benjamin Constant, *Cours de politique constitutionnelle*, Vol. 2, p. 217.
② Benjamin Constant, *Principles of Politics Applicable to All Governments*, p. 110.
③ Benjamin Constant, *Discours de M. Benjamin Constant a la Chambre de Deputes*, Vol. 2, p. 60.
④ Benjamin Constant, "The Liberty of the Ancients Compared with That of the Moderns," p. 320.
⑤ Ibid., p. 310.
⑥ Benjamin Constant, *Principles of Politics Applicable to All Governments*, p. 151.

且有机会就做出惩罚的依据做公开的辩护。

在某种意义上,现代自由是古代流放制的反义词。正如贡斯当解释的,"任何人都无权流放一个公民,除非这个公民被一个常设的法庭根据正式法律判定犯有必须流放的罪行"①。古代流放制最令人印象深刻的是其任意性,包括被判以流放的个人没有机会对此做出有力的法律辩护。也就是说,流放制的实践所象征的,是一种广为人们认可的看法,即社会对个体公民拥有完全的权威。

换言之,现代自由远非脱离社会的自由,而是个人有权依其意愿决定是否保留其所属社会之成员身份的自由。"任何人都无权强迫公民离开他的国家,主人离开他的财产,商人离开他的贸易,丈夫离开他的妻子,父亲离开他的子女,作家离开勤奋的思考,或老人离开自己习惯的生活方式。"②如果以一种不同的方式加以概述,那就是现代自由是独立的对立面。如果我们以消极的词汇来描述,那么我们可称其为**不被驱逐和流放的自由**。"所有的政治流放,都是政治权力的滥用。所有由议会以公共安全为理由而宣布的流放,本身就是对公共安全的侵犯。公共安全只能建立在尊重法律、遵守规则以及加强保卫的原则之上"③。请注意,现代的流放制不仅是针对个人的犯罪,而且是"反对公共福利"的犯罪。个人是否免于任意的流放,决定了作为整体的国家是否自由。

自由的个体公民不会被任意流放,且他们有权来去自由,不用为其行为请求许可或说明理由。与之相反,政府官员必须对其行为做出说明。首要的是,他们必须就其动用强制权力的决定给出准确的理据。这种显著的不对称是现代自由的一个基本特征。政治官员必须证明其行为的合法性,而个体公民则不需如此。这种不同把我们带回到流放制。

在拿破仑统治下,大革命后法国统治者不再对绝大多数的共和制度感兴趣,但他们对一系列古代实践行为,即"那些允许他们流放、驱逐或处死"公民的制度,有着奇怪的情感。贡斯当以讲述逸闻趣事的方式表达了这种观点:"我记得在 1802 年,他们通过特殊委员会在法律里塞进一个条款,将希腊的陶片放逐法引入法兰西。"④这项法案最终并未通过,但仅仅想到这一制度本身就足以说明,拿破仑时期的法国对现代自由怀有持续的憎恶。

---

① Benjamin Constant,"The Liberty of the Ancients Compared with That of the Moderns," pp. 321–322.
② Ibid.
③ Ibid., p. 322.
④ Ibid., p. 321.

现代自由的第一个维度是客观确定性,即一个人不会因为其他公民任意的、无中生有的话而受到惩罚,无论这个其他公民是否担任公职。没有这种精神安宁,个人自主几乎就没有任何意义,或毋宁说,没有人会感到真正的独立。易言之,个人独立只能存在于组织良好的法律体系中。自由主义思想中的这种本质性悖论,或许我们可称之为**独立的依赖性**。个人自主绝不是一种自然状态,而是政治协调(political coordination)的一项或然的且通常是脆弱的成就。

然而,这个悖论所表达出的东西不仅仅是这些。这在贡斯当关于现代自由的第二个面向的讨论中显露无疑。现代自由的第二个面向是监督、批评政府,罢免应当承担政治责任的官员的政治权利。如果现代自由仅仅等同于个人自主,那它在本质上是不完整的,也是不稳固的。在其著名的演讲中,贡斯当用最令人难忘的句式表达出了这个观点:"现代自由的危险是,由于过分沉湎于享受我们个人的独立、追求我们个人的利益,我们会过于轻易地放弃分享政治权力的权利。"[①]放弃个人参与政治权力运行的权利之危害,显而易见。野心勃勃的权威滥用者将填补这个空缺,在牢牢地掌握了所有权力之后,反过来摧毁个人自主。

现代自由有赖于个体公民的隐私权与政府行为之秘密性之间达致的一种微妙的平衡。当边界发生变化,当个人隐私受到极大压缩,而政府行为之秘密性不正常地扩大,现代自由也就不复存在了。原因很简单,现代自由本质上取决于一个有点理想化的,但又不是完全虚妄的观点:政府为公民服务而不是相反。一个政府,如果在不断监视其成员的同时,又能令人妒忌地躲避其成员的监视,那它就绝对不是贡斯当意义上的自由政府。因为它公然地不是以公民的公仆角色行事。

贡斯当清楚地认识到,一个自由国家的公民,应像所有的主人对待其管家那样对待公共官员。一旦他们玩忽职守、腐败或无能,这位富人将认真审慎地考察那些被请来料理自己事务的人。公民所应为之事绝不会比这更少。为了有效地监督政府履行其为公共利益服务的职责而采取的行为,公民必须花费大量的时间精力去提高自身的政治知识。"为了评判这些代理人的管理活动,土地拥有者,如果他们是审慎的,则须使自己对他们委托出去的事务之管理有着

[①] Benjamin Constant, "The Liberty of the Ancients Compared with That of the Moderns," p. 326.

良好的认识。"①**民主根源于不信任**。首要的是,公民必须永不轻信号称以公民的名义在行事的统治者。

如果没有现代公民"对他们的代表进行积极而持续的监督"②,个人自主则无法维系。乍看之下,贡斯当将分享政治权力的权利赋予现代自由的论述有极大的工具性意义。在古代共和国,全职的政治参与具有很大的价值,因为个人自主几乎不具有价值。相反的逻辑则在现代的自由国家盛行。如今,兼职的政治参与具有很大的价值,因为个人自主是最高的善,且如果不进行政治参与,则个人自主将会被摧毁。在拥有私人权利的同时拒绝政治权利,这如同在沙滩上建房,因为一旦监督、批评政府的权利不存在,则所有其他权利也将荡然无存。在这种论述中,个人自主本身即有其价值,而政治参与只是作为达致目的之手段才有价值。

然而,为了完整地理解贡斯当之现代自由理论,我们还需提及相反的因果关系,即**有效的政治参与有赖于个人自主的存续和繁荣**。这是他从法国大革命吸取到的重要教训之一。如果当局能说服轻信的公民为了分享一份政治权力而放弃个人自主,他们也能很快地剥夺这种权力分享。"要求今天的人们,像过去那样,为了政治自由而放弃他们所有的个人自由,是剥夺他们个人自由最稳当的方法,并且一旦这种结果出现了,就可很容易地剥夺他们的政治权利。"③

到目前为止,概括地说,现代自由如同一个复杂而相互紧扣的系统,在这个系统中,两种判然有别的自由形式相互提供支撑。

但这并不是贡斯当关于这一主题所做的最后定论。诚然,他以一种对政治参与和传统观点截然不同的论述结束了其1819年的演讲。政治参与不是保护个人自主免遭不受监控的权力蹂躏之工具,而被视作公民道德教育之载体。投票的权利为公民自身的政治教育提供了动力。以他们不具有理智地运用选举权的知识为理由而否认公民的选举权,其实是误解了能力和机会之间的关系。人们不会去发展他们知道永远没有机会去实施的能力。例如,法国公民或许被认为不具有当好陪审员的能力。但这只是一种暂时的现象。一种制度,诸如陪审团审判制或投票权,如果它在本质上是善的,则将很快变得有益且合适,"因

---

① Benjamin Constant,"The Liberty of the Ancients Compared with That of the Moderns," p. 326.
② Ibid.
③ Ibid., p. 323.

为通过制度本身,该民族会获得它之前所缺乏的那种能力"①。

制度不是简单地束缚统治者,它还能激发公民之潜在才能,并让他们解决共同问题的观点,是贡斯当的积极宪政主义的一个实质性的洞见。他说,投票权号召公民"通过他们的选票,为权力的运行做出贡献","通过表达他们的观点"保障他们"控制和监督的权利"。这里我们又回到了贡斯当的那个观点,即人类的欲望是社会组织之产物。但这里,至少间接地,他修正了他的决定论观点,即人类无法选择他们所能欲求的自由类型。通过保障政治权利,制宪者可以激发公民在政治上训练自己,并且"使得公民既有欲望又有权利来完成这些职责"②。通过操控环境、为大多数公民提供参与分享政治权力的机会,制宪者可以巧妙地规避环境的限制。他可以创造出参与政治权力的欲求,即可以引导现代公民把政治权力之行使看作是现代自由实质上的而非仅仅是工具意义上的一部分。

到此为止,尽管大体上准确,但我的复述淡化了《古代人的自由与现代人的自由》最后一部分的辞藻过分华丽的特征。贡斯当以一种令人意想不到的大转变所突然论述的是,政治参与值得推崇,不仅因为它是幸福的保障,更因为它是通向某种更高尚东西之途径:"政治自由是上天给予我们最有力的、最有效的自我提升的手段。"③选举、批评政府的权利将提升"最大数量的公民至最高的道德水准"④。但是,通过赋予所有公民以审视他们自身最珍视之利益的任务,政治自由扩展了他们的精神,使他们的思想变得高尚,从而使他们的国家变得前所未有的伟大。政治权利将引领所有阶层和职业的人们离开他们的工作场所,引导他们去做出理智的选择,满怀激情地抵制所有的权力滥用,识破统治者的谎言,勇敢地面对危险,高贵地拒绝掌权者的甜蜜诱惑。由此而产生的强烈且真诚的爱国主义,将使乡村和城镇都充满生机活力,如此等等。

因而,通常是不抱幻想的贡斯当,究竟为何会选择以这种特别的方式来大肆渲染政治权利的种种积极后果呢?

---

① Benjamin Constant, "Reflexions sur les constitutions," in *Cours de politique constitutionnelle*, Vol. 1, p. 235;贡斯当关于陪审员制度作为法国人道德教育的一个动因的论述,参见 Benjamin Constant, *Cours de politique constitutionnelle*, Vol. 1, p. 238。
② Benjamin Constant, "The Liberty of the Ancients Compared with That of the Moderns," p. 328.
③ Ibid., p. 327.
④ Ibid., p. 328.

五

贡斯当的观点,即认为人们只能欲求适合于他们所处的社会环境的那种自由类型的观点,如果按照其字面意思去理解,是无法解释大革命期间那种已然失败了的、试图在当时复兴古代自由的努力的。在拿破仑和复辟时期不断重现的贡斯当最重要的道德训诫是:**遵循时代精神**!毫无疑问,如果它会自动被人遵守,则这条训诫是多余的。事实上,对贡斯当而言,敦促他的同代人适应时代而调整自己的目标,是大有意义的。因为他们习惯性地,或至少是经常性地,拒绝这样做。易言之,他自身的论述立场表明了时代错置式(anachronistic)欲望的内在诱惑力,以及时代精神对于政治想象的控制是脆弱无力的。人类自由表面上应包括欲求一种与个人所处的社会环境既不相适应又无法持久的那种类型的自由。

贡斯当之后的欧洲历史没有确证他的预言,即商业将取代战争,民族情感的弱化和"各民族间的交流"①已使得所有欧洲人都成为同胞,他们不会再有相互摧毁的那种自杀性集体主义。那么,为什么战争和民族主义虽然表面上与所谓的现代精神不相容,但仍然蓬勃发展呢?

好战的民族主义也许代表着对现代文明中最令人感到心理困扰的方面之一的逃脱,即由于世俗化进程剥夺了各种神秘力量,个体在心理上产生了长期的不确定性;而在早期,这些神秘力量会稳固和引导他们的理性。贡斯当通常将现代称为"法律协定的时代",他的意思是,这在人类历史上是首次法律协定以独立的"身份"存在,而没有与偏见和迷信崇拜相混淆,并靠它们来支撑。"只有在人类不再承认神圣权力的今天,他们才单独依赖自己的理性,且仅仅承认作为与其邻人理智交往之结果的协定。"②现代是一个充满怀疑主义、不确定性和自我怀疑的时代。信仰的唯一基础是存在于会犯错的个人之间的对抗性程序,以及自由而公开的辩论。这就是为什么说,被控诉者能在公开的法庭上就起诉的证据进行质疑的权利是现代自由的基石。

---

① Benjamin Constant,"The Liberty of the Ancients Compared with That of the Moderns," p. 316.
② Benjamin Constant, *De la perfectibilite de l'espece humaine* (Lausanne: Editions l'Age d'Homme, 1967), pp. 63-64.

但在某种程度上,不确定性和自我怀疑也是一种主观性的痛苦。贡斯当终生关注的话题之一,也是他会以某种怀疑的眼光看待他在苏格兰学习过的那种政治经济学的心理假设的主要原因之一,即人类的欲求具有非条理性和非持久性特征,他有时称之为心智的不一致性或心智的矛盾性。正如他曾写道:"每个人的心里都有一个联盟,即一场内战。"①人类总是在同一时间对同一事物,秉持既想又不想的态度。② 因而,人们无法通过满足自己的欲求来实现幸福或个人福利的最大化,因为他们的欲求具有不可避免的反复无常性。③

贡斯当重视艺术与宗教,除了其他原因,还在于它们帮助人们摆脱了内心令人焦虑的不稳定性和混乱的无条理性。他不想政治担当同样的功能,这不言而喻。恐怖统治已让他明白将自我超越的冲动政治化所带来的种种灾难性后果。这就是为什么在政治领域他重"形式"轻"实质",而在宗教与艺术领域,他重"实质"轻"形式"。贡斯当用以反对种种将自我超越的冲动政治化努力的冷酷和无情,恰恰反映了这些种种尝试的冷酷与无情。社会环境可能会教导人们珍惜个人**幸福和私人享受**,但由社会危机和革命性的话语(revolutionary rhetoric)所激发的深层次的心理动因,可能会导致人们放弃他们认为是可望不可即的东西。

六

贡斯当在演讲开始时所给出的关于现代政治权利的论述,使得《古代人的自由与现代人的自由》结尾处关于现代国家中的政治参与具有提升道德潜力的论述,看起来让人很吃惊。以下就是他最初指出的那种对立:"在古代,每个人分享国家主权绝不仅仅像我们今天那样是一个抽象的假定。每一个人的意志都有真正的影响:行使这种意志是一种真实的、不断重复的乐趣。"④身处大众选举中的现代选民正确地认识到他们无法对选举结果施加任何个人影响。"个人

---

① Benjamin Constant, "Lettre'a la citoyenne Nassau, nee Chandieu (1 February 1796)," in Dora Melegari, ed., *Journal intime de Benjamin Constant et lettres a' sa famille et a' ses amis* (Paris: Paul Ollendorff, 1895), p. 250.

② Benjamin Constant, "Cecil," in Alfred Roulin, ed., *Oeuvres* (Paris: Gallimard, 1957), p. 179.

③ Benjamin Constant, "Reflexions sur la tragedie," in *Oeuvres*, pp. 921-922.

④ Benjamin Constant, "The Liberty of the Ancients Compared with That of the Moderns," p. 316.

淹没在广大民众之中,他几乎从来感觉不到自己的影响。"[1]现代公民的个人影响完全消融在诸多平等的以及更重大的影响之中。"他的主权是有限的,而且常常被中止。"[2]这使我们回到最核心的主题。

现代选民明显不具有影响力与现代告密者拥有不正当的影响力,令人尴尬地形成对比。就对事件发展过程的影响而言,将选票送入投票箱远不及给警察发送一封匿名的告密信的影响来得大。将同胞送上断头台,是生活在大型社会的现代公民所能重新体验作为重要人物的少数几种方法之一。"在斯巴达与罗马,即使最卑微的公民也有权力。而英国或美国的普通公民却并非如此。"[3]这个分析是对的,除非现代公民恰巧成为一个告密者。他的告密行为将"在他自己的眼中,证实他在公共生活里的作用",因而给他提供了古代自由的一种遥远的回声。对于告密者,人们甚至可以说:"每一个人的意志都具有真正的影响。"[4]

在贡斯当的指引下,我们在这里无意中的发现,很可能是极权主义诱惑的一个重要的心理层面。现代暴君究竟是如何说服——而不是强制——他的奴隶自称是自由的呢？一种方法是提供一种明显的心理上的益处。披着自由外衣的各种现代暴政,也可能会利用那种通过"参与"集体决策来感受个人影响的前现代的欲求,而无论这种参与是如何秘密地进行。对遭到痛恨的个人进行流放的做法,处于古典共和主义的中心。这种做法本身,可能就是对更原始的个人牺牲的做法的一种遥远回应,而这意味着在现代社会中对古代自由之残留的呼吁。基于一时的兴致而进行流放的权力,是使得古代自由成为"一种真正的、可重复的乐趣"[5]的原因之一。允许"对他们的代议员行使一种积极而持续的监视"[6]的现代政治权利,已无法提供这样一种满足感。

在压迫的情况下,现代告密行为,是一种私人化了的流放制,是不负责任地行使权力。告密者把主权者的权力(sovereign power)的某个片段私有化了。恶意告密所触发的惩处,既不用提供惩处的理由,也不允许对惩处做出任何形式

---

[1] Benjamin Constant, "The Liberty of the Ancients Compared with That of the Moderns," p. 316.
[2] Ibid., p. 312.
[3] Ibid., p. 314.
[4] Ibid., p. 316.
[5] Ibid.
[6] Ibid., p. 326.

的法律辩护。"告密内容是否真实,对他们来说无关紧要。"①并非所有的现代公民都对他们的"主权"受到严格限制,并几乎总是被中止感到满意。为了克服无助和被动的感受,他们时代错乱般地欲求那种可以使用公共权力去打击他们憎恨的人的自由,而古代人就充分地享有这种自由。这就是为什么对古代自由的怀旧感,可以为现代暴政提供援助和便利的根本原因。现代告密者大概会对他的告密行为所产生的直接影响感到满足,同时在他的个人重要性想法中得到"充分的补偿"。

我们应如何解释贡斯当做出的那个奇怪决定,即决定用那个夸张的言论——"政治自由是上天赋予我们的最有力的、最有效的自我提升的手段"——来结束他的1819年演讲呢?这个问题之所以会困扰我们,可能是由于贡斯当最初的坚称,即在现代社会,选民的权力总是"一个抽象的假定"②。如果是这样的话,在现代社会,政治参与又如何成为道德演进的一条途径呢?本文探讨了一个可能的答案。贡斯当在演讲结尾处对政治参与的颂扬无意中承认:现代社会产生了一种对个人影响力的渴求,而令人沮丧的是,穷尽现代共和国的所有优点,它也无法像现代专制政体那样能够满足这种渴求。

---

① Benjamin Constant, *Recueil d'articles 1820-1824* (Geneva: Droz, 1972), p. 320.
② Benjamin Constant, "The Liberty of the Ancients Compared with That of the Moderns," p. 316.

财产权与正义

· 书 评 ·

贤能支配的反现代方案

——贝淡宁"贤能支配"论剖析

陈 伟[*]

改革开放以来,中国的现代化事业取得了极大的进展,其经济上的成就令世人瞩目。在政治体制改革和政府治理方面,也涌现出了诸多有益的探索。关于中国政治发展的理想目标,学者纷纷做出自己的展望与设想。在诸种设想中,加拿大学者贝淡宁的"贤能政治"论,自成一派,颇具特色。因其著作冠以"中国模式"(China Model)之名,以英文首先在国外出版,且直接批判西方主流民主信仰,故而出版之后,一时颇受关注。[①] 在汉语世界,贝淡宁的观点,也引起了一定反响。[②] 贝淡宁曾在中国学界,特别是在儒学圈,甚为活跃。他的著作早

---

[*] 陈伟,中国人民大学国际关系学院副教授。

[①] 围绕贝淡宁《贤能政治:为什么尚贤制比选举民主制更适合中国》一书的专题笔谈,包含了何包钢、Leigh Jenco、Andrew J. Nathan、Victoria Tin-bor Hui、Lynette H. Ong、Thomas L. Pangle、Joseph Wong 等多位学者的观点。见于"What Exactly Is the Chinese Ideal," *Perspectives on Politics*, Vol. 14, No. 1, 2016,另有评论参见 Peter Mattis, "The China Model: Political Meritocracy and the Limits of Democracy," *Cambridge Review of International Affairs*, Vol. 29, Issue 1, 2016。

[②] 刘京希认为,贤能政治尚人治,反民主,无法解决权力的来源和制约的问题。贤能政治是一种政治精英主义。建设民主与法治,必须破除对贤能政治的迷思。作者指出,要寻找政治"贤能",必须依赖民主。刘文基于现代情境对儒学的批驳,颇为恰当。但问题在于,他对民主的概念未有清晰的界定。依赖民主寻找贤能,并不能让人信服。因为二者是对立的。刘京希:《构建现代政治生态必须祛魅贤能政治》,《探索与争鸣》2015 年第 4 期。张文波认为,贤能政治的本质是人治,其问题包括:反启蒙,不利于公民观念的培育;极易演变为强人政治,缺乏可持续性;回避了官员自利问题;鼓励官本位,滋生潜规则;缺乏可操作性,容易陷入不可证伪的逻辑怪圈;重视"实质正义",忽视民主程序的重要价值。张文从捍卫启蒙的角度批驳贤能政治论,不乏其意义,但问题在于,在贝淡宁那里,民主制、贤能制,并不与法治相冲突。也就是,贝淡宁关心的,不是人治与法治之间的区别,而是哪种机制更利于选出优秀的统治者。作者最后主张"协商民主"而非"一人一票",这等于是接受了贝淡宁对一人一票选举民主的批判,如此便大大降低了文章对贝淡宁的批判力度。不过,张文的论战对象主要不是贝淡宁。张文波:《贤能政治的诱惑及其不可欲》,《探索与争鸣》2017 年第 2 期。

有人关注。"贤能政治"一语,也曾得到某些学者的采用。①

诚然,贝淡宁的著作确实涉及了很多政治的基本问题以及中国政治发展中面临的难题。他的探讨无疑有其意义,作为一位海外"中国通",他关于中国问题的见解常常是有趣的。然而,笔者要指出的是,他的主张在最核心的方面充满着内在的悖谬,其立论并不能令人信服。在本文中,笔者首先要阐明贝淡宁的基本主张,力求准确把握其思想要点,以避免在误解或曲解的基础上做无效的批驳。之后,笔者将指明贝淡宁的议论中的谬误、局限之处。最后,笔者还要将贝淡宁的学说置于世俗与反世俗、现代与反现代的框架中予以考察,以凸显贝淡宁理论的实质。

一、贤能支配,而非贤能政治

"贤能政治"的英文为 Meritocracy,该词亦有人译为"优绩主义"②"优主主义"③。"贤能政治""尚贤制"的译法并不准确,它给这一原本中性的术语赋予了褒扬的色彩,从而增强了它的迷惑性。实际上,作为一种非政治的支配体系④,它应被译作"贤能统治"或"贤能支配"(在本文中,有时出于行文方便,简称贤能制)。在西方,"贤能支配"一词主要指这样一种主张:在社会机会与经济资源分配方面,相对于家庭出身等外在因素,个人能力及努力程度应当是最根本的标准。在当代西方围绕罗尔斯的分配正义理论展开的政治哲学讨论中,贤能支配论也拥有一席之地。贝淡宁指出,他虽然甚为同意经济"优绩主义",但他的《贤能政治》一书讨论的只是政治"优绩主义",亦即只涉及按照贤能原则

---

① 在《贤能政治》一书问世之前,国内学界即有"贤能政治"的提法。这可能是源自贝淡宁更早的中译著作。但国内学者用此术语,含义与贝淡宁使用该词时的本义颇为不同。他们或用于描述儒家(古代中国)政治理念——"选贤与能",精英治国,以区别于民主,或把它等于"人治",以区别于法治。例如,杨国荣:《贤能政治:意义与限度》,《天津社会科学》2013 年第 2 期;谢균举:《中国古代贤能政治与民主政治的混合和开新》,《长安大学学报》2013 年第 6 期。

② 刘擎:《儒家复兴与现代政治》,载《儒家与现代政治》,联经出版事业股份有限公司 2012 年版,第 207 页。

③ 尹伊文:《贤能政治与中国改革:基于西方精英主义理论的思考》,《文化纵横》2016 年第 3 期。作者承认优主主义在后发国家现代化过程中的作用,但他指出,必须考虑如何防止优主集团变为劣主集团。

④ 关于政治与支配的区别,参见陈伟:《阿伦特与政治的复归》,法律出版社 2008 年版,第 76 页。

分配政治权力。① 论证贤能支配之优越,并非贝淡宁的首创。新加坡一党威权统治时期的官方理论工作者早有贡献。贝淡宁的不同,在于他将之运用于对中国治理经验的理论概括。贝淡宁认为,西方民主制可以用"一人一票"(one person, one vote)来概括,这种投票民主使得不合格的人担任了政治领袖。这些人只知讨好选民,没有长远目光,又缺乏丰富的政治经验。而在一个理想(贝淡宁讲的是理想状况中的贤能制,并非现实中的贤能制)的贤能支配政体中,优秀的、有经验的政治领袖将被提拔出来。他表示,中国如果搞一人一票式的选举,选出的政治家搞不清朝鲜与韩国的区别怎么办?

贝淡宁发现,中国学界许多人并不支持一人一票。中国知识界对一人一票的反对程度,甚至超过贝淡宁自己。相反,贝淡宁并不否定西方选举民主制的好处,也不认为中国选民素质低于国外选民平均水平。但他提醒人们,我们应当正视还有别的选择领导者的方式。当以中国经验为基础提出贤能支配制时,他也并非无条件地支持这一政体。他认为,两种政体,皆有其不足。贝淡宁列举出的民主的不足为:多数派暴政、少数派暴政、全体暴政、竞争性个人主义暴政。② 贤能支配的问题则有:滥用权力而产生的腐败问题;等级固化、体制僵化;合法性问题,即很难向独立知识分子以及体制之外的人论证该制度的合法性。③ 贝淡宁说:"如果按照广泛认可的好政府的标准来衡量,选举民主不一定比贤能支配制表现更好。至少,中国式的贤能支配可以被视为宏大的政治试验,它拥有纠正选举民主缺陷的潜力,外人应鼓励这种试验而不是希望它失败(更不要提旨在增加这种失败可能性的、鼓动'亲民主'的外交政策了)。"④ 而尚贤制的不足,他说,除了政权合法性问题必须通过民主方式来获得,其余皆可用民主以外的方法来解决。由此,对贝淡宁来说,理想的体制便是调和民主制与贤能支

---

① 〔加拿大〕贝淡宁:《贤能政治——为什么尚贤制比选举民主制更适合中国》(吴万伟译),中信出版集团 2016 年版,第 xxxiii 页。
② 同上书,第 9 页。令人惊讶的是,贝淡宁将民主制(democracy)完全等同于暴政(tyranny)。他列出的民主制的几种不足,实际上不过是一个障眼法。他想告诉人们,民主制横竖都是暴政。必须指出的是,贝淡宁将西方自由主义民主等同于暴政,无异于混淆黑白。西方自由民主政体,并不能等同于贝淡宁所说的一人一票选举民主制。西方宪政设计,既包含一人一票选举的部分,又有其他重要的政治制度,如独立的司法权威、文官中立常任制度、陪审团制度、自由新闻制度,等等。
③ 同上书,第 97 页。
④ 同上书,第 48 页。

配制。① 他的建议是:基层民主,中间试验,上层尚贤(Democracy at the bottom, experimentation in the middle, meritocracy at the top)。发展基层民主,贝淡宁并不满足于目前中国农村的村委会主任直选,他主张将之扩展到乡镇一级(当然,这样的改革方案在中国曾经有尝试,但目前已经被否定)。对于上层,他认为采用贤能制即可,至于历史上与贤能原则相悖离的状况,他只字不提。贝淡宁提的建议,都不要求对中国体制做出任何实质性变动。他并不否认中国现实中存在一些问题,有的问题十分严重,他也主张改革,但他认为,改革的目标是完善既有的贤能制,而非发展投票民主。他认为,中国过去在脱贫、经济发展方面取得的成功,正说明了既有体制的优点。事实上,基层民主,中间试验,上层尚贤,依据贝淡宁之见,正是对中国既有体制根本特征的概括。中国政体,是一种贤能支配制。这种制度,在规范意义上,是最理想的一种制度,因为它兼顾了民主与尚贤两个原则。

贝淡宁向西方人推荐的"有潜力的"中国模式,为何只有这一结果?贝淡宁说,目前中国政府具有实质合法性,虽无投票民主,仍能获得人民的支持。但是,如果不具备这个前提条件,政府就将面临一个两难选择,要么暴力镇压,要么举行全民公决。"毫无疑问,后一种选择更加人道些。"② 表面上,贝淡宁是在为中国既有体制辩护,但最后他得出的结论则是:民主化在中国不可避免,只是民主化的形式与程度和西方国家有所不同。贤能支配制必须以民主(全民公决)为基础,基层乡镇长选举必须一人一票。选举民主,仍然没有避开。如何看待此种首鼠两端、暧昧不清的论调?让我们对他的理论,做出更为详细的剖析。

二、事实的误读与逻辑上的悖谬

贝淡宁在阐发中国模式时,常常在理论与现实之间进行切换。这使得他那些带有预测性的观点不易被驳斥,因为他说的是,理想中的贤能支配制将怎么样,提拔上来的理想政治家将如何如何。但是,当他试图表明西方民主制的问题时,他则迅速回到现实中民主制的某个缺陷。这种对照,是一种"苹果与橘

---

① 〔加拿大〕贝淡宁:《贤能政治》,第131页。
② 同上书,第158页。

子"之间的比较,拿现实的苹果与理想中的橘子进行比较。① 此种策略,反民主理论家历来十分擅长。再者,贝淡宁著作的论证过程,也极不严谨,以致有学者称他的《贤能政治》一书不是典型的政治理论著作,而是一篇将哲学分析与经验分析糅合在一起的政治随笔。② "我的一个朋友说""我接触的清华学生告诉我""以我在中国的生活经验"等个人体验、道听途说之言,充斥全书。这种写作方式严重损害了其论证的力量。他的书中体现了娴熟的论辩技巧,热衷于反讽、辩证,推崇对话体写作,哲人好辩的风格毕现,政治理论家应当具有的严肃性与现实感则十分匮乏。而贝淡宁仅以"我希望它能够创造一种合适的环境进行更亲密、更自由发挥的讨论"③来敷衍对其学术不严谨的指责。贝淡宁的著作,首先包括如下两个方面的问题:

（1）对事实的想象性解释。贝淡宁常称他的政治理论是"情境主义"④的。笔者试列举他理论中若干与大多数国人认知严重相悖的说法。他说,在中国,贤能支配有悠久的历史,近三十年来中国发展方面的成就取决于此。然而历史事实是,选贤与能,尧舜禹禅让,都是儒家编造出的传说。至秦始皇统一中国后,中国进入了官僚统治帝国时期,皇帝自称天子,作君作师,统御万民。举荐或科举考试产生的官僚,皆是王朝统治黎民百姓的工具,不过是拿皇家俸禄而承担必要的治理职能罢了。贝淡宁所说的贤能社会,根本就不存在。故而谭嗣同曾说:两千年中国,皆秦政也。德国社会学家马克斯·韦伯称传统中国为家产制国家。而中国改革开放在经济发展方面的成效,取决于多种因素,绝非实行贤能支配所致。贝淡宁还曾专门写过文章,论证中国改革开放以来农村实行的是"井田制",又引他人研究,认为邓小平的农村改革计划是孟子经济思想的最新版本⑤,此类描述,皆与事实严重不符。

再如,贝淡宁对中国社会中原始的解决问题的做法大加赞扬⑥,所举例子,

---

① 参见 Andrew J. Nathan, etc., "What Exactly Is 'the Chinese Ideal'? A Discussion of Daniel A. Bell's the China Model: Political Meritocracy and the Limits of Democracy," *Perspectives on Politics*, Vol. 14, No. 1, 2016。

② Ibid.

③ 〔加拿大〕贝淡宁:《超越自由民主》(李万全译),上海三联书店2008年版,第329页。

④ 〔加拿大〕贝淡宁:《贤能政治》,第 xv 页;〔加拿大〕贝淡宁:《超越自由民主》,第311页。

⑤ 〔加拿大〕贝淡宁:《超越自由民主》,第224页。

⑥ 〔加拿大〕贝淡宁:《贤能政治》,第230页。

在中国读者看来,常令人喷饭。例如他称自己有一次遭遇车祸,双方在围观路人裁判下和解,赔300元了事,没有惊动警察。这让他觉得西方人讲法律、讲规则太过死板,中国人的土办法很好。全然不顾这种个案,实际上反映了中国人法制意识淡薄。在论及如何克服基层腐败时,贝淡宁甚至推荐明朝万历皇帝的做法——通过"抓阄"任命地方官员。①

总体而论,贝淡宁从未能把握中国共产党作为共产主义政党的特点,徒以传统中国两千年的科举制来比附中国共产党的干部制度,对具有高度组织性、纪律性、看重思想政治工作、政治忠诚的政党,缺乏准确把握,把它仅仅想象成了一个从社会中招纳"统治精英"的组织。此种观点,仅仅在结构—功能意义上把握一个政党,完全不考虑其价值系统,显然不能抓住要害。

(2) 在逻辑层面,贝淡宁的论述中,不乏自相矛盾之处。贝淡宁一方面称中国国家规模大,不适合实行民主制;另一方面却仅仅在城市国家新加坡现代化经验的基础上,论证没有竞争性政党体系与选票民主,同样可实现好的治理。此时,贝淡宁便避而不谈一个城市的治理经验何以运用于中国。而在考虑中国模式对外输出之可能时,他又称越南最合适,全然不再顾及大国经验是否可以运用到小国。一方面,贝淡宁称中国的贤能支配制适合着眼于长远利益的决策,特别是在环保方面,因为提拔产生的中国官员的承诺比投票选举出的政治家的承诺更可信。但另一方面,他却批评道:"我们仍然不知道中国的政制能否更好地应对长远的环境议题。看看我的窗外,北京今天的空气质量特别糟糕,这让我们很难乐观起来。不管怎样,中国似乎采取了一种将更多环境问题推给子孙后代的发展模式。"②这种前后矛盾的表述,在贝淡宁著作中并不少见,它暴露出作者在论证中国模式优越性时遇到的困难。即便如贝淡宁所言,他只是在理想层面论证贤能支配制的好处,然而其所谓的理想状态与现实状态间的反差未免过大,以致于理想之实现几无可能。贝淡宁所谓的"中国模式",即使在规范意义上,也难以成立。③

---

① 〔加拿大〕贝淡宁:《贤能政治》,第102页。
② 同上书,第229页。
③ 参见 Andrew J. Nathan, etc., "What Exactly Is 'the Chinese Ideal'? A Discussion of Daniel A. Bell's the China Model"。

三、没有政治的贤能支配论

上述事实与逻辑方面的缺陷虽十分明显,足以让人对作为中国模式的贤能支配主张生疑,却还不是关键问题所在。贝淡宁的理论,自身就有严重的局限。

首先,贝淡宁着重关注领导者素质,把涉及每个公民的政治问题简化成了谁最胜任的问题,而无视领导现象发生的法律环境,无视现代国家的基本前提,陷入传统儒家政治思维固有的窠臼。

贝淡宁反问:谁不想统治者有智慧,有经验,有美德?乍听起来,这一反问很有道理,然而,一个国家基本政治制度的设计不能建立在空想之上,人们应基于对人性恰当的估计,建立起一个能够预防暴政、保障个人权利与自由的机制。权力导致腐化,绝对的权力绝对地导致腐化。没有制约的权力,必定会被滥用。权力滥用与腐败还不同,腐败是以权谋私,权力滥用则是践踏公民自由,破坏市民社会。并且,没有制约的权力本身会自动集权,它对同级官员的权力也不断侵夺。此为权力本性使然,因为在没有制约的情况下,权力拥有者如不致力于不断累积更多的权力,那么他已有的权力也会丧失。这种积聚权力的竞赛,在没有国家时,是永无止境的。① 孟德斯鸠告诉人们,权力只有在遇到权力时,才会中止其扩张的趋势。故而欲保证个人自由,防范暴虐的政府,就必须以权力制约权力。② 贝淡宁重视政府为民服务,但除了提些口号、要求外,并未给出任何确保政府切实为民服务,而非为领导服务、为自己服务、为利益集团服务的机制。贝淡宁对传统中国的"清官""父母官"、勤政的皇帝、满口仁义道德的"君子"十分着迷,对中国古代常常赈济灾民的传统政府理念十分推崇,却从不提及"文字狱""窦娥冤""杨乃武与小白菜""海瑞罢官""三年清知府,十万雪花银""只许州官放火,不许百姓点灯""八字衙门朝南开,有理无钱莫进来"等故事与民谚所体现出的传统政府无法克服的弊端。张纯明指出,传统中国政治风气表现为名教、倾轧、高调及贪污。他引张君劢的话说,中国官员的特点是勇于私斗,巧于趋避,退有后言,恩怨之私及"通融办法"。③ 备受贝淡宁推崇的科举

---

① 〔英〕霍布斯:《利维坦》(黎思复、黎廷弼译),商务印书馆1985年版,第72页。
② 〔法〕孟德斯鸠:《论法的精神》(上卷)(张雁深译),商务印书馆1961年版,第154页。
③ 张纯明:《中国政治两千年》,当代中国出版社2014年版,第60页。

制,纵然把"贤能"选出,可是一旦做了官,这些"贤能"便迅即同流合污,以免于被排挤出局。人人一心为升官发财,哪有心思服务民众。偶尔遇上一个不错的官员,史书便大书特书,以为清流之典范。

在传统中国社会,按儒家的理念,读书人"学而优则仕",金榜题名,报效朝廷,光宗耀祖,荣归故里,是古代中国读书人的典型理想。他们是帝国内部具有共享文化的知识阶层,与大多数百姓截然不同。但他们不是一个自主的学者阶层,而是文官和文官后备军阶层,实为帝国统治结构的一部分。① 传统中国的教育,并非要探讨自然的奥秘,而是要唤起人的"神性"——培养君子。② 由此,"劳心者治人,劳力者治于人,治于人者食人,治人者食于人,天下之通义也"③。然而,在现代中国,随着教育的普及,识字率的提高,科学技术专业人才群体的出现,从前特定的士人阶层已经消失。自近世英国革命特别是法国大革命之后,"人民"这一概念得以形成,一种自己主宰自己命运的理念便日益流行。在今天的中国,受过高等教育者并不能声称他们有统治他人的天然权利。事实上,从个人禀赋来看,特定意义的人人平等也可以得到辩护。贵族宣扬的高贵血统,种族主义者宣扬的优等种族,皆不能得到科学上的证明。某些人智力或体力上的优势,可以建立起对他人暂时的控制,却不能建立一个长久的合法的政治社会。

着眼于谁能胜任统治,本身即为政治哲学中一个具有误导性的问题。人们不应在肥狼与瘦狼之间选择,而做温顺的绵羊。卡尔·波普尔、以赛亚·伯林都曾批评,围绕"挑选优秀的统治者"这个柏拉图式的问题,误导了政治哲学,由此必然得出由贤能、先进的政党、先进的阶级来统治的结论④,但问题是,我作为个体的活动范围有多大,个人的生命与尊严何以有保证⑤。波普尔说,我们应为最差的统治者做好准备。"民主的重点其实是避免独裁,或者换个说法,避免不自由。避免某种统治模式不是法治。"⑥西方共和主义政治理论更是指出,支配

---

① 〔德〕马克斯·韦伯:《儒教与道教》(洪天富译),江苏人民出版社1997年版,第145页。
② 同上书,第143页。
③ 《孟子·滕文公篇》。
④ 〔英〕卡尔·波普尔:《开放社会及其敌人》(第一卷)(陆衡、张群群等译),中国社会科学出版社1999年版,第228页。
⑤ 〔英〕以赛亚·伯林:《自由论》(胡传胜译),译林出版社2003年版,第190页。
⑥ 〔英〕卡尔·波普尔:《二十世纪的教训:卡尔·波普尔访谈演讲录》(王凌霄译),广西师范大学出版社2004年版,第61页。

体制本质上无论是君主制还是寡头制，都不值得采用，因为它未提供民众参与政治的足够空间，罔顾公民的政治自由。

其次，贝淡宁以民主制与尚贤制来区分政体，最后提出基层民主、中间实验、上层尚贤的"中国模式"，理论上试图兼顾二者，给中国提出改革建议。然而，他的建议，缺乏足够的依据，其立论出发之处便充满谬误。西方自由民主政体（通常所谓的民主制），并非仅仅依靠"一人一票"来支撑；同样，中国既有的统治模式，也绝非"贤能制"可概括。现代政治的前提，是政治统一体的存在。人民拥有制宪权，外人说"你们应该追求自由"或"你们应该放弃自由"，皆无济于事。贝淡宁称东方社会重视实质代表性而轻视形式代表性，此论源自韦伯。① 但韦伯仅将之用于描述传统中国。用于当今，并不合适。而且，轻形式、重实质的现象即使存在，也应当是需要克服的不足，而非由此认定中国人天生不热爱抽象权利与形式正义。再者，国家的特殊性质，使得它强制性的一面从未消失。在这种体系中，个人自由本身就需要捍卫，而捍卫程序是弱者与强权抗争的唯一武器。因为实质正义，是看不见摸不着的东西。其实现往往惊天动地，成本极大。而且，每个人的信仰世界，皆可引出独特的实质正义观念，由此必然导致冲突无法化解。

贝淡宁的贤能支配论本质上是一种素朴的儒家精英论，它以儒家的"和合"文化为基础，排斥了公开的分歧与竞争，教人做"阴阳人"，学会"双重思维"，重视面子，把政治世界中的恶斗隐藏在幕后。这种政府理论，在最理想的状况下，也不过是仁慈的专制主义。它鼓励民众对政府、对"贤能"感恩，要求政府爱民如子，体恤民情。事实上，此种状况，乃因中国历来不存在一个类似于专业慈善组织的教会。政府身兼世俗与精神职能，既要惩恶，也要扬善。此为功能的分化在中国封建统治系统中极不充分的体现。② 在此种制度中，独立的个体无论在政府层面，还是在民众层面，皆难以存在。

最后，贝淡宁钟情的美德论，再次表明儒家难以摆脱的根深蒂固的教育乌托邦主义。几千年的儒家教育并未成功实现培养圣贤的目标。在21世纪的今天，此一幻想又开始复活。贝淡宁推崇的"贤能"，落实到现实中，很可能连讲真话的勇气都没有，却自称承担着赞化天地、教育人民、协和万邦之类的崇高使

---

① 〔德〕马克斯·韦伯：《儒教与道教》，第124页。
② 〔以〕S. N. 艾森斯塔得：《帝国的政治体系》（阎步克译），贵州人民出版社1992年版。

命。儒家思想总有一个错误的倾向,就是喜欢把政治问题变成教育问题。然而政治与教育,虽有联系,却不是一回事。政治世界的逻辑和教育领域的逻辑截然不同。在解决世俗政治世界的问题方面,教育无能为力。贝淡宁津津乐道于儒家文化发源地山东曲阜的公立学校中儒家经典学习实验项目。然而,孔孟之乡的官员的廉洁程度、政府治理水平、市民道德状况与其他城市并无明显差异。

儒家提倡讲信修德,选贤任能,似乎没有错误。又提倡有德者王,忠孝节义,似乎也很正确。然而何为德,何为孝,对此类道德概念,从无固定解释。霍布斯即言,同一个事情,在不同人的眼里,可以导向相反的看法,并不存在明确的德可以衡量一切行为。① 他说:"旧道德哲学家所说的那种极终的目的和最高的善根本不存在。"②在支配体系下,道德沦为统治工具。它剥夺了道德主体的自由。而那种儒家式的克己、慎独,对人的要求极高,它对现代社会的人来说,殊难接受。传统中国还有一个现象,就是"挂羊头,卖狗肉",讲一套做一套。传统中国的孝道强化着家长的权威,仁义道德不过是强求人们逆来顺受。"礼教杀人",并非杜撰。儒学包含治国理念,却不包含变革体制的理念。一切皆在王权下展开。孔子本人一日无君,就惶惶如丧家之犬。在所谓的贤能支配制中,这些人只不过是表现得有"德"。而这种"德",绝不包括自立、自强与正义感,否则早已被淘汰出局。贝淡宁欣赏的经验丰富、擅长社交的人,不过是一种圆滑世故、老谋深算的旧官僚罢了。

四、左派儒学与反世俗浪潮中的贤能支配论

贝淡宁的贤能统治论,其理论渊源可溯及约翰·斯图亚特·密尔。此外,传统儒家基于君臣父子关系阐发的贤能治国论,被嫁接到了村民自治以及全民公决的基础上。贝淡宁支持女性从政、增加女干部比例(特别是政府高层女干部的比例)的主张③,对一人一票的批评以及对社会主义(政府关心穷人与弱势群体的物质福利)政策的认可,皆与密尔一致。特别是在男女平等方面,贝淡宁对传统儒家重男轻女的思想进行了改造。他的理据,一方面是密尔的学说,另

---

① 〔英〕霍布斯:《利维坦》,第37页。
② 同上书,第72页。
③ 〔加拿大〕贝淡宁:《贤能政治》,第83页。

一方面源自"妇女能顶半边天"的主张。他认为毛泽东思想中很重要的一点就是"男女平等"。① 贝淡宁抛弃了密尔学说的个人主义基础,代之以一种儒家集体主义学说,这种学说,并不明确区分个人、家庭、社会与国家。在价值关怀上,他首推儒家的仁爱,而非密尔讲的自由。他的学说,是一种杂糅儒家、密尔主义与共产主义的学说,是一种剔除了个人主义的精英论。在政治精英主义与民主主义之间,他更重视前者,而视民主为支持精英统治体制迫不得已采用的一种手段。当他以传统中国的儒家学说为资源,以当代中国的治理经验为现实模型,来构想一种异于西方自由民主政体的中国模式时,其学说中密尔式自由主义的因素便被大大地稀释乃至否定了。贝淡宁自己也承认,他在不断地依据中国政治的"现实"修改其想法。

在贝淡宁的理论图景中,中国贤能支配模式的成功是与儒家复兴联系在一起的,儒学以及中国模式,皆将因此而走向世界。不难看到,晚近以来儒学的提倡者已不再满足于将儒学放在文化博物馆里,或者视儒学为失去了社会基础的"游魂",而是信心满满地要在实践中推广它,宣传它,希望说服政府,借文化政策来复兴儒学,还提出改造国体,设"通儒院",立孔子后代为衍圣公,搞天子祭天之类,使中国政治体制完全"儒家化",又想象着将儒教定为国教。② 贝淡宁的方案,也属此类。③

政治儒学繁盛于汉武帝时期。自宋明以后,中国转而向内求索;儒学吸收佛教思想甚多,外王的抱负丧失殆尽;儒生气节全无,其理想不过是在专制王权下谋得一官半职。儒家思想有限的内在的超越与紧张,并未对帝国政治制度的改进产生多少积极的影响,遑论革命。章太炎曾言,中国古今尊孔,皆是阳尊阴黜,名尊实辱,"忘其所以当尊,而以不当尊者举之"④。高度同情儒

---

① 〔加拿大〕贝淡宁:《超越自由民主》,第310页。
② 蒋庆的三院制政体中,其中有一院叫"通儒院",其他两院叫"国体院""庶民院"。蒋庆:《政治儒学》,生活·读书·新知三联书店2003年版,第170页。蒋庆认为,儒家作为国教是中国历来的传统,并非他的主张,参见范瑞平主编:《儒家社会与道统复兴:与蒋庆对话》,华东师范大学出版社2008年版,第62页。
③ 孔子与孟子的学说中本来也包含有反抗暴政苛政的主张以及捍卫人间"浩然正气"的精神。孔子对无道与有道有明确的区分;孟子有对民贼的谴责。儒家的仁爱学说,包含了对残酷的批判。然而,当今复兴儒学者,多不提孔孟学说中的这类主张。
④ 黄绍衡:《从孔子精神清算"尊孔"》,载《中国传统思想之检讨》,上海三联书店2014年版,第106页。

学的学者方东美指出,自秦以后,儒家原初具有的革新、自由精神早已泯灭。大儒、雅儒不复存在,俗儒、庸儒乃至江湖骗子充斥,儒学蜕变为利禄之学,成了皇权统治的意识形态工具,用以粉饰独断王权,钳制士人思想。① 刘邦造反成功后,儒生叔孙通主动提出教功臣以朝拜之礼,令刘邦终于体会到了做皇帝的美妙感觉。此一情节,正是儒家礼治与一家一姓的皇权统治狼狈为奸、相互为用的证明。再如,洪秀全领导的太平天国运动,初奉拜上帝教,号召破除偶像崇拜、帝王崇拜,要求敬拜独一无二人间大共之主,发起现代革命的第一次运动,直至定都金陵。太平天国后期忠王李秀成主政时,对追随者拜上帝教信仰纯洁性的要求放松,宣称"孔孟之书不必尽废",向旧政权的意识形态——儒学妥协,终至败亡。近代以来,科举被废除之后,先后祭起儒学大旗的有袁世凯、张勋、蒋介石。对儒学的一种态度,叫"戊戌态度",其立场是托儒学之名,推进改良;另一种态度,对儒学予以激烈批判,主张"打倒孔家店",如吴虞称"儒术之弊,专制之祸,使一部二十四史脓血充塞"②,被称作"五四"态度③。西学东渐,促成了中国的现代革命。无疑,中国革命因发生在儒教中国,自然具有它自身的特点,此即艾森斯塔得所说的因轴心文明之异而呈现的多元现代性。④ 然而,更为重要的是,"十月革命一声炮响,给我们送来了马克思列宁主义",从此中国革命发生了天翻地覆的变化。中华人民共和国由此诞生。此后,儒学与孔子也一度在否定之列。贝淡宁提倡所谓的"左派儒学"或"儒家社会主义"⑤,既无历史经验也无当代实践的依据,在规范层面,亦难以成立。然而,意识形态纷争尚是其次,关键是政治世俗化必将消解传统主义与宗教。世俗化时代政权存在的一个奥秘,是它并不需要教会的支持,而教会的存在,却有赖于政府提供的物质条件与和平环境。

不过,21世纪以来的一个重要现象是,西方世俗化的原则正在遭到质疑。

---

① 方东美:《方东美先生演讲集》,中华书局2013年版,第222页。
② 黄绍衡:《从孔子精神清算"尊孔"》,第114页。
③ 林砺儒:《对于传统思想的几种态度》,《中国传统思想之检讨》,上海三联书店2014年版,第21页。
④ 〔以〕S. N. 艾森斯塔特:《反思现代性》(旷新年、王爱松译),生活·读书·新知三联书店2006年版。
⑤ 〔加拿大〕贝淡宁:《儒家学说与社会主义的和解?——中国传统的复兴》,载范瑞平、洪秀平主编:《儒家宪政与中国未来:我们是谁? 我们向何处去?》,华东师范大学出版社2012年版,第237页。

政治神学有复兴之兆。① 在此语境下看,中国的儒学复兴,与伊斯兰世界的保守运动、西方世界基督教复兴运动,不过是反世俗化的不同表现而已。然而,它们各自的意涵与后果是极为不同的。在西方发达国家,它只不过是一种保守主义的回潮;在发展中国家,它则意味着传统主义对现代化进程的阻碍。就贝淡宁的研究来说,他的贤能支配论、中国模式论,不过是他长期以来对自由主义批判的进一步推进。这一事业,在过去表现为社群主义对自由主义的批判,现在则表现为左派儒学对自由主义的批判。

五、结 论

贝淡宁依托于儒家思想及传统中国实践而概括出的贤能支配模式,根本无力回应中国现代化的要求。现代化之第一要义是工业化,另外,现代化也要求经济的持续增长(不仅仅是富裕)。② 儒学要复活,除非中国倒退到缺乏分工、自给自足的农耕时代。而建立在古人教诲之上的规约、箴言,常可作多个方向的解释,根本不足以处理现代市民之间的复杂纠纷。在今天,相信"半部《论语》治天下",无异于痴人说梦。就政治制度而言,儒学古代没有、现代更没有提供精良的制度设计建议。现代市场经济的发展要求理性化的行政管理与司法体制,要求政府行为可以预期,要求对个体自由与财产权的保护。然而,以道德语言包装起来的贤能支配,徒增企业、社会与政府之间互动的交易成本,根本不利于大范围内公民之间的合作。贝淡宁希望的"高层尚贤"听起来不错,足以避开民粹主义、新手当政,但它的前提是社会政治利益永不出现分化。然而这样的前提,无论在现实中,还是在理论上,均不存在。

再者,贤能体制实践起来,必将使一国陷入长期停滞的局面。一方面,将大批优秀人才吸引到政府系统,不过是重蹈官本位的覆辙。③ 这种体制越成功,则创新、发展将越困难,因为整个社会资源向政府集中,人才向政府里集中,社会与市场则会日趋萎缩。贝淡宁仅仅基于西方经验,担心会出现优秀人才对担任

---

① 〔美〕马克·里拉:《夭折的上帝》。
② Ernest Gellner, *Conditions of Liberty: Civil Society and Its Rivals* (Allen Lane: The Penguin Press, 1994), p. 31.
③ 从人才向政府集中及官本位复活的角度驳斥贝淡宁的贤能支配论,另可参见张文波:《贤能政治的诱惑及其不可欲——兼与唐皇凤、越吉先生商榷》,《探索与争鸣》2017 年第 2 期。

公职冷漠的状况出现。密尔早就指出,在西方社会,人人都是创新的中心,而在传统中华帝国则因思想的统一、个性的缺乏,很早就处于停滞的状态了。贝淡宁推崇的密尔曾提醒当时的英国人要以传统中国为前车之鉴。①

  对于一国政体之设计来说,与其高调地尚贤,不如切实地防止作恶。与其让贤能支配,不如自己做自己的主人。在"天道""王道""贤能支配"等名词的掩盖下,西方反现代学说借着儒学的尸壳,沉渣泛起,兴风作浪。对于现代化进程中的中国来说,实为一大障碍。

---

① 〔英〕密尔:《论自由》(程崇华译),商务印书馆1959年版,第77页。

通过修辞理解政治
——评胡传胜的《公民的技艺：西塞罗修辞学思想的政治解读》

刘沐恩*

如何理解政治？如何理解人类政治生存的经验？卡尔·施米特关于政治就是区分敌友的论断简洁而令人印象深刻，但是当我们听到汉娜·阿伦特说政治是公民以言行就重大议题进行协商讨论的活动时，似乎更能唤起参与公共生活的公民意识。① 她对政治生活中"言""行"的强调使我们想起古代城邦公民理解政治的方式。"言"表示在公共场合公开表达自己的观点并为之辩护，"行"表示用实际行动参与公共生活。实际上，"言"本身就包含着"行"，"言"也是政治生活中更实质的部分。而关于"言"的学问便是一种公民修辞学，这种修辞学在启蒙运动时期由人文主义者发掘并发展，而他们对这种公民科学的理解，大都源自擅长古典雄辩术的理论家，尤其是罗马共和末期的西塞罗。②

西塞罗以他的"言""行"践行着公民责任，被当时的城邦公民称为"国家之父"，并作为罗马共和的伟大捍卫者而留名后世。我们可以通过西塞罗去理解罗马共和时期的政治状况，去理解共和政治经验下的政治符号，从而获得对政治更丰富的体认。后世对他的研究从文艺复兴时期重新开始，以启蒙运动时期为盛。当时的人文主义者纷纷研习西塞罗修辞学并运用到实际政治中。当代

---

* 刘沐恩，德国埃朗根—纽伦堡大学政治系博士研究生。
① 陈伟：《汉娜·阿伦特的"政治"概念剖析》，《南京社会科学》2005年第9期，第40—50页。
② 〔英〕昆廷·斯金纳：《霍布斯哲学思想中的理性和修辞》（王加丰、郑崧译），华东师范大学出版社2005年版，第4页。

的共和主义复兴更是为西塞罗研究提供了契机与动力。西方学术界不乏研究西塞罗思想的著作,反观国内对西塞罗的研究则停留在译介为主的阶段。胡传胜的《公民的技艺:西塞罗修辞学思想的政治解读》既是响应当代共和主义复兴之势,即通过研究西塞罗的修辞学著作与实践展示西方共和思想的重要尝试,也为国内学术界研究西塞罗思想做出了开创性贡献。这本书共六章:第一章详细勾画西塞罗生平,作为下文的讨论背景;第二章至第四章是对西塞罗主要修辞学著作的文本分析,涵盖西塞罗主要的修辞学著作如《开题》《修辞学的划分》《论演说家》《演说家》,主要探讨了修辞学体系、修辞学与城邦的关系、"两边论证"观念、理想政治家、政治演说与自由等重要问题;"第五章至第六章是对西塞罗的修辞实践的讨论,力图展示罗马政治辩论的现场"①。其中,西塞罗的演说词形式多样,内容丰富。尤为值得一提的是书中针对喀提林阴谋中相关人物演说词的历史与文本分析。喀提林阴谋是作为政治家的西塞罗所处理的最重要事件,也是主要政治人物展现"言""行"政治的绝佳案例。作者以一种语境主义的方式还原罗马共和政治现实,让人印象深刻。

修辞术(rhetoric),及其口头表达的演讲术在现代社会运用领域宽泛,以展示自己的主张,体现现代人的理性精神。而在罗马共和时期,修辞通过"言"来说服别人;人能够被说服表明人与人之间是平等的生存关系,也透露出人是有理性的,因为人是讲理也服理的。② 就此而言,无论古今修辞术都包含理性的平等人的含义。按照亚里士多德的经典定义,修辞术是"说服的艺术"。说服意味着证明自己、反驳对方,因此修辞术的确切意思是"辩论的技艺"。古典修辞术专指政治生活的技艺,甚至就是政治生活本身。③ 就场合或演说的主题而言,古典修辞术有三种类别:展示型演说(赞扬或责备)、审议型演说(公民大会、元老院讨论政务)、司法性演说(法庭代理人)④,体现古代城邦公民追求荣誉的德性。在希腊罗马时代,修辞术教育是青年教育的常规内容,目的是竞选公职,是典型的为着自由人权利而实施的公民教育。更具罗马特点的是,演讲本身就是围绕不同主张进行交锋。修辞术是论证与反驳的艺术,修辞学讲授的便是为针锋相对的两方出主意的技术,诚如胡传胜在书中所言,这正是古典修辞术的核

---

① 胡传胜:《公民的技艺:西塞罗修辞学思想的政治解读》,上海三联书店2012年版,第4页。
② 同上书,第56页。
③ 同上书,第1页。
④ 同上书,第41页。

心之处。① 关于这一特点,书中有一个生动的例子:公元前 155 年,著名的学园派哲学家卡尼亚德斯在罗马前一天论证某行为的公正性,第二天论证同一行为的不公正性。这样一种修辞术风格表达的是世俗化政治生活的经验,平等的公民能够在公共场所自由表达观点,并为之辩护,而不涉及对错、善恶之辨。现实政治生活的发展取决于在公民大会与元老院中赢得公民赞同、说服公民行动的政治家。西塞罗在他的《开题》中表达了另一种修辞风格,即雄辩必须受到道德的指引,必须用来捍卫公共善。许多修辞学家持有这种主张,这种主张恰恰反映了当时的政治现实中有部分修辞学者追求成功说服、赢得荣誉的现象。然而,公民追求个人荣誉与追求共同体的善并不总是矛盾的。胡传胜对西塞罗的政治演讲的分析表明,西塞罗也是以说服公民、赢得荣誉为现实追求的,尤其在其执政官任内。

要通过修辞学技艺理解罗马共和政治,方式之一便是把修辞放到政治实际发生的公共场合当中考察。这个公共场合是"Forum",既指具体的广场,也可以被理解为元老院、公民大会、法庭等机构。在 Forum 之中,总是有公民表达不同的观点,同时应对其他公民的质疑与反对,而公民正是通过演说、辩论的方式赢得在场其他人的支持,这种政治生活的结果取决于哪种观点得到更多的公民赞成票。在这样一种政治生活中,"一个没有充分考虑到相反可能性的建议,一个没有充分得到反对装置检验的观点,属于政治反常现象"②。一个称职的公民,不但要投票表态,更要大声地表达出自己的政治意见。虽然并不是每个公民都有机会在 Forum 发言,但是,这样一种政治氛围保障了公民发言的权利、质疑与反驳的权利。在专制社会中,公民是不可能拥有这项政治权利的。公民对荣誉与权力的渴望也激励他们积极参与公共生活。

西塞罗的《论演说家》可谓古典修辞学名篇。这篇对话不是修辞学教科书,倒更像是辩论实况记录。这篇演说"讨论的是理想的政治家——将政治家与演说家集于一身的人。或者说,在罗马的语境下,他讨论的与其说是演说家,不如说是政治家;他讨论的与其说是说话的技艺,不如说是政治的技艺"③。不同于古希腊哲学家们向往沉思生活,罗马共和时期的政治家们自信地表达自己的意

---

① 胡传胜:《公民的技艺》,第 40 页。
② 同上书,第 57 页。
③ 同上书,第 87 页。

见,突出对自己有利的观念,使用各种修辞技巧获得听众的支持,这样一种形象不免会让我们想起"苏格拉底们"所鄙夷的智者。对此矛盾,胡传胜在书中做了很好的阐述,他认为这就是政治生活本身。政治生活带着它的完善与不完善,表现出残忍,甚至是灾难。但是我们不能回避也不能美化政治生活本身,而应主动进入到政治情境中去,这才是真正的公共生活。"修辞学的政治观是一种还原公共政治生活的世俗性视角……在西塞罗眼中,理想的政治家并不是为政治生活确定绝对正确、先验的框架的人,而是对这种政治生活的修辞特征、对公共选择的开放性、公共决策的极端性有明确意识,有时候加以利用的人。"①就此而言,罗马共和时期的政治生活可以被认为具有明显世俗化的特征。这种罗马式演说政治的维持一方面需要政治家自身的素质(赢得善意、激励情感),而这些通过高度有教养的教师的技巧训练方可达到;另一方面也依赖于政治环境。自由与安定是演说政治的条件,也只有这时人的理性才能发挥作用,说服才有用。

  政治生活中如何获得与保持自由是希腊罗马政治家、哲学家关注的重要问题。演说术与自由的命运息息相关:当演说术衰落时,也是自由政治消失、专制政治兴起之时。"共和国的自由受到致命的颠覆,我们将要记述其历史的演说,却遭受到永久的沉默。"②作者在书中通过阐释西塞罗的《布鲁图》,描绘出希腊罗马时期政治演说与自由的关系。在西塞罗笔下,希腊演说术源于 Forum,运用于广场。演说术的兴盛、智者学派的盛行,与伯利克里时期雅典民主政治繁荣密不可分,也与当时自由、开放的政治环境相契合。修辞学之后逐渐发展到纯粹形式化、追求文辞华美的修辞技艺研究,苏格拉底及其后继者通过辩论、修辞的方式批评智者售卖知识、罔顾价值的哲学运动的出现也反映出修辞学对政治生活的影响力。相比较而言,罗马共和制是西塞罗最为推崇的政治制度,在《共和国》中,西塞罗认为罗马制度是为了保障公民的自由。罗马共和制下的自由既是一种权利,更是一种能力;既是一种状态,更是一种身份。它表示每个公民都有权利参与公共生活,决定公共事务。就此而言,自由与民主、平等并不矛盾。公民的自由也成为罗马共和政治的晴雨表,当自由(尤其是言论自由)受到压制时,共和政体也面临危机。

---

① 胡传胜:《公民的技艺》,第 96 页。
② 参见〔古罗马〕西塞罗:《布鲁图》。转引自胡传胜:《公民的技艺》,第 163 页。

政治是实践的技艺。关于政治的理论或哲学只能帮助公民了解政治、分析政治,并不能代替对政治本身的思考。从修辞的角度去理解政治问题能帮助我们更切近政治生活本身,至少在西塞罗那里,修辞与演讲就是政治生活本身。西塞罗作为政治家长期活动于政治舞台上,他政治生涯中最浓墨重彩的一笔是在其执政官任内迅速处理了喀提林阴谋,并赢得高度赞扬和荣誉。西塞罗至死也在维护罗马共和政治。作者在书中着重分析了西塞罗的重要演说词,为我们再现了辩论式政治的真实图景。就像作者的分析所展现的那样,在 Forum 发表的演说具有修辞术的典型特征:运用宏大叙事,调动情感因素,夸大对自己有利的论据,忽视不利的事实,诋毁揭露对手的短处,警告甚至恫吓观众。从这种政治实践中,我们看不到永远正确、掌握真理的政治家,却隐约看到现代西方议会民主制中争论不休的场景。在罗马共和中只有"说服"的政治,却没有"服从"的政治的位置。

作者以西塞罗为例进行政治的修辞学解读时,仍然留下一些问题供学者们思考。一方面,作者在书中多次提到修辞学本身不具有价值判断,政治家成功的标志是赢得公民的支持,但又指出西塞罗强调修辞必须有道德和公共利益的约束。① 这就导致修辞学的含义本身存在不一致的问题。事实上,这个矛盾涉及对政治概念的理解。按照卡尔·施密特的观点,所有政治活动和政治动机所能归结成的具体政治性划分便是敌人与朋友的划分。② 不同于道德、审美或者经济方面的划分,政治的划分标准是敌友,并在极端情况下就公共问题做决断。③ 作为政治生活的技艺,修辞学是让公民真正参与政治生活的工具;同时在罗马共和的意义上,演讲作为政治生活本身也是政治家表达意见、公民做出决断并宣告城邦敌人的过程,这个过程有别于善恶判断的过程,所以政治实践就本身而言是非道德的。另一方面,作者认为政治演讲体现理性精神,同时又强调修辞学对政治分析维度的理论价值在于发现情感、情绪在公共生活与决策中的作用④,政治演讲中这两个维度的张力还需要进一步解释。就政治实践而言,参与者自然兼具理性与激情。有关政治中的理性与激情的探讨,从政治学始祖

---

① 胡传胜:《公民的技艺》,第185页。
② 〔德〕卡尔·施米特:《政治的概念》(刘小枫编,刘宗坤、朱雁冰译),上海人民出版社2003年版,第139页。
③ 同上书,第165—167页。
④ 胡传胜:《公民的技艺》,第298页。

亚里士多德那里就已经开始,雅典式政治智慧是运用理性的决策使城邦更好甚至是最优。从修辞学角度看,罗马公民更加激情澎湃。事实上,政治实践是——在影响共同体生存意义上——做出决定,并付诸实施的过程。复杂的政治实践本身难以仅靠理性或者激情做出关键决定,理性或者激情都是做出决定的影响因素。无论政治决定中体现更多的是理性还是激情,决定不包含对错之分且一经做出就无法更改,最重要的是政治实践的参与者要勇于承担政治决断的责任。

总之,胡传胜的《公民的技艺:西塞罗修辞学思想的政治解读》一书为我们展现了罗马共和时期政治的修辞面相,通过对西塞罗修辞学的分析为我们更好地理解政治提供了丰富的视野。作者的思考为廓清政治内涵、深入理解政治生活本身做出了有意义的探讨。

自由,抑或财产的权谋?
——评艾伦·梅克辛斯·伍德的《西方政治思想的社会史:自由与财产》

康子兴[*]

一、重新理解"现代政治"

"从文艺复兴至启蒙运动",这是艾伦·梅克辛斯·伍德为其现代政治思想史设定的时代区间。按照约定俗成的传统,艾伦将这一历史阶段称为"现代早期"。这是对历史纪元相对模糊的界分,我们很难为之确定具体的起止年份,但是,它却清晰地展现了艾伦的意图。正是在这一阶段,在政治、社会以及文化诸领域,欧洲发起并完成古今之变,进入现代社会。正是这一阶段的斗争与变迁奠定了现代社会的权力结构与思想观念。所以,我们若要理解"现代性",就必须认真对待这一段历史,理解此间社会权力的变易及其对思想文化的塑造。易言之,立身于早已确立的现代秩序与观念当中,我们也被这套秩序与观念左右;若要正确理解自身的境况,我们就有必要拉长视线,审察历史变迁,了解现代秩序与观念的由来。我们需要在某种意义上跳出观念的束缚,考察其源头与基础。唯有如此,我们方能理解其逻辑与实质。

艾伦开篇就向读者阐明"现代早期"的意义。"封建主义的衰落和资本主义的兴起(从农业起源到工业化早期),宗教改革中的宗教分裂,民族国家的演化,

---

[*] 康子兴,北京航空航天大学人文与社会科学高等研究院副教授。

现代殖民主义的扩张,从文艺复兴到启蒙时代的文化里程碑,扎根于弗朗西斯·培根的经验主义或勒内·笛卡尔的理性主义之上的现代哲学与一场科学革命——所有这些重大的历史发展,虽然不时被国家间战争,以及升级至并包含了内战的人民起义、造反与叛乱所打断,但都被归于所谓的现代早期。"①

旧秩序逐渐走向瓦解,新秩序得以生成和确立,新与旧的斗争在此间分出了胜负。作为斗争的一部分,政治思想也积极参与其中。在艾伦看来,政治思想乃是一种斗争的行为,直接参与了秩序的建构:它要么为既有的权力辩护,要么表达权力在进取中的诉求。在现代早期,新与旧胶着,权力正处在更替当中,政治思想因此具有了最肥沃的土壤。所以,艾伦紧接着便说:"不足为奇的是,西方政治思想的正典不成比例地云集于'现代早期'那里。"②

我们通常认为,《君主论》《利维坦》等"正典"(canon)奠定了现代政治思想的基础,开创了理解正义与秩序的新方式。这意味着,"正典"具有某种超越历史的独立性;它们之所以重要,是因为它们发现并阐述了某种真理与理性,足以安顿人心,塑造信念,建构秩序。但是,当艾伦有意将社会转型(transition)置于"正典"之前,她便致力于消解"正典"的这种独立性,着力强调思想(即便是"正典")对"社会"的依赖。因此,艾伦批判了围绕"正典"和"话语"构建起来的思想史研究方法(比如剑桥学派),主张回到社会史,重新建构我们对现代政治的理解。在她看来,脱离社会语境的文本是空洞的,社会史才是政治思想的筋骨血肉:尽管思想并非必然是对社会语境的反映,但它必然要在具体的社会语境中发挥作用,其影响力则由社会所决定。③

在艾伦看来,政治秩序之构建源于权力平衡的生成,而权力由特定的社会阶层承担。因此,政治秩序演化之根基便在于诸社会阶层之间斗争与平衡的辩

---

① 〔加拿大〕艾伦·梅克辛斯·伍德:《西方政治思想的社会史:自由与财产》,译林出版社2019年版,第1页。
② 同上。
③ 例如,谈及路德对新教运动及世界历史的创造性贡献,她反问,为了理解路德的影响,"我们该如何提问?""我们当然想询问,路德的时空特殊性如何塑造了他力求解决的问题的特殊排列方式;我们也想思考,同样一些观念在不同的语境下被大不相同地运用,为大相径庭的目的服务,这是如何发生的。然而,比起绝大多数其他思想家,在路德这里,我们不得不更多地追问,观念领域中的一种概念变化如何会产生如此重大的历史后果。结果可能表明,我们越是主张路德的世界历史影响巨大,我们就越有必要诉诸一种语境解释。"(艾伦·梅克辛斯·伍德:《西方政治思想的社会史》,第55页。)

证关系:当各阶层之间的权力平衡被打破,旧秩序开始动摇,走向瓦解;在权力结构的调整中,新的统治结构和平衡得以确立时,制度转变就得以完成。政治思想必须借助现实的社会权力才能释放其影响。政治思想是对权力意志的论证与展示,也是现实权力结构在观念层面的延伸。因此,与社会条件和"语境"相比,思想自身的逻辑与结构便显得无足轻重。"罗格斯"(logos)变得毫无意义。一方面,它只是一种工具,运用它的权力才是根本;另一方面,它必须经社会筛选和塑造,方能展露其力量。

我们必须注意,艾伦无意写作纯粹的"思想史",而是要借思想史来呈现"社会史"。她的写作本身就表达了一种批判立场:思想并不具有独立于社会的自为品格。所以,为了将"第一位现代政治思想家"的殊荣加诸一人,找到现代性的原点,无论我们将现代性的源头上溯至某一部"正典",还是追溯到某一个"时刻",这一做法都颇成问题,因为它忽视了观念的社会基础。① 甚至,就算我们将领土国家的出现确立为现代性的起点,这也无助于我们确切地理解现代政治。领土国家这个标签掩盖了重要的历史差异。况且,现代政治具有其内在的稳定结构,它是传统社会经历漫长转变的结果。照此逻辑,艾伦必不认为:某一部"正典"、某一个时刻,或某一个事物堪当现代性的结晶体,它凝结了现代政治最根本的特质,只要对之加以细致剖析,我们便可查知现代政治的精髓。这样的方式既简化了历史,也简化了政治。艾伦认为,我们应当更多关注长时期的历史进程,"考察历史性的转变甚至决裂而不强迫性地把它们定义为现代性的首开先河,这岂不更好?"②

艾伦将这一长时期的历史进程表述为"资本主义的兴起"。因此,理解现代政治的关键便在于理解资本主义的权力结构。"在正典的社会背景中考察正典,目的之一是指出,即使在,或者说特别在资本主义已经决定性地改变了财产权与权力之间关系的今天,我们的自由、平等、权利和正当政府的概念仍受到了束缚,因为它们根源于对统治阶级权力和特权的辩护,甚至民主观念也受到了这份复杂遗产的扭曲。"③

---

① [加拿大]艾伦·梅克辛斯·伍德:《西方政治思想的社会史》,第18—19页。
② 同上书,第19页。
③ 同上书,第31页。

二、自由与财产：政治的经济

艾伦用"自由与财产"为其作品命名，以此概括她对现代政治的理解。在一定程度上，自由与财产指向政治与经济两个层次。我们可以认为，自由（liberty）体现了政治体（或国家）的总体精神（general spirit），以及公民在国家中的状态。它是一种构成性原则，类似于孟德斯鸠为三种政府类型赋予的原则（德性、荣誉、恐惧）。所以，自由也代表了国家权力的品格。与之相对，"财产"则意味着诸社会阶层的经济状况，以及从中衍生出来的权力关系。自由与财产构成了一组张力，展示出公共权力与私人财产权之间的辩证运动。"如果说本书有唯一一个统领全书的主题，那么，它与我们时代发生的私有财产权与公共权力的某些独特转变有关。"①这一权力关系的转变奠定了现代政治的基础，是古今之变的实质。这是西方文明经历的"大转型"。它也是一个长时段的历史过程，历经整个现代早期，并随资本主义的兴起而走向完成。"本卷讨论的是一个碎片化主权正让位于更加中央集权的国家，财产权与国家之间出现新的紧张时期。这还是一个随着资本主义到来，财产权与政治权力、'所有权'与'统治权'史无前例地被结构性地拆解开来的时期。"②

《西方政治思想的社会史》的论述依据艾伦对现代政治的理解搭建起来。从表面上看，艾伦仍在围绕思想"正典"组织其论述，比如，著作正文逐一讨论马基雅维利、路德、加尔文等经典思想家与作品。但实际上，所谓"正典"只不过是她构建理论体系的脚手架，她要搭建的"大厦"是上述"大转型"的社会史。对艾伦而言，"正典"的作用在于如下两个方面：一为标示年代和具有典范意义的政治体形态（比如城邦、帝国、绝对国家等）；二为引出政治论辩的核心问题，及其背后的权力关系。亦即，"正典"之所以重要，不是因其具有超越历史的理性与哲学，而是由于它们最典型地展示了时代问题及其背后的斗争。当然，艾伦对所谓"正典"的选择必然具有浓重的个人色彩——她要依据自己对"大转型"与现代政治的理解加以裁剪。

所以，严格地说，艾伦并未遵照时间的顺序来搭建论述。她将经典思想家

---

① 〔加拿大〕艾伦·梅克辛斯·伍德：《西方政治思想的社会史》，第30页。
② 同上书，第31页。

及其著作安置在特定时代与政治体的范畴下,并按照"大转型"的权力逻辑予以排列。例如,在年代上,启蒙运动时期的法国哲人要晚于霍布斯与洛克,但她仍将这段思想史的终点设置为"英格兰革命",并把洛克当作最后一位值得重点论述的经典作家。其中原因不外乎是:洛克的著述最先也最典型地阐述了资本主义的权力逻辑;"英格兰革命"亦会不断成长,既在历史中延伸,也向外拓展——法国便在与英国的竞争中被迫转向了资本主义。① 所以,英国与洛克的思想才是现代性的真正起点,因为它们代表了上述"大转型"的完成形态。

艾伦特别关注商业繁荣的政治体:佛罗伦萨、西班牙帝国、荷兰共和国、法国、英格兰。它们不仅展示了政治体在类型上的差别,亦标识出"大转型"的不同阶段。马基雅维利、维多利亚、格劳秀斯、卢梭、洛克便是展示诸阶段权力状态的思想标本。在艾伦的论述中,马基雅维利、洛克居于首尾两端。格劳秀斯虽非因政体思想留名青史,但他"对私有财产与公共权力的看法"与其论题密切相关,因此被特意拣选出来,详加讨论。就艾伦选择论述对象的原则而言,"格劳修斯是个明显的例外"②。这种例外恰恰彰显了格劳秀斯对艾伦的重要性。因此,下文简要归纳艾伦对马基雅维利、格劳秀斯、洛克思想的理解,呈现其对"大转型"与现代性的理解,并力图透过这些重要"关节"来认识她的思想史方法。

在解释马基雅维利时,艾伦与"公民人文主义"针锋相对,对马基雅维利的"现代性"解读做出批评。她特别强调马基雅维利与中世纪封建等级制之间的连续性,而非"决定性的决裂"。她认为,马基雅维利依然根植于佛罗伦萨的城市国家,他对城市共和国仍抱有坚定的信念。对他而言,城市国家界定了政治领域。要正确理解《君主论》与《论李维》,这一历史社会语境才是关键。在佛罗伦萨这样的城市国家,政治权力与经济权力难解难分,统治阶层依靠武装力量统治周围领土,依靠它打败商业对手并扩大霸权。佛罗伦萨虽然是欧洲的商业大中心之一,但其商业经济仍生存在一种高度军事化的城市政权统治下,商业价值观无迹可寻。这正是马基雅维利醉心于军事与冲突的原因,他所推崇的共和德性亦为一种军事伦理。

在十六、十七世纪之间,荷兰共和国的商业成就如日中天。尽管其商业范

---

① 〔加拿大〕艾伦·梅克辛斯·伍德:《西方政治思想的社会史》,第17页。
② 同上书,第27页。

围与势力远胜意大利城市国家,但是,荷兰人和意大利人一样依赖"超经济"优势获取商业支配地位。在共和国获得商业支配地位的过程中,军事侵略发挥了重要作用。"在贸易战争中,在确立垄断地位和建立商栈中,在攻破商业对手的战略壁垒中,军事侵略仍是其经济策略的一个根本部分。"[①]艾伦强调,荷兰是一个为战争目的可以非常有效地动员国内资源的"财政—军事"国家。这是我们理解荷兰政治经济(political economy)的基础,也是正确认识格劳秀斯法理学的关键。

依据艾伦的解读,格劳秀斯阐述的意识形态完全适合为确立商业霸权而采取的"超经济"策略。他的《论海洋自由》《战争与和平法》,创立一种战争与和平理论,阐发权利和自然法概念,其目的均在建立论证,为荷兰用战争追求商业支配地位的实践提供辩护。[②] 格劳秀斯提出了一些重要的理论策略,它们标志着政治思想史的一次突破,但它们并非所谓的"现代"创新。例如,他主张财产权与司法权之间的独立,认为"废置土地或贫瘠荒地不是财产,且可以被那些能够也愿意耕种它们的人所占有";他力陈"海洋自由论",批评葡萄牙人支配海洋的非法主张,从而为荷兰东印度公司截获葡萄牙船只进行理论辩护。但同时,格劳秀斯对个人权利严格限制。这意味着,其财产权理论的中心并非个人,而是东印度公司这样的"私人"行为者。其原因在于,格劳秀斯要应对的问题由东印度公司的特殊行动提出。东印度公司是第一家跨国合资公司,它由追逐商业垄断权和利润的投资者创立,它也履行某些属于主权国家的职能。在荷兰共和国,公共权威与商业霸权之间的关系盘根错节,主权国家与商业企业之间有一条模糊的界限。这一语境便设定了格劳秀斯关注的核心论题:一个商业公司相对于其他敌对国家的准国家权力。

在《自由与财产》中,艾伦反复强调:在现代国家形成过程中,尽管所有主要的西欧国家都深入参与了国内和国际贸易,但是只有英格兰自发出现了一种独特的资本主义"商业社会",并且,在此语境中,洛克最先对资本主义原则的财产权理论做了系统阐述。依据艾伦对现代史的描述,既然英国革命完成了现代性转型,在政体意义上确立起资本主义的权力结构,洛克对此间的权力关系做出了系统的理论阐释,那么,通过对洛克学说的剖析,我们便可洞见现代社会的权

---

① 〔加拿大〕艾伦·梅克辛斯·伍德:《西方政治思想的社会史》,第111页。
② 同上书,第119页。

力基础。

洛克主张,上帝将世界给予人类共有。与此同时,他又着手证明,人对土地的共同所有权与建立在自然权利上的私有财产权相容。人的劳动令原本共有的财产打上了自己的印记,使之成为脱离自然状态的东西,转化为私人的财产。接着,货币的出现打破了自然法对积累的原初限制——人不应追求财富积累而造成浪费。当金银成为交换媒介,财富便可以一种无限的方式积累,同时又不违背自然法对糟蹋的禁止。货币许可了营利性商业,从而刺激了生产力与财富的增长。由于商业的影响,土地得到改良,从而具有更高的生产力和价值,这意味着人们可以积累更多而无须剥夺他人,也不会违反"充足性"限制。一个积累了大地产并予以改良的人,远没有侵犯他人的权利,实际上还增加了他人的福利。

基于对财产权的论述,洛克从人的自然平等出发,论证了土地与财产不平等的合理性。这一不平等基于自然权利与人的同意,任何政府都无权破坏。依据艾伦的评论,洛克的财产权理论是英国社会状态在思想上的反映:"高度集中的土地所有权和大资产同独一无二的高产农业结合。"[1]洛克让生产与"改良"成为整个论证的枢轴,不仅支持了对土地与资本的不平等占有,也重新界定了"超经济"权力与私人财产权之间的关系,因此建构了一种对议会和"有限"政府的有力辩护(值得注意的是,这种辩护并不拥护民主)。

在艾伦看来,洛克无疑是现代政治思想的集大成者,他展示了英国社会权力关系的革命性转变,也奠定了后世(十八世纪)哲学话语的基本框架。休谟与斯密的"商业社会"理论不过是"洛克范式"在后一世纪里的延伸。不仅如此,在十八世纪,"洛克财产权理论捕捉到的那种财产制度正生气勃勃"[2]。艾伦一再强调思想与现实之间的同构,所以,从洛克发源而来的思想传统之所以具有如此强大的生命力,"那是因为它代表着统治精英内部已经达成的共识"[3]。亦即,艾伦试图告诉我们:当我们剥去"权利"的外衣,洛克政治思想中的权力本质就会展现。

---

[1] 〔加拿大〕艾伦·梅克辛斯·伍德:《西方政治思想的社会史》,第272—273页。
[2] 同上书,第284页。
[3] 同上。

三、权谋即正义？

《自由与财产》的结论颇为特别。艾伦起首便引用一段发表在 20 世纪 90 年代《经济学人》上的文字。这段文字旨在传达这样一种观念：启蒙运动改变了世界，创造了西方的自由主义与资本主义，并因此塑造了现代性。这段引文是艾伦用来批判的靶子。甚至，《自由与财产》全书皆可视作对此观念的批判。它代表了在我们时代普遍流行的习见：我们总是惯于将启蒙运动与自由主义政制、资本主义经济抽象地关联起来，以至于难以真切地认识我们身处的时代与社会。

艾伦着力还原政治思想的历史语境，揭示思想与修辞背后的权力意图，展示"资本主义兴起"这一历史进程中漫长而繁复的斗争与变化。这的确有助于我们把握思想的现实感，从而获得对"现代性"更为丰满和具体的理解，也能更为真切地体会"现代性"的权力基础。然而，当艾伦强调思想对社会的依赖，将之解释为权力结构的延伸时，她事实上忽视了思想自身的独立性，忽视了思想所承载的理性与道义。她难道没有意识到，"思想的社会史"不过是在重述，或努力证明特拉叙马库斯的命题——正义是强者的利益？

如果思想只是权力的延伸，只是统治阶层为既得利益（或既有的不平等）构建的一套话语体系，那么，面对着资本主义的权力真相，我们又当如何？即便我们清晰地认识到，资本主义只是有产者的权谋，是其在面对平等派压力时构建起来的话语体系，除了等待新的权力平衡，我们又当如何？可见，如果思想只是权力的延伸，政治便陷入循环往复的死局。"社会史"消解了正义本身。它看似令单薄的思想变得深厚，实则瓦解了"思想"。